密斯·凡·德·罗评传

（全新修订版）

［美］弗朗茨·舒尔茨　爱德华·温德霍斯特　著

金海燕　刘　晓　译

中国建筑工业出版社

著作权合同登记图字：01-2015-2454号

图书在版编目（CIP）数据

密斯·凡·德·罗评传：全新修订版／(美)弗朗茨·舒尔茨，(美)爱德华·温德霍斯特著；金海燕，刘晓译. —北京：中国建筑工业出版社，2020.5

书名原文：Mies van der Rohe——A Critical Biography

ISBN 978-7-112-24609-0

Ⅰ.①密… Ⅱ.①弗… ②爱… ③金… ④刘… Ⅲ.①密斯·范·德·罗（Mies van der Rohe，Ludwig 1886—1969）－传记 Ⅳ.① K835.166.16

中国版本图书馆 CIP 数据核字（2020）第 029645 号

Mies van der Rohe: A Critical Biography, New and Revised Edition by Franz Schulze & Edward Windhorst (9780226151458)

Licensed by The University of Chicago Press, Illinois, U.S.A.
© 2012 by The University of Chicago
All rights reserved.

Copyright © translation 2020 by China Architecture & Building Press

本书由美国芝加哥大学出版社授权翻译出版

责任编辑：程素荣　戚琳琳
责任校对：张惠雯

密斯·凡·德·罗评传（全新修订版）

[美] 弗朗茨·舒尔茨　爱德华·温德霍斯特　著
　　金海燕　刘　晓　译
*
中国建筑工业出版社出版、发行（北京海淀三里河路9号）
各地新华书店、建筑书店经销
北京锋尚制版有限公司制版
北京中科印刷有限公司印刷
*
开本：787×1092毫米　1/16　印张：27¾　字数：497千字
2020年10月第一版　　2020年10月第一次印刷
定价：99.00元
ISBN 978 - 7 - 112 - 24609 - 0
　　　　（27448）

版权所有　翻印必究
如有印装质量问题，可寄本社退换
（邮政编码100037）

目录

前言 v
序言 vii

第 1 章　德意志帝国的青年时期：1886～1905 年　1
第 2 章　学徒期，婚姻，以及世界大战：1905～1918 年　14
第 3 章　灰烬中的欧洲：1918～1926 年　55
第 4 章　高潮在魏玛：1926～1930 年　92
第 5 章　政治危机与包豪斯的结局：1930～1936 年　139
第 6 章　美国的召唤：1936～1938 年　176
第 7 章　建筑师与教育家：1943～1949 年　189
第 8 章　全新的建筑语言：1946～1953 年　217
第 9 章　20 世纪 40 年代　232
第 10 章　范斯沃斯（住宅）的传奇：1946～2003 年　248
第 11 章　在美国的事业巅峰：住宅设计 1950～1959 年　276
第 12 章　在美国的事业巅峰：商业与机构设计 1950～1959 年　308
第 13 章　世界范围的实践：20 世纪 60 年代　345
第 14 章　少即是多？1959～1969 年　370
第 15 章　退场：1962～1969 年　388

致谢　407
附录 A　（密斯的）门徒　409
附录 B　密斯的职业生涯，出版作品和展览　425

前言

自从 1985 年弗朗茨·舒尔茨出版了《密斯·凡·德·罗评传》（Mies Van der Rohn: A Critical Biography）一书以来，如今已经过去了四分之一个世纪。在此期间，关于密斯更多新的材料逐渐浮现出来，于是诞生了这个由舒尔茨与建筑师爱德华·温德霍斯特（Edward Windhorst）共同编写的全新扩充版本。该版本从与近期有关密斯的其他学术研究完全不同的角度进行了论述。最重要的是对密斯建成和未建成作品全部进行了分析与评论，结合对密斯建筑项目的深入研究，从建筑师的角度深度审视这些作品，先是对其卓越之处和不足进行详细述评，其次再从更广泛的艺术历史的角度加以叙述。

在这本人物传记中，我们澄清了密斯职业生涯中已知的部分，同时极大地补充和扩展了那些未知的部分。通过我们的努力，以及在各个学校的帮助下，我们明确了这位建筑师已知的最早期的手稿以及他的第一个住宅作品的设计研究。我们的重大发现之一是对密斯的开创性建筑的故事——范斯沃斯住宅的更正与阐释。我们第一时间找到并分析了密斯与他的委托人伊迪丝·范斯沃斯那场著名官司的手抄本。本书鲜活的呈现了 20 世纪 50 年代初在伊利诺伊一个小镇的法庭上曾经上演的那场争执，其中更是公开了密斯的设计意图、建设历程，以及建筑师与委托人的关系的新信息。这一长达 600 页的密斯笔录证词构成了他讲话和思考的无与伦比的载体。

在这本全新修订版中，发表了一系列在第一版中从未涉及或只是轻微涉及的主题：密斯与开发商赫伯特·格林沃德（Herbert Greenwald）之间关系的细节；密斯在美国的工作室的运作和他的主要雇员：布鲁诺·康特拉托、爱德华·达科特、约瑟夫·滕川、迈仑·戈德史密斯、德克·罗汉和基恩·萨默斯；他在德国与芝加哥时期的同事：路德维希·希尔伯塞默，沃尔特·彼得汉斯，以及阿尔弗雷德·考德威尔；密斯致力于建筑教育的特色及其作为一名老师的有效性；通过他的收藏来感知他对于绘画艺术与雕塑艺术的理解；以及最新的资料中关于他的家庭与浪漫爱情的描述。我们还使用了大量的额外材料，这些材料来自于舒尔茨对密斯在美国的同伴劳拉·马克思进行的深度采访。在这一版中，我们将阐述更多有关密斯和他的同事莉莉·赖希在私人与职业领域中的关系，他对哲学的兴趣，以及他在欧洲数年来的学术背景。本书的最后一章可以看作是密斯在美国的学生、同事、朋友和对手们对于他的理解和认知，而第一个附录呈现了他最重要的学生和追随者的一些最好的建筑代表。第二个附录叙述并评估了密斯出席的学术会议与举办展览的历史，最后，简短的后记列出了以密斯为主题的最重要的出版物。

我们怀着对其他以密斯为主题的主要出版物的尊重来编写这一版评传。这些出版物包括《路德维希·密斯·凡·德·罗：家具与家具设计图》以及《密斯·凡·德·罗档案》;《现代艺术博物馆》(1977)，路德维希·格拉泽（Ludwig Glaeser）著;《密斯·凡·德·罗：别墅与乡村住宅》(1985)，沃尔夫·特格特霍夫（Wolf Tegethoff）著;《密斯·凡·德·罗·档案》，在现代艺术博物馆中收录的一份20卷的密斯手稿图解目录中，由阿瑟·德雷克斯勒（Arthur Drexler）(1986)编辑的第四卷，由舒尔茨以及乔治·丹福思（George E. Danforth）编辑（1990,1992）的第16卷；以及弗里茨·纽迈耶（Fritz Neumeyer）的《艺术缺失的世界：密斯·凡·德·罗的建筑艺术》(1991)。我们也很感激伴随展览展出的密斯的大量作品：由特伦斯·莱利（Terence Riley）和贝利·伯格（Barry Bergdoll）策展的《密斯在柏林》(2001)，以及由菲利斯·兰伯特（Phyllis Lambert）策展的《密斯在美国》(2001)。

我们相信这项工作涵盖了有关密斯学术研究中独特的一隅。所有上述提及的学术研究都集中在密斯故事的特定方面，而不是全部。本书是对密斯与他的建筑风格的一次深刻解读，只要密斯仍然被看作是一个独立的个体，我们的研究都将努力成为对其整体性的评述。

序言

　　本书研究的主题正是现代建筑中最突出的两个时代的间隙。20世纪20年代，年过40岁的路德维希·密斯·凡·德·罗——原名玛丽亚·路德维希·密夏埃尔·密斯（Maria Ludwig Michael Mies），是德国亚琛一位石匠的第三个儿子——已经成为引领德国建筑的先锋代表。天赋、决心，以及非凡的自我学习能力让这位建筑师已经为世界贡献出20世纪的2件建筑杰作：巴塞罗那国际博览会德国馆（1929），也就是著名的巴塞罗那德国馆，以及坐落于捷克斯洛伐克布尔诺的图根哈特住宅。

　　事实证明，这两座建筑不仅是他在欧洲的职业生涯中的重大胜利，也使得他在欧洲的建筑生涯又延续了将近十年。在那期间，世界经济危机和德国国家社会主义的崛起摧毁了中欧的现代化进程。直到20世纪30年代，密斯的职业前景也遭受到了严重的质疑，他再也不能忽视德国之外学术机构的邀请了。1938年，密斯最终接受了在芝加哥的教师职位。然而，盖世太保突然施加的压力将一场有序的行动转变为了国家边界的争夺。

　　旧贵族的身份对于密斯可以算作是他在德国经历的不幸中的万幸。他的目的地美国以及与其承诺的生活也是他的国际声誉为他带来的成果。但此时的密斯已经52岁了，他唯一使用的语言是德语。他已经离开，或者说永远告别了他的家庭、他的同事；他也被迫放弃了经过20年建筑实践来之不易的专业领域的独树一帜。这是他在欧洲生涯的一个艰难结束，也是他职业生涯的一个不确定的开始。

　　在密斯扎根美国之后，奇迹般迅速成为建筑界的一股力量。作为伊利诺伊理工大学（IIT）的教育工作者，同时也是这所大学现代校园规划的设计者，他仍然进行着大规模的建筑实践工作，同时也拥有着真正的艺术自由。此时再回到德国简直令人无法想象：他喜欢美国，而美国也热爱他。

　　在他第二次职业生涯中，密斯认为自己已经形成一套全新的建筑语言——一套具备专业、蕴含他所称之为"时代"的真理，价值和可能性的语言，一套可以在专业领域被学习和传承的语言。使用这种语言，密斯在20世纪50年代至60年代时完成了一系列杰出作品：从著名的湖滨大道公寓与范斯沃斯住宅，到克朗楼（伊利诺伊理工大学）、纽约西格拉姆大厦，以及芝加哥联邦中心，都在延续着他事业的辉煌。最后，在一个令人心酸的私人圈子中，完成了柏林新国家美术馆。

尽管密斯一贯坚持建筑的客观性，尤其是他称之为"一个清晰的结构"在建筑中的核心作用。但在他死后 40 年里，密斯的建筑显然是非常个性化的，也是非常独特的，他最优秀的作品正是他自己寻找孤独的产物。这个钢筋与玻璃结合而成的密斯的"时代"短暂消逝了，新技术和新的性能要求迫使他的钢筋与玻璃构造甚至在他去世之前就已经过时了。然而，他的建筑、他的项目、他的专业影响力，教育和个人遗产仍然存在。而对于这些因素的详尽阐述和庆祝正是这本书的目的。

第 1 章
德意志帝国的青年时期：1886～1905 年

> 我们每天都把图纸做成顶棚的四分之一的尺寸，然后将它们送到模型制作者手中。就这样在每天的重复工作中度过了两年的时光，直到现在我闭着眼睛都能绘制出那些图样。
>
> ——密斯回忆起他那段在职教育的青年时光时说

> 去柏林吧，那里正是当下的中心，一切都在发生。
>
> ——建筑师杜罗给他的朋友路德维希·密斯这样的建议

青年时期的密斯，并没有显露出任何可以预示他未来会取得重大专业成就的天赋。德国亚琛（Aachen）在若干世纪以来都是省会城市，也是密斯出生与成长的地方。成年之前，密斯几乎从没离开过这座城市。他的祖辈们都是石匠，以这份职业为荣，而他们的野心也仅限于此。密斯早期所受到的教育非常有限，他周围的人们都不太可能培养出本土知识分子或者具有创意的人。因此，直到 19 岁，他一直待在亚琛，遵循着传统的成长路径，与父母生活在一起。

虽然亚琛在德国的名气远不及其他一些城市，但它却拥有着一段令人印象深刻的历史。8 世纪后期，查理曼大帝建造了北欧第一个统一帝国，疆域从比利牛斯山脉延伸到萨克森州，从北海延伸到罗马，而亚琛，则成为这个帝国的中心。加洛林王朝的学者们引发了西方古典精神的首次重要复兴。查理曼大帝本人对于罗马大帝的承袭和对罗马文化的狂热崇拜，以及他与教皇缔结的命运联盟，都为中世纪的轮廓形成与文艺复兴的出现埋下了种子。

一座 9 世纪恢弘的圆顶教堂现今仍然屹立在庭院之中，这便是位于亚琛的查理曼大帝早已消失的宫殿遗址（图 1.1）。它由来梅斯的奥多（Odo）参照拉维纳拜占庭风格的圣维塔莱教堂设计而成，成为当时北欧最为精致的建筑，曾经作为德国国王的加冕大厅长达 600 年。密斯还是一个孩子的时候就知道这座教堂的存在，直到成年都难以忘却。他曾经满怀敬畏地站在那些强有力的柱子撑起的八角形穹顶之下："（在这里）人们可以了解整个空间的全部都成为一种整体，四处都充满了仪式景象和声音，甚至还有

图 1.1（对面图）
巴拉丁礼拜堂（Palatine Chapel），的内部，位于亚琛，始建于 792 年，并在 805 年由教皇利奥三世主持奉献礼。这座八角形圆顶教堂奥德·梅斯（Odo of Metz）为查理曼大帝（Charlemagne）设计，是现存的加洛林王朝建筑中最重要的范例。密斯童年时，他的家人就在这里做礼拜。图片由雅伊特（M. Jeiter）提供。

它的气味。"

密斯在晚年回忆起陪同母亲清晨在教堂做弥撒，他就坐在那些巨大石材所构筑的宏伟的柱子与拱门之间，沉默不语。

大教堂，以及由 15 世纪哥特式唱诗班所组成的礼拜堂，都被那些细长精致的拱顶覆盖的玻璃墙面所围绕。它矗立在城镇中最古老的地方，那里充斥着狭窄的迷宫般的街道，大多是源自荷兰与比利时（其边界位于亚琛的步行范围）建筑传统的中世纪砖砌房屋。密斯在形容这些无名的建筑物时充满了喜爱之情："（它们）大多都简单却又十分清晰……不属于任何一个时代……（它们）已经历经千年，却仍然令人印象深刻……所有伟大的风格都已经消逝，而它们仍然留存……它们才是真正的建筑。"正如我们从那些已经公开发表的言论中了解到的那样，这是成熟的密斯式建筑观点：肯定建筑物的设计和建造的清晰度与简洁性，尤其注重通过摒弃个性与"风格"而达到超越时间的平衡性。

然而在密斯的青年时代，在那些除了教堂及其周围的地方，亚琛仍然存在着多样的"风格"和混杂的变化。1886 年 3 月 27 日，密斯出生在 Steinkaulstrasse 街 29 号一处住宅中（图 1.2）。在他的童年时期，他的家庭曾经多次在这个社区内搬家，一直到他 15 岁；这也意味着他很可能是在 19 世纪 90 年代目睹了所处社区 1 公里以南的 Oppenhofallee 的重建。Oppenhofallee 在过去和现在都是一条优雅的林荫大道。在 1870 年德国统一并战胜法国之后不到一代人的时间，也就是密斯出生的时代里，Oppenhofallee 大道两旁的建筑物都肆意地运用了威廉建筑装饰特点。彼时，德国已经呈现出同军国主义密切联系的全新的国家面貌。19 世纪八九十年代的德国，民族自豪感与民族自信心正伴随着德国迅猛的工业化势头雄心勃勃地高涨起来。

亚琛深刻地体现了德国当时的这种变化。亚琛的人口在 1825 年时为 35428 人，到了 1886 年密斯出生那年，人口已经超过 10 万，直至 1905 年密斯离开亚琛，此时的人口为 14.5 万。亚琛不仅延续着自罗马时代（"亚琛"在古德语中意为"水"）以来繁荣的旅游贸易，而同样见证了德国工业化的快速增长。在德国统一后的几年间，这个传统的纺织中心也在附近广泛地开采着煤田。到了 19 世纪 90 年代，德国规模最大，生产设备最好的钢铁厂——亚琛罗特艾德有限公司——已经雇佣了近 5000 名工人。

学术活动的迅猛发展也反映着这场轰轰烈烈的变革。成立于 1870 年的技术学院（亚琛工业大学）在之后被誉为德国西北部最杰出的传统建筑学院

图1.2
Steinkaul街29号,亚琛,密斯·凡·德·罗的出生地。摄影:提姆·布朗(Tim Brown)(知识共享)

(如果密斯的家人在当时愿意并且有能力,他可能在那里就读)。1893年,一座新罗马风格的邮政总局在此落成,建筑物的正门两侧则矗立着比查理曼大帝和威廉一世真人更大的两尊雕像。12年后新火车站开始投入使用,它所体现的新艺术风格——即德国新艺术风格——反映着世纪之交的最新潮流。城市电车系统于1892年开始运行,休闲宫内也早在1896年时开始放映电影。14世纪在查理曼大帝行宫的地基之上修建的宏伟建筑,亚琛市政厅,却在1883年的火灾中受到严重破坏。三年后进行了重新设计,并于1903年重建。它的两座塔楼规模宏大,也正是那个时代所钟爱的风格(图1.3)。

· · · ·

我们对于密斯的家庭鲜少了解,大部分从亚琛市档案馆的记录中收集而来。这些记录最早可以追溯至18世纪晚期,他的家人都是德国天主教徒,生活在靠近荷兰、比利时与德国文化交界之处,号称"三国角落"德莱兰德雷克（Dreilandereck）附近。他的父亲密夏埃尔·密斯是家族中第一个出生在亚琛的人。密夏埃尔的父亲雅各布·密斯于 1851 年出生在埃菲尔（Eifel）高原的布兰肯海姆（Blankenheim）。1855 年他的名字首次以大理石石匠的身份出现在亚琛的地址簿中。密斯的母亲阿马莉·罗（Amalie Rohn）于 1843 年出生在亚琛风景如画的郊区蒙绍（Monschau）。她与小她 8 岁的密夏埃尔·密斯于 1876 年结婚（图 1.4）。

19 世纪 70 年代期间，雅各布·密斯和他的儿子卡尔——也就是密夏埃尔的哥哥——在 Adalbertstrasse 街 116 号合伙经营了一家"大理石工坊"。密夏埃尔后来也加入了家族大理石工坊中，1875 年成为亚琛市地址簿中的一位石匠。直到 1880 年版本的地址簿中，密夏埃尔的名字才再度出现，彼时的他已经与结发妻子阿马莉有了第一个男孩——出生于 1877 年 10 月 13 日的埃瓦尔德·菲利普。在 19 世纪的德国，长子有着非常重要的地位——他将被指定为家族的继承人和守护者。

密夏埃尔和阿马莉住在 Steinkaulstrasse 街 29 号，正是在这里，他们的其他四个孩子相继出世：次子卡尔·米夏埃尔，1879 年 5 月 18 日出生（2 岁天折，原因未记载）；安娜·玛利亚·伊丽莎白，1881 年 9 月 16 日出生；玛利亚·乔安娜·索菲，1883 年 12 月 30 日出生，以及小儿子玛

图 1.3
亚琛市政厅，建于 1903 年。采用 14 世纪的哥特式风格。该建筑历经多次翻修，每次都采用了当时最流行的风格。1883 年，两座巴洛克时代的侧翼塔楼和大部分屋面在一场大火中倒塌。1886 年，市政厅按照达姆施塔特（Darmstadt）的建筑师弗里德里希·普泽尔的新哥特式建筑方案进行了修复。图片来源：亚琛市档案馆。

第 1 章　德意志帝国的青年时期：1886~1905 年

图 1.4
1921 年，密斯的母亲阿马莉·罗（Amalie, nee Rohe）（1843~1928）和父亲密夏埃尔·密斯（Michael Mies）（1851~1927）。图片为私人收藏。

丽亚·路德维希·迈克尔，这个孩子便是后来 20 世纪 20 年代开始崭露头角的路德维希·密斯·凡·德·罗，他将自己父母的名字与自己创造的"凡德"连在一起。

Steinkaulstrasse 街位于亚琛古老的第二城墙（现今已被街道取代）之外的东侧，距离 Adalbertsteinweg 路（Adalbertstrasse 街道的延续路段）并不太远。密夏埃尔于 1883 在这里年被列为亚琛大师级的石匠，而卡尔则被尊为雕塑家。1888 年他们的父亲去世之后，他们接管了家族的生意。在 19 世纪的八九十年代，这里是亚琛发展最快的地方，当时工坊的租金仍旧低廉，地点又靠近墓地，这也成为了密斯家族主要从事墓碑石刻生意的原因。

在密斯家族企业中，密夏埃尔主要负责工坊，而卡尔负责销售运营。他们经常到巴黎旅行，有时甚至会去往遥远的北非采石场。随着 1893 年亚琛市的西侧新开放了两处墓地，密夏埃尔便于 1895 年在那里开设了分店。到了1901年,他与时年24岁的长子埃瓦尔德(如今也被视作一名大师级石匠)将家庭和工坊都移居到了这条通往荷兰边境的Vaalserstrasse街。

此时的路德维希只有15岁,他身处中产阶级的家庭——更确切地说,是工匠阶级/工人阶级;密夏埃尔·密斯家的孩子在家中接触的都是石刻和手工艺品,没有半点商业与创意的氛围。在风头正近的19世纪80年代,卡尔叔叔是个推销员,密斯的父亲却觉得与工具相伴的时光才是最快乐的。

· · ·

我们所知的密斯早年的经历对于他职业生涯的影响主要源于1968年密斯与他的孙子——建筑师德克·罗汉的交谈内容。

罗汉:当你还很小的时候,你是出于责任去家里的工坊帮忙吗?

密斯:其实我是觉得它很有趣,而且我总会选在假期的时候去帮忙。我记得特别深的就是万灵节的时候,会有很多人都想要定做新的墓碑,我们全家都在那时候投入到工作之中。我负责在石头上写字,我的哥哥做雕刻的部分,姐姐们就负责所有的收尾工作,比如装饰金箔什么的。我并不真的觉得我们能帮上什么大忙,但可能对于爸爸妈妈来说还是会好那么一点。

对于父亲,密斯形容他是一个不愿意做商人的石匠——他与当时的时代变化与价值观念不可避免地有些碰撞:"关于资本主义投机经济学,他什么都不懂,做一件东西,他会对客户说,'我需要三周,而且这东西的花费太大了,你得在我交货的时候就付款。'这就是一个石匠的方式,但商人绝不会这么做。毫不考虑灵活变通与长期的利润,只顾着短期的收益,也不能帮助生意度过艰难的岁月。"密斯搬到柏林之后,再回到家时听到埃瓦尔德与他父亲的争论。"我的哥哥会说,'看,我们可以做这样的,还有这样的装饰,那些繁琐的东西完全没必要。尤其是当它处于建筑外立面的高处时,没人会凑近去看。'我爸爸则对他那套毫不理会,'你再也不是个石匠了!'他会说,'你知道科隆教堂塔尖上的装饰吧?就算你没法子爬上去看个仔细,但那里的装饰却雕刻得好好的,它是献给上帝的。'"

尽管密夏埃尔崇敬传统,但他也无法一直活在过去:德国工业革命与恺撒的新帝国已经近在眼前。公会制度通过之后,工艺培训也被纳入了学校体系，在以往教授经验技艺的基础上，同时将理论知识引入其中。10岁的路德维希离开小学之后就被送往教会学校，度过了从1896~1899年的三年时光。基于这间教会学校在莱茵兰享有的盛名，我们推测密斯在当时也应是一名有前途的学生。然而，密斯晚年接受采访时却说他"并不算个好学生"，这意味着比起智力的天赋，他是一名更加偏向实践能力的学生。13岁的密斯本应已经完成学业，但他的父亲却让他继续在Spenrathschule中等职业学校——就像埃瓦尔德一样——就读两年，在那里他获得了两年的全额学费奖学金，这也表明了密夏埃尔在家族抱负与家庭条件受限的情况下对于他们学业的信心。

"这所职业学校，"密斯在后来回忆道，"不像工艺学校那样，它提供的是能让两年后的毕业生在车间或者办公室里找到工作的课程。绘图压力非常大，因为人人都需要掌握。这种课程的设置不能只靠头脑和理论去理解，它基于经验，也基于对那些工匠们必须要使用的工具真正的熟悉和了解。"他也提到在亚琛也有其他"更高层次的"四年制技术学校，比如机械建造和建筑工程学校。他还提到了提供理论课程的Hochschule大学。然而他心系那些训练有素的人们："他们的工作方式是完美的，我宁愿和他们打交道，也不愿意和那些Hochschule的人在一块儿。他们绘制图纸非常熟练——比如一个屋顶框架，细节堪称完美。他们所学的正是在工作中所需要的，而且技艺相当纯熟。"

上述这段话被记录下来时，密斯已经82岁了，此时的他早已可以理性地看待自己所受过的训练，他从没有入读过亚琛的高等院校，这或许可以部分解释他为什么会对基于实践的建筑教育怀有同理之心。他接受的正式教育很少，这让他的手上磨出了老茧，而且极为重视在职业学校毕业后在工作现场和工坊中获得的经验。15岁的密斯在当地的建筑工地当了一年学徒，之后在亚琛的几个工作室中担任了四年的绘图员。他这样回忆年少时期那些房屋被建造起来的方式：

> 先有人开始挖地基，铺设砂浆层、熟石灰，然后让这些熟石灰自由流动。接着便是砌砖。我们的工作也由此开始。我们并不用混凝土，至少不用这些做房子的基础。房屋的基础由被放置干燥的砖砌成，也不用粘合剂，只是在砌好的砖上抹砂浆。我们必须自制砂浆，用类似半圆柱的肩挑板来运输。我们还用它装砖块和石头，一只手扶着肩挑板，另一只手则用来爬梯子。谁运得最多，谁就是老大。

一旦你在那里，在墙上，便是良好的开始。你学会了慢条斯理的工作，而不是像野生动物15分钟后就会疲倦，你在那里，可以安静地工作好几个小时。如果你真的经验丰富，你会学着如何做转角，那是非常复杂的。大多时候我们会把砖头交叉砌筑，不过偶尔我们也会犯些错误。工头却会让我们继续干活，等到一面墙砌好了，他又会说，"好吧……这样不对，把它整个拆了吧。"最后，当我们的活儿完成之后，木匠们就会接替我们，而我们此时又会有非常重要的任务——为工人们沏咖啡。

我们有一些小咖啡壶，还会给他们买来那种2芬尼的开水。我们将咖啡粉倒进壶里，然后向里面冲开水，再把这些递给工人们。花5芬尼，我们还可以买到一些香肠，或者是那种你能从家里带来当主食面包和奶酪。要想喝到荷兰产的那种杜松子酒，你就得等等，等到这周结束的时候领了工钱，那你就能买这些酒来喝了，5芬尼一小杯。

在密斯的叙述中，这个时候的他已经16岁了，却还没有领过一天的工钱。是时候结束他的学业了，至少也应该结束家庭对他的供养了。因此路德维希便去询问他一直干活的公寓住宅项目的主管，是否可以拿到工钱。

答案显然是不能。他不用付任何工钱已经让我在这里白做了一年：为什么他现在就要开始给呢？

碰巧，我在学校的一个朋友这时候知道镇上有人在招绘图员，我能绘图，在学校上学的时候我就很擅长这个，而且我在制作墓碑的工作中就已经做过所有相关的事。所以我向马克斯·菲舍尔（Max Fischer）经营的灰泥装饰厂求职，希望成为一名绘图员。

我得到了这份工作，尽管他们让我在办公室而不是在工坊干活。我得管理卷册、贴邮票、骑自行车给工地上的工人们送工资。我至少这样干了半年。

后来，首席绘图师被召入伍，我就被提拔成制图间。起初我认为自己知道怎么画图，然而，开始工作时我才知道，我们得在那种垂直靠着墙壁，从地板一直延伸到顶棚的绘图板上画图。你得在板子前站着画，而且决不能倚靠在上面；只用手是不行的，你得挥动整条胳膊来摆弄它。我们把图纸做成房间顶棚四分之一大小的尺寸，之后将它们送到模型制作者手中。在这样重复工作中，度过了两年的时光，即使现在我闭上眼睛也能绘制出那些椭圆形轮廓。

图 1.5
密斯家族的墓碑，位于亚琛的西部公墓（1929），由埃瓦尔德·密斯设计和建造。密斯这位做石匠的兄长是杰出的手艺人。他的作品清晰、直观和经济，属于典型的"密斯风格"。

罗汉：你做过各种风格吧？

密斯：所有的历史风格，加上现代的，所有可以想象的装饰品。

罗汉：你自己设计过什么吗？

密斯：当我有能力的时候才会去设计——这并不像听起来那么容易。

密斯从装饰厂的离职非常突然。他的老板为了一个绘图上的错误大发雷霆，做了非常鲁莽和意想不到的威胁性举动。密斯非常强硬，"你敢再试一次吗？"密斯警告说，那人退缩了。之后密斯便收拾好东西离开了。"记住这点，"密斯告诉罗汉，"他还让警察把我带回去，好像我是他的学徒和附属物一样！可事实上我只是个实习绘图员。这两者是不同的！"密斯有着他自己的骄傲。"哥哥也清楚这一点。警察到场后他毫不犹豫地告诉了他们这一点。'回去吧'他说道。警察便走了。没什么别的事情发生。我和那个人、那份工作已经结束了。"

密斯与他的哥哥关系非常密切，对他而言，哥哥远比父母或者其他姐妹更加亲切。埃瓦尔德就像是密斯的守护者，也是他的精神顾问。兄弟俩兴趣相同，也都极具天赋，尤其是在如今被称为平面设计这方面。1929 年，埃瓦尔德设计并建成了位于亚琛西部公墓的密斯家族纪念碑，这同时也是现代主义无衬线图形的绝佳实例。低调而精致的标记恰好彰显出他的水准（图 1.5）。

埃瓦尔德一直在亚琛生活，终身未婚。路德维希则是踌躇满志，以他在菲舍尔工厂里展现出的技艺，再回到家里的工坊已经不太可能。根据密斯的论文我们得知,在 1901～1905 年间,他在亚琛曾为两位建筑师工作过,其中之一是"建筑师戈培尔",而另一位则是"建筑师阿尔伯特·施奈德(Albert Scheider)"。具体的雇佣时间已经不可考证。在这四年间,除了工作和待在家里,密斯还在他所提到的"夜间和周六职业学校"学习。

"我不知不觉间(对建筑)有了感知。"密斯这样告诉罗汉。

> 亚琛的一个建筑事务所(可能是施奈德)要在市中心为蒂茨公司(Tietz)设计一家大型百货公司的分店。建筑师为这座建筑设计了一个极具装饰性的外立面,但其实这一设计远远超出了他的能力,他画不出来。于是他问我是否可以。我说'可以。'他想知道得用多长时间。我说,'你想今天晚上就要?还是可以多给我点时间?'当我说这话的时候,他像在看个骗子一样看着我。'明天给我吧。'他说。然后我做到了。从此他就让我为他工作。
>
> 与此同时,蒂茨公司决定转由博斯勒和克诺尔的大型柏林公司来负责百货公司项目,而密斯的老板施奈德则被降为协助性的角色。大批的建筑师、工程师和文员来到亚琛的事务所,密斯开始需要和这些来自大城市的训练有素的"入侵者们"共同完成工作,而他通过努力,达到了他们的标准。
>
> 罗汉:你是不是想说事务所的某人让你产生了去往柏林的念头?
>
> 密斯:他就是来自哥尼斯堡的建筑师杜罗,那是一个狂热的叔本华迷。就在叔本华的生日那天,他邀请我共进晚餐,而事实上我对这些事并不了解。

在对他女儿格鲁吉亚的采访中,密斯展开讲述了这个故事。"那天我去清理施奈德那儿的绘图桌,打扫时偶然发现了一本马克西米利安·哈登出版的名为《未来》(Die Zukunft)的周刊,还有一篇关于拉普拉斯理论的文章。我把它们全都读了,然而它们对我来说太难了。不过我还是对它们产生了极大的兴趣。在那之后的每个星期我都找《未来》仔细研读。自那时起,我开始关注精神方面的事情,还有哲学和文化。"

回到与罗汉的访谈,密斯继续说:

> 那晚杜罗对我说,"听着,你就甘心待在这小地方吗?去柏林吧,那里正是当下的中心,一切都在发生。"我回答道,"说得容易。我总不

能买张火车票就去柏林,然后站在波茨坦车站再去思考何去何从吧。"

然后他从桌子的抽屉里拿出一本《未来》,或者是什么别的建筑杂志。那上面有两栏分类广告,都在招绘图员。一个是在里科斯多夫的新市政厅,另一个是去柏林的莱因哈特和苏森古斯大公司做送图纸等的一般工作。"只要送图纸"——广告这么写道——"没有其他要求,不需要文凭,也不需要推荐信。"所以我寄去了一堆自己的介绍,也收到了两个地方的录取书。里科斯多夫的项目答应每月付给我 200 马克,这比另一处少了 40 马克。但是杜罗说,"去里科斯多夫,我有个好朋友在那儿负责这个项目。他叫马尔滕斯,是个来自波罗的海的好人,也是个辛勤的建筑师⋯⋯最重要的,他是一名艺术家。"

是时候搭上去柏林的火车了。在离开时,密斯让出了他在家族企业中的权利。在 1927 年及 5 个月后的 1928 年,密夏埃尔与阿马莉相继过世后,密斯的哥哥将全权拥有家族企业。尽管埃瓦尔德时不时地会称自己是名建筑师,但多年来他都是以石匠的身份出现在亚琛的地址簿上。在德国的 19 世纪 20 年代末,"挂牌开业"就算是法律承认的专业建筑设计师,可埃瓦尔德却从没受过相关的培训。

⋯

与威廉社会的男性统治一致,密斯家族中的女性总是含糊地出现在记录中。当密斯谈到他的母亲,正如他在回忆与母亲同去教堂时所做的那样,他显得深情而充满尊敬,却又含糊其辞。关于密斯的姐妹埃利斯和玛利亚却几乎没有任何记载。1991 年的她们还在 Vaalser 街上离家不远的地方开杂货店,那时候她们还都是单身。这家店一直经营到 20 世纪 50 年代。等到结婚时,埃利斯已经年过五旬,而她的丈夫约翰·约瑟夫·布利斯则是个鳏夫,还带着十几岁的儿子,玛利亚则终身未婚。

年老的密斯声称自己对童年时家庭生活的印象已经非常淡薄,并把原因归咎为他 19 岁时的"年少离家"。他的父亲是名"严厉的独裁者",而母亲却对父亲"言听计从"。密斯说"他对与父母的关系并没有什么感觉"。尽管如此,他还是能记得父亲的责骂:"又在读这些蠢书!"

无论我们如何寻觅有关密斯早年生活的零星记载,都找不到那些具有特殊指向的片段。他个人的自信主要源自他作为绘图员的能力,年少时他的这份天赋就已经足以打动那些遇到他的专业人士。19 岁时的他还不习惯长途火车旅行，更别说德意志帝国的首都这样令人生畏的目的地。在旅程刚刚开始 48 公里时他就开始极度恶心，这种感觉直到火车抵达第一站科隆时也没能减轻多少。"8:15 左右，"密斯在与罗汉的访谈中回忆道，"火车又开了。8:16 的时候我打开窗户，探出脑袋吐了。"他的痛苦一直持续到双脚踏上柏林的土地那一刻。可当坐上去里克斯多夫的出租车时，密斯再次开始反胃。他离开了那辆车，坐在路牙上等着恢复平静。然后他坐上手推车，经过漫长的忍耐，终于到达了他的目的地——市政建筑部门的办公室。

第 2 章
学徒期，婚姻，以及世界大战：1905～1918 年

即使从没有独立设计过，但我想自己能够建造一栋房子。
——密斯，对他的第一个业主这样说道。

一面巨大石墙被切开一扇窗户，你看到了多少，即意味着你能做什么样子的建筑——这就是建筑！
——密斯，回忆起佛罗伦萨皮蒂（Pitti）宫时这样说道。

我想用我热烈而年轻的心去爱你。
这是密斯对埃达·布鲁恩（Ada Bruhn）求婚时的话语。

在他的身上，有着一些脱离世俗的公约，却蓬勃而自由的生命力。
MARY WIGMAN 评价密斯

虽然在柏林的轨道之内，里克多夫（Rixdorf）却是独立的，它的增长速度十分迅猛，正需要一个新的市政厅。当时，建筑师莱因霍尔德·基尔（Reinhold Kiehl）"美丽别致"的设计正在施工中，密斯便被分配去做基尔为理事会设计的新哥特式镶板的细部。至少密斯在菲舍尔的工作室里磨练的绘图功底让他能够游刃有余。然而后来密斯回想起来，那些细部都是木头制作的，而"一直以来我都是在和石头、砖块、砂浆等这些材料打交道，无论是在学校，家里，或者是学徒期，我在亚琛都从没有学过如何处理木材。"然而密斯的工作很快就因被德国军队应召入伍而打断了。

"那是我入职还没多久的一天……"密斯回忆道。

我们奉命到训练场训练，无情的雨水不停地从我们戴着的那种老式又滑稽的、带尖刺的头盔上滚落。当我们听到命令"注意！"时，我们队第一排的一个新兵没来得及考虑就伸手去抹脸上的雨水。此时负责训练的战士便狂怒起来，这种行为在军队是违反纪律的，绝不能容忍。随行的队长也同样愤怒，既然装备已经湿了，我们便被要求全体在倾盆

大雨中继续操练，一直到那天晚上8点。整个事件，这完全是愚蠢的，让那么多士兵冒雨练习是毫无意义的，它的主要效果只是让我第二天躺在床上动弹不得，身体状况非常糟糕——不仅是我，还有其他60多人，我们都被送到医院，在那里我被检查出肺部严重感染。

由于军队里仍然有很多体魄健康的人们，他们并不需要像我们这样的"残疾"，我以"不适合服役"而被解雇。

1905年后期或1906年初，密斯恢复了他对木材的研究，甚至比之前做的更多。首先是作为一名雇员，同时也是一名学生，他开始接触当时在德国艺术界最杰出的一颗多才多艺的灵魂，也是在他生命当中第一个具有历史意义的人物：布鲁诺·保罗（Bruno Paul）。

1894年完成德累斯顿（Dresden）的学业之后，保罗便搬到了慕尼黑，德国最进步的艺术中心。巴伐利亚的首都就是反对19世纪末欧洲公民帝国主义唯物主义价值观的核心地区。对于保罗来说，19世纪90年代代表着德国新艺术的兴起。针对19世纪80年代使用的再生方式，它的蛇纹线条和扁平化的抽象图案为人们提供了另一种选择。不仅是在绘画和雕塑方面，在功利主义艺术面前也是如此。保罗同时也是一位颇有成就的插画家。他从1894年到1907年为慕尼黑的讽刺杂志《同步画派》(*Simplicissimus*)贡献了无数具有社会自由主义和原型社会主义的画稿，集中体现了他对于帝国主义的反对立场。

新世纪的最初十年，保罗的兴趣转向建筑和应用艺术，尤其是家具艺术。德国的设计团在1904年的圣路易斯世界博览会上赢得了全世界的赞誉，而当时的评论家们都称他是这个团体中令人印象最深刻的成员之一。在1906年德累斯顿举办的第三届德国工业与应用艺术展览会上，保罗再一次凭借一些清脆而几何化的装饰设计赢得了出色的表现。

保罗在1907年时已经搬到了柏林居住，然后慕尼黑成为了德国的国家艺术之都。在那里他被任命为柏林昆士兰博物馆（应用艺术博物馆）教育部门的负责人。这在德国的学术官僚机构中具有相当的权威地位。讽刺的是那些在激烈的文化转型时期中由传统力量与激进力量的对撞中衍生出来的从属关系。尽管皇帝对于新艺术表示出赞赏的态度，但是他在审美与政治上的倾向都是非常保守的。如果皇帝他知道保罗为《同步画派》画过的画，他应该会终止这项任命，尽管其他人一样知道这一点，保罗仍继续在笔名凯勒曼的掩护下为《同步画派》作画。

保罗是德意志制造联盟的 12 位创始人之一。德意志制造联盟创建于 1907 年,逐步发展成为了德国艺术、工艺和建筑的重要进步力量。这一支力量是从英国工艺美术运动中衍生而来,目的是努力提高所有工艺品的质量。英国工艺美术运动的主要精神人物威廉·莫里斯对于由机器生产对工艺品带来的非人化的影响深表遗憾。德国工艺艺术运动则从中世纪的工艺模型中获得启发,怀着将所有工艺品与德国社会的文化理想统一起来的模板,德意志制造联盟的存在让手工制品和工业制品都有了某种程度的改良。英语对于德国设计的影响也十分深远。柏林建筑师赫尔曼·穆特修斯(Hermann Muthesius)就发表了《英国建筑纪实》(monumental das englische haus)(1904～1905),在这部作品中,他提出英国建筑在舒适性、非正式性和经济性方面均有出色表现,这与 19 世纪 80 年代在德国高涨的住宅设计上对历史主义的大吹大擂相比更为优异。

新世纪的德国先锋队也在客观性——由事实、客观和清醒组成的——旗帜下接受了文体的约束。到 1905 年,一种全新的具有自身图解的形式语言出现了。几何形式取代了新艺术风格中的有机曲线,一种模拟新古典主义的方式在此时代表了清晰性与可预留性的特点。布鲁诺·保罗的作品也走向了一种低调而精准的风格,似乎能从其中找到 19 世纪初流行德国的稳健保守的彼德麦式的装饰元素。

...

密斯在为保罗工作期间,报名就读了保罗的两所柏林学校。他迅速地开始沉浸于家具设计之中,甚至开始尝试版画。1906 年的一天,密斯在约瑟夫·波普(Joseph Popp)工作室进行木刻时,通过观察画家埃米特·奥尔利克(Emit Orlik)的助手,他也协助为她的草坪设计了一个水盆,波普的设计显然受到了她的青睐。几周后,她兴冲冲地又回来找到他们,原来她与她在弗里德里希·威廉大学任哲学教授的丈夫阿洛伊斯·里尔(Alois Riehl)想要在柏林上流区 Nubabelsberg 建造一所房子。他们对已经成名的建筑师并不感兴趣,而是希望能够推进一位年轻的天才建筑师的设计事业。波普便推荐了当时还未满 21 岁的密斯。

密斯在与罗汉的访谈中继续讲述了这个故事。里尔夫人(Frau Riehl)当时问他自己曾经设计过什么作品,"我说,'没有',然后她回答道,'不行,我们不想做实验品',我便说,'即使从来没有独立设计过,但我想自己能够建造一座房子。如果每个人都坚持必须要真的自己建造过什么东西，那么生活会变成什么样子呢？我会成为一个毫无作为的老人。'然后她笑了起来，说她想我也能见见她的丈夫。"

里尔夫人随之宣布她和丈夫将会在当晚举办一个正式的晚宴，她也邀请了密斯。

"我永远不会忘记这一晚，一开始（波普）告诉我必须要有一件晚餐外套，我当时根本不知道那是什么，然后他说，'你可以在任何地方买到一件，或者租一套。'"

然后，我绕着保罗的办公室走了一圈，直到借到了足够的钱去买一件晚餐外套。当然我并不知道应该打什么样的领带，我就选了一些黄色的富有野性的款式或者是别的什么疯狂的款式。等到了那天晚上，我来到了里尔在柏林的公寓，电梯里除了我还有两个人。他们穿的十分花哨，穿着燕尾服的男人衣服上挂满了金牌。我猜他们肯定和我要去同一个地方，于是我让他们先走。门打开的一瞬间我几乎感到眩晕。我看到了他们像鱼一样穿梭，又像溜冰者那样滑过了木地板。我甚至害怕有可能会摔断自己的脖子。然后主人来了，他们轻松地一个个问候客人。这真是太厉害了。

图 2.1 阿洛伊和索菲·里尔住宅，位于波茨坦－新巴伯斯贝格（Potsdam-Neubabelsberg）（1907）。里尔住宅是密斯在 21 岁时独力设计，是他第一座在现实中建成的建筑。其委托人是德高望重的柏林哲学教授和他的妻子。这对夫妇自此一直都很喜爱密斯，并把他领进了他们的家庭和社交圈。这是密斯第一次接触上流社会并取得成功。

图 2.2
里尔住宅，位于波茨坦－新巴伯斯贝格（1907）。本图为花园方向的视图，处于街道对面靠下的位置。住宅巧妙地结合了两侧截然不同的海拔高度，一侧俯瞰着由防护墙合围的花园，另一侧（如图所示）与敞廊结为一体，可以欣赏到通往格里茨湖（Lake Griebnitz）的宽阔斜坡。从最早期的作品开始，密斯就致力于将建筑和景观统一起来。

晚餐后，里尔教授邀请我到了图书馆，在那里他向我询问了各种问题。然后他说：'我们不要让客人们等太久了，先回到沙龙吧。'然后回到他妻子那里说：'这个人将会来建造我们的房子。'听到这句话的她简直震惊了，难以置信地看着她丈夫，于是她开口问道能不能第二天再次和我见面。我说我正在为布鲁诺·保罗工作，他正要我为他设计一个网球俱乐部会所。为什么不问问他对我的看法呢。后来他告诉我说那时候他妻子对他说："你知道密斯是有天赋的，但是他太年轻了，还是缺乏了一些经验。"

布鲁诺·保罗问我是否可以在他的工作室里做设计，我拒绝了他。他简直觉得我疯了。他那时候只是根本不明白。现在我得到了一个任务，等到房子建成后，他问我能不能给他一些房子的照片，好放在学生作品里去展览。后来我才知道，那时他对别人说，'房子这事只有一件是错的—那就是我没有去建造它。'他给了我足够的尊重，一点都没有心胸狭窄的意思。尽管里尔住宅里的很多家具都是定制的而并非独立设计的。

次入口所在的地下室被隐藏在这面墙之后，可以沿着倾斜的草坪跑到一条过道上到达。

建筑的选址有极具对比性的迷人景观：街道的一边是精致而平整的草

图 2.3
里尔住宅的大厅（或客厅），位于波茨坦－新巴伯斯贝格（1907）。壁炉的镶板墙壁和方形瓷砖反映了密斯对当代英国住宅建筑的兴趣和了解。

坪，另一边则是宽阔的斜坡与遥望的远景。建筑平面非常清晰，而室内的设计却在这一时期显得克制而内敛。一楼的大房间，或者说是大厅的风格则是德国建筑师穆特修斯（Muthesius）颇为称赞的英国本土形式（图2.3）。然而，如果说英格兰风格间接影响了大厅的平面设计，那么它更直接的装饰风格则来源于保罗为1906年德累斯顿展览会上所设计的餐厅。密斯用木格网来做墙面的图案，与空白的墙顶饰带搭配在一起，摒弃了墙裙，却产生了一个较之他老师的作品更为抽象（且成本更低）的装饰效果。此外，密斯采用了当时全新的语汇：釉面橱柜上的新彼得麦式的木横梁再一次指向保罗，在前门装饰性的窗饰可以追溯到当时一本在德国掀起广泛讨论的设计书籍《保罗·梅贝斯1800》。梅贝斯反对近年来德国本土过度的设计风格，并呼吁德国能够重新回到19世纪初的简洁风格之中。

对于密斯来说，设计里尔住宅真正的收获是他与这位殷实的业主（图2.4）建立起来的私人关系。房子建成的时候，63岁的阿洛伊斯·里尔正是德国哲学和柏林更广泛的文化共同体的代表。他是一位重要的新康德主义者，是

图 2.4
密斯在 26 岁时着正装在里尔住宅处留念。大约拍摄于 1912 年,为个人收藏。

一个多产的作家,也是一位早期研究弗雷德里希·尼采的学者和评论家。当他和妻子苏菲拥有他们称之为克洛斯特里小修道院的房子时,他们便使用它来招待其他的同伴和社会精英。密斯,这位年轻的外来者很快就发现他很喜欢和 Riehl 一家打交道,而这交情也从此延续了下来。尽管他最近对哲学的兴趣的确吸引了里尔,但这完全不是教授和密斯产生深刻交情的原因,更多的其实是密斯极其吸引力的人格魅力。

在一种家长式和教导式的双重姿态下,1908 年,里尔一家自费将密斯送去由德国通到意大利为期 6 周的旅行。密斯在那里可以亲自参观学习那些以往只在梦想中的建筑。

那时约瑟夫·波普陪伴着密斯:

> 我们去了慕尼黑,应邀在那看了一个展览……因为里尔夫人非常喜欢它,她希望我们能在那观察到任何可以提高我们知识的东西。这是一次非常有趣的旅行。为了照顾我的口味,波普总是带我去博物馆,去看那些绘画。我完全理解他,不过我宁愿自己能够多待在户外,看看这座城市的风貌,这感觉非常棒。然后我们经过布伦纳到了博岑(即意大利博尔扎诺),又去了维琴察,那里有帕拉第奥一些最重要的作

品。不仅有庄重的罗通达（Rotonda）的精美别墅，也有很多更为自由的作品。（阿尔弗雷德）梅塞尔设计的在万湖的美丽别墅则让我想起了在维琴察附近出自帕拉第奥之手的别墅。两者的建筑都拥有着优雅的细部，但是梅塞尔做的更好。这显然是出自一种敏感性，有的人就是拥有这份天赋。"

在后来的采访中，密斯也毫不吝惜表达他对于佛罗伦萨皮蒂宫的赞美之情，"一面被窗户切开的巨大石墙，你看到了多少便意味着你能做什么样子的建筑——这就是建筑！"

从意大利回来之后，密斯又去到了克洛斯特里，在那里，他遇到了很多来自柏林及其他地方的杰出人物。密斯与这些德国社会、工业界和学术界的精英们相互攀谈。里尔的客人们包括实业家 Walther Rathenau，语言学家 Werner Jaeger，政治家 Hans Delbruck，艺术历史学家 Heinrich Wolfflin，考古学家 Friedrich Sarre，哲学家 Eduard Spranger，非洲探险家 Leo Frobenius，以及心理学家 Kurt Lewin，还有像芝加哥医师 Charles Sumner Bacon 这样的外国访客。这些在里尔的宾客书目里详细记载着的名字，还包括很多历史记录，时间跨越 1911～1924 年，并最终在 2000 年曝光。

最近，里尔住宅（Riehl House）再次引起了大家的关注。发表在 2001 年密斯展览目录中的一篇文章中，巴里·博格多尔认为密斯的设计其实延伸到了建筑之外，环绕着周围的花园。这正表明了密斯与 20 世纪最初十年中新兴运动之一，"住宅改革运动"具有关联。"住宅改革正是抱着在大都市青翠的郊区里，新的空间营造会带来健康的生活和德国文化的伦理复兴这样的信念，积极寻求日常环境中意识形态上的正式改革。"博格多尔认为，密斯将房子本身与周围的花园整合到了一起，单独的房间与外部的建筑进行了精心协调，不仅如此，穆特休斯，在他另一部出版物《乡间别墅与花园》修订版中也提出"建筑花园"的概念时，便引用了里尔住宅，"具有内外交织的空间设计。"

1989 年柏林墙倒塌之后，有一个重大的发现进一步阐述了密斯的设计。这栋房子原本是柏林一对夫妇购买所得，但却在新业主发现了描绘房屋内部与外部的一组铅笔透视图（图 2.5）后才得以进行全面修复。这些图纸曾经躺在前一位业主的手提箱中暗自蒙尘，它们没有签名，但是笔法风格却是密斯的，线条自由且充满了确定感，有着与无数被认定为是密斯手稿的图纸中

图 2.5
在冷战期间，德意志民主共和国的政府接管了里尔住宅。政府曾使用这栋住宅办公，并在它的其他地方进行了极大的改动；在柏林墙倒塌时，它被政府遗弃，几乎成了一片废墟。1989 年买下这栋住宅的住户发现了一个隐藏的室内外草图，这是密斯已知的第一份图纸。这三幅草图展示的是备选体量方案。照片由德克·罗汉提供，为路德维希·密斯·凡·德·罗所有。经马吉特·克莱贝尔（Margit Kleber）许可使用。

相同的气息。这些手稿在本书中首次发表，它们也是已知的密斯最早的手绘图纸。建成的卧室与画中相同，但更有趣的（尽管不确定）是几个外部研究表明了这些手稿显示了一系列建造阶段。最早的是一个建筑前面的独立凉亭的剖面。如果这个设计被实现的话，也就没有足够的空间来容纳像是大厅那样的高阔空间了。一些学者的观点认为凉亭是在花园立面设计完成之后加上去的，就像诺伊迈尔（Neumeyer）认为的，"它就在旁边门的入口，"这一设计也与那些手稿相悖。

···

我们又一次应该感谢罗汉对密斯在里尔住宅建好时，有关密斯下一阶段职业生涯所进行的访谈，那个时候保罗·希尔施出现了。他是布鲁诺·保罗的办公室经理，在这之前他已经和彼得·贝伦斯（Peter Behrens）谈过，贝伦斯告诉他："瞧着吧，如果你发现了任何一个有天赋才华的年轻人，你就告诉我，把他带到我这儿来，"然后希尔施对我说，"就是现在贝伦斯！这儿就有一个一级棒的小伙子！你应该看看他"（图2.6）。由于贝伦斯是德国最著名的建筑师之一，密斯或多或少会通过自己或者是保罗而听说过他。贝伦斯和保罗在19世纪90年代时曾在慕尼黑见过面。他们同样受过绘画与图像方面的训练，通过装饰艺术自学成才走到了建筑学领域。

到了20世纪初，贝伦斯在德国新艺术派玻璃、瓷器和家具设计方面赢得了全国范围内的赞誉，也让他成为了渴望已久的德国应用艺术中心的达姆施塔特的艺术家圈子里的重要成员。1899年在能够俯瞰整座城市的马蒂尔德高山上举行了贝伦斯作品展，1901年，他完成了自己房子的建造，也为德国新艺术做了恰到好处的注解。几年之间，他放弃了城市与原有的风格，在1904年迅速转向了几何形式。此时的他已经接受了穆特修斯给他的推荐，接管了杜塞尔多夫工艺美术学校的董事职位。

贝伦斯，就像保罗一样，是德意志联盟的创始成员之一。1907年，他接受了柏林电器集团所辖的电力机构的职务，这一任命在以后对该公司和德国工业都产生了巨大的影响。尽管贝伦斯在初期被任命为"艺术顾问"，但在1908年末他已经负责所有的艺术形象工作，包括产品设计、广告，甚至是AEG对艺术的信奉。贝伦斯和拉特纳斯对艺术的愿景也被注入其中。贝伦斯为公司所设计的第一座大型建筑——德国造船展览会的AEG馆也在1908年的柏林展会上呈现出了这所强大的公司与新文化共融的精神。贝伦斯的理念开始被接受和认可：艺术家们已经接受了工业时代的事实，而且正在将它转化为一种可以服务于德国民族主义的文化。在很大程度上，贝伦斯对维也纳艺术历史学家阿洛伊斯·里尔的研究形成了他的立场，里尔认为艺术是社会、宗教和技术条件共同的承载体——时代精神。贝伦斯认为，时代精神在建筑艺术中是最具有启发性的。建筑师必须调查、理解和努力表达时代精神。但矛盾的是建筑师自己的意志才是平衡材料事实和这些因素的关键要素。

这便是密斯因被推荐而结识的建筑师，同时也是一位智者，彼得·贝伦

第2章　学徒期，婚姻，以及世界大战：1905~1918年

图 2.6
1913 年的彼得·贝伦斯（Peter Behrens）。"少就是多，"据密斯说，"我是先从彼得·贝伦斯那儿听说的。"

斯。尽管密斯已经在里尔住宅上获得了成功，但他也清楚地认识到此时开始自己的独立实践还为时尚早。1908 年 10 月，他受雇于德国最重要的建筑事务所之一的贝伦斯事务所，这成为了密斯生命中最重要的时刻之一。在接下来的四年中，密斯便在这里从事着国际范围内的专业实践。尽管贝伦斯在此期间的工作量很大，但他仍旧保持着对 AEG 的关注。上文中提到的他在 AEG 完成的第一座建筑物——造船展览会上的 AEG 展馆就体现着贝伦斯为他的 AEG 所设定的建筑主导风格：传统学院派的形式，偏重于古典，但却具有严格的功能与细部。八角形的展馆上方那低矮的屋顶，让人想起佛罗伦萨的洗礼堂和亚琛的查理曼大教堂。而那简洁抽象的表面正是贝伦斯在当时新采用的几何形状的重现。

贝伦斯的作品深受 19 世纪普鲁士最伟大的建筑师卡尔·弗里德里希·辛克尔（Karl Friedrich Schinkel）模型的启发，在拿破仑战争之后德意志文化历史异常丰富的时期，辛克尔在柏林度过了一生中的大部分时光，也发现了一系列具有内在性和都市主义非同寻常的建筑。尽管他有一些新哥特式的作品，但广为人知和赞赏的还是新古典主义的建筑作品，其中建造于 1823 ~ 1833 年的柏林旧博物馆（Altes Museum）尤其令人印象深刻。尽管这一建筑基于古典模式，但博物馆内开阔平面上具有的 18 颗离子柱却能将人的视线一直延伸到娱园（Lustgarten）、皇家城堡，以及辛克尔所设计的新哥特式云达不莱梅教堂。这附近，则是建造于 1818 ~ 1826 年的堪比卓越的柏林剧场（Schauspielhaus），几乎按照现代冲压窗口的顺序排列的几行简单的框架灯（窗）照亮了那些联锁立方体的形式而成的离子门廊。在御林广场上对称的建筑，在法国和德国大教堂之间，则形成了柏林最伟大的城市通道之一。

贝伦斯经常去探访包括上述在内的辛克尔的作品（图 2.7 和图 2.8）。他将这些作品视为极其辉煌的成就，也视为符合当下文体发展精神的作品。贝伦斯的工作人员经常陪他探访辛克尔的作品，这种经历成为了密斯与这位建筑师兼艺术家的第一次长时间接触，也让他很快就极为欣赏贝伦斯。密斯对于辛克尔的热爱是在他 1911 年后开始为贝伦斯工作后，当时，他成为了这位大师几个古典语汇建筑项目的得力助手。

图 2.7
新岗哨（The Neue Wache, New Guard House），由卡尔·弗里德里希·辛克尔设计，位于柏林（1816）。坐落于柏林市中心林登河畔（Unter den Linden）的这座建筑是德国新古典主义的杰出典范；它深受彼得·贝伦斯的喜爱，也是密斯的研究对象。1930 年，密斯参加了一场为纪念一战德国阵亡将士而举办的竞赛，但他并没有获胜。竞赛中设计的内容计划建在这座新岗哨的下层。

图 2.8
辛克尔设计的新展馆,位于在柏林夏洛滕堡宫(1825 年)。在建筑的方形方案中,有两个相对的立面一模一样,脱胎于那不勒斯的吉亚塔莫皇家别墅(Villa Reale del Chiatamone)。从当年的角度来看,其细微处的优雅和简洁令人惊叹。

  1909 年夏天,也就是密斯为贝伦斯工作的两年前,密斯参加了由德国花园城市社团(German Garden City Society)组织的考察团,参观了汉普斯特德(Hampstead,Letchworth,Bourneville)和阳光港,他还自己去了伦敦。在伦敦,德国画家海因里希·福格勒(Heinrich Vogeler)和哈根民俗博物馆的创始人兼总监,同时也是德国先锋艺术的赞助人之一的卡尔·厄恩斯特·奥斯特豪斯(Karl Ernstosthaus)共同陪同密斯访问了德国花园城市展览。这个展览很可能也有着贝伦斯的参与策划,毕竟他是奥斯特豪斯最亲密的朋友之一。还有一种未被证实的说法是密斯也曾经再次跟随德国花园城市社团在 1913 年去往英格兰旅行,在那里密斯参观了伦敦、伯明翰、利物浦和莱奇沃思。可以肯定的是在当时的德国一定异常热爱园林艺术,而英国毫无疑问是他们在专业学习上最热衷的目的地。

  在贝伦斯的事务所,密斯的职位比沃尔特·格罗皮乌斯低一些。格罗皮乌斯比密斯提前一年进入事务所,他与密斯年纪相仿,却有着截然不同的背景。1883 年,格罗皮乌斯出生于一个殷实的上层阶级家庭,他从小就享受着财富、地位以及家庭传统可以赋予他的一切好处。完成训练课程之后,他进入慕尼黑技术高等院校学习了一学期后返回了柏林。他留在首都进行了一次简短的建筑学徒训练,之后便在汉堡著名的魔杖骑兵军团——这与密斯作为普通应召入伍士兵的短暂服役相反——作为志愿者服役一年。1905年格罗皮乌斯恢复了建筑学习，入学柏林-夏洛藤堡技术高等院校。两年后他去西班牙旅行，结识了奥斯特豪斯，之后格罗皮乌斯便被他推荐给了贝伦斯。

这两位雄心勃勃的年轻人，同时也是建筑界的中坚力量，在长期的接触中几乎是天然地发展出了相互谨慎的态度，而在他们漫长的人生中，有时他们又会显得敌对。在他们共同为贝鲁斯工作的两年中，格罗皮乌斯的专业是更为精进的，他也是位更为先锋的设计师。1910年，格罗皮乌斯离开贝伦斯，与贝伦斯的另一位得意门生阿道夫·迈耶合作，在柏林成立了组合。格罗皮乌斯坚信自己有着与贝伦斯同等的天赋，而且坚定了自己是一位现代主义者。1911年，格罗皮乌斯和迈耶设计了法古斯工厂，这是一个纯粹的棱镜，地板由钢架和透明玻璃墙壁支撑，凸显了角落处结构的缺失。这座建筑表明了格罗皮乌斯对于工业材料的坚定信仰，这也是他早期现代主义建筑最重要的作品之一。

与格罗皮乌斯相比，10年后的密斯更为保守，更为靠近德国的主流地位。现代性是一回事，但被极端地崇拜又是另一回事，现代性已经足够了的观点在当时很受主流社会认可。1910年，也就是格罗皮乌斯设计法古斯工厂的前一年，评论家安东尼·乔曼写了一篇关于密斯的利尔住宅的述评。对乔曼而言，这座建筑集中体现了年轻一代的建筑风格，正如他所述，新的增长，"不是出于新奇的冲动，也不是为了努力向前迈进，正相反，与过去十年（19世纪90年代）相比，他们的作品仍然是内敛的，甚至具有冰冷的批判意味。这些年轻人们究竟想要什么？正如他们避免任何激进主义的行为，他们寻求解决和平衡，更青睐新与旧之间的"黄金"平衡。"

除了一些确切的二手报告之外，我们对于密斯为贝伦斯所做的事务只得到了少部分信息。1908~1909年间，由贝伦斯设计的涡轮大厅是AEG在柏林最著名的建筑，在20世纪60年代一次对于涡轮大厅的探访中，密斯对德克·罗汉说他曾经参与过那个著名建筑的立面设计工作，而且仍然能记得它的尺寸（图2.9和图2.10），不过密斯并没有承认过他对其建筑设计负责。一位著名的贝伦斯学者，斯坦福·安德森曾经在1961年报道过一篇采访，在这篇报道中，密斯承认他参与了1910~1913年的小型汽车工厂以及1911~1912年的大型机器装配大厅的设计工作，但是并没有提到有关涡轮大厅的传闻。传闻密斯设计了在哈根的费尔德曼和施罗德住宅的内部装饰与家具。

图 2.9
透平机车间（AEG Turbine Factory），由彼得·贝伦斯设计，位于柏林－莫阿比特（Berlin-Moabit）（1909）。图示为建筑南立面。密斯在贝伦斯的事务所里作为专职建筑师参与了设计。照片来源：AEG-Telefunken。

　　1910 年的某一天，也就是另一名注定要成名的年轻建筑师查尔斯·让纳雷（后名勒·柯布西耶）在贝伦斯的事务所被雇佣了几个月不久，密斯离开了事务所回到了亚琛。密斯在回忆勒·柯布西耶的时候说："我曾经和他有过简短的照面，当我正要进办公室的时候，他正要出去，所以我真的没有机会去结识他。"，对于促使密斯离去的原因，至少有一点曾在 1911 年的一份文件中提到过——萨洛蒙·凡·德芬特（Salomon van Deventer）与密斯的谈话记录。8 月 29 号，当时作为荷兰工业家克雷勒（A. G. kröller）的助手凡·德芬特——贝伦斯正在为他设计坐落于海牙附近的住宅，而密斯作为当时的项目建筑师——给克雷勒的妻子写了一封信，他在信中指出当时贝伦斯的一位不知名的雇员和密斯在专业上的矛盾已经变得极其尖锐，也因此密斯"在一年后离开了（贝伦斯），就在他与贝伦斯分开的那一年，他也意识到了贝伦斯的伟大。他认定贝伦斯是唯一能够让他学习到一些东西的建筑师，因此他带走了所有东西，然后回到了贝伦斯，在那里他已经度过了 9 个月。"

图 2.10　图中所示是贝伦斯为透平机车间设计的三铰链骨骼式的拱形结构弹簧点,该建筑位于柏林的莫阿比特(1909)。德克·罗汉和其祖父在 20 世纪 60 年代参观了这座建筑,密斯也证实他曾参与过这个著名东侧立面的设计工作。

在亚琛期间，密斯第一次有了能够独立设计大规模建筑的机会。1910年，参加奥多·冯·俾斯麦（Otto von Bismarck）纪念碑设计竞赛中，密斯强烈地吸收了对于他早期风格最具影响力的两种力量——辛克尔所带来的灵感，以及贝伦斯所带来的建筑语汇。这一由复杂的图纸与拼贴画呈现的设计是密斯的职业生涯中首次闪现出他的设计天赋。

经过两年的准备，柏林政府在 1909 年宣布了为俾斯麦设计主纪念碑的竞赛。这位政治家极大地促成了祖国的统一和德意志帝国的形成。在他去世后的 1898 年，俾斯麦已经成为一个爱国主义的独特象征，这也意味着纪念碑的设计应该十分独特。时值这位 1815 年出生的铁血宰相 100 周年的生辰之际，这一天也成为倾注德国统一的日期。在那个时代，民族志向与民族主义忧虑的分割线很容易被模糊，就像在竞赛简报中所反映的一样："俾斯麦纪念碑必须站在那些四面楚歌、受到严重威胁，仍然忠实捍卫着德国边界的地区"（这意味着就是莱茵兰）。纪念碑就是德国高调发送给法国的讯息。

这座纪念碑将被安置在 Elisenhohe 高山顶 400 英尺处，它仿佛是一个虚拟的指挥官矗立在宾根（Bingen）的莱茵河西岸。简报中要求纪念碑需要设计在河边，在相反的位置则包括了一个节日广场，任何一位德语系的建筑师、艺术家或者是雕塑家都可以参加这次竞赛。每一位参赛者都会收到一份现场场地图以及 5 张现状照片来供学习或是纳入到提交材料之中。竞赛截止日期原本是 1910 年 7 月 1 日，后来被延长到 11 月 30 日。这一竞赛引起了各方极大的兴趣，最后提交的 379 份作品被隐藏了参赛者的社会和专业地位之后进行了盲选。

密斯与"雕塑家"埃瓦尔德（Ewald）合作参赛，他们忽略了自己年龄的顺序，称他们的组合为"L 和 E Mies"。由辛克尔的作品所激发的灵感形成了题目方案中沉闷而庄严的风格（图 2.11 和图 2.12）。那是一个由河边的露台支撑起的高高在上的巨大平台。平台传送着五个相互连接的建筑组群，这些建筑物由垂直于河流的两行平行柱廊组成，围合成一个节日庆祝的空间。每一个在河端的柱廊都有两个强大的塔架，由塔架围成的半圆形的圆柱形墙（用古典术语表示为一个开敞谈话间）也以柱廊的形式出现在莱茵河上。在开敞谈话间里，将会有一个巨大坐着的俾斯麦的肖像，这也是唯一在设计中的象征性元素，表示着远离这条河（但朝着法国方向）俯瞰着节日广

图 2.11 俾斯麦纪念馆竞赛的参赛作品,拟建地点位于宾根一处可以俯瞰莱茵河的位置(1910)。密斯出色的制图能力在他提交给竞赛的两幅大型彩色作品中得到了体现,本图为俯视图。

图 2.12 俾斯麦纪念馆竞赛的参赛作品,是由"L 和 E Mies"(1910)所作的彩色透视图。半圆形殿内的俾斯麦雕像拟由埃瓦尔德·密斯(Ewald Mies)设计;埃瓦尔德并没有创作写实雕塑的记录。我们可以将图示的方案与贝伦斯设计的圣彼得堡德国大使馆(图 2.15)相比较;密斯也参与了后者的设计。图片由纽约现代艺术博物馆的密斯·凡·德·罗档案提供。

场。虽然传统意义里古典庙宇的焦点——在密斯的介绍中——雕塑几乎没有被过分渲染,只是在列柱中隐匿地呈现。

密斯深化了建筑群的设计,并且效仿他为贝伦斯工作时候的方式,对柱廊进行了细化处理。在柱廊、塔吊、石雕以及简化和抽象化的飞檐上,贝伦斯设计的德国驻圣彼得堡大使馆的风格都极其明显。密斯后来在使馆建造施工时开始了大使馆项目的工作,1909 年,这份设计就已经放在了贝伦斯的办公室里了。密斯的模型由贝伦斯的古典式组群以及最小的古典装饰构成,檐口减少到只有一条或两条凸出线条,柱子和壁柱则采取的纯石棱柱的形式

第 2 章 学徒期,婚姻,以及世界大战:1905~1918 年　31

而非标准的古典细部的自然主义成分，密斯使用了所有这些简化的元素，产生了一种指向未来的集合古典主义。尽管如此，他仍然依靠古典庙宇作为纪念碑的传送载体（他把他的作品称之为"德国人的感恩"）。密斯晚年，他承认在贝伦斯的影响下他"学习了什么是盛大的形式"。

  密斯清楚地知道，他的经历足以选择适合他理想的道路。平台上寺庙的立面形式和希腊式一样古老，密斯知道辛克尔很习惯这种形式。密斯的作品中，宾根的入口本质上是一个供奉半神者的典型古典庙宇，它被放置在一个非常浪漫的景观之中。这一手法可以追溯到1838年辛克尔出版的奥兰达城堡项目，那是一个为普鲁士王室而设的巨大展馆，意在为克里米亚建造一个指挥地点。密斯对传统古典主义语言和彼得·贝伦斯热衷于沃尔特·格罗皮乌斯那极端简化的竞赛作品恰恰相反。尽管如此，毫不意外，这两个方案都受益于贝伦斯自己在1907~1908年间设计的俾斯麦纪念碑，这个未建成的方案位于奥尔登堡的博克霍尔茨贝格的一处场地。

  虽然密斯的方案在风格上接近常规，但方案陈述中的图示能力却给评审团留下了深刻的印象。彩色的立面图和近8英尺宽的透视图捕捉到了设计概念中的组群感与庄严感，在关键的细部和材质上则具有令人震撼的阴影和极具说服力的现实主义。这种陈述已经可以让一个羽翼未丰的大师显现出来。1911年1月的初步评审中，密斯兄弟的项目在所有26个被选方案中成为了"被特别提及"的方案，评委称赞道"非常简单，却令人印象深刻"，但后来却因为"明显超支的建造成本"而被淘汰了。这场竞赛也变成了在20世纪初的十年间让德国艺术陷入混乱的传统观念与典型现代主义之间的一场激烈对抗。竞赛评审团由德意志联盟的两位创始人，穆特修斯和Theodor Fischer，保守型的动物雕塑家August Gaul、美学家Max Dessoir和AEG的Walther Rathenau组成。这个小组的一等奖由建筑师格尔曼·高尔（German Bestelmeyer）（西奥朵·菲舍尔的一位门生）和雕塑家Hermann Hahn获得，作品由具有显著克制感的柱子、树木，一座齐格弗里德的雕像，以及尼伯龙根之歌史诗中的杀龙者组成。一部分评委则反对评审团的决定，选择了出自建筑师Wilhelm Kreis和雕塑家布鲁诺·施密茨（Bruno Schmitz）的作品（彰显着他们对威廉二世的喜爱）——"浮士德"——作品是两侧有一对巨鹰的巨大圆顶大厦。其中一位赞成Kreis-Schmitz组的评委是位不亚于穆特修斯的现代主义的捍卫者——这进一步证明了战前的德国艺术审美的混乱。然而，建造俾斯麦纪念碑的计划却在第一次世界大战的战火中销声匿迹了。

· · ·

1910年期间，密斯有过一次在柏林短暂停留的机会，这时他结识了一位富有的律师兼当代艺术收藏家——胡戈·佩尔斯（Hugo Perls）。就像里尔先生一样，佩尔斯也将他的住宅变成了精英和智者云集的地方。"那是一个晚上"，他在回忆录里写道，"密斯·凡·德·罗来了。"密斯很可能是经由另一位艺术家邀请而来，尽管有人认为他和佩尔斯都是被来自柏林的上流社会中产阶级布鲁恩斯家邀请而来。密斯通过阿洛伊斯和苏菲·里尔认识了布鲁恩斯——他的女儿埃达将是他的未婚妻。在克洛斯特里（Klosterli）的社交生活让密斯受益良多，他开始寻找具有品位和影响力的人，比如佩尔斯。从佩尔斯回忆他与密斯见面的第一个晚上可以看出，密斯的个人魅力与专业吸引力在当时日益增长：

> （密斯）话并不多，但他所说的几句话都让我印象深刻。在建筑中，一个新时代的变革似乎已经开始，那些更优秀的建筑师考虑保留建筑物外部多余的装饰、角落和缝隙，凸起以及所有外立面上从属于浪漫主义风格的元素。一种新的古典主义正在形成，（同时）人们开始谈论建筑中的"尊严"……
>
> 密斯·凡·德·罗与传统形式无关，但这并不妨碍他欣赏它们。所以我们在辛克尔的作品中相遇并充满喜悦。我认为辛克尔是一个独特的现象，除了他，我想不出任何在他之前或之后的建筑师有能力能在一天中使用"哥特式"传统而接下来又使用"希腊式"设计，令人惊异的是他的作品从未失去原创性。
>
> 在格鲁内瓦尔德，泽伦多夫的克鲁姆湖附近，密斯·凡·德·罗建造了我们的房子。我太过于保守的想法导致了许多友好的冲突。房子本来可以更好，因为密斯是新建筑的创始人之一……他已经超越了他所在的时代。

1912年完成的位于Hermannstrasse街14-16号的房子与最初设想的有很大的不同（图2.13）。最早的图纸——署名"F.Goebbels"（很可能是费迪南德·戈贝尔，贝伦斯事务所的同事，就像我们今天所说的那样，他充当了密斯的建筑师记录者）——呈现了高大的坡屋顶，在花园立面上有一道山墙，在坡道上则有一条凹进的长廊。就像建成的那样，凉亭被保留了，

图 2.13
胡戈·佩尔斯住宅（Hugo Perls House），位于柏林的泽伦多夫（Zehlendorf）（1912~1913）。这是密斯建成的第一座卡尔·弗里德里希·辛克尔式的建筑作品。

但是山墙被省略了的屋顶非常薄。这座两层高的灰泥砖建筑，除了在平面上有一个经小门厅可以通向餐厅的入口，所有的四个立面都是对称的。通过凉亭可以抵达西边的下沉式花园。房子和两个花园——另一个在凉亭的正南方——处在平面图同一直线上，而且拥有着相似的规模。

密斯对辛克尔和贝伦斯的借鉴在他自己的建筑中产生了和谐的共鸣。凉亭就像是辛克尔在夏洛登堡中水平翻转的凉亭的借喻，交叉的轴线是这位更早期的大师最喜欢的设计手法。一间书房与一间图书音乐室都布置在邻近餐厅的地方，在平面形成一个 U 形，餐厅的一面矮墙被引入了一个壁炉，是效仿了 1912 年贝伦斯为考古学家西奥多·韦根在柏林达勒姆设计建成的房子的内部装饰。平坦的外部装饰和抽象化的檐口都可以从辛克尔和贝伦斯的作品风格中找到痕迹，花园的设计也是如此。

然而这些建筑上的特点并没有让佩尔斯打消委托一系列为主要的室内空间绘制画作的决定，尽管这些画作呈现出了高度的异质性。这些作品的作者正是艺术家马克斯·佩希施泰因（Max Pechstein），作为德国其中一个最

图 2.14
佩尔斯住宅，位于柏林的泽伦多夫（1912~1913）。马克斯·佩希施泰因受客户委托（可能密斯并未参与）完成了室内壁画。它们的风格与新古典主义建筑格格不入。照片由尤特·弗兰克（Ute Frank）提供。

早期的表现主义者，他也是德累斯顿成立的表现主义团体"桥社"中的原始社员。时光倒退至佩尔斯住宅建成的一年前，1911 年，此时的"桥社"已经搬到了柏林。佩尔斯委托佩希施泰因为餐厅绘制了一组装饰版画，这一系列以田园风光中 38 个人体裸体为主题（图 2.14）。它们经由赭石色、绿色和蓝色渲染开来，呈现出佩希施泰因在柏林时期尖锐而棱角分明的创作风格。佩尔斯后来将这些画作当做生日礼物送给了一个朋友，随后它们被转移到了柏林国家艺术馆里。然而，就像佩尔斯所说，"它们在那之后很快就消失了，我不知道它们发生了什么。"从 20 世纪 20 年代杂志上复刻的照片来看，这些画十分引人瞩目，尽管这样的装饰风格与密斯淡然的古典主义并不一致。

...

密斯在贝伦斯事务所发挥最突出的两个项目导致他最终离开了事务所。随着密斯个人特质与艺术独立性上的增长，他与贝伦斯之间的分歧也日渐加深，因此这场分离并不友好。两个项目中的第一个是 1912 年的德国驻圣彼得堡大使馆项目，这是一座贯彻着贝伦斯那清晰而华丽的新古典主义风格的巨大建筑（图 2.15）。密斯作为他的雇主贝伦斯的代表在 1911 年和 1912 年在现场监督这座建筑的室内设计。在那里，密斯两次引起了贝伦斯的不

第 2 章　学徒期，婚姻，以及世界大战：1905~1918 年

图 2.15
德国大使馆，位于俄罗斯圣彼得堡，由彼得·贝伦斯设计（1911~1913）。在对现有建筑的重大改造中，贝伦斯创造了一个与红色花岗岩石块建造的多立克柱相结合的纪念碑式的正立面。建筑入口上方的巨型雕塑卡斯特和波利克斯（Castor and pollx）是德国人埃伯哈德·恩克（Eberhard Enke）的作品。这座使馆庆祝了德意志帝国的统一。在其施工期间，密斯是贝伦斯在现场的代表。

满：一次是相比贝伦斯的出价他大幅度地降低了报价，一次是在德国官方正式公布之前，他参与讨论贝伦斯对于内部装饰的设计时被记者偷听并公开报道出来。

密斯参与的第二个项目克罗勒·米勒（Kröller-Müller）住宅更为重要，但同时他与贝伦斯的矛盾也变得漫长而尖锐。在 1911 年的 2 月贝伦斯主持大使馆的设计时，密斯被待在柏林的荷兰克罗勒夫妇邀请来为他们在一个富裕的郊区——瓦森纳附近的一大片沙丘上建造别墅。这一次会面十分友好，也奠定了一个月后位于 Scheveningen 的克罗勒的房子里的另一场谈话，在这里，贝伦斯获得了建造房子的委托。

安东·克罗勒和他的妻子，他们的名字在今天因为其安置在奥特罗的 Kröller-Müller 博物馆和雕塑园里那些强大的艺术收藏品而被铭记。这座综合建筑物的主体直到 1938 年才建造完成，这是一个复杂的别墅和博物馆历史的产物，最终都不是贝伦斯设计的。

克罗勒是一位荷兰的资产阶级，于 1888 年与德国的妻子结婚，一年后接手了他岳父的公司。他将公司的总部从杜塞尔多夫搬到了鹿特丹，随后又搬到了海牙，而这间公司也变成了一个在航运、矿业和重工业方面均有涉足的国际企业。作为一名优秀的企业家，克罗勒将与文化相关的事宜都交给了他在中年时对艺术产生强烈兴趣的妻子。1907 年，克罗勒的妻子结识了艺术评论家布雷默（Hendricus Petrus Bremmer），在他的影响下，她开始了对艺术的研究，并很快激发出了一种对艺术品消费的热情。布雷默成为了她在艺术品收集方面的顾问、导师以及智囊。1909 年，在布雷默的指导下，她开始购买在当时相当具有争议的文森特·梵高的画作。布雷默在所有的品味方面对她倾囊相授，包括对艺术家的赞助，以及如何组织、维护和收藏这些壮观的收藏品。

1910 年，克罗勒·米勒夫人和她的女儿前往佛罗伦萨旅行，在这里，她强烈地感受到了艺术的辉煌与美第奇家族在创作中的重要作用。美第奇家族一直以来也都是意大利艺术家的赞助人、商人和艺术品收藏家，就像她和她的丈夫一样。回到荷兰之后，她决定建造以 Ellenwoude 命名的房子，那将成为一个充斥他们艺术的休闲场所。由于这些艺术品很大程度上都是当代绘画，因此这间别墅应该具有现代风格。"不要装饰点缀"，她在给布雷默的信中写道，"我更希望它在沙丘的边缘建造，这样可以拥有背后的树林和开阔的视野，一个大大的草坪"，在后来的信件中，还添加了"房子（应该）是长方体的，它的正立面长度要大于房子的进深。"

在克罗勒·米勒住宅项目中，贝伦斯让密斯做他的助手。在接下来的几个月中，房子的概念形成了。在最后的设计阶段，尊重了米勒夫人的建议，这间别墅的体量将是低矮而水平的长方体，由两座二层的建筑配楼连接着中央体块和一个有着方形多立克柱的凉亭。被连接的中央体块略微高于房子的两侧配楼和平坦的屋顶。细长的檐口是唯一的外部装饰。建筑的主要体块是抽象-古典的立体构成。根据 1913 年弗里茨·霍贝尔（Fritz Hoeber）在贝伦斯的专著中的图片所示，被放置在左边配楼的房子入口串联起一系列为客人和商业伙伴准备的接待室。作为房子中心的那些艺术画作并没有作为简单的装饰画被安置在房间内，而是放在一个有天窗采光的特别展室中；家庭配楼则包含米勒夫人的居所，以及从前面用温室隔开的花园。

出于一些不明朗的原因，米勒夫人对于贝伦斯的方案总是感到不满意，早在贝伦斯接受这项委托后的几个星期，她就开始感到不安。在 1911 年 3 月 18 日，她在给萨洛蒙（Salomon van deventer）的信中提到："（贝伦斯）是个有着长远眼光的人，也因此他觉得这间房子应该比先前的规模更大。但是我希望设计可以基于房子原有的文脉，它应该是内敛而封闭的。"为了解决妻子的不安感，1912 年 1 月，克罗勒先生以一种奢侈的姿态在 Ellenwoude 的地基上建造了其别墅的全尺寸模型。这一由木框架上的彩绘帆布建造的模型下还建有轨道系统，这样房子便可以来回滑动。从照片来看，建筑的立面舒适地延伸着，并没有呈现出米勒夫人所担心的"过分长的规模"。草地就像她所想要的那样在房子的前面蔓延开来，树林则成为建筑的背景。然而她始终对贝伦斯作品有着违和感，那"与她脑海中所想的——无论意味着什么——就是不太符合"的方案，最终仍然遭到了拒绝。

自 1911 年中期开始，密斯就一直在现场。在那几个月的时间里，他与米勒夫人保持着频繁的工作联络，密斯给她留下的深刻印象让她对于将贝伦斯的工作转交给密斯有着充足的信心。反过来，贝伦斯则开始怀疑他的这位助手将争夺这项委托。

密斯在项目中的参与不只是给米勒夫人留下了深刻印象，在凡·德芬特给米勒夫人的信中也这样提到："（密斯）是在很多方面都非常像我，但是他想的更加深远、更加卓越，也有更具有天赋。我所有的上级都能感觉到，我从他的话语中感受到了他对你的格外尊重，他对于这些问题的把握，尽管我们只是在一起相处过几个小时，但我却觉得我们似乎已经相识多年"。凡·德芬特接着谈到了在总部的办公室里，密斯的个人关系也在变得紧张。在这个项目中，密斯与在 1910 年选择离开之前曾经伤害过他的同事又陷入了矛盾与争执的局面（Van Deventer 并不认同这个人，除了说他是 1911 年贝伦斯事务所的主要人物之外，但这也足以证明这个同事就是不断扩张自己事业的 Jean Krämer）。

密斯在与贝伦斯的讨论中表达过，他在荷兰的工作中意识到自己对于当代荷兰建筑师亨德里克·贝尔拉赫（Hendrik Petrus Berlage）日益钦佩。贝伦斯则表示他认为贝尔拉赫的作品是过时的。"或许"，密斯狡猾地说道，"你只是简单地在欺骗你自己。"贝伦斯生气地推了他，密斯说，"就好像没什么能比他可以揍我一拳更妙的了"。

1912 年早期，密斯正式离开了贝伦斯，在同一时间，克罗勒·米勒夫人将别墅的设计工作委托给了他。布雷默则对这一决定有着不同的看法，他质疑密斯能否胜任这个项目，他同时希望贝尔拉赫自己可以得到这份委托。

图 2.16
密斯的克罗勒·米勒住宅项目模型鸟瞰图（1912）。尽管受到贝伦斯对本项目设计的影响，密斯的作品已经基本上属于自己的风格了。26 岁的密斯和他很欣赏的荷兰建筑师——亨德里克·贝尔拉格（Hendrik Berlage）展开了竞争，而后者获得了胜利。照片由纽约现代艺术博物馆的密斯·凡·德·罗档案提供。

接下来便是一场发生在由米勒夫人力荐的名不见经传的密斯和布雷默的新宠贝尔拉赫之间的竞标邀请。这位欧洲的建筑巨匠，即使密斯在这一设计中击败了他，却仍然获得密斯的敬畏。到了春天，米勒夫人在海牙公司办公室的工作室里成立了密斯的公司。这是一个宽敞的，典型的 Kröller 风格的房间，据密斯回忆道，那里摆满了艺术品，"大约有 50 幅梵高的画作悬挂在那里，让人无处可逃，就连我也变成了一位鉴赏梵高的行家"。

密斯就在这样的环境中单独工作，平稳地度过了 1912 年的夏天。表面上，米勒夫妇为了让密斯了解现场环境，让他去往荷兰的乡村。随着她对于密斯的喜爱逐渐加深，这对夫妇几乎天天去拜访他的工作室。而贝尔拉赫则在阿姆斯特丹进行着自己的设计，偶尔会和这对夫妇碰面。到了 9 月，密斯的设计已经完成（图 2.16），在很大程度上他保留了贝伦斯在更早期项目中的建筑精神。

这两个设计有很多相似之处，足可以在一些出版物中将它们混淆：长而低矮的纵向中心体块，在建筑两翼的上方升起。平坦的屋顶则沿着轴向组织，围合出庭院空间。这些对称与非对称的混合让人回想起辛克尔那些洼地、花园和接近轴线的道路设计。密斯的方案中与其相似的细部便是方形的多立克柱，镶嵌着窗户的平整墙壁，以及紧贴屋顶的细长的飞檐。不同的是，密斯却把中心体块的整合作为设计的主导元素。花园一侧的凉亭连接着建筑两翼的两端，围合出一座庭院。一个与建筑两翼外部距离等长的泳池被设置在建筑的正外立面处。入口则设置在配楼的一处角落。远处靠近第二个庭院的则是一处更小的建筑体块，体块向纵向延伸。

该建筑并没有已知的同期平面图。20 年后的密斯在德绍包豪斯任教，此时他根据记忆重现了当时的设计。根据密斯绘制的图纸，入口引导的配楼——北翼——包含有一个入口，一个大厅或者说是接待区域，一个正式的餐厅和一个朝西的画廊。两层高的中央体块上部是家庭成员的卧室，一层的走廊则是艺术精品的展示空间。这段通往南翼的通道首先通向另一个大厅，经由另一个附加的画廊，这处展廊有一个无窗的主展空间，以及一个画室。南侧更远的地方则是一个由凉亭和温室围合的庭院。

密斯的设计是相互联系的棱柱形体块的集合，类似于那些影响了他在一战之后的住宅项目的建构主义作品。后来密斯发现，克罗勒住宅并没有古典的细部，却和 20 世纪 20 年代包括他自己在内的现代主义者的抽象立方体的设计作品非常相似。与他后来的作品相同，这座别墅虽然比贝伦斯的方案版本更加中心化，但建筑形体却向更远的景观蔓延，并很好地消融其中。立方体从建筑主体体块开始逐渐下降，首先是侧翼，然后是花园的一侧。接着是凉亭的柱廊和正面，最后到了温室。这些模型照片显示了一座宏伟而庄严的乡间别墅，它对于水平线条的强调比米勒夫人在贝伦斯的概念方案中所抱怨的那些要多得多。

德国杰出的评论家迈尔－格雷夫（Julius Meier-Graefe）评价密斯的设计时这样写道："没有任何细碎的部分，所有的体块都整体有序地被组织起来，整个建筑都非常契合它所强调的水平地面。"迈尔－格雷夫的这些话在 1912 年 11 月 13 日在巴黎的住所写给密斯的一封信中提及："我想恭喜你为这所房子的设计找到了一个非比寻常的巧妙方案，而它的本质则是想将宜居性与艺术性的展示进行理想化的结合。保持画廊的完整性很容易会让其自身孤立于建筑，但你的设计愉快地避免了这一点。正因为那些美妙而不对称的空间组织使得画廊变成了建筑整体的重要组成部分。"

密斯曾经前往巴黎寻求著名评论家迈尔－格雷夫的庇护，他相信得到这位权威评论者的赞赏会有助于他赢得这个竞赛。不过迈尔－格雷夫的信却出现得太晚了，当年 9 月，在密斯和贝尔拉赫的设计图纸和模型都在公司办公室用一个晚上组装起来后，克罗勒家便做出了决定。布雷默以决议的形式做出了评判，当时在场的凡·德芬特后来这样描述："布雷默长久而谨慎地仔细审阅了所有的草图和设计手稿。最后，他走向贝尔拉赫的图纸说，'这是艺术'，然后走向密斯的设计说'这不是'，他只能用这个来支

图 2.17
克罗勒·米勒住宅项目模型（1912）。该模型采用了设计的实际尺寸，在拟建地点用帆布覆盖木框架制作，并安装在轨道上以便移动。照片由纽约现代艺术博物馆的密斯·凡·德·罗档案提供。

持他的观点。"

海伦（Helene Kröller-Müller）被击溃了，对自己的观点和权威确信的布雷默却从未动摇。克罗勒又回到了之前已经成功过的策略：将密斯的设计转译到由全尺寸的彩色帆布和木架构组成的模型上（图 2.17）。抱着对于布雷默的信任，克罗勒推测说他在密斯的设计中所看到的弱点——尽管没有被记录下来——将会在这样的放大中变得更为明显。克罗勒·米勒夫人放弃了，她在 1913 年 1 月写给她丈夫的信中写道"决议是正确的。"

比起犹豫不决的富有业主，多变的设计师为这座博物馆 - 住宅的历史制造了更多的不确定性。贝尔拉赫的设计从未被建成过。在他提交方案不久后，便被聘为克罗勒的常驻建筑师，并接受了一系列与公司和家庭事务相关的委托。而合同的条件便是他不再为其他人工作。六年来他都全身心地投入到克罗勒住宅的设计中，然而，无论是他对 Ellenwoude 的原始设计，或者是后来的几个变化性方案都没有被建成。1919 年，他解除了他与克罗勒家庭与公司的合作关系。

不到一年，米勒夫人又将目光转向了另一位建筑师，他在海牙设计的 Leuring 住宅引起了她对于现代别墅的痴迷：他就是比利时人亨利（Henry van de velde）、在充满焦虑感的 1922 年国际货币危机威胁到克罗勒家族公司业务导致这座建筑被放弃之前，这位建筑师也被邀请来设计博物馆平面，并且将其推进到了建设阶段。经过亨利再一次设计之后，1938 年这座建筑终于在奥特洛建成，尽管在当时被称为是"临时建筑"，但它一直作为博物馆的主要部分被使用至今。

实际上，密斯非常迫切地想要实现自己，如果他在巴黎拜访格雷夫还不足以说明这一事实，那么在 1913 年早些时候他写给米勒夫人的信中，就在她决定放弃他时，他告诉米勒夫人我们已经投入了多少精力，但是他仍然充满感激，他这么写道：

> 我其实并不需要告诉你，尽管你的决定让我承受了打击，但我也能承受。我相信我在这一方案中倾注了太多自己的心力，但我也完全理解你的决定。对于你和你的家人，亲爱的女士，我的钦佩和赞赏之情没有任何改变。事实上，你处理这个问题的方式和你让我看到的担忧都更让我加深了这种感觉。

无论他有多么的失望，密斯其实并没有完全损失掉一切。他的项目本身在荷兰就展示了他自己。尽管这一项目呈现了很多贝伦斯所带来的影响，但却传达了隐含在其中的盛大方式。这种迹象的产生并不会就此终结。在 1910 年和 1911 年柏林举办的弗兰克·劳埃德·赖特的作品展览上，密斯也参观了这一展览。其中一个项目是 1907 年在伊利诺伊莱克福里斯特的 McCormick 住宅，尽管并没有实现，但是它在平面与规模上都与密斯的克罗勒·米勒住宅项目类似。在赖特的柏林展后密斯写道："我们越是专注于这些创作的研究，就越是对赖特无与伦比的才能产生钦佩。他理念的勇敢性和他思想行动的独立性，以及他从作品中生发出来的那种尽管无法真实可见的动态冲动激发了整整一代人。"

· · ·

1912 年底，密斯回到了柏林。他在斯蒂格利茨郊区开设了一家工作室，几乎全身心地投入到为高级资产阶级设计住房。在阿洛伊斯·里尔和索菲·里尔的家中，他永远都是受欢迎的。在他们的一次家庭招待会上，他遇见了埃达·布鲁恩。由于布鲁恩家和里尔家当时的关系非常亲密，而埃达在这里与设计了里尔住宅的年轻建筑师相遇只是时间问题。1911 年，他们经介绍而相识。

这两个年轻人都发现他们对彼此并不仅仅是偶然的吸引。从照片来看，密斯超过了中等身高，显得非常英俊。高挺的额头与具有轮廓感的面庞，睿智

图 2.18
1912 年的路德维希·密斯，当时他开设了自己的事务所。本照片为私人收藏。

图 2.19
1903 年的埃达·布鲁恩（Ada Bruhn）。本照片为私人收藏。

的淡褐色的眼睛是五官中最引人注目的地方。埃达于 1885 年 1 月 25 日出生在吕贝克，全名为 Adele Auguste Bruhn。26 或 27 岁的埃达已经出落成一名成熟的女性，她与小她一岁的密斯在此时相遇（图 2.19）。她有着雕塑般端庄的身材，从各方面来看，她都是一个非常美丽的女人，有着长长的棕发和庄重的眼神，非常健康。她的父亲弗里德里希（Friedrich Wilhelm Gustav Bruhn）（1853 年生于吕贝克）在她出生时是一名税务稽查员，父亲与其他家人一样都是德国北部人。后来，弗里德里希成为了一家小型汽车制造商，最终拥有了一家位于伦敦的工厂。他发明了威廉时期柏林的标准出租车，以及德国早期军用飞机的高度计。作为一个严格而刻板的人，他那独裁式教育方式让埃达和她的女儿们有着深刻的记忆。我们只能猜测这些特征究竟对埃达的影响有多深；她与躯体疾病和抑郁症的终身斗争都是一份清晰的记录。

虽然密斯在里尔家已经见过埃达，但他在海勒劳的德累斯顿郊区度过了大部分的恋爱时光。海勒劳是 20 世纪初一座著名的花园城市，于 1909～1914 年由海因里希（Heinrich Tessenow）这一德国田园城市运动的领军人物规划设计。创建花园社区的背后是人们对回归自然的冲动，这一理念也影响了密斯在克罗斯特里的花园设计。1910 年，海勒劳也被瑞士教育家 - 作曲家 Emile Jaques-Dalcroze 视为开办他的音乐学校的理想之地。与音乐相关的舞蹈形式，与田园城市理念共享着营造一个自然的，精神解放的社会目标。巧妙的是，在 1910～1912 年间，海因里希采用了当时抽象派的古典主义表达方式设计了 Jaques-Dalcroze 研究所。而埃达在这间学校开始运作时便报名入学。

埃达与另外三个年轻女人在海勒劳同租一间小房子，一位是 Marie Wiegmann（后为 Mary Wigman），她成为了魏玛时代最著名的现代舞女演员。一位是瑞士人 Erna Hoffmann，她比埃达更为富有，后来成为精神病学家 Hans Prinzhorn 的妻子，Hans Prinzhorn 的精神病学艺术是对艺术和精神病理学早期的重要研究。第三位则是埃达的终身密友 Elsa Knupfe，她出生在爱沙尼亚，是一所德国学校的校长，也是沙皇法院的成员。

从柏林乘火车到德累斯顿旅行时，密斯总会经常打电话给埃达，他很快就认识了 Wiegmann，Hoffmann，Prinzhorn，还有 Knupfer，以及偶尔陪同他们一起看望女儿的霍夫曼的一位画家朋友 Emil Nolde。根据 Wigman 的回忆，"在整个小圈子中发展起来一种轻松的亲切感，他们的生活方式自由、开放，有着自我意识的现代感，这种生活方式在 20 世纪 20 年代成为德国开明人士的常态。1912 年，这种环境氛围就已经提前在中产阶级中产生，也因此对所有具有艺术和睿智野心的年轻人更具有吸引力。"

密斯的出现为埃达的生活带来了与物质财富相匹配的精神上的补充：他极具天赋，也忠于自己的艺术，这不仅弥补了他有限的教育经历和没有继承下来的社会地位。他常常处于一种激动的情绪之中，这对于埃达又是一种创意之火的标志。埃达正是在 Jaques-Dalcroze 研究所时被密斯所吸引。那时她受到指挥家布鲁诺·沃尔特的邀请到维也纳学习音乐，当她在克索斯特里弹钢琴的时候，埃达与密斯相遇了。

在遇见密斯之前，埃达就已经与著名的海因里希·沃夫林订婚，他是同时代的艺术史学家，比埃达年长 20 岁。但是他已经厌倦了埃达，同时埃达也鼓起了勇气拒绝了他。这之后，密斯就进入了她的生活，开始了他对埃达大胆且坚定的追求。在密斯于 1911 年 9 月写给她的信中可以看到这样的字句："你就是我亲爱的宝贝！"

> I am especially in love with you today. It is regrettable that we cannot be with each other today. How I wish my darling that we may soon be in our own home, where I want to love you with my hot young heart . Then we shall become ever more friend and comrade, ever more husband and wife. our lives will be filled with beauty and love. and our life together will be dedicated to our little son.
>
> I kiss you from the bottom of my heart, your Ludwig

我非常爱你。今天我们不能陪伴彼此，真是令人遗憾。我多么希望我的甜心，我们能够很快拥有自己的家。我想用我热烈而年轻的心爱你，我们会变成更为亲密的朋友、伴侣、比夫妻还要更加亲密。我们的生命将充满爱和美妙。我们的生命还会一起献给我们的小儿子。
　　我从心底吻你，你的路德维希

　　在他们这一阶段的关系中，这些话必须被看作是衡量密斯对于埃达感情的方式，看得出来，埃达让密斯投入了足够的感情和注意力，再加上幸福与新奇感，特别是她为他带来的财富与社会关系，他们的关系都可以帮助密斯推动他的事业。布鲁恩家族最初是反对他们结合的，但最终也因为一些与埃达相同的原因而最终接受了密斯，他看起来的确是一个有前途的人。密斯的姓氏Alas并不是一个尊贵的姓氏，在德语中意为"猥琐的"，"凄惨的"，"心情低落的"，比如"天气很差"，"我觉得心情低落。"一个"煞风景"的人就是一个抱怨者，一个地痞。对于上流社会培养出来的布鲁恩家族，"路德维希·密斯"是一个并不悦耳的名字："埃达·密斯"可能听起来更加破碎，而"埃达·沃夫林"却有着悦耳的音调。
　　1913年4月10日，这对夫妇在柏林－威尔默斯多夫的路德仪式上举行了婚礼。他们在意大利的马焦雷湖度蜜月，住在距离达勒姆、策伦多夫、波茨坦和新巴博斯贝格这些与辛克尔和贝伦斯相关的地方不远处的里希特菲尔德镇西的上流中产阶级郊区居住区。

· · ·

　　当时，密斯正在从事独立后的另一个新的实践项目，在策伦多夫为工程师恩斯特·韦纳（Ernst Werner）建造一栋住宅。这栋住宅于1913年完成（图2.20）。韦纳继承了毗邻佩尔斯住宅的房产。他的女儿雷娜特甚至怀疑密斯之所以被父亲留下来正是因为他对于佩尔斯住宅的喜爱之情。由于韦纳住宅看起来丝毫没有受到佩尔斯住宅设计的影响；它是密斯最有趣的一件作品。韦纳家有着自己在柏林文化中的适宜地位，在他们的家中，也像佩尔斯和里尔那样常常成为艺术家和音乐家的聚集场所。韦纳夫人的父亲是德累斯顿一位绘画老师。她的哥哥是一位艺术史学家，而作为一个忠诚的女主人，韦纳夫人也成为了几位当代著名画家的肖像画题材，其中包括一位正冉冉升起的你年轻的表现主义大师奥克

图 2.20

韦纳住宅（Werner House），位于柏林的泽伦多夫（1912~1913）。此为建筑的后视图，能够俯瞰花园。可与之前的里尔住宅的正视图相比较（图 2.1）。图片出自：柏林艺术学院（Akademie der Künste）。

斯特·马克（August Macke）。

韦纳一家被密斯用雷纳特·韦纳（Renate Werner）的话说，是"一位强有力的，富有力量的，至关重要的人物"——深深地打动了，而且也都对房子风格很满意，并不在意它的保守主义。房子的外观遵循着普鲁士 18 世纪的：一个四方形波形瓦复斜屋顶，在立面上的面积是灰色泥墙面的两倍。屋顶从有着塔状结构的边缘的一层开始，然后陡然升起，穿过第二层的天窗，在阁楼上缓缓倾斜。垂直于房子背面的服务端的屋顶花架向内面对着一座可以通过三扇法式大门到达的花园。房子的立面设计比较常规。但花架和花园则可以体现出贝伦斯的直接影响和对辛克尔住宅设计的借鉴。房子的平面几乎与贝伦斯的维甘德（Wiegand）住宅完全相同，维甘德住宅同样具有面向街道的服务配房和右侧的入口。效仿贝伦斯，一层平面的主轴线通过门厅延伸到起居室和花园。这一项目中对密斯进行建筑师记录的也是佩尔斯住宅设计的记录者（Ferdinand Goebbels）。

比韦纳住宅的建筑更有趣的是密斯为它设计的家具（图 2.21）。餐厅内摆放着一张带扶手和侧椅的圆桌，一张沙发和一个摆放瓷器的橱柜。辛克尔和贝伦斯共同的新古典主义方式在这里交织呈现。

婚后不久，密斯夫妇在波茨坦西部的韦尔德（Werder）度假郊区购买了一大片土地。密斯在这一场地搭建起了一个简陋的周末度假屋。在第一次世界大战期间，他和埃达因为找不到一个看守者而被迫放弃了这里的居所。在那之前，密斯夫妇都很好地享受了在这里的时光。密斯自己经常光顾湖边的小酒馆，快乐地喝酒玩乐。玛丽·维格曼（Mary Wigman）告

图 2.21 韦纳住宅的餐厅,位于柏林的泽伦多夫(1912~1913)。室内装修由密斯于 1913 年设计。
照片由雷纳特·韦纳提供。

诉我们，喝酒对于密斯就好像是婚姻大船中第一道裂缝中倾泻出来的一道甘露。

所有认识密斯的人都知道，密斯并不是一个负责人的丈夫，甚至在三年之间埃达为他生了3个女儿之后，他也不是一位有爱心的父亲。"作为一个已婚男人"，维格曼回忆道："他简直太讽刺了……在他们婚姻的早期曾有一些非常可怕的时刻。我记得埃达，有时会在半夜威胁着要跳出他们家的窗户，要躲避他，要离开他。"然而事实上，密斯却离开了埃达，并不是永久的——还没有到那一步——但是很频繁，他经常去不来梅度过周末时光，在那里他结识了很多抱有更多的目而非仅仅享受相遇的陌生人。"非常明显"，维格曼回忆道，

> 某种程度上所有这些事，我都永远不能让自己对他说："路德维希，你怎么会这样？"这是有关他自由的事情，有着豁免公约。这是他的方式，这是他亲爱的埃达。在他们结婚一段时间后，她会说，"我只想成为他的避难所，一个可以回来寻找安宁的港湾。"一个女人的天性仍旧是屈服。有怨恨吗？我不知道。我知道的是整件事情已经脱离正轨了。

不过，有一段时间，埃达不得不正视这个问题。虽然她之后搬出了家，密斯仍像一种恩惠或是负担，盘踞在她的内心。她的女儿们仍旧记得她是如何教导她们要去尊重父亲对于独立的需要。密斯是一位艺术家，埃达这样提醒她们，资产阶级家庭生活会让他分心。

1914年3月2日，又一个女儿出生了，也占据了埃达在韦尔德的大部分时间。从埃达的日记中能够看出，这位名叫多萝西娅的女孩为埃达带来了很多爱与欢乐。而埃达的日记本里也充满了对密斯的敬仰，并没有维格曼所说的她承受着巨大的压力。

对于密斯而言，1914年他投入了一些时光在这所为自己设想的房子上，而这大概也是为了他的家人。在韦尔德的场地上，这项工作唯一留存的文件包括两张已经遗失的图纸。1927年2月，这两张图纸曾在评论家 Paut Westheim 的《艺术表》中出版过（图2.22）。两张都是空中透视图，展示了这座建筑——或者说是一组相连建筑物以及周边的景观面貌。其中一张图显示了长长的体块延伸到庭院的两翼。屋顶十分平坦，墙壁上的檐口简洁，在窗口上方以较宽的间隔分隔。第二张草图显示房子被直角分隔成两个棱柱体，较小的体块在较大的体块背面滑动。就像克罗勒

图 2.22
建筑师（于1914年为自己设计的）住宅的空中透视图，位于的柏林附近的韦尔德。图中文字（中间偏左位置）显示该处为玫瑰花园。韦尔德以樱桃树而闻名，密斯在这座建筑的两侧都加入了树丛——很可能就是这种树。

住宅的联合体块一样，这种处理方式预示着密斯的设计在未来十年的建构主义倾向。再次让人联想到辛克尔的一个不对称花园的两种设计，并且向前延伸，远离前院。一段台阶引导着向下的流线。位于远处的玫瑰花园坐落在通向建筑主体块的轴线左侧。两幅草图都显示了房屋两侧有着不对称却具备构图感的树木，很有可能是著名的樱桃树。建筑和自然的混合尽管可以追溯到辛克尔的设计，但在这一方案中却呈现出了一个具有20世纪特点的风格。

· · ·

韦尔德项目就其具备的现代性超越了密斯在20世纪第二个十年中所有传统风格的设计。对这一论述更进一步的证据在2002年被柏林建筑历史学家马库斯·雅格（Markus Jager）发现，他发现了其中一个长期被质疑的房屋的确实存在。在密斯芝加哥的办公室保存的记录中有一份1913年"波恩赫尔街房子"的列表，雅格于柏林国家档案馆中发现密斯曾经在1914年的波恩赫尔街上建造了一座房子，而这座房子在1959年被拆毁之前，人们还对这间房子一无所知。这间房子的业主是德国-东非社团主管Johann Warnholtz。设计方案的照片和记录显示了一个充满家庭氛围的住所。两层高的房子有一个由眉窗照亮的阁楼。房子的前后对称，除了正立面上一些沉重的砌体装饰物，接合处的柱子和入口处平坦的拱门，地下的一些角落和二楼中央的窗户，房子的墙壁都由灰泥筑成。在斜屋顶上穿插的一个体块则占据了一半以上的建筑高度。一层主入口衔接的门厅可以通向两侧的起居室和音乐室的沙龙空间。接下来是图书室，客房和一个开放的拱形阳台。向左，可以去往餐厅和封闭阳台，向右，可以去往二层的卧室和后面因花园而被人忽视的露台。

从过去到现在，作为夏洛滕堡公路（现在的 6 月 17 日街道）的延续，波恩赫尔街都仍然是柏林西部的主要街道。1905 年，凯撒·威廉二世指示在这片土地上建造拥有广大草坪的大型别墅住宅，而在那里建起的第一批别墅中的 Warnholtz 住宅则完全符合凯撒保守的品味。它没有打破任何新的格式，比起 1800 年由保罗·梅伯斯推动的 19 世纪的普鲁士模式，它对密斯一直以来钟情的贝伦斯和辛克尔风格依赖更少。事实上，这所房子似乎直接照搬了由柏林著名建筑师阿尔弗雷德（Alfred Messel）设计于 1908 年的高档住宅。Warnholtz 住宅的屋顶和眉窗——在早期密斯的建筑中使用的元素——与 Mebe 的例子一致，而拱廊式的阳台和砖石装饰则与 Oppenheim 住宅几乎完全相同。Warnholtz 住宅是密斯迄今为止完成的最大规模的建筑，不像涉及到费迪南德和戈贝尔的佩尔斯住宅和韦纳住宅，这一建筑是由密斯独立完成的，他在设计方案上署名了"路德维希·密斯"。

1914 年或是 1915 年初时，密斯与柏林银行家弗朗茨·乌尔比格（Franz Urbig）相识。乌尔比格先生和他的妻子是里尔家的朋友之一，他们与密斯的关系也在他们所喜爱的里尔住宅里建立。在 1915 年夏天，密斯开始为乌尔比格一家设计一所可以与 Warnholtz 住宅的豪华程度相媲美的住宅。尽管它最终的形式和密斯第一次提交的初步建议不相符。密斯当时的提案是一幢与密斯韦尔德的住宅方案（同样没有被采用）非常类似的新式古典别墅。乌尔比格选择在距离修道院不远处的格里布尼茨湖前面建造这所建筑。乌尔比格夫人希望密斯设计一个辛克尔式的建筑，但是她的丈夫却提出了一个完全不同的方案。密斯在此时又一次雇佣了绘图员 Werner von Walthausen，20 世纪 20 年代开设自己的柏林办事处之前，他曾经为海因里希·特森诺和彼得·贝伦斯工作。

乌尔比格住宅（Urbig House）有着非常豪华的外观和内部装饰（图 2.23），是一个两层高的长方形建筑，除了一个包含餐厅区域和一个毗邻露台的弧形长廊配楼，对称的建筑正立面包含七个凸窗，一个扇形的拱门入口，以及一个阳台。建筑的外部由灰泥筑成。这些手法让人不禁想起

图 2.23
乌尔比格住宅，位于波茨坦-新巴伯斯贝格（1917）。它是密斯在一战结束前目睹完工的最宏伟住宅之一。和里尔住宅一样，它在二战后被德意志民主共和国接管，并用作办公场所。1945年波茨坦会议期间，英国首相温斯顿·丘吉尔（Winston Churchill）曾把这儿当作自己的官邸。

Warnholtz住宅，但其中的差异性和共性也十分显著。乌尔比格住宅的正立面由浅色的凸窗和从坡道上升到屋檐的抽象列柱交替构成。窗户镶嵌在石灰石中，落地的法式玻璃窗镶嵌在有浮雕装饰的嵌板上。框架窗户正是辛克尔和贝伦斯风格的典型元素。

从入口大厅到接待室之间的内部走廊被两个带有凹槽的立柱包围，这种设计很像辛克尔设计的柏林特格尔宫。走廊左侧通往楼梯和餐厅，右侧是书房和一个带凸窗的起居室。起居室、接待室和餐厅通过双层门便可到达房子后面的阳台，经过一部宽阔的楼梯可以通向一座花园，然后，就像最初设想的一样，这里连接着另外两部楼梯和格里布尼茨湖的美景。作为德国花园改革运动的一位重要人物，卡尔（Karl Foerster）曾在密斯为里尔住宅（在那里他们可能曾经见过面）建设时启发过他，也在乌尔比格的花园设计中起到了重要作用。

多年来，乌尔比格住宅充分体现了业主所期望的豪华程度，特别是1945年的波茨坦会议期间，这里曾经是英国首相温斯顿·丘吉尔的临时住所。在冷战时期，这座住宅还成为了德国民主共和国的行政办公室。柏林墙就建在花园的后面。东德瓦解之后，这座住宅又回到了私人手中。

德军又一次征兵了。1915 年，密斯在军队驻柏林总部的文职办公室服务，直到乌尔比格住宅建成之前他都在监督着这座房子的建造。密斯还把怀孕的妻子和女儿接到了柏林的动物园区，卡斯巴尔德 24 号。他一直在德国租住着这座房子，直到 1938 年他移民去美国。这是一栋典型的柏林中心区三层联排别墅，建于 1857～1858 年之间。密斯用整齐的席子覆盖了整个公寓，就像他为韦纳住宅做的那样，他也为这间房子设计了所有传统形式的家具。

埃达的日记本中描述了这次搬家之后有过婚姻生活中短暂而最快乐的时期。19 个月大的多萝西娅小名是 Muck，她深受父亲溺爱。"在搬到柏林经过一个夏天之后，她已经很少能够看到她的父亲"，在 10 月 25 日，埃达写到密斯"不得不去军队任职，家里的欢乐气氛将会消失了，Muck 在公寓里到处寻找着爸爸，然而只能一次次地失望。"1915 年 11 月 12 日，埃达生下了第二个女儿。密斯当时正在法兰克福附近的哈瑙，被分配到一条军队铁路。由于缺少大学教育或是同等学历的经历，战争期间的密斯始终保持在军级，十二月，埃达写道："在他得知第二个女儿的消息之时，他的第一句问候语是'我感谢你，为玛利亚内尔（这是密斯为女儿取的名字）感到开心'"。

根据埃达的记录，密斯在 1916 年春天回到了柏林。她带着孩子去韦尔德过复活节，在回城的时候发现密斯患上了阑尾炎。他接受了阑尾切除手术并在医院住了两个月，疗养的过程非常缓慢。夏天回到军队之后，他在 9 月再一次患上了疾病。带上孩子们包括他们的保姆，埃达陪密斯度过了 14 天的康复休假期。可能就是在那个时候，他们的第三个孩子悄悄来到了。"那是十月"，她在下一篇日记中写道，"我们一家人都在卡尔斯巴德相聚在一起，全家都沉浸在深深地满足与幸福之中。"

1914 年 11 月，雕塑家威廉·莱姆布鲁克（Wilhelm Lehmbruck）从科隆搬到了柏林，或许是在 1915 年初之后，密斯与这位雕塑家结下了深厚的友谊，根据莱姆布鲁克的儿子曼弗雷德（Manfred）回忆，1915～1916 年之间，两人与他们的家人经常在柏林和韦尔德之间往返，相互拜访。这段友谊是密斯早年生活中最深刻的友谊之一，比他年长五岁的莱姆布鲁克是莱茵兰本地人，出身于工人阶级（矿业）。他们有着相似的人生经历。他们的见面始于 1912 年，那时密斯正在巴黎寻求 Julius Maier-Graefe 对于他设计克罗勒·米勒住宅的赞同。此后,莱姆布鲁克在巴黎居住了四年,去过几次意大利,也去过一次纽约,在那他参与了 1913 年著名的军械库展览并出售了一件重要作品。由此成为了国际知名的雕塑家。

莱姆布鲁克这位美学家所开办的公司正是密斯特别青睐的建筑界的功利主义者。"每当密斯来到我们这里,"曼弗雷德回忆道,"他都可以毫不拖延地大声说:莱姆布鲁克打开电池!【酒吧】"当然,他们两个都很了解彼此的工作,他们会在深夜谈论哲学问题,他们也会谈到战争,莱姆布鲁克曾经拒绝过被征兵,他起先在柏林当医师,1916 年他们逃到了苏黎世。他在瑞士度过了这场世界大战剩余的大部分时间,但患上了反复发作的抑郁症。1918 年 1 月,他写下了非常沮丧的字句:"在这些谋杀之后留下来的人是谁?/ 在这场血腥的海洋中幸存下来的又是谁?…/ 你为我们准备了那么多的死亡 / 你为我准备了吗?"1919 年的春天,38 岁的莱姆布鲁克自杀身亡。

密斯并没有经历过世界大战中的人和战斗,但在 1917 年的某个时候,他被命令离开柏林的办公室,前往罗马尼亚执行任务。"这次旅行在火车上就花了 14 天时间"在埃达的日记中写道。"12 个男人挤在有勉强供暖的四等车厢里,连睡觉的稻草都没有。"在那里,密斯被分配到一个桥梁工程和道路建设公司。据他后来的一位同事建筑师拉奇(Bodo Rasch)回忆说,与一名中士争吵之后,密斯最后"只能在边远地区守着铁路线"。拉奇还说,"当时,他与一个给他提供食物的吉卜赛女人有了恋爱关系,她还送给他在德国的女儿们很多礼物。"

1917 年 6 月 15 日,在密斯不在场的情况下,他的第三个女儿瓦尔特劳特(Waltraut)出生了。她的名字充满了瓦格纳色彩和 19 世纪德国浪漫主义的意味,并不像多萝西娅那样体现着她的父母现代主义的审美。然而,应该特别指出的是,年轻时的埃达大部分婚姻时光都是在娘家与她的女儿们度过的,或者是与她那不会鼓励她积极进步的父母度过的。战争要结束后的最后几个月里,她可能已经发现了自己沉溺于传统的舒适感中。然而 1917 年中旬密斯最后一次离开军队时,她仍然高兴地说:

> 在瓦尔特劳特五周大的那天,也就是 1917 年 7 月 21 日,她心爱的父亲从一场狂风暴雨中回来了,他变得新鲜和开朗,就像一个真正的士兵。他在这间充满阳光的小房子里度过了 12 天。
>
> 7 月 27 日,通过一扇总是沐浴在阳光下的可爱石门,瓦尔特劳特的洗礼在乡村教堂举行了。两个姐姐也在那里。仪式结束了,她是那么

可爱，骄傲却又乖巧。接下来我们在咖啡馆里坐了一两个小时，然后就是一场漫长的步行。怀着对于孩子接受洗礼的骄傲，我们在湖上进行了晚餐和夜晚游湖。

埃达从阑尾切除手术和之后长期的肠胃不适中重新焕发了精神。然而 1918 年初，玛丽安娜却又在当年春季的国际流感期间换上了肺部感染。1918 年 11 月 22 日，随着战争结束，密斯从罗马尼亚返回，1919 年 1 月他再次与家人在柏林相聚。埃达没有提供任何有关他对于德国军事战败的字句。她专注于照顾自己和家人的身体。1919 年春天，她写道"母亲患上了严重的疾病，并在随后做了手术，直到 5 月中旬我都不得不照顾她，最后我们全家都搬到了卡尔斯巴德。"

"现在正是一个难以言喻的美好和谐的时刻：开满鲜花的坚果填充了洒满阳光的房间，孩子在他们的小角落里沉迷于自己快乐的小世界中。"尽管我们不知道确切的时间，埃达也没有提到这一点，但是根据密斯在美国的同伴劳拉（Lora Marx）的回忆，密斯当时告诉他，就在一战之后，他已经陷入了一种精神崩溃之中。"围绕着他对于之后的建筑应该遵循的原则担忧，精神危机笼罩着他。"劳拉继续说道："他不得不在柏林附近买下一座农场……当他遇到问题的时候，他必须从柏林的喧嚣中走出来，回归到乡下，在那里他或许可以宁静的思考。他说通过让人们信服建筑必须是时代的一部分，缓解了他当时的危机。"

第 3 章
灰烬中的欧洲：1918～1926 年

> 如果我们希望把文化提升到新的高度，就有责任……改变我们的建筑……我们只有通过引入玻璃建筑才能做到这一点。在这样的建筑中，日月星辰之光穿透的并非只是几扇窗，而是每一面可能的墙壁，整面由玻璃制成的墙壁。
>
> ——保罗·西尔巴特所著《玻璃建筑》（*Glasarchitektur*）（1914 年）

> 我们拒绝承认形式的问题，建筑形式的问题并不是我们工作的目的。形式本身就是不存在的。
>
> ——密斯在杂志《G》中写道

> 你是我最亲爱的人。但是不要把我们两人的人生绑在一起。坚强点，你已经不再需要我了。我们将共同获得自由，我们将属于彼此。
>
> ——密斯的分手信

与典型的德国人的命运相反，密斯在战后的生活则是轻松而幸运的进行研究。由他的同胞所造成的军事伤亡持续了四年之久——几乎有 200 万人在战争中丧命，超过 400 万人受到创伤——惨痛岁月，向联军投降带来的主要慰藉就是战争的结束。但是灾难仍以另一种形式延续着。1918 年 11 月 9 日德国宣告成立一个全新的共和国，但很快就因野蛮的政治冲突而陷入了瘫痪。那些本有希望领导新政府的社会民主党人分裂成了多个派系，彼此之间时常争斗。在斯巴达克同盟领袖罗莎·卢森堡和卡尔·李伯克内西于柏林被杀害一个月之后，1919 年 2 月，巴伐利亚宣告共和国成立的独立社会民主党人士库尔特·艾斯纳也被暗杀。虽然德皇的权力已被剥夺，但同情他的将军们仍然敌视任何形式的共和政府。1920 年 3 月，右翼势力企图发动一场政变，这一政变行动由公务员和政治家沃尔夫冈·卡普伙同军队将领瓦尔特·冯·吕特维茨组织发动，他们的军队在初步控制柏林后甚至企图建立一个反革命的民族主义独裁政府。尽管所有人都知道，这场卡普政变由于柏林公会的抵抗而最终失败，但这种胜利却付出了无数人的流血牺牲。

凡尔赛合约给德国带来的政治、经济和精神负担无比沉重。合约内容包括交出所有殖民地，向法国归还阿尔萨斯和洛林，莱茵河西岸领土由协约国占领，以及后来导致恶性通货膨胀的赔款条约。随之而来的还有谋杀事件的激增。1922 年，政府外长瓦尔特·拉特瑙——彼得·贝伦斯的前合伙人和里尔夫妇的朋友——被极端民族主义军官杀害。在这之后更多的政变相继发生，其中一次是在 1923 年由 34 岁的阿道夫·希特勒领导发动。到了 1924 年美国银行家查尔斯·盖茨·道威斯与美国谈判达成了由美国提供（向德国）贷款，即所谓的道威斯计划，德国经济一度呈现出恢复稳定的假象。

密斯是如何度过这段惨淡岁月的呢？在柏林和罗马尼亚的部队中服役时，他距离战争前线有数百公里。后来他返回了柏林的家，全仰仗于埃达父亲的财产。虽然布鲁恩在伦敦的工厂作为战争赔偿被英国占领，但他的财产在通货膨胀中却幸免于难。他的家庭——同时也是密斯的家庭——过得依旧舒适。这对夫妇的三个女儿仍然就读于私立贵族学校。

尽管经济不景气也没什么工作，而且密斯也仍然深陷于前文提到过的"精神危机"，但他并没有停下他的建筑实践。从埃达的日记来看，她仍深爱并且信任着密斯。埃达用情如此之深，不会有任何不忠的倾向。无论如何，我们只想知道在埃达收到下面这封不寻常的来信之前发生了什么。这封信的落款日期为 1920 年 2 月 25 日：

亲爱的埃达：

　　你是我最亲爱的人。但是不要把我们两人的人生绑在一起。坚强点，你已经不再需要我了。我们将共同获得自由；我们将属于彼此。没有冲动也无需斟酌，无拘无束。我爱这自由，这并不是因为我自私，而是因为我发现在这种氛围中的生活更具价值。

仍然深爱着并想念你的

鲁兹

埃达这样回信道：

　　天性使然，我的确热衷共同生活。但对你而言这种沉思与和谐确毫无可能。我的向往与我的童年有关。而彼时的你却早已习惯了不受阻碍，勇往直前。如果我不能同你一起飞翔，那么我也绝不能让我的爱长久地挣扎在阴影之中。你应该踏上你自由的道路；而无论你何时归来，我都是你可以回来的避风港。真希望爱神能够帮我让你意识到我的爱。

埃达

图 3.1
埃达·密斯，约拍摄于 1920 年她和密斯分手时。照片为个人收藏。

这些信件中已经有足够的信息来让我们推测出一些密斯夫妇分手的原因。表面来看，密斯即使不是非常自私，但至少也是一个极为自我的人，而埃达即便是被拒绝，却仍然充满爱与慈善。埃达将她童年的重担与密斯"不受阻碍"地对抗生活进行了对比。Mary Wigman 证实，密斯与埃达在婚后不久就陷入了困境，也许反映在埃达承认他们夫妻在阴影中的挣扎。埃达一生中的大部分时光都深受她身体和心理疾病的折磨，这种痛苦显然比密斯所遇到的问题严重得多（图 3.1）。密斯的这一决定符合他对自由显而易见的需求以及性情，并且随着生活的前行变得愈发坚定；他避开卷入家庭的亲密关系中。尽管这对夫妇后来选择了分道扬镳，但却始终没有离婚。

...

对于战后密斯在家以外的生活我们了解的更多些。他那时在卡尔斯巴德 24 号生活，而埃达则和孩子们以及一名管家一起搬到了位于柏林西部郊区的伯恩施太德（Bornstedt）居住。在女儿们的教育上，埃达秉承着循序渐进的原则（图 3.2）。1922 年美国舞蹈家伊莎多拉·邓肯在波茨坦新宫开办了舞蹈学校。在埃达看来，邓肯自由而富有表现力的舞蹈形式是现代主义的精髓所在，与她在海勒劳时的学习有异曲同工之妙。于是她给孩子们在舞蹈学校报了名。在不安定的生活降临之前，孩子们在学校已经

图 3.2
玛丽安娜（Marianne）、多萝西娅（Dorothea）和瓦尔特劳特（Waltraut）一起做建筑。照片约拍摄于 1920 年。

学习了两年。之后埃达离开了伯恩施太德，与女儿们开始了长期而频繁的搬家生活。这样的日子直到 20 世纪 30 年代才结束，而这时女孩们几乎都已长大成人。

密斯偶尔会去伯恩施太德看望家人。但后来他们开始四处搬家，密斯就很少见到他们了。密斯把柏林的公寓——一间面积为 220 平方米的非常舒适的公寓——改造成了单身宿舍和建筑设计事务所的组合体。临街的房间包括两个最大的房间被划为工作室区，前面的卧室设计成一间办公室，前面的阳台有时用于测试和拍摄模型。密斯的员工们就在这些地方进进出出。公寓的后面仍然是私人领域，设有浴室（可从工作室区进入），以及两间小卧室和厨房（图 3.3）。

. . .

密斯现在可以自由地专注于知识世界里，正是他激活了德国建筑界。在 20 世纪前十年的末期，中欧艺术节的主导力量是表现主义，其运动的特点是让艺术家的内心视野成为艺术表现的源泉。1914 年之前表现主义就已经在先锋派中崭露头角，仅凭惯性就在战后延续了一段时间。许多重要的德国建筑师被这种强调般场景和由幻想驱动的设计师的形式"表现力"深深吸引。最著名的表现主义建筑包括汉斯·波尔齐希（Hans Poelzig）1919 在柏林设计的德意志大话剧院，剧院的顶棚仿效钟乳石制成。弗里兹·赫格设计的智利之家也是其中之一，该建筑物在 1923 年建于汉堡，外形参差错落。这些建筑证明了表现主义源于浪漫主义，甚至还对神秘主义有一些诠释，同时

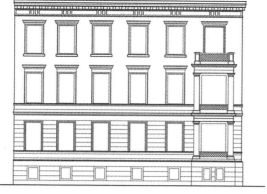

立面图

平面图

图 3.3
密斯的柏林工作室的立面和平面图（顶层）。工作室的面积为 220 平方米，坐落于阿姆卡尔斯巴德（Am Karlsbad）24号。1915～1920 年间，密斯与妻子埃达和孩子们住在这里；之后直到 1938 年，他都独居于此。1920 年后，他占据了三个大房间和阳台外的小空间用于专业办公。本建筑建于 1858 年；1939～1940 年间，为了给阿尔伯特·斯皮尔（Albert Speer）设计但未能实现的南北轴线广场让路，它被纳粹拆除了。

也与进步政治运动有关，这一运动的主旨在于反对已经名声扫地的德皇政权的保守主义。

浪漫主义和神秘主义的纠缠在作家保罗·西尔巴特身上找到了交汇点。在他的短篇小说和中篇小说中，玻璃被赞颂为新建筑的材料，他甚至在历史角度上赋予了水晶这一物质神秘意义。"如果我们希望把文化提升到新的高度，就有责任……改变我们的建筑……我们只有通过引入玻璃建筑才能做到这一点。在这样的建筑中，日月星辰之光穿透的并非只是几扇窗，而是每一面可能的墙壁，整面由玻璃制成的墙壁。"受西尔巴特影响最深的建筑师是布鲁诺·陶特。在他 1919 年的作品《高山建筑：乌托邦》中设计了一系列幻想性的草图。在陶特的草图中，大量的彩色玻璃被填充到高山上特意切割

第 3 章 灰烬中的欧洲：1918～1926 年   59

出的缝隙中，改变了整座高山的景观；冰川被宝石和玻璃装点，反射并放大了太阳的光芒；湖泊也被漂浮的水晶元素装点起来。这些拥有抽象几何形式的意象闪烁而透明，代表着人类与世界的重塑。尤其是在德语世界中，水晶成为了表现主义建筑的中心隐喻。它提供了一种意象和形式上的理想统一：坚固性、透明性和反射性融合为三位一体，暗示了一种普世意义。

战后一代人对乌托邦的狂热迅速放大了表现主义世界观的力量。魏玛的老工艺美术学校于1919年更名为国立包豪斯学校并重新开张，在担任其校长的前功能主义者瓦尔特·格罗皮乌斯的引领下，人们对表现主义的激情盖过了理性的声音。格罗皮乌斯在他著名的包豪斯宣言的最后写道："让我们一同期待、构思并且创造出未来的新建筑，用它把一切——建筑、雕塑与绘画——都组合在一个统一的形式里，总有一天，它将会从百万工人的手中冉冉地升上天堂，就像水晶一样清澈，象征着未来的新理念。"

尽管居于主导地位，表现主义也不乏碰到对手。评论家与艺术史学家阿道夫·贝恩早在1914年就开始反对表现主义和神秘主义，现在又推崇俄国构成主义和荷兰风格派运动的理性主义。而达达主义者则将这场战争诠释为西方文明的失败，完全贬低了美学，尤其是其中的表现主义世界观。乔治·格罗兹在谈到艺术家时轻蔑地说他们是"生活在肮脏的工作室，却痴心妄想着更好的东西。"然而在随之展开的20世纪20年代，达达主义却没有任何积极建树，而它的作用也越来越不起眼。它把主要精力都投入到努力影响其他社会力量，而不是完全拒绝这个世界。这些运动都表明了世界并不会以表现主义的自我介入或达达主义的消极而改变。

从某种意义上说，世界仿佛又倒回到1905年。如同新艺术在世纪初的前十年让位于客观主义，表现主义的浪漫奔放和达达主义的放荡不羁如今都受到了"新客观主义"的挑战。"新客观主义"激励了千差万别的艺术风格——从格罗兹和奥托·迪克斯那些蛮横的社会批评到20世纪20年代中期开始为德国民众修建大批住宅的具有希望的社会化建筑。"现实主义"是新客观主义两种风格的联接点，它们都准确地运用了自己的传播工具。格罗兹和迪克斯以冷静而线性的方式剥去了表现主义绘画的外衣，而新建筑师们也在自己的作品中摒弃了装饰和对历史风格的借鉴。

新客观主义注定会在当时的德国赢得胜利。这与随处可见的那种导致所有艺术领域冷静而有秩序的产物的冲动相关。1923年，伊果·史特拉汶斯基开始创作一种生涩的新古典主义风格音乐作品，这种风格强调音乐形式而非个人表达；而巴勃罗·毕加索则在古典模式中创作出了具象化的比喻形象。激烈的反浪漫主义运动开始了——荷兰的风格派和苏联的构成主义——巴黎的勒·柯布西耶在《新精神》杂志中推崇一种设计上的秩序回归。

...

路德维希·密斯，这位石匠的儿子，同时也是布鲁诺·保罗和彼得·贝伦斯事务所的前员工，辛克尔的追随者以及亨德里克·佩特吕斯·贝尔拉格的崇拜者，现在开始构建现代世界的一系列恰当的专业关系。到 1921 年底，他已结识了一年前移居柏林的特奥·凡·杜斯堡这位风格派的主要代表人物，他与居住在柏林的俄国构成主义者埃尔·利西斯基以及凡·杜斯堡也有联系。就这样，由于密斯的缘故，两位欧洲最大胆的、艺术运动中最具说服力的发言人几乎立刻汇聚到了德国首都柏林。

通过凡·杜斯堡，密斯认识了多才多艺的艺术家汉斯·克里斯特尔。克里斯特尔身上体现了战后德国艺术的某种冒险心态。在 1919 年返回故乡柏林之前，克里斯特尔曾是苏黎世达达主义组织的一员。正是在那里他和瑞典艺术家维京·伊格林合作创造了抽象的"滚动图片"，并很快发展出了抽象电影。两人加入十一月学社，这是一个包含画家、建筑师和电影制作人的艺术家社团，成员们都希望通过艺术，尤其是通过展示新构想下的作品来寻求艺术革命的发展。克里斯特尔的工作室成了那些被欧洲独一无二的知识自由氛围吸引到柏林的国际艺术家、诗人和评论家们最喜欢的聚集地。

"这个圈子，"克里斯特尔后来写道，"包括阿尔普、察拉、希尔伯塞默、凡·杜斯堡，后来很快又有了新成员密斯·凡·德·罗、利希斯基、加博、佩夫斯纳（原文如此）、基斯勒、曼·雷、苏波、本杰明和豪斯曼等。"在这些人中，凡·杜斯堡和埃尔·利西斯基尤其推崇抽象主义学说，即在绘画和雕塑中消除对自然主义的参考，在建筑中摈弃对历史风格的借鉴。在他们自己的作品中，两人已将几何抽象手法运用到了复杂化和合理化的极致。

密斯在凡·杜斯堡曾经公开过的理论论述中发现了很多他可以学以致用的东西。杜斯堡在 1921 年和 1922 年广泛地发表了主题为"风格的意志"的演讲，其中宣称"所有我们过去称之为魔法、精神和爱的东西现在都将有效地完成。"而杜斯堡对构成主义的喜爱反映在亚历山大·罗德琴科的名言中："意识、实验……功能、建造、技术、数学——在我们这个时代都是亲兄弟。"确实，当时几乎所有现代主义艺术家都沉浸在句中的那个"时代"，而凡·杜斯堡就是当中最为痴迷的那一个。

· · ·

在这些观点最活跃、最有影响力的时候,密斯出于自己的意愿开始以现代主义的方式工作。回顾 40 年,"1919 年,似乎已经彻底打破了之前所拥有的一切",他对这一说法做了如下回答:

> 我想这种决裂很早就已经开始了。当我还在荷兰从事克罗勒博物馆的工作时就开始了。我在那儿遇见了贝尔拉格,并认真向他学习。我阅读了他的著作,其中的主题思想是建筑应该简单明快。他的建筑以砖为材;这本来应该看起来像是中世纪的建筑,但他的作品却总是简单而明快。

基恩·萨默斯,这位密斯在美国职业生涯中的首席助理给了我们另一种解释。他指出密斯"在军队服役时有大量的时间用来思考。他刚刚回到柏林时,艺术界发生了太多事情。我不太确定这是不是他的原话,但意思是不会错的:他说'我知道我必须坚持下去。我得做出改变。'"这很可能是密斯对他在 1919 年被"不知名建筑师"展览拒绝后所做出的反应。这场活动由 Arbeitsrat für Kunst(Workers' Council for Art- 艺术工会)赞助举办,旨在寻找并展示最具创新性的当代欧洲艺术和建筑作品。展览的组织者驳回了密斯的克罗勒·米勒住宅项目。而这位组织者不是别人,正是沃尔特·格罗皮乌斯。他说:"我们不能展出它,我们要找的是完全不一样的(作品)。"我们不确定密斯在 1919 年同年购买的一幅画作是不是其态度变化的另一种反映;但是这幅瓦西里·康定斯基的作品《冬天 II》在 1911 年完成时正处在欧洲现代主义绘画的前沿地位。这幅画购自赫尔瓦特·瓦尔登的突击画廊;这家画廊是当时柏林先锋派的首选画廊。密斯在设计里尔住宅的那些年对绘画几乎没有任何兴趣,但是他将康定斯基的这幅油画挂在了他柏林的公寓中。这可能是密斯开始认同现代主义的另一个反映。

第一次真正体现这一认同在建筑上出现在两年之后。那是一个摩天大楼竞赛的参赛作品,也是密斯职业生涯中的开创性成就之一。早在 1912 年,发表在《柏林晨邮报》上的一封公开信就主张高层建筑能将商业和社会活动更有效地集中在城市中心地带。尽管战后德国经济陷入了困境,在 20 世纪 20 年代早期,这一观点仍然在人们对它的热情中重生了。给德国人留下深刻印象的不只是美国的摩天大楼,还有美国本身——"无限可能之地",他们通常就是这样称呼它——而摩天大楼正是它最有力的象征。德国外交大臣沃尔特·拉申瑙这样说道："谈到中世纪后的建筑，没什么能比纽约市更壮观了。"

1921 年末，柏林的 Turmhaus-Aktiengesellschaft（直译为"塔公司"）赞助了德国第一批摩天大楼设计竞赛。竞赛中的摩天大楼计划落成在突出的三角形地段上的办公大楼。项目紧邻弗里德里希大街，附近有一座同名的柏林火车站。然而竞赛的简报却让人望而生畏，它给出的期限只有六周；最值得注意的是它还要求（参赛作品）通过设计一座 80 米高的建筑物进一步提升本就密度极高的城市环境，而且不能"简单粗暴"。项目规划有办公室、工作室、商店、咖啡店、电影院和车库。虽然得不到什么报酬，但几乎所有柏林的主要建筑师们都参与了竞赛，竞赛一共收到了 145 份作品。

大部分方案都设计了一座或多座塔楼，从较短的侧翼组群开始退台。虽然它们的风格种类繁多，但其主导样式却都属于表现主义；尖锐的角、尖刺的形式和互相倾斜的体块随处可见。这一时期的客观主义已经非常显著。在《建筑月刊》（*Wasmuths Monatshefte für Baukunst*）中阿道夫·贝恩对这一地块进行了大量考察，并且很高兴"我们的建筑师们非常清楚地知道老式的柱子对摩天大楼起不了什么作用。"与他反对表现主义的观点一致，贝恩赞赏密斯的名为 Wabe（德语）即《蜂巢》的参赛作品，理由是"作品中没有掺杂任何特殊感情。"马克思·伯格则称赞这件作品"具有高度的简洁性，……开阔的思路，……它是解决高层建筑方案的根本问题富有想象力的一种尝试。"

有证据表明，唯一的一座被历史铭记的弗里德里希办公楼，也就是《蜂巢》。在赛后曾有所改动，并很有可能进行了重新构思并被收录到使之闻名的出版物中。然而那场竞赛在后来被证实只是一种宣传噱头，当时赞助方早已私下做好了自己的设计方案。不过项目却因为财政困难而以失败告终，最后什么也没有建起来。

密斯的作品并没有引起官方的注意。评审团成员都是保守的柏林建筑师，他们忽视这件作品是理所当然的。密斯设计了三座连接在一起的近乎对称的斜角棱柱形塔楼，高 20 层，完全由玻璃表皮覆盖。这些建筑体在三角形地块上延伸，通过互连的走廊和楼梯联接到配备电梯的圆形区域。每座三角建筑体的表面都被内弯的半圆形凹槽打断并互相对齐——没有明显的原因——终点则是内部的走廊。凹槽两边的外墙均微微向内倾斜，增强了玻璃立面的反射感。结构可能是钢筋，但在效果图和拼贴画中楼层和柱子都出奇

图 3.4（对面图）
弗里德里希大街（Friedrichstrrasse）办公楼项目透视图，位于柏林（1921）。这是当代最著名的建筑图纸之一。纽约现代艺术博物馆的建筑部策展人阿瑟·德雷克斯勒（Arthur Drexler）认为"这幅图能够和毕加索（Picasso）1907年的画作《亚威农少女》（Les Demoiselles d'Avignon）相媲美"。图片由纽约现代艺术博物馆的密斯·凡·德·罗档案提供。

的薄，而必要的剪力墙结构则完全不存在。伯格再次发表观点，不过并不那么肯定："平面没有完全符合建筑物多功能的要求。如果它只意味着一座仓库，这或许可以解释房间为什么会具有这样的进深，以及那些通过如此大面积的玻璃幕墙必然会产生的大量光线。"

从技术角度来看，伯格可能是对的。但是他没能意识到的是密斯并非去设计一座建筑作品，而是提出了一个建筑宣言。密斯的弗里德里希办公楼正如伯格所说，是"解决高层建筑方案根本问题的一种尝试"。这件作品，也是他的首个世人瞩目的现代主义项目，真正意义上的密斯·凡·德·罗已经出现了，"解决着"他眼中的"建筑问题"，为典型的高层建筑寻求着现代性的解决方案。

尽管这一设计中体现出非比寻常的设计——如同我们已经见证的，它不仅是密斯优秀的绘图技巧的展现，更多的是，它是第一个玻璃表皮的高层建筑方案（图3.4）。即使全玻璃表皮远远超出了当时施工技术的范畴，但这已经不再重要了。这一设计完全摆脱了历史主义，也不同于同时代（美国的）摩天楼所运用的建筑语言，这些联结的塔楼各个部分都以激烈的角度相互交织，映衬着彼此。通过高超的绘图技巧的表达，这些角度让这座占地75万平方英尺的建筑（即使是以21世纪的欧洲标准衡量也足够大的面积）的物质化形态几乎消失了。方案中的概念对于人们的启发并不大，甚至是让人困惑的。方案中充斥了太多的角度和角落，而这些都不属于密斯在之后奠定的其艺术的中心原则：清晰、有序的结构。

密斯在他第一次发表的文章中评论了《蜂巢》。这篇文章出现在由布鲁诺·陶特出版的杂志《晨光》（Fruhlicht）夏季号中：

> 只有在建造过程中，摩天大楼才得以展现出它们那富有勇气且极具结构性的特点，它们高耸的骨架结构给人留下了无比深刻的印象。另外，当建筑的立面被砖石覆盖时，这种印象也随之瓦解，建设性的结构构造也荡然无存，随之消失的还有艺术构思中必不可少的那些原则。这些要素被无意义且微不足道的混轮的形式所压制。对这样的建筑物我们最好的评价只能是它们尺寸惊人；但是它们不应该只是技术能力的展现。最重要的是我们必须尝试在解决新问题时摒弃传统的形式；更好的方法是从新问题的本质中推导出新的形式。当我们使用玻璃覆盖表皮而非承重墙的时候，这些建筑物的结构便清晰地呈现出来。玻璃的使用迫使我们走上新的道路。

图 3.5（对面图）
玻璃摩天大楼项目模型，位于柏林（1922）。密斯完成了一个优雅而精致的形式；虽然无论是建筑的外壳还是结构在当时的技术条件下均无法建造成功，但在他看来，这都不重要。

这段慷慨陈词带有明显的密斯风格——对于格言警句具有选择性的引用，有时又自相矛盾。他反对表现主义和装饰，他不屑地表示那是"无谓和琐碎的形式上的混乱"。在探寻一种合理的方法时，他呼吁建筑物的形式应该来源于"问题的本质"，这让他找到了将在余生寻求的方向。尽管他强调"结构性和理性化"，他仍然对——"让我们走上新的道路"——的玻璃材质的运用非常着迷。在他那些著名的透视图纸中，即使牺牲了建筑结构，密斯仍然深刻地赞颂了那些大片而闪光的建筑"墙壁"。

弗里德里希项目之后，密斯紧接着设计出了第二个、同时也是更具影响力的高层建筑方案。这一后来广为人知的方案便是玻璃摩天大楼的名字（图3.5）。它既没有业主，也没有功能要求或是实际的场地。可能密斯作图和制作模型的目的是为了快速地获得公开发表和职业上的提升。尽管密斯允许先锋杂志《G》使用 21 层高的版本来适应其第 3 期的封面，然而实际上，玻璃摩天大楼有 30 层楼高，比弗里德里希项目还要高一半。玻璃摩天大楼的平面可以随意变形，每一层相同且薄到不可思议的楼板都是由少量的细长柱子支撑而成。方案中并没有体现出摩天大楼的结构体系，虽然在设想中它可能以混凝土为材料，但是方案中展示的这种无梁楼板当时还没有被发明出来。而且和弗里德里希办公楼一样，抵抗横向荷载的必要结构也没有出现。摩天大楼的表皮和弗里德里希办公楼相似，都是同楼层等高的玻璃表皮。每块玻璃约 2 米宽，在模型中它们显得优美而透明，在密斯美妙的炭笔画中呈现出迷人的反射感。玻璃摩天大楼模型照片成为这一项目的主要纪念——高耸而呈波浪状的、完全透明的玻璃包裹着显得极其弱化的结构。这样的表皮和结构在当时是都不可能建造出来的。

1951 年末，在给一名索取设计细节的记者的回信中，密斯辩解称这个项目完全是概念性的："它的特性，"他写道，"完全是抽象的，它并不是为了解决每一空间的具体功能，或是解决机械或结构问题，而是具体地研究了玻璃作为外表皮元素的应用问题并寻找其在建筑上能够带来的成效。"密斯在写信时可能的确这样认为，然而玻璃摩天大楼的模型、图纸或是照片带给人们的合理印象却是，它是一个完整的建筑方案，而非狭隘的试验品。正是它那自由可动的平面和前所未见的戏剧性的结构而非对玻璃表皮作为材质的研究让它成为了杰出的名作。

尽管缺乏应有细节，弗里德里希办公楼和玻璃摩天大楼仍然成为高层建筑历史上的标志性建筑。究其原因，并不仅仅因为它们是成就密斯·凡·德·罗现代风格早期灵感的体现，而是在初次尝试这些高层建筑的

形式时，密斯已经很明显且完全独力地创造出了新奇、具有吸引力的自由形式，这些形式完全没有借鉴之前任何建筑的设计方案、体块构成，或是历史风格曾经呈现过的细部。虽然其他的建筑师也一直推崇实现这些目标。特别是在具有重要象征意味的高层建筑类别，他们谁也没能做到过。如果能够实现新的应用技术，密斯所设想的这些形式（几乎）是可以实现的：连续不断的玻璃本身就构成了一座完整的建筑物。在这一点上，密斯可以称之为领先了他所在的时代 50 年。在当时，能够实现无框架、全玻璃的表皮技术还没有出现。直到 20 世纪 70 年代，使用玻璃覆盖整栋建筑物的技术才逐渐出现。讽刺的是不论密斯所处的 20 世纪 20 年代，亦或是之后在美国时，都曾经有过这种其他人只能理解为是建筑形式而非建筑的争执。然而弗里德里希办公楼和玻璃摩天大楼那极富创造力的玻璃窗——这些想象出来的建筑——却确实将他们的设计师带到了德国现代主义阵营中的领先地位。

· · ·

自 1923 年初以后的 12 个月之间，密斯进行了一些现在被称为混凝土乡村住宅和乡村砖住宅的别墅设计。在一份扩展延伸的分析中，建筑史学家伍尔夫·塔基陶夫基于有限的证据认为密斯这两个项目的业主很可能就是他本人，尽管它们规模豪华。每栋住宅可能都是根据新巴伯斯贝格的同一个场地——那里已经有一些密斯设计的建筑物——设计而成。在这里，密斯曾经考虑希望借此招揽想要建造房屋的富有的业主。

混凝土乡村住宅没有平面图。尽管住宅的完整立面从未公开，模型也已经遗失了，但是在它由黏土或石膏制成的模型的照片中仍然提供了最好的外部细节（图 3.6 和图 3.7）。住宅有一些彩色的外部透视图，但视角却相同。乡村砖住宅的资料留存的更少，我们只能从两张同时期的照片中知晓：一张是不知出自谁手的透视图；另一张是部分模糊的标准平面图。图中提到了建筑有二层，然而据我们所知，它的平面图并没有留存下来，很可能也从没有被画出来过。

虽然留存的记录并不完整，这两所住宅仍然跻身于 20 世纪最著名的建筑物中。它们都是现代主义"开敞平面"的早期范例，体现着密斯在结构和细部设计上的策略；在不久之后的巴塞罗那国际博览会德国展览馆和吐根哈特住宅中，密斯正是运用了这些策略并因此成名。尽管密斯的设计更加彻底和激进，但也有一种合理的说法常被提及，那就是这些作品其实受益于的弗

图 3.6
混凝土乡村住宅模型（1924）。注意图中的风车式平面。

图 3.7
混凝土乡村住宅模型（1924）。坡度的变化是密斯民用建筑中的共同主题。

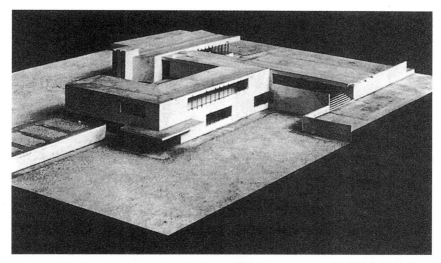

兰克·劳埃德·赖特流动的室内居住空间。无论如何，这两份方案中远不止有开敞平面；尤其是在概念上更加丰富的混凝土乡村住宅。

密斯本人对"混凝土乡村住宅"的评价与他同时期的文章非常相似，也都基于事实：

"在我看来，采用钢筋混凝土的主要优势是有机会节省大量的材料。为了实现这一点，有必要把荷载和支撑力集中在少数的一些结构点上。

混凝土的缺点是隔热效率差、并且容易传递声音。因此必须增加特殊的隔热材料来隔绝外界温度。处理噪声最简单的方法就是消除一切能够产生噪声的东西：我正在思考将橡胶更多地应用在地板和推拉门窗上，以及其他类似的防噪方式，建筑一层也应该有开敞的布局设计"。

密斯并没有对上述这些话语附加其他的含义，他对于混凝土的具体观点在狭义上虽然正确，但其实并没有太大用处，尤其是他提出的会节省大量材料的论点。在建筑实践中，在将密斯那奇妙的系统真正成型，加固和完成所需的成本面前，任何这样的节约都如九牛一毛。从结构上来看，混凝土乡村住宅是一组具有自由的形式，互相连接的混凝土墙体块和类似棱柱壳体屋顶的建筑。建筑的每一个体块都至少由四个独立于封闭空间的柱状点支撑。全混凝土屋面的平面则由嵌入式钢梁或是极其扁平的桁架（目前尚不清楚类型）进行加固。因此，密斯设想了一种潜在的全新的混凝土施工应用方式，即建筑表皮封闭系统可以是自由的长条形窗户，超大的门，甚至是空洞。很快成为国际风格的现代主义的陈词滥调的带状窗，它的首次出现就是在密斯的作品之中。大胆的悬臂式屋檐装点着窗户，以及被适度利用的立体制作的可能性，都非常清晰。这一相同的系统将引入自然光线并且带来更优化的景观，由此赋予了住宅建筑一种全新的自然空间与视觉的交融。即使当时的结构体系无法承受这样的设计，但要达到它却已不再只是技术上的幻想而已。

相比之下，1924年的乡村砖住宅（Brick Country House）的结构更像是一种密码（图3.8）。在这里，我们目睹了现代开放平面的诞生，显而易见，密斯已经重新定义了服务于家庭生活（据推测，他的业主正是他自己）的空间概念。密斯这种通过墙面或是玻璃来分隔内部空间以及内外空间界限的做法虽然已经出现，但是远没有被普及。多数情况下，这种分隔甚至通过两个垂直的平面相交而成的交汇空间。这是一个勉强称为室内规划的平面：平面上只标了两个空间名称，"生活空间"和"服务空间"。从来没有过像这样的房间，作为间隔的门也消失了。墙壁与不透明的平面具有相同的厚度，据推测可能是砖的厚度。我们不能确定哪一部分是壁炉，而那超出了图纸边缘的壁挂式墙壁更是让人无法推断建筑的真实边界。

乡村砖住宅在概念上的纯粹性——或者可以称之为它的模糊性——其实是它的假设性质中的功能部分。实际上，到目前为止，1921～1924年间的每个已经被讨论过的项目，就像混凝土办公大楼项目一样，在某种程度上因为它的非现实性而获得了连贯性和影响力。像密斯这样，以虚构的未建成建

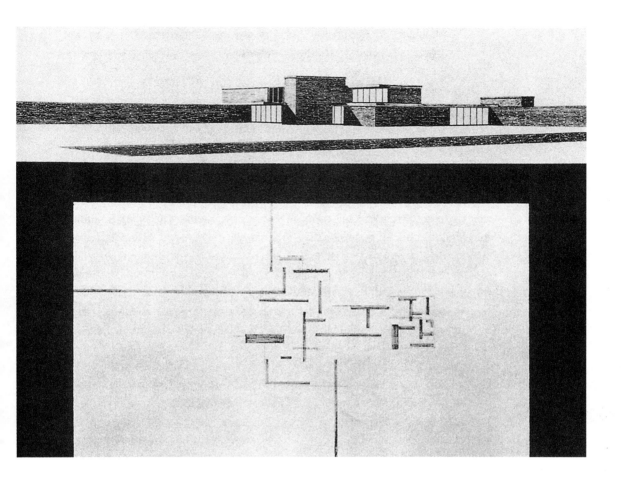

图3.8
乡村砖住宅项目的空中透视图（顶部）和平面图（1924）。该平面图类似于荷兰的风格派运动中产生的图像。人们常拿它和特奥·凡·杜斯伯格（Theo van Doesburg）的画作《俄罗斯的舞蹈韵律》（Rhythm of a Russian Dance）相比较。但是杜斯伯格的画作是对自然形象的表达。密斯的作品则是建筑的抽象。

筑项目在建筑的现代化运动中占据先锋成员群中一席之地的人，再没有其他先例。

...

正是在这个时期，正是这样的氛围，密斯逐渐有了一个新的专业名字。1921年的秋天，他终于开始称自己为路德维希·密斯·凡·德·罗。1921年9月13日，密斯提交了一份Eichstaedt住宅的建筑学科文件，在这份文件中他签署的名字是"MRohe"，而几乎是同一时间，他将自己的信笺落款改成了"密斯·凡·德·罗"（此时的查尔斯·让纳雷已经在一年前成为了勒·柯布西耶）。在这之后这个名字无数次地出现在了各种地方，但它的首次公开则是在Max Berg的《建设评论》（1922年，5月25日）中介绍"蜂巢"项目时，密斯成为了"密斯·凡·德·罗"。

第3章　灰烬中的欧洲：1918～1926年　71

密斯将他在亚琛的姓氏与母亲娘家的姓氏相连，成为了 van der（凡·德）。而他长期以来就仰慕荷兰的风俗文化，荷兰井然有序的生活和荷兰人清醒的良知对魏玛时期的德国人很有吸引力。他不敢去冒认一个真正的德国贵族的称号"von"（冯），但是听起来稍许优雅的 van der（凡·德）在德国是可以被使用的，而它对于荷兰人来说也是个非常普遍的名字。为了进一步消除"密斯"原本在德语中的不雅内涵，他在字母 E 上添加另一个变音符：Mies，发音为"myess"。直到 20 世纪 30 年代，他都一直坚持使用这种写法——这个名字被用在专业文档里——尽管并不那么规律。大多数的人继续称他为密斯（Mies）先生，或者是凡·德·罗先生，如果他们的私人关系足够亲近或者成为密斯的雇员，那人们就会简称他为"密斯"。而"路德维希"或是它的变体，比如"鲁兹"和"路易斯"则是密斯的家人或者极少数童年玩伴以及战前相交的朋友们的专有昵称。乔治亚·凡·德·罗（这也是一个假名）声称"罗"可以追溯到比利时还在讲法语的时期，原本它是"roe"，后来变成了"roye"，最后成为了"罗"。

...

当密斯投向现代主义怀抱并且重新定义自我的时候，进步的艺术家、设计师和理论家则继续在自己的领域中追寻新的方向。各领域的专业文献反映着此时的社会迅速变化的价值观和目标。俄罗斯小说家 Llya Ehrenburg 在 1921 年末抵达柏林，与他的同胞、无处不在的利西茨基（Ei Lissitzky）一道找到了正渴望"让俄罗斯的创意家了解西方最新的艺术，【同时】让西方世界了解俄罗斯艺术与文学"的期刊。它将代表"构成艺术，谁的任务，"用利西茨基的话来说，"并非装饰我们的生活，而是要组织我们的生活"，像在匈牙利期刊《MA》曾发表一篇文章的作者 Laszlo Moholy-Nagy（现居于柏林）所说的那样："建构主义是纯粹的物质。它并不局限于画框和底座，而是扩展到工业和建筑学，扩展到对象与关系的层面之中。建构主义就是视觉社会主义。"

在巴黎，一个严肃抽象的、直线性的、新的建筑方向产生了。它不仅在《新精神》版面上堂而皇之地昭示着自己，也在勒·柯布西耶的建筑中被彻底贯彻。出版于 1923 年的《新精神》一书，作为战后建筑立场最重要的总结迅速地确立了自身的地位。随着整个欧洲大陆的建构主义者/客观主义者自身观点的动摇，不安的凡·德斯博格也随即开始了对魏玛包豪斯的宣战。在没有格罗皮乌斯的邀请和学校的正式欢迎的情况下,他在1921年和1922年举办了一系列校外讲座,反对自1919年学校开办之初就占据主导地位的手工艺-表现主义。凡·德斯博格也抨击了学校当时占优势的教职员工,神秘的约翰·伊顿的教学方式和影响力。

到了1923年末,伊顿离开了包豪斯,取而代之的是莫霍利-纳吉,之后十年的大部分时间里,学校教员之中,他成为指导包豪斯前行的建构主义理想的主要推动者。在莫霍利到来之前,格罗皮乌斯就已经开始了从表现主义中隐退,反而开始实践一些具有建构主义的设计作品。他和阿道夫·迈耶参加了1922年芝加哥举办的论坛竞赛。被任命为马哥德堡市政大楼董事让布鲁诺·陶特(Bruno Taut)被迫走向了实际性与客观性,也让他那充满魔法的梦想开始蒸发。在那几年间他总是得去谈论建筑与机器以及工业生产的关系。

20世纪20年代早期和中期的德国,事件发展的速度可以由密斯的私人关系以及他工作与发展前景的变化来衡量。这些多年来的辩论与政治、自我和理想,是个体意识与群体的激烈角逐,在碰撞与阴谋的意识形态成了当下的秩序;十年中密斯没有其他的路径可以与世界接轨。而在下一个十年中,他将会继续在各种印刷物中掀起波澜。

· · ·

根据里希特(Richter)的讲述,1920年,《G》杂志的构想开始出现,当时凡·德斯博格在首次去往柏林时,敦促里希特和埃格林(Eggeling)一起创办一个艺术评论鉴赏类的杂志。"从1922年开始,里希特写道:我们终于攒够了两期的内容,但就在那时资金却开始有问题,除此之外,埃格林和我也分开了。直到1922年底我终于有了一点点钱,至少这个时候,我可以正式开始做杂志了。"

"G"这个标题是1922年由利西茨基作为"布局"【"形成","形式",或者"创意组织"】的缩写来拟定的,为了表示对共同创始人德斯博格的尊重:里希特说"我们在字母G的后面放了一个方形。"

第一期《G》于1923年7月出版,由里希特、利西茨基和包豪斯毕业的年轻的维尔纳·格雷夫(Werner Graeff)共同编辑。它宣告了自己对于艺术浪漫性和主观性毫不妥协的反对立场。封面上的陈述独断专横,充满了对于个性化美学的轻视,并且以咖啡馆宣言的崇高与抽象的形式提出:

"创造基础形式的基本需求就是经济,权力与物质的纯粹关系需要基本手段,完全控制手段。基础秩序,规律……"

"我们没有必要把一个只是蓬勃发展的漂亮外表覆在自己身上,我们(精确定位)需要自我存在的内在秩序。"

这些定义了结尾字句的作者们并不意味着像里希特和格雷夫那样被列在文章之中。密斯也将自己公开的对抗性文章投给了同一期杂志。

"我们拒绝所有的审美思考,所有的教义,所有的形式主义……从任务的本质出发,借助我们这个时代的手段来创造属于我们这个时代的形式才是我们真正的任务。"

在1923年9月的第二期《G》中,他却没有那么大胆了:

我们不知道形式的问题,只知道建造的问题。

形式不是目标,只是我们工作的结果。

形式(本身)没有形式

我们要拒绝形式为目标的形式主义……

我们的任务正是将建筑活动从开发者审美的思辨中解放出来,让它再一次成为它唯一应该成为的事情,即建筑。

The foregoing prose is "elementary" in the ultimate sense in raising "problems of building" above "problems of form," effectively does away with style.

上述的段落是将"建筑的问题"拔高于"形式的问题"这一终极命题的"初级阶段",风格被有效地消除了。

· · ·

第一期《G》发行期间——也就是1922年末或1923年初——密斯参与了一个重要的项目——混凝土办公大楼。这一项目后来成为1921年到1924年五个最具客观性、最为漠视主观上的细微差别,以及与《G》的社论最为接近的著名项目。其中之一(图3.9),从1923年7月出版的曾在1923年伟大的柏林艺术展中展出的一张9英尺宽的木炭画透视图(尽管这一案例是在他指导其助手完成的)以及从密斯在第一期《G》中署名发表的一个声明中可以知道:

图 3.9
混凝土办公楼项目（Concrete Office Building project）(1923)。这幅炭笔画作于粗糙的石膏面上，宽度为 9 英尺。它首次在 1923 年的柏林艺术博览会上展出。

办公楼是工作的场所……具有组织性……清晰性……经济性。

明亮、宽敞的工作空间，清晰地布局，不被割裂的，只根据公司内部有机地细分出的空间。

用最少的成本做出最大的效果。

材料是混凝土、铁、玻璃。

钢筋混凝土建筑物由天然的建筑骨架构成。它既不是烘焙的食品，也不是带有装甲的塔楼。它由框架结构支撑，而不是由墙来承重。也就是说，它是有表皮有骨架的建筑物。

密斯讨论了这一项目的平面、体块以及其他细节，简单地描绘出一个摆脱了喧哗与怪异的功能齐全的大楼，夸张地说，混凝土办公大楼是一种极具象征性的进步，同时，作为建筑，它更接近一种反乌托邦的特质。

它所具有的表皮和骨架的规模，在当时的欧洲并不为人熟知。如图所示，建筑似乎是故意不确定其长度，但假设入口在立面的中心，那么楼板则接近 100000 平方英尺——缺少了一个几乎没有被提及的内部庭院的面积——即使按照今天的标准来看，这也可以称得上是庞然大物了。尽管密斯奇怪地将大部分钢筋混凝土板梁与漏斗柱结构隐藏在高大的混凝土护栏背后，这些结构仍然显得清晰而有力。密斯辩解护栏可以容纳和遮挡外部的文件柜，由此释放更多的内部空间。但是对于一个典型办公室需求来说，这样的规定显得太过于严格。而密斯所推崇的摩天大楼方案，就是一个可以作为理性和结构性典范的全玻璃外观大楼。

虽然我们只有一张简单的没有具体规模的图纸，但我们仍然判断整个项目呈现的是笨重、冷酷与令人不安的特质。现在我们会把它视为由现代建筑催生出的都市化反文脉主义的一种越界，文脉与建筑规模密不可分。密斯用他的豪言壮语赞美了这种在现代商业组织规模下创作的广阔性。尽管如此，无论是出于视觉还是结构原因，或者二者兼而有之，尽管这种变化微乎其微，密斯还是极其轻微地增加了从楼板到楼板之间的端部悬梁臂。阁楼层和部分低等级的入住率缓解并活跃了建筑主题，但它们可能并不是出于视觉原因，而是这一项目对于柏林六层楼高的规范下的一种功能性的解决方案。我们并不确定外墙的材质，或者混凝土护栏的细部与结构，可能密斯也没有强调或者曾经考虑过它们的重要性。然而，正是这些关键细节可能会导致一个具有这种类型和规模的建筑物建造的成功或者是失败。

《G》的发行远多于三期，而密斯也在他所承诺的强硬路线下个人投资了1924年杂志的第三期，那是一个相当可观的成本。《G》杂志全部使用无衬线字体，这种用格雷夫的话说是"基本的"字体可以独立清晰地显示它是被构造的，而通常习惯的印刷类型模仿了手写的字体。

在《G》杂志的成员组中，凡·德斯博格成为了密斯最亲近的同事，至少在那一段时间里，他与格罗皮乌斯的关系还没有任何矛盾。正如我们之前提到的，当格罗皮乌斯在1922~1923年逐渐改变自己的立场，从表现主义转向了建构主义时，密斯选择了与德斯博格一致。密斯在写到德斯博格时说，所谓的改革并没有引导一个"真正建设性"的设计方法，只是引向了一种艺术的形式主义，一种建构主义的杂耍而已。尽管那时的密斯批判了格罗皮乌斯，但他却仍然与这位包豪斯的领头人进行了一次亲切真挚的书信交流。虽然格罗皮乌斯曾经拒绝密斯的克罗勒·米勒（Kröller-Müller）住宅，（参见1919年的建筑展览），但现在他却邀请密斯参与包豪斯策划的一场评估最佳欧洲新建筑的活动。密斯马上就接受了这一邀请，并且寄出了几份战后作品的图纸。

类似的矛盾也出现在密斯与另外两个同时期的重要人物之间。1921年，他邀请了斯瓦比亚建筑师哈林（Hugo Haring）来他的工作室共同工作。两人在这里花了好几个小时来谈论建筑艺术，虽然大多数时间气氛是友好的，但他们的分歧也都足够尖锐，这场对话最终成为了现代运动中值得纪念的传奇的一笔。哈林——比起建筑师更偏向于理论家——是个特殊的"有机"建筑风格的信奉者，这种建筑拥有完全适应于自身建筑目的的开发设计方式，并且独立于任何先入为主的审美原则。从这个角度来看，密斯对于这种建筑并没有太多争议，但是哈林那些从这种观点派生出来的建筑物则与密斯的作品毫无相似之处。迦高牛舍，是哈林在1923年至1926年期间为荷尔斯泰因州的一个农场所设计的建筑物组群，它以偏心的体量形式而闻名。这一作品跳脱了标准的几何书法，以新颖的结构提供了一种解决方案。

密斯与哈林之间的关系既有友谊也有争执。两人都属于一个自称为"十环"的进步建筑师团体，他们在1923~1924年期间在卡尔斯巴德24号相遇，1926年形成了一个小组，当时还有两个同事担任小组成员，而他们则将这个组织拓展到了柏林之外，并且改名为"环"，这一组织后来成为20世纪20年代推动新建筑发展的最重要的力量之一。哈林也曾经在1927年密斯斯图加特的Weissenhof住宅早期方案的制作中担任过他的助手，然而由Weissenhof住宅项目所带来的两人之间的尖锐分期最终让密斯于1927年离开了"环"，1938年密斯移居美国，而哈林则决定留在德国，他们两人之间的友谊便在这之后画上了句号。

密斯与德斯博格也曾经分道扬镳。在De Stijil出版的1923年3月刊——那时也是德斯博格作为创始人之一的《G》的发行高峰期——德斯博格指出绘画是"艺术最先进的形式"，它"指明了走向现代建筑的路径"这可能也意味着对于《G》反美学思想的一种批评职责。密斯拒绝了德斯博格的美学高于建造的观点。事实上，密斯在1923年5月的一篇文章中提到，"我们拒绝所有的审美思考，所有的教义，所有的形式主义"，而这很可能就是对于德斯博格的一种反对。

然而两个月之后，凡·德斯博格邀请密斯在巴黎罗森博格现代画廊秋季展中展出自己的作品，而密斯也热情地接受了这一邀请。那场展览中奇妙的部分正是混合的忠诚进一步的标志。那场展览主要致力于De Stijl的建筑。参展的人之中只有密斯不是运动中的一员，但德斯博格仍然十分鼓励他提交一个玻璃摩天大楼的模型，即使这个作品并不是一个符合De Stijl的建筑原则的作品。密斯也想在这场展览中展出一个混凝土大楼的模型，来彰显这两件作品之间的关系，并强调他那因建筑问题不同而结果也不同的基础主义的信条。最后，由于运输问题，密斯的模型都无法展出，密斯只能用这两个项目的透视图和照片以及混凝土乡村住宅的透视图来参展。

不久之后，密斯开始模糊作为《G》杂志的原动力的建构主义唯物主义的边界。时机是正确的，1924~1925年间，魏玛共和国正处于希望扭转政治和经济命运的时期。曾在前文提到的道斯计划在1924年开始组织实施，用以帮助德国减轻通货膨胀所带来的沉重负担。这一计划还提出让德国拖欠战争赔款以来一直在鲁尔的联盟部队撤出鲁尔。凶残的通货膨胀结束了，自霍亨索伦王朝以来，很久没有过平静的德国终于开始朝着繁荣稳定的方向前进。

建筑几乎立即被卷入这场浪潮之中，特别是在国家、省、市政府颁布了新的补贴方案的情况下。现代建筑成为一种可以建造的，能够在未来几年急速增长的建筑形式。住房的严重短缺，以及社会民主主义政府的积极推动，使得新建筑的普及变成了事实。

然而，随着现代主义的稳步前行，主要来自保守派的个人和机构的抵抗主义也开始反对德国传统建筑的这种变化。密斯全身心地投入到了这股思辨之中。尽管早先忽视了进步组织的作用，然而现在密斯则在自己的意愿下加入了他们的议会。在巴黎的现代艺术展览和魏玛包豪斯艺术展览之后，密斯先后参加了在耶拿、杰拉、曼海姆、杜塞尔多夫和威斯巴登的展览，甚至还参加了在波兰、意大利和苏联的展览。他的主要参展作品集中在当时最近的项目：玻璃摩天大楼、混凝土办公大楼、混凝土乡村住宅，以及最新的乡村砖住宅。他也乐于在前卫的期刊杂志上进行发表：分别是德国建筑师和德意志制造联盟的刊物《建筑图片与形式》以及《组织》，还有《横断面》、《质量》、德国的《梅尔茨》以及法国的《新精神》。1923年，密斯加入了BDA，同一时间，"十环"也开始逐渐成形。

1926年，此时路德维希·霍夫曼卸任柏林建筑专员之后的两年，"环"有了自己的新名字。正如进步人士看到的那样，霍夫曼的退休发生在一个十分关键的时刻。他曾经占据的位置对于城市规划和建筑单体的监管批准都至关重要。作为一个威廉二世时代风格的老派建筑师，霍夫曼遵从于20世纪20年代的保守标准，而年轻的建筑师们则认为他是专业上的敌人。恰逢霍夫曼卸任，颇具希望的新经济发展条件下的德国又增加了很多重塑市政建筑的政策与机会，"环"立即要求进行专员办公室的改革：独立建筑师应有更大的自由，消除在设计评判中的争执因素，加快审批程序，招揽更好的合格竞标陪审员。

一个漫长而纷乱的冲突随之而来。BDA的保守派们试图从"环"中分离出来，反之亦然。密斯作为最强大的先锋阵营支持者之一，也终究在1926年1月辞去了BDA中的职务。几周之内，"环"就开始努力组建一个由先进的建筑师构成的国家级组织，大约在同年11月他们达到了这个目标，同时，这一组织的创始人之一马丁·瓦格纳被任命为柏林建筑专员。

现代主义事业就这样像其他方面一样在整个德国经济稳定后的几个月里稳步前行。几个主要城市的有限盈利性合作协会在国家贷款资助下开始大规模生产住房项目，为这一进程中的重要委员们提供了进步性的辅助。这类项目大部分设计手法是正在成为新建筑标志的功能主义的几何形式。独立建筑师恩斯特·迈（Ernst May）、布鲁诺·陶特、格鲁皮乌斯、门德尔松（Erich Mendelsohn），以及密斯本人在激起了他们对手敌意的同时也吸引了越来越多的公众关注。

从战前遗留下来的传统建筑形式的灰烬之中，激进理论开始浮出水面，同时在实验氛围的鼓舞之下，世界上最先进同时也是最具有争议性的建筑正在此刻汇聚德国。

1925 年，密斯接受了德意志制造联盟的邀请，准备为这一组织"输送新鲜血液"。德意志联盟在视觉方面一直占据着极高的地位，也一直拒绝认可其他任何的运动或者风格。然而，现在的德意志联盟则处于一个比以往更加活跃的建筑引领之下的潮流中，怀着艺术复兴的意愿，这位新成员将曾经与之结盟的客观主义建筑师们都远远丢在了后面。密斯本人的这种可发展很大程度上要归功于激进派的雕塑家保罗·鲁道夫·亨宁，这位德意志联盟的成员一致在质疑通过基础建造（初级设计）建筑可以达到较高的质量："取代了正规的质量，对我们来说最重要的任务就是设计的创意性，自我证明和纯粹的建造。"在当时，这些话可能是出自密斯。密斯和亨宁在 1924 年中期曾经在德意志联盟中进行有关基础主义建造的演讲，随着密斯实践项目越来越多，他对年轻成员的个人影响力也与日俱增。1926 年密斯被任命为德意志联盟的副主席，尽管他一直坚称彼得·布鲁克曼这位令人尊敬的德意志联盟老代言人才是联盟的象征，但在密斯 40 岁的时候，他就已经成为代表这个德国最坚实的技术团体的核心人物。

...

随后的几年间，密斯在美国愈发声名显赫，他开始被人们称为沉默的密斯，他变得沉默寡言，思想深刻，相比文章更愿意将自己的想法表达在作品之中。"只建造，不说话"是那些钦佩他的学生眼中的密斯。即使这种说法太夸大其词，这种变化与 20 世纪 20 年代中期在德国的那个积极进取并且热衷政治的他并不相符。但却与他的传记中所记载的一致，他在很长一段时间里就是将现代的意识形态转移到他的现代作品中。当时他所有建成的设计几乎都非常的传统，甚至可以这么说，1925 年之前的密斯在现代主义的实践上，说的远远比做的更多。

我们并不太确定在第一次世界大战结束之后，密斯接受的第一个委托是哪一个项目。有可能正是他为佩尔斯在 1919 年去世的母亲劳拉的坟墓设计的一个标志。而在 1927 年的某篇杂志文章中描述密斯的一间被称为"Haus K"的平屋顶辛克尔风格的别墅也标注着 1919 年。这很可能是密斯为肯普纳（Frau Franziska Kempner）设计的住宅处于初步阶段时的唯一证据，虽然这一住宅在 1922 年 4 月完成时是一个完全不同的设计。住宅方案在 1921 年夏天被提交到了柏林建筑部门进行审批，也就是这一年密斯开始继续他的建筑实践。接下来的 11 月，他还为工业家库诺·费尔德曼（Cuno Feldmann）设计了住宅并在 1922 年 6 月完工。肯普纳住宅与费尔德曼住宅在风格上非常接近。这些住宅中都有着一些朴素的微格鲁吉亚风格的砖墙外立面：每一个长而平整的两层建筑主体都有两翼配楼，顶部则是一个陡峭的坡屋顶。柏林夏洛藤堡的肯普纳住宅于 1952 年被拆毁。柏林格鲁内瓦尔德的费尔德曼住宅则在接下来的第二次世界大战之中被夷为了平地。1923 年建造的 Eichstaedt 住宅仍被保留在柏林尼古拉斯湖边，这座住宅有着一个歪斜的屋顶，方正的别墅平面也已经发生了很大的变化。1924 年，密斯为波茨坦的 Frau Butte 私立学校设计了一座一层的体育馆，新建的体育馆成为这座新德国文艺复兴式建筑的侧翼部分。我们所有的唯一可靠的记录是最近在波茨坦德克玛拉姆发现的两张图纸，一张是这座建筑的平面和剖面，另一张则是建筑的立面。密斯最后的传统式设计是 1926 年在 Neubabelsberg 的莫斯勒住宅，这座住宅让人不禁联想到肯普纳住宅，与费尔德曼住宅和乌尔比格住宅相似的布局。莫斯勒住宅是一个长长的线性砖结构体块，陡峭的屋顶和天窗被附加其上，侧面则有一些低矮的附属建筑（图 3.10）。

密斯没有做过任何希望评论家们能注意到他这一保守风格作品的事情。这一作品当然具有一定的吸引力与令人钦佩的实操性，但它并没有对接下来密斯的风格有任何的暗示。密斯所涉及的那些切割整齐，有序排列的窗户在肯普纳住宅、费尔德曼住宅和莫斯勒住宅中都显著呈现，这正是对辛克尔关注的起源。最令人感兴趣的是我们很少看到的密斯的另一面：20 世纪 20 年代早期的他绝不是一个单方面的人。在 1924 年一次客户征集中，密斯引用了肯普纳住宅、乌尔比格住宅和莫斯勒住宅作为他能力与保证的例子。但在

图 3.10　莫斯勒住宅（Mosler House），位于波茨坦－新巴伯斯贝格（1926）。从 1907 年的里尔住宅（Riehl House）到 1926 年的莫斯勒住宅，密斯设计了 19 年的传统住宅。但从 1927 年的"沃尔夫住宅（Wolf House）"到 1933 年的"莱姆克住宅"（Lemke House）的短短 6 年间——他作为现代建筑师获得了声誉。照片出自：保罗·杨（T. Paul Young）。

同一年，他曾经在一本先锋杂志的文章中写道："试图在建筑中使用过去的形式是毫无希望的。即使是最强大的艺术天才也必定会在这种尝试中失败。一些有才华的建筑师们因为那些与他们年龄不符的作品而相继失败。即使他们有着极佳的天赋，但经过最终分析之后，他们的作品却不合时宜。"即使在 20 世纪 20 年代早期，密斯也会为一些客户继续以传统的方式设计住宅，而另一些客户则愿意尝试现代主义风格。在一张出自 1921 年未建成的彼得曼住宅的透视图中，大面积的窗户开在没有多余装饰的墙壁上，而 1923 年 Lessing 住宅项目的平面则预示着密斯已经开始在设计中将室内与开放式庭院连接在一起。然而这两个项目却都因为某些莫名的原因而没有实现。

自本书第一版出版时曾简单提及过 Ryder 住宅之后，有关这一项目的内容也逐渐变多。1923 年，一位居住在威斯巴登的英国女性埃达·赖德（Ada Ryder）邀请了当地建筑师格拉德·塞夫拉宁在这座城市的历史街区中设计一所房子。缺乏建造经验的塞夫拉宁寻求了他在亚琛的玩伴密斯的帮助。

密斯接手了这座房子的整体设计，但却在向威斯巴登寄出重要图纸时耽搁了时间。塞夫拉宁也因为这件事写信严厉地斥责了密斯，不过密斯的回应却比较友善。

第 3 章　灰烬中的欧洲：1918～1926 年　　81

他们之前的友好关系最终还是恢复了，与此同时，塞夫拉宁和赖德却产生了一些财务纠纷。这座建筑在 1924 年被迫停工，自此一直没有完成，也没有被占用。直到被奥古斯特·佐伯斯买下之后，这所房子终于在 1928 年完工了。那些分歧的阴影也模糊了密斯的设计，这是他第一个平屋顶设计，远早于 1926 年第一次完全由现代主义实现的沃尔夫住宅项目（这所房子比 Ryder 住宅提早两年完成）。

这段时期，很多出自密斯的项目最终化为了泡影。他一直深思熟虑，尽管有时也会损失自己的利益，在 1925 年为著名画家兼耶拿艺术俱乐部主任瓦尔特·德赛尔设计的项目就是一个例子，尽管这一项目中业主才是主要错误的一方。1925 年 1 月 7 日，也就是密斯接受了耶拿一栋住宅设计委托的四天之后，德克塞尔（Dexel）正在催促他提出设计概念。密斯很快就被这些焦急的信件所淹没，工作毫无成效。"对于那些对事物的耐心往往低于常人的人，"德克塞尔没有丝毫讽刺地写道，"让一个建筑师不在现场（密斯当时在柏林），既不能遵守自己的承诺也不能回答任何问题，这真是最不愉快的事情。"德克塞尔的愤怒逐渐加深。到了春季，他撤回了这项委托。不过在德克塞尔放弃密斯之前，密斯申请了延期，并在这之后绘制了一系列具有潜力的草图。对于这个略微倾斜的地块，密斯设想了一座二层高的长方体建筑，在角落配有一层高的工作室作为侧翼，建筑主体中的花园门旁边则设有阳台。围绕着中央烟囱的则是一些富有变化的建筑体块，将人们的视线引入到景观之中。

1925 年 3 月，密斯开始了另一项住宅的设计工作，不过因为一些未知的原因，建筑并没有真正实现。这一项目位于波茨坦郊区 Nedlitz，业主是柏林银行家埃利亚特（Ernst Eliat）。埃利亚特住宅就像 Dexel 住宅一样是处在一个倾斜的地面上。密斯提出的方案包含一个层高较高的生活区域，这里可以俯瞰一座下沉式花园，服务区则是一个两层较低的建筑，在这里可以欣赏法兰德湖风光。建筑平面是一个不规则的风车形，让人联想到混凝土乡村住宅。入口设在住宅的核心处，三个侧翼延伸至景观之中，每一处都有着自己的独特视野。密斯在 1907 年的里尔住宅中曾经尝试将建筑与景观进行融合，又在 1926 年的沃尔夫住宅中继续运用，最终，这种手法成为了他设计中的一个永恒的主题。

密斯的传统主义在 1926 年的莫斯勒住宅之后告终，随之而来的则是坚定的现代主义。然而密斯并没有走上随着德国经济复苏而大行其道的社会功能主义的道路，他只有一次参与了低成本多单元住房的设计。他所设计的柏林 Afrikanischestrasse 街公寓大楼由市政当局委托，并在 1926~1927 年间进行建造。这座建筑由三个 U 型体块——具有三层高的外立面、两层楼高的建筑两翼——以及两层高的体块交错而成的第四部分构成。这一组群代表了现有水平下精巧的功能性建筑结构的存在，其显著特点便是精心处理过的均匀的窗户。

· · ·

密斯在 1925 年早期接受的委托是为纺织商人以及艺术收藏家埃里克·沃尔夫（Erich Wolf）在古本设计的大型住宅，这是密斯得以实现的第一个现代建筑。它只存活了不到 20 年：在第二场世界大战后期被轰炸和烧毁，建筑的砖也被其他重建项目所使用。就在那段时期，古本（今古宾）成为了现今波兰的一部分。这些因素解释了这座房子为什么一直相对默默无闻，直到 20 世纪 90 年代才重新引起了学术界的兴趣。从一些卓越的摄影记录（密斯保存的只有外观的照片）和幸存的图纸中可以看出，这座房子显然为密斯提供了一个可以将与混凝土乡村住宅相近的设计概念为一位具有进步的审美与足够多方法的业主服务的机会（图 3.11）。沃尔夫在 1930 年收购的一块相邻的地块，他对密斯将它设计成一座用来存放他所收集的 19 世纪以及 20 世纪的绘画与雕塑艺术品的艺术画廊非常满意。然而由于一些未知的原因，这个项目却并没有建成。

沃尔夫住宅的位置可以欣赏一条流向尼斯河的狭长而倾斜的河流全景。密斯将这座住宅放置在一系列现存的石堆梯田的顶端。房子背面临街，街道的远景被隐藏在三层砖混结构的联排建筑后面，从连通宽敞的室外露台的一层生活娱乐空间却可以窥见一二。在平面图中，起居室、音乐室、餐厅和书房成为一个相互联系的组合，由独立的自由隔墙进行隔断。所有空间都自由而有效地流动着，但却与乡村砖住宅的无限活力感相差甚远。宽敞的混凝土天棚与屋顶相连，由一个单一而巨大的悬臂梁支撑，覆盖着朝南的餐厅，这一部分完全出自混凝土乡村住宅的设计模型。露台上铺设了一个下沉式的种植花池，以风车型铺设而成的简单台阶以及砖挡土墙构成了房子在平面上的线性对称（图 3.12）。不对称的门和窗打破了荷兰砌法砌筑的房屋立面。建筑开窗首先是两个一组，然后是三个一组。在一些地方是单扇门，其他地方则是双扇的，但是起居室的门有三扇宽。从二层卧室开始的开放空间——所有常规封闭的房间——都是露天的砖砌风景阳台。密斯还用船头的栏杆围合

图 3.11
埃里希·沃尔夫住宅（Erich Wolf House），位于德国古本（Guben）（即后来的古宾（Gubin），该城市于二战后被分割并归属于波兰）（1927）。它是密斯完成的第一个现代住宅；它建在俯瞰尼斯河的连续露台顶部。该住宅在二战中遭到严重破坏，其中的可回收材料被用来建造或重建附近的其他建筑。

了二楼临街的悬臂式阳台。沃尔夫住宅就像其他密斯在欧洲设计的房子一样规模巨大，造价高昂且奢华。

在沃尔夫住宅之后仅仅三年，密斯便设计了巴塞罗那德国馆，并在展馆里展现了与沃尔夫住宅相似的建筑语言，也因此沃尔夫住宅极易遭到批评。它的体量笨重；砖块显得冰冷无情：平面的开放性只是暂时的，实际上缺少动态变化。还有令人惊异的本可以更具有秩序的建筑立面。

在沃尔夫住宅中，很多家具都是由密斯和柏林本土设计师莉莉·赖希（Lilly Reich）共同设计。他们二人于1924年在柏林相遇，并由此建立一种命中注定的个人友谊与职业合作关系，一直持续到1947年莉莉·赖希去世。沃尔夫住宅的家具设计遵循了密斯为自己的柏林公寓中的家具风格：家具由木材和室内软装制作而成，线条严肃，形式保守。事实上，这座房子中传统细部的残留很快就遭到了密斯的摒弃——最突出的由排砖立砌法砌筑的砖檐口和露台烟囱那装饰性的折弯角落（它们被简化为一个更早的概念，更具有装饰性）。正如沃尔夫·特格提夫指出，从下面的尼斯河向上看，这座

图 3.12
沃尔夫住宅，位于德国古本（即后来的波兰古宾）(1927)。露台有一个下沉的种植床，延续了住宅的几何形状和材料。

建筑并不成功，花园挡土墙挡住了二层和三层的退台组群。特格提夫礼貌地说道"建筑方案期间显然没有考虑这种效果，可能当时 40 岁的密斯在专业上仍算是年轻人，而他还在寻找自己的表达方式。"他将自己的砖建筑实践延续到了 20 世纪 30 年代，他接下来的主要工作——Lange 和 Esters 住宅中，墙面不再承重，而是朝着开放性与透明性的方向发展，"结构的诚实性"已经不再是建筑的目标。与巴塞罗那馆那光辉的材质和激进的开放性，甚至是更后期的范斯沃斯住宅相比，沃尔夫住宅尽管有着不幸的命运，但它确实也是密斯现代风格的一次集中体现。

· · ·

密斯在 1926 年建成的另一个项目也不例外。事实上，这一项目在密斯的设计中也是独一无二的，它是一个资本主义财富与马克思主义 – 共产主义的雄心，旧艺术的意图，以及新艺术方式混合的产物，在当时几乎不可能实现。密斯或许在 1926 年之前就放弃了历史主义，但他对于这类业主仍然具有吸引力。他早期设计的佩尔斯住宅，后来被文化历史学家、艺术收藏家，政治活动家兼著名的《多元史诗》的作者富克斯（Eduard Fuchs）购买。就像埃里克·沃尔夫在古本的收藏一样，富克斯也有着海量的艺术

图 3.13（对面图）
十一月革命纪念碑，位于柏林－利希滕贝格（Berlin-Lichtenberg）（1926）。当密斯听说共产党计划纪念他们在 1918－1919 年在斯巴达克斯团起义中被杀害的两名成员时，他设计了"刽子手的墙"，上面只有一句碑文，即"我现在是，我过去是，我将来也是"（ich bin, ich war, ich werde sein）（英译为 I Am, I Was, I Will Be）；碑上安装了旗杆，以及带有镰刀和锤子标志的钢铁五角星。（照片上未显示碑文）。这座纪念碑于 1933 年被纳粹分子拆毁。照片由纽约现代艺术博物馆的密斯·凡·德·罗·档案提供。

品收藏。密斯希望能够与富克斯见面并且说服他建造一栋全新的类似现代主义的新住宅，就像他为沃尔夫住宅设计的一样，有一处用于展览的空间。

相比盖一栋新住宅，富克斯更想要的是在旧房子的基础上增加新的侧翼。他早已在心中选定了密斯作为自己的建筑师。一天晚上，富克斯邀请密斯共进晚餐，我们并不知道密斯什么时候加入了新俄罗斯朋友协会。不过这个协会在 1926 年 1 月给密斯颁发了它的成员卡。这个联盟很可能也与富克斯有所关联，他不仅是一名资产阶级的富豪，而且也是德国共产党的高官。密斯很可能因为在 20 世纪 20 年代中期与柏林众多先锋组织的联系而成为了这一协会的成员，不过这一协会后期并没有密斯活动的相关记录。

密斯确实为富克斯所拥有的佩尔斯住宅进行了额外设计，不过这一项目不得不等待了两年。在晚餐时讨论房子的问题之后，密斯后来回忆道："富克斯之后说他想给我看些东西……那是一张卡尔·李伯克奈特和罗莎·卢森堡纪念碑的模型照片。"富克斯在当时正在征集为 1919 年斯巴达克·勒古所发动的那场不幸起义中的烈士设计一座纪念碑的方案。德国共产党官员 Wilhelm Pieck 曾经提出了纪念碑的设计方案，并在 1925 年 7 月声称已经确定了这一方案的模型。其中心正是奥古斯丁·罗丹所做的雕塑。不过这一方案并没有被执行。密斯说，富克斯就在他们第一次共进晚餐的时候，给他看了一副精心制作的新古典主义绘画，"里面有着多立克柱和李伯克奈特以及卢森堡的奖章"，正是两位烈士的纪念碑。"当我看到这个的时候，"密斯说道，"我就开始大笑，还告诉富克斯说这个设计对于一个银行家的纪念碑倒是不错"。不过富克斯并没有被逗笑。第二天他仍然给密斯打电话询问他有没有什么好的建议。

"我说我没有丝毫的想法"密斯说道，"……不过大部分人是在一面墙的面前被枪杀的，一面砖墙可能会是我想要做的……几天后我给他看了一些我的草图……他仍然对此抱有怀疑，尤其是当我给他看到那些我想要用的砖时，事实上，他最大的麻烦是无法获得朋友们的许可来建造这座纪念碑。"密斯为富克斯展示并最终在柏林利赫腾堡的弗里德里希菲尔德中心公墓里最后建成的纪念碑正如密斯所承诺的一样：一面砖墙，更确切地说是一个巨大的、高 6 米、长 12 米、宽 4 米的长方体砖雕（图 3.13）。它由一系列交错排列的水平矩形棱柱组成，每一面都像是一个巨大的罗马砖构成的巨大的墙——"粘合"，然而却以建构主义雕塑中的不对称的方式排列，这里被挤压，而那里则缩回去。

这些砖块是紫色熟料，粗糙并且经过煅烧，由共产主义工人从拆毁的建筑物中收集而来。这样的砖块加强了自身的粗糙程度，也成为对于那面行刑墙的隐喻。但是砖块的装配方式却并不粗糙，正相反，它们经过精心的比例进行装配，并用像在沃尔夫住宅的砖块一样的方法砌筑。每一个棱柱的底部都有一个单一的主题，在基底甚至还有一套转套版来方便人们攀登。整个墙面都具有严肃而粗犷的风格。这与密斯惯常的风格相反，这一作品中的艺术正是它对人们的情感影响。他无法忘记在第一次世界大战之前，李卜克内西曾经对佩尔斯说过的一句话："你的建筑师看起来是个非常有能力的人。等到独立社会主义者（而不是社会民主主义者）掌权之后，他将会有卓越的成就。"

与密斯坚忍的建筑体块相比，由镰刀和锤子构成的象征主义的五星则显得像一种多余的文法修饰而已。无论是密斯想要还是其他人要加入这一元素，我们都不得而知。在一张照片中，我们看到在星的左边一个面板上的题词是"我现在是，我过去是，我将来也是"，但是在 1931 年这行标语则被莫名地删去了。密斯在建造这一直径 2 米的五星时花费了不小的努力，这一巨大的体量任何小型制造商都无法完成。起初克洛普钢铁公司拒绝制造这明显具有左派激进主义象征的作品，于是密斯在这家公司订购了五块相同的菱形板。他将这些板子在现场聚集成一个五星图案。在 1926 年 6 月 13 日，由恩斯特·塔尔蔓（Ernst Thalmann）和威廉·皮克（Wilhelm Pieck）领导的共产协会进行了这座纪念碑的揭幕。

揭幕仪式上却出现了一些问题。永恒火焰的点燃之前并没有排练过，当油被点燃时，大量的煤灰和烟雾熏黑了构筑物。之后，密斯和他的几个同伴前往一家餐厅，还因为邋遢的外表被拒之门外。这座纪念碑矗立了七个年头，于 1933 年被拆毁了。

· · ·

密斯曾经进行过 5 年的艺术学士进修课程。他与家庭的联系也都只是在自己的假期期间，或者是他的女儿们（有时也和她们的母亲一起）来柏林看望他时。埃达深信这种优雅的牺牲是最好的结果，她可以仍然去爱这个已经不被自己拥有的丈夫。在埃达早些年结识并继续维持社交的人中，有一位正是著名的花园改革理论家卡尔·福斯特（Karl Foerster），他也和密斯最近合作过乌尔比格住宅，他在伯恩施泰特有一座巨大而多彩的花园。

图 3.14
埃达·密斯和孩子们：瓦尔特劳特（坐）、玛丽安娜和多萝西娅（右）。照片于 1924 年拍摄，地点位于瑞士蒙大拿州。

1922～1923 年学年结束时，埃达和她的女儿们决定前往瑞士的法语区瓦里斯地区（图 3.14）。在蒙大拿的度假小镇疗养院中，他们拜访了埃尔莎·克努弗（Elsa Knupfer），自密斯和埃达在赫勒劳的那段岁月起，他就成为了两人共同的朋友。她患有脊柱结核。埃达在她身边度过了整个夏天，而"Krupfelein"则教授埃达最大的女儿 Muck 法语课程。在 1924 年，埃达和孩子们搬去了瑞士恩加丁的楚茨，她们和另一个赫勒劳的老朋友，刚刚离婚的 Erna Hoffmann Prinzhorn 相遇了。密斯的女儿们就读于一间私立德国语言学校。在她们和埃达在楚茨度过了大半年后，于 1925 年的春天离开了瑞士，然后搬去了南蒂罗尔，这个地方虽然在当时刚刚成为意大利的一部分，但却仍然沉浸在战前奥地利的遗风之中。她们租了一间在玛利亚阿孙塔村的贵族住宅，房子坐落在索普拉博萨诺（Soprabolzano）山的半山腰，可以俯瞰整个博尔扎诺市。

尽管埃达生活得非常舒适，她的健康状况仍然很脆弱。她热爱登山，但却因越来越多的恐高症而被迫逐渐削减了徒步的机会。她究竟在什么时间，

第 3 章 灰烬中的欧洲：1918～1926 年 89

出于什么原因,第一次寻求精神帮助时已经不得而知。她的女儿声称埃达从没有受到特别的精神困扰,她去寻求精神帮助只是因为这件事在20世纪20年代是一件非常时髦的事情。但是在1925年6月15日从普林索(他在法兰克福研究精神病学)写给密斯的信中提出了一个更加严肃而旷日持久的问题:"我从(卡尔)法伦卡普【斯图加特心脏病专家】那里听说埃达已经康复原了,我们还要感谢多年来所有的地下工作。"

埃达在1931年初从海因里希·芒那里寻求过额外的治疗,因为这位弗洛伊德分析学家当时居住在法兰克福,埃达也住在那里。法伦卡普所宣称的恢复治疗是在另一位著名的治疗师,通过南希的帮助实现的,芒(Meng)可能是一个寡妇,她的原名是马蒂尔德·科勒(Mathilde köhler),她了解并且像朋友一样关心埃达,也认识到埃达长期的精神痛苦可能起源于童年时她父亲的阴影。

根据玛丽·维格曼的回忆,密斯对于艺术自由和个人实现的需要让他不太可能同情或者真正关心一位他想要与之分开的女人。他的美国同事劳拉·马克思(Lora Marx)也说,当她认识密斯时,密斯就是一个对心理治疗有抵触的人。他与普林索主要是朋友之间在艺术层面的交往,并没有涉及过精神病学的学科。

这两个人之间其实有很多共同点。密斯曾经在《G》杂志中看过普林索发表过一篇非常著名的有关精神病学方面的文章。而对于在1925年正在计划制作一部宏大的"生活知识百科全书"的普林索,他非常确信密斯会为这部书的建筑部分提供足够的素材。

普林索错误地判断了这位朋友的能力,如果说密斯是在进行专业的研讨,他可以至少比写一封信花的时间长一些。然而自从20世纪20年代中期以来,密斯写过的文章比任何时候都多,普林索的错误判断在某种程度上是可以理解的,尤其是沃尔特·格罗皮乌斯也要求密斯为自1925年由包豪斯赞助的系列作品写一篇论文。但对于这两个邀请,密斯却未曾写过只言片语。

十年过去了,密斯与格罗皮乌斯的关系也变得更加友好。在一封发给同事的私人信件中,密斯有时候会重读提起他对在包豪斯时期的"形式主义"的忧虑,虽然他曾经在1923~1924年期间向凡·德斯博格抱怨过,但随着密斯与格罗皮乌斯之间的来往让两人的信任逐步加深,1925年末,当密斯有意接受马哥德堡城市建筑专员布鲁诺·陶特(刚刚卸任)时,他接到了来自格罗皮乌斯的来信:

> 我当然催促过他们去找你。几天前我在哈勒听到这个职位时，当时有人问我，你之前和贝伦斯有什么关系。显然是正在马哥德堡的某人——我能猜到是谁——已经对你表示反对，他暗示你因为一些令人蒙羞的事情被贝伦斯解雇了。我直截了当地拒绝了这种暗示，我不知道任何其他的细节，仅仅因为我足够了解贝伦斯。不过，我还是要私下建议你一定要擦亮眼睛看清这些人。

密斯的回复提到了同一个不知名的（直到现在我们也不得而知）敌人："他不知道我们现在与贝伦斯的合作有多么密切，无论如何我要谢谢你的建议。"

密斯与格罗皮乌斯和贝伦斯之间的同事关系显然比他们之间的争吵和分歧更重要。他对待他们的行为也许可以进一步解释他对于凡·德斯博格（虽然他在 1925 年仍然和德斯博格保持着热情的联系），或者门德尔松（密斯认为他的作品有一种过度的可塑性）的矛盾态度。门德尔松并不喜欢密斯作品中的坚实与角度。但是密斯也邀请了他，就像他对格罗皮乌斯和贝伦斯所做的那样，参加了 1920 年中期密斯组织的几次十一月学社展览。

在德国建筑界的政治中，密斯已经成为一股力量，他知道这一点。相信马哥德堡当局正在寻找一名官员而不是一名独立法官，于是他推荐了工业家 G.W.fahrenholtz，这位早些时候曾试图使他对这个职位感兴趣的人，而且密斯也不是马哥德堡人。

> 如果我无法实现我为自己设定的目标，我就不想去那里。马哥德堡必须决定他们要把这个职位委托给一个老将，还是一个有精神价值的人。我对马哥德堡感兴趣是因为我想被称作专员，这其实是一种伤害。对于我的头衔，躁狂可能是最好的记录，也就是说，我拒绝了马哥德堡工业设计学院的董事职位，也拒绝了布雷斯劳和德累斯顿的教授职位。这件事已经不需要更多的解释了。

密斯也拒绝了马德格堡随后的安抚。他于 1925 年末在柏林成功安顿下来，寻求着只有一个国际大都会才能提供的机会，也享受着他的艺术和他个人不断提高的声誉所赢得的世界。同时，比马哥德堡能够提供的更重要的任务正在等待着密斯。

第 4 章
高潮在魏玛：1926～1930 年

整个方案更像是耶路撒冷郊外的一个村庄，而不是斯图加特的住宅群。
——保罗·波纳茨 1927 年对魏森霍夫住宅区的贬低之词。

我问，"（你们）究竟为了什么？"他们（政府）说，"我们不知道——只建一座展览馆就好，但别用太多玻璃！"
——密斯谈到巴塞罗那国际博览会的德国展览馆

为什么不能尽善尽美？我无法理解人们说这些话时的思路——那太贵族化了，那不够民主。像我之前所说，对我来说只是价值问题，而我只会尽我所能去做好事情。
——密斯对展览馆的建议

在我们见到他的那一刻，我们清楚地意识到他就是那个为我们建造房子的人，他的超凡魅力让我们印象极为深刻。
——格雷特·图根哈特

由德意志制造联盟赞助并在 1927 年建成的魏森霍夫住宅区（魏森霍夫聚落）是位于斯图加特的一处示范性住宅群（图 4.1）。作为这一项目的"艺术总监"，密斯组建了一间由天赋、眼界和资历兼备的设计师构成的国际公司，他们在一座可以俯瞰城市的山上设计的建筑群被公认为是现代主义设计的空前胜利。他为项目所做的平面连同他参与设计的公寓楼，以及他和莉莉·赖希共同为附属展会设计的玻璃大厅都体现了他和那一代建筑师们在过去仅仅是假设的建筑原则。事实证明魏森霍夫也是一座熔炉，在这里，密斯表达了一种全新的与他迄今为止的文章中对于建筑所阐述过的截然不同的理解。在这一过程中，他对曾于 1907 年与布鲁诺·保罗合作设计家具这件事重新产生了兴趣，很快，密斯就成了将家具设计艺术转向现代主义形式的领军人物之一。

到 1927 年，由德国市政府和合作建房互助协会发起的住宅项目已经交

图 4.1
白院聚落（魏森霍夫住宅区）(Weissenhofsiedlung) 的鸟瞰图。该项目位于斯图加特，建成于 1927 年。本图视角为西北方向。密斯、勒·柯布西耶和格罗皮乌斯这几位在贝伦斯的新巴伯斯贝格工作室一起工作的校友，和贝伦斯本人都作为建筑师参与了这个斯图加特的示范项目。

由德国先锋派最重要的建筑师们设计：来自策勒的奥托·海斯勒、法兰克福的恩斯特·梅、德绍的瓦尔特·格罗皮乌斯，以及来自柏林的马丁·瓦格纳、布鲁诺·陶特和胡戈·哈林。其中德意志制造联盟在促成这一项目中起到了重要作用。深信建筑源于机械技术，而机械形式将复兴当代社会艺术的联盟成员愈发支持他们激进的领导者们：哈林和阿道夫·拉丁在 1926 年当选为联盟行政委员，而路德维希·希尔伯塞默则于 1927 年当选。联盟的刊物《形式》开始热切专注现代主义所带来的挑战，以至于到了 1927 年，它已经成为新建筑学派的非官方代表。

1923 年的通货膨胀危机之后，德意志制造联盟以 Form ohne Ornament（无装饰主义）为名举行了展览。这场展览由符腾堡分部组织，于 1924 年在斯图加特举办。1925 年 3 月，德意志联盟开始筹划下一年举办另一场展览，并希望它成为继 1914 年历史性的科隆展会后最重要的一场展览。科隆展会上那些精妙的建筑物（特别是格罗皮乌斯的模型工厂、布鲁诺·陶特的玻璃馆以及凡·德·威尔德的德意志制造联盟剧院）以及发生在为标准化产品支持者穆特修斯和个性化产品的拥趸凡·德·威尔德之间的著

第 4 章　高潮在魏玛：1926～1930 年　93

名论战都让人们留下了深刻的印象。由于符腾堡分部一直有先锋派活跃的身影,以及作为董事的古斯塔夫·斯托茨(Gustav Stotz)方面的原因,斯图加特再次成为这场展览的不二之选。展览主题是现代家庭,由住宅组群及其内部由欧洲各地的设计师设计的内部装饰和家具作为呈现。德意志制造联盟主席彼得·布鲁克曼公开表示,"他们会在工作中本着适应当今情境进步的艺术形式的精神,并且熟悉住宅建造中的技术设备,只有这样的建筑师们才会受到邀请。"

鉴于密斯曾经有过作为实践家和辩论家的经历,德意志制造联盟的执行委员选择他作为展览的艺术总监并不令人意外。就在一年前,密斯曾在《G》的一篇文章中写道:"我认为建筑工业化是建筑师和建造者解决当下关键问题的重要方法。我们的技术专家必须而且一定会成功发明出一种可以工业化生产和加工的材料……所有的构件都可以在工厂预制,现场的工作将只包括组装,需要很少的人力和工时就可以完成。这将大大降低建筑成本,而新建筑也将走上自我实现的道路。"

魏森霍夫展会看起来正是拉动这些可能性的有效工具。它与当时其他实验性住宅项目的区别在于它需求的是一系列建造各种房屋类型的新方法。经济性也是这一计划的核心。尽管在斯图加特出现的建筑看起来并不一致,但无疑都遵循了这条主线。密斯试图在魏森霍夫实现一些与他之前在《G》中所讨论的理念有所区别而且会做到更好的作品。这份雄心从他最初拟定的设计师名单中可见一斑。1925年9月末,斯托茨这位密斯在斯图加特最信任的同事向密斯提交了以下这些名字:彼得·贝伦斯、保罗·波纳茨、理查德·道克尔、西奥·凡·杜斯堡、约瑟夫·弗兰克、沃尔特·格罗皮乌斯、雨果·哈林、理查德·埃雷、路德维希·希尔伯塞默、雨果·科伊尔勒贝尔(Keuerleber)、费迪南德·克莱默、勒·柯布西耶、阿道夫·路斯、埃里克·门德尔松、密斯、奥德、汉斯·波尔齐希、阿道夫·什涅克、马特·史坦、布鲁诺·陶特和海因里希·特森诺。密斯撤下了埃雷、科伊尔勒贝尔和波纳茨——他们都是斯图加特人——以及路斯和弗兰克,还增加了亨利·凡·德·维尔德、亨德里克·贝尔拉格、奥托·巴特宁、阿瑟·科恩、瓦西里·勒克哈特、阿尔弗雷德·盖尔霍恩和汉斯·夏隆。与斯图加特那些并不熟悉的人相比,密斯很明显更喜欢他在柏林或是"环"结识的人。而仍致力于工艺传统的凡·德·威尔德和贝尔拉格的出现,表明密斯并不认为他应该只推崇机械美学。

同样的独立性在密斯自己的研究中也显而易见,这些研究的照片早在几周之前就被提交到了斯托茨。密斯的方案特征鲜明而富有原创性，也与经济性和实用性并不完全一致。他无视20世纪20年代典型的杰玛住宅项目中的线路施工系统（Zeilenbau），为了达到采光和通风的目的，每个单位都相互隔开，并与通道成直角平行排列。与此相反，密斯构思了一种相互关联的准立方形式的住宅公寓组合，它们沿着梯田蜿蜒分布。没有汽车交通的人行道让人们能够进入一个被若干巨大而低矮的建筑物包围环绕的广场。像李卜克内西·卢森堡纪念碑一样，这一方案让人想起了建构主义者那不对称的、相互交错的群体雕塑，这是一份前所未有的城市规划方案。

表面上，密斯慷慨地支持了所有提交作品的建筑师的设计自由，他只要求他们采用平屋面和白色的外立面。然而，密斯对斯托茨的陈述中却表明他拒绝为个性化的设计牺牲规划的统一性："我努力争取采用一份互相连通的布局是因为它不仅具有艺术上的可取之处，也是因为这样我们可以不必如此依赖其他的合作者。我有个冒昧的想法，那就是邀请所有（审美倾向）左翼的建筑师，我相信这一策略必将让展览取得闻所未闻的成功。"

这并不是让《G》的内容令人恐惧的决定性原因。密斯的话听起来不仅像一名艺术家，也像是一名对历史的赞美充满警惕的掌权者。尽管密斯忠于建筑的普遍性和统一性，反对个性，他仍有自己的权利去定义和诠释这些建筑原则。然而，他却被指责违犯了客观主义，并受到左右两翼分子的攻击。最严苛的批评来自两名（斯图加特）当地学院的著名建筑教授保罗·波纳茨和保罗·施密特纳。他们两人同时是斯图加特建筑学院的领导者。与新建筑师相比，波纳茨和施密特纳更为保守，却都是骄傲的建筑传统继承者。他们在斯图加特和慕尼黑的报纸上发表文章指责密斯对他人的谴责极其违反原则，客观主义者们将密斯的方案称为"形式主义"和"浪漫主义"；而波纳茨则指出这种方案是不明智的并且"十分业余……一堆平整的方块，排列在水平方向的梯田之上，（它们）以狭窄而不适的姿态沿着斜坡向上；整个方案更像是一个耶路撒冷郊外的村庄，而不是斯图加特的住宅群（图4.2）。"波纳茨的言论直击德国保守派中日益增长的反对新建筑的根源。密斯用纯粹的建筑形式让这些简单的体块组群得以被标识，而他的反对者们则认为这是技术缺陷、甚至更糟糕，这是对"文化德国"标志性斜屋面的一种破坏。新建筑被现代主义反对者认为是另一种屈服——大概是对"劣等民族"传统的一种屈服。

而密斯却比波茨纳更有攻击性。他毫不犹豫地回应了所有的批评，而且完全没有自我怀疑。与密斯同在斯图加特进步圈子中的现代主义的伙伴理查

图 4.2
阿拉伯村。这是一张由纳粹资助的、意在恶搞斯图加特白院聚落的照片。照片由纽约现代艺术博物馆的密斯·凡·德·罗档案提供。

德·德克尔写道,在他看到密斯的模型照片前本打算斥责波纳茨。"我吃了一惊,也感觉到了将会有一些完全不一样的东西,"德克尔这样写道。他甚至开始质疑密斯的方案是否合理:"举例来说,将一层、两层和三层的建筑体块都混在一起是无机的。规划中最多只有一部分可行罢了,而且这也是不客观的。"

密斯尖刻地回应道:

"我必须拒绝你为帮忙我所做的努力……让我来解释清楚,这个模型的目的是展示一种总体思路,并不是用来表明房屋的大小或者其他类似的指标……不过我确实直到(1926年)五月中旬才收到最终的场地说明书……(况且)你真的认为我会在设计房间的时候不考虑采光和通风吗?……看来你只是在用旧观念理解方案,既然有这么多分开的建筑地块……我认为有必要让魏森霍夫走走新路子。我相信新的住宅必定会有超越它那四面墙壁之外的非凡效果。"

密斯的规划承袭了他在 1923~1924 年间设计的混凝土乡村住宅和乡村砖住宅项目,以及对于景观的热爱。但是,他实现这些目标的愿望受到了挫折,斯图加特市决定展览中的住宅一旦完工,将被出售给私人买家,这意味着住宅群的内部交通环境必须考虑包含汽车。房地产利益盛行,"独立地块"成为了主流。

住宅群于 1927 年 7 月 23 日向公众开放，此时已经落后了原本的时间计划一年之久（项目在 1926 年初的一段时期内曾被彻底取消）；而令人惊讶的是，那时它已经做好了准备。对于密斯来说，与当地政治官员、展览工作人员、他自己认为的支持者以及那些声名显赫的公开反对者们之间的抗争都必须计入他自己典型的拖延中去。魏森霍夫新闻处的维尔纳·格雷夫的助手米娅·西格（Mia Seeger）称密斯"简直缓慢至极，"她指出密斯花了几天才为展览的目录写完一段介绍。直到 1926 年 10 月 5 日密斯才向勒·柯布西耶发出邀请；到了第二年的二月份，布鲁诺的兄弟马克斯·陶特（Max Taut）——兄弟二人都是魏森霍夫住宅展览中的设计师——在给德克尔的信中写道："我们兄弟二人都震惊于斯图尔特这一项目的缓慢进展。我们对于我们同行无比落后的工作进度感到无法理解……难道就没办法让他们在斯图加特市应该走向的方向有所决断吗？"

施工开始于 1927 年 3 月，进展迅速，甚至在很多情况下都过于迅速，导致之后出现了很多技术上的失败。（建筑师）名单已经变更过许多次，最终名单中的 16 名建筑师分别代表了五个国家：来自德国的密斯、贝伦斯、德克尔、格罗皮乌斯、希尔伯塞默、波尔齐希、拉丁（Rading）、夏隆、施奈克（Schneck）和陶特；荷兰的奥德和斯塔姆（Stam）；澳大利亚的弗兰克；法国的勒·柯布西耶；以及比利时的维克多·布儒瓦。项目所引发的争论显著地激发了大量民众在当年的夏天和初秋参加了展会（并迫使展会延长了三周）。

然而，这场展会带来的历史影响是不言而喻的。21 座建筑物包含了 60 个住宅，它们闪闪发光的白色直线型体块、平整的屋顶以及船栏杆围合而成的阳台都构成了整个组群非凡的统一性。

争论中的各种压力和建筑理论都在不知不觉中让位于"国际风格"——许多现代主义建筑正是以此为名最终为人所知。魏森霍夫正是新艺术建筑与进步开明的政治相协调的共同产物。密斯的原始概念仍然可以追溯到在蜿蜒的街道两旁那些优美的房屋弧线，并且稳定上升到他自己（设计）的朴素的三层公寓楼的高度。密斯方案两端的锚点分别为勒·柯布西耶设计的位于南端的两栋住宅和彼得·贝伦斯设计的位于北端的含 12 个单元的公寓楼。格罗皮乌斯设计的两栋住宅距离勒·柯布西耶的作品不远。贝伦斯的新巴伯斯贝格工作室也得以重聚。密斯为其能够邀请到埃达和乔治亚来参加开幕典礼感到特别自豪。

密斯完全有理由感到满意。他设计的含 24 个单元的公寓楼位于魏森霍夫发展最大的 14-20 地块（这是他给予自己的一个优势，显然也没有遭到

图 4.3
斯图加特的魏森霍夫公寓楼（1927）。基尔斯伯格山被夷为平地，以容纳这座在整个魏森霍夫项目中最大的建筑。尽管从外观上不好辨认，但这是密斯建造的第一座骨架钢结构建筑。注意观察照片中建在屋顶上的优雅的双悬挑式遮阳（结构）。

反对）。这座建筑物作为欧洲最早的钢结构多单元住宅范例之一也值得人们注意（图 4.3）。这是密斯第一个建造完成的钢结构建筑。钢架使得几乎是连续的大框格窗和至少在理论上可行的灵活的内部规划都成为了可能（而砌筑墙的运用则被限制在单元之间）。然而，在一些关键问题上，密斯没能利用这一结构系统在表达上的可能性；（建筑物）广阔的白色平面体块很难区别于当时标准住宅的灰泥外皮和承重块。立面的构成也没有考虑居住单元的个性化——标志性的三联窗有时甚至由两个公寓共享——但是建筑的整体确实比例均衡合理，足以满足密斯自己所需要的客观标准。

相对于所有这些成就，密斯所设计的公寓楼与沃尔夫住宅以及勒·柯布西耶的参展作品相比却缺少了实验性。勒·柯布西耶的独栋住宅的主要起居——用餐区在平面上几乎是完全开放的，置于中心的壁炉周围则是自由的流通空间。住宅空间在垂直方向也是开放的，空间直接升起至二层，仅被闺房的楼板打断——闺房可以延伸到下面的房间，并可俯视该房间。在所有魏森霍夫住宅中，这栋住宅的内部布置被公认最为引人注目。

图 4.4
交谈中的勒·柯布西耶和密斯，拍摄于 1926 年的斯图加特。

　　勒·柯布西耶的作品和他本人都给密斯留下了深刻的印象。1926 年 11 月，密斯在斯图加特第二次见到了他。我们没有他们谈话的记录——只有一张著名照片（图 4.4），照片上他们二人并肩行走，而密斯像是正在争论着什么——我们只能猜测密斯在同勒·柯布西耶的接触中可能解决了他过往对功能主义的诸多质疑。早在 1923 年，即《走向新建筑》出版那一年，勒·柯布西耶就主张功能主义是工程师的范畴，而建筑师必须努力超越直至达到艺术层面。密斯为（魏森霍夫）展览的目录所写的前言与勒·柯布西耶的阐述几乎相同："尽管会有技术方面和经济方面的问题，但是现代居住问题本质就是建筑问题。这是一个复杂的问题，只能由创造性的思维去解决，而不能只靠计算或者组织来解决。因此，尽管我们现在经常有着'理性化'

和'标准化'的口号,我也认为保证斯图加特不受片面地或教条的限制是非常必要的。"

1927年密斯在《形式》(Die Form)杂志上发表的一篇文章中更加尖锐地表达了自己的观点:"我们重视的是创造形式过程的开端而非结果。这尤其揭示了形式到底来源于生活还是来源于其本身的问题。这也是为什么形式创造的过程对我如此重要。生活才是最关键的。它具有丰富的完整性,精神性以及二者相互融合的关联性。"在其他的影响中,这种说法反映了密斯在20世纪20年代末与若干奎克博恩天主教青年运动成员的交往。奎克博恩的聚会场所位于下弗兰肯尼亚的罗滕费尔斯城堡。该团体的主要思想家是神学家罗曼·瓜尔迪尼(Romano Guardini),自1923年起他就一直担任柏林弗里德里希·威廉大学宗教哲学与天主教世界观的教习长。在其著作《神圣的符号》中,瓜尔蒂尼主张在世俗化的工业社会中精神是至关重要的,并应意识到"最能自我理解的事,就是日常生活,而这其中正包含着最深远的意义。"在瓜尔迪尼所著的《科莫湖的来信》一书中,密斯将下面的段落标记出来:"我们必须通过完全正当的努力,竭力追求新事物,进而将其掌握。我们必须成为那些无情的力量之主,并把它们建成有关人性的新事物。"

这些话和与奎克博恩另一名成员的观点惊人地相似,后者比瓜尔迪尼更加信奉建筑中精神的重要性。在1927年罗滕费尔斯城堡进行的一场演讲中,建筑师鲁道夫·施瓦茨(Rudolf Schwartz)便陈述了这一点:

> 这种称之为精神的东西确实存在……并不是只有蛮力,也不是只有"灵魂";还有"精神"存在……它是某种程度上的极致……它与自然相和谐,它无生命的性质也有着相当的对手……它要求我们变得自由:在我们伫立着的每个时刻,我们既存在于时间当中又凌驾于时间之上。它需要我们即使在今天也可以这样说出:我是主人,它要求我们致力于绝对的自由。

密斯在约30年后仍然(对此观点)着迷,并毫不掩饰地表达着他对施瓦茨的尊敬之情。1958年他为施瓦茨1938年所著的《教堂化身》的英译本撰写了前言。摘录如下:

> 本书写于德国最黑暗的时期,但它却在教堂建筑上为这个世界第一次带来了光明,并照亮了建筑的本质……

我反复阅读了这本书，我知道它有着阐明事实的力量。我相信阅读它的不应该只是关心教堂建筑的人，而应该是所有对建筑有真挚兴趣的人。它不仅仅是一本关于建筑学的书，实际上，它是一本真正伟大的书——它拥有改变我们思想的力量。

不论是接触瓜尔迪尼和施瓦茨之前还是之后，密斯的思想都比从前更传统了。他那以所谓的时代意志为代表的观点首次出现于20世纪20年代早期（"建筑艺术一直是时代在空间理解上的意志，而非其他。"），这种论点具备19、20世纪德国的典型思想——意志正是其哲学上关注的核心。后来，密斯也像他的同胞一样，给予了"精神"（Geist）重要的地位。里奇·罗伯森（Ritchie Robertson）在评论沃尔夫·勒佩尼斯的著作《*德国历史中的文化诱惑*》中写道，"在'精神'这片广阔的而朦胧的领域中，宗教、思想和诗歌之间的界线变得模糊起来。"也因此，我们注意到密斯几乎直到20世纪20年代末都在坚持提及"精神"这一关键词。

关于魏森霍夫展览的最后观察：在某种程度上，功能性正是斯图加特的新建筑想要实现的目标之一，而保护大部分房屋免于迅速恶化其实是很难的事情——惊人的是这种变化甚至就出现在一年到两年之间。总之，魏森霍夫从来都不是客观主义和功能主义的典范，却是现代主义的映像。

· · ·

参加魏森霍夫展览进一步加深了密斯和莉莉·赖希的关系。莉莉·赖希是一位天赋异禀才华横溢的女性，在近代文献中都以独立的人物形象——尤其是家具设计师出现。赖希于1885年6月16号出生在一个富裕的柏林家庭。她在18岁时从一所女子学校毕业——据猜测学校水平较高——并专精于一种新艺术中的机器缝制技术——机制刺绣（Kurbel embroidery）。不过她在20世纪最初十年的其他经历并不明朗，包括可能在维纳·渥克斯达特师从于约瑟夫·霍夫曼的经历也是一样。赖希曾经在柏林韦尔特海姆百货公司担任展览设计师，随后在1910年进入了同在柏林的装饰艺术高等职业学校（Die hoere Fachshule fur Dekorationskunst）就读。她的老师是埃尔斯·奥普乐-莱格班德（Else Oppler-Legband），1911年，与奥普乐-莱格班德共同师从于凡·德·威尔德。在那期间她负责装修了柏林青年中心的32个房间；一年之后又负责装修了一处工人公寓，以及让她得以在

图 4.5
密斯和莉莉·赖希在柏林万湖（Wannsee）的游船上，拍摄于 1933 年。照片由纽约现代艺术博物馆的密斯·凡·德·罗档案提供。

1912 年当选德意志制造联盟成员的 Die Frau in Haus und Beruf（居家和职场女性）展览中的两间商店。

　　1914 年科隆举办的联盟展会上，赖希是"女性住宅"部分的设计师兼组织者之一。第一次世界大战期间，她在柏林开了一家裁缝店，专注自己的设计——其中也包括家具设计。赖希对联盟的忠诚和专业成就足以令她在 1920 年的联盟董事会中获得一席之地。事实上，赖希是联盟董事会的第一位女性成员。自那时起，她协助联盟组织了两场重要的展会：第一场是在柏林的国立工艺美术博物馆为德国时装行业协会举办时装工艺展；第二场是于 1922 年运送到纽瓦克（新泽西州）博物馆的 1600 件展品，在美国成功展出了当时德国最顶尖的设计。到了 1923 年，此时的赖希居住在法兰克福，并且积极参与了于 1921 年在国际法兰克福博览会期间开放的联盟之家的相关事务。1926 年，赖希又在联盟之家担当了从纤维到纺织品（Von der Faser zum Gewebe）展会的核心设计师和组织者。

　　赖希认识密斯的时间不会晚于 1924 年（这是现存的他们之间有通信往来的第一年）。她在密斯的职业生涯中占据了一个特殊的位置，反之亦然（图 4.5）。赖希是唯一与密斯发展出密切甚至是具有依赖性的职业关系的女性。所有的人都推测他们当时是一对爱侣。据一位与二人相熟的女士回忆："赖希在组织和财务上独具天赋，而密斯则完全没有——这也是他魅力的一部分——但是如果没有她，他也许会茫然无措。"从 1925 年开始，直到

1938年密斯移民美国，赖希都一直是他的亲密伙伴。在1937年举办的巴黎世界博览会（艺术与技术）中，赖希负责了德国部分的纺织品的展出，密斯也参与了这座建筑物的设计。1939年，赖希在访问芝加哥期间也与密斯有过几个星期的专业合作。

赖希在那之后继续管理着密斯在柏林的业务。在第二次世界大战的悲惨境况下，她仍维持着他的事务所并保留着其个人和职业记录，直到1947年她去世那年仍然如此。在米亚·西格（Mia Seeger）的记忆中，密斯和赖希曾在准备魏森霍夫展期间一同住在斯图加特的一间小公寓中。密斯的婚姻破裂之后的日子里，赖希是除了他女儿之外唯一一名曾与密斯同住的女性。魏森霍夫展之后，密斯继续在柏林的工作室居住，而赖希也在那里选了一间公寓，但是两人并未一起生活。

赖希并不是一个美人，但是她的衣着打扮却令人无可挑剔，完全符合人们对一名职业的女性服装设计师的期望。当密斯的女儿到柏林拜访他时，赖希马上就表达出了她对于埃达希望她们养成朴素低调的生活方式不赞成态度。在密斯的允许之下，她把这些女孩们带到了博朗公司，按照赖希的偏好穿上昂贵的服装，一丝不苟地打扮起来。这也难怪女孩们并不理解这些。她们三个都不喜欢赖希，觉得她冷酷并且强硬。

赖希对此毫不在意。她专业、聪明、自律，和密斯一样富有精致的感性。她认可密斯的权威——在这一点上她仍是传统的欧洲女性——并在各种细节和管理上花费了大量的时间和精力。她极佳的专业性，也因为爱转向了对密斯个人的关怀和牵挂，因此导致了密斯的退却。正如前面曾经指出的那样，密斯在生命中最珍视的就是自由与独立性。当他选择移民美国，实际上便是将赖希隔绝在他的生活之外。赖希为此感到非常痛苦，而密斯也在很大程度上为自由付出了代价。他后来再也没能找到一个能与他在艺术上如此互补的合作伙伴。

在两人的共同度过的平静岁月中，赖希在帮助密斯发展出全新的室内设计语言，以及共同探索新材料和新技术、甚至是工业公司的展会上都起到了至关重要的作用。她在魏森霍夫展的主要任务是组织和安排一场展示最新装修和电器的展会，这一展览在斯图加特贸易大厅的城市花园举办（Gewerbehalle Stadtgarten）。同赖希一起，密斯开始意识到：现代建筑的发展已经远远领先现代家具。弗兰克·劳埃德·赖特和查尔斯·雷尼·麦金托什在20世纪前十年的工作，以及格里特·里特维尔（Gerrit Rietveld）在20世纪20年代开拓性的努力直到1925年才被包豪斯的设计师们继续发展。那一年马塞尔·布鲁尔（Marcel Breuer）在他的新自行车把手的启发下，设计出了第一把钢管椅，随后，这把椅子获得了他在包豪斯的同事康定斯基赞赏，并被命名为"瓦西里"（Wassily）。瓦西里椅是一座里程碑，它不只是一把抽象化的传统四腿休闲椅，同时它颂扬了在这个十年中包豪斯的集体实践。最重要的是它使用了闪亮的镀铬钢管，这正是对机器技术和标准化美学的一次强有力的表达。

瓦西里这把悬臂椅问世后，连续性管状结构的座椅层出不穷。1926年，受邀来到斯图加特的荷兰建筑师马特·斯塔姆（Mart Stam）设计并装配了第一把由煤气管和管件组装而成的现代悬臂椅。他在魏森霍夫展中自己的住宅作品里也展示这把椅子的改良版。密斯也在斯图加特公布了类似的设计，一些有或者没有扶手的椅子出现在了他设计的公寓楼的若干单元中。因为在1926年11月时参加斯图加特的某次会议时，斯塔姆曾经讨论过自己的设计，而密斯也承认他的作品对斯塔姆的椅子有所借鉴。鉴于密斯过去在钢管上的经验，他完成这一设计的时间一定非常迅速。密斯的椅子在形式上明显更胜斯塔姆一筹，并在1927年8月获得了设计专利。

现在被称为密斯椅（MR Chair）（以设计者密斯姓名的首字母为名）的椅子正是密斯最好的作品之一（图4.6）。金属框架和皮革质地的椅座椅背做到了最精简的结构，曲线到直线的过渡也十分自然。相对于它的功能性，才更让人们记忆深刻的是这把椅子在视觉上的雅致；最开始，椅子有个众所周知的毛病，即当人们打算从座椅上起来时，椅子会让不由自主地向前跌倒，后来这个问题被修正了。（被侧边的椅子腿绊倒的情况仍然时有发生。）密斯和赖希还为魏森霍夫展览设计了其他与机械理论相关的家具。最特别的是一些由豪华装饰面板制成的木质帕森式桌子，它们和密斯椅具有同样的简化形式，不过这些桌子却受到材质而非技术的启发而制成。早在1927～1931年间，密斯和赖希设计了十多种源于密斯椅概念的变种，其中包括额外的管状椅、具有玻璃台面和管状桌腿的桌子，以及其他基于扁钢条的设计。虽然这些家具都获得了专利，但很多几乎立刻就被"淘汰"了。密斯将他的设计授权了几家拥有许可证的德国公司和其他欧洲公司进行生产；其中很少的一些，比如密斯椅，则在二战前就被成千上万地生产出来。为了得到专利使用费的补偿，密斯在整个20世纪30年代都在进行专利诉讼，甚至在他移民美国之后也没有放弃。

在斯图加特，密斯和赖希还共同设计了玻璃厅（亦被称为玻璃房或是镜厅）（图4.7）。与他在魏森霍夫住房展中的公寓楼相比，玻璃厅标志着20

图 4.6
密斯椅（弯曲钢管扶手椅）（MR Chair）（1927），由一根轧制钢管以及皮革椅座和靠背组成。密斯承认他的这件作品在概念上和马特斯塔姆设计的椅子相似，而后者早在 1926 年便出现了；但前者所拥有的流动曲线和简单优雅使其成为第一个经久不衰的悬臂设计。照片来源：Hube Henry, Hedrich-Blessing。

世纪 20 年代末开始密斯在欧洲的职业生涯终于进入了成熟阶段。在贸易大厅举办的工业与工艺品展会中，赖希不仅组织了她自己的装饰与家具展览，还与密斯共同设计了两个空间：展出德国油毡作品的 5 号大厅，以及被称作"平板玻璃"的 4 号大厅。4 号大厅含有三个特色区域，每个区域都由一些稀疏布置的家具构成的空间——起居室、餐厅和工作室。这三个子空间都流入一个单一且以独立玻璃墙为界的大空间——这是自密斯在乡村砖住宅中提出空间动态平面之后最戏剧性的一次设计呈现。其中的一面玻璃板实际上是外墙，透过它可以看到室外的风景或是冬季花园。顶棚则是一系列拉伸的编织条，室外的光线作为唯一的照明光源可以从中渗透进来。地板则覆盖着白色、灰色、红色的油地毡，颜色几乎与它们所在的"房间"各自对应。玻璃的颜色和质地也有类似的变化（灰色、橄榄绿、铁锈色），其透明度也有从清澈透明直到模糊的乳白色的变化。

　　观众从 5 号大厅进入一个前厅时，其所在角度正对着长轴方向。在那

图 4.7
玻璃厅（Plate-Glass Hall）的起居室，位于斯图加特（1927）。密斯向赞助商德国科隆平板玻璃制造商协会（Association of German Plate-Glass Manufacturers of Cologne）提出了建造这个玻璃厅的想法。该设计由密斯和莉莉·赖希共同完成，他们一起构思了三间完全用玻璃围起来的联锁"房间"。照片由纽约现代艺术博物馆的密斯·凡·德·罗档案提供。

里，他/她可以在向右看一眼，两个玻璃封闭区域其中之一的后面有一座名为"女性躯体，转角"（1913~1914）的雕像，由密斯已故的朋友威廉·雷姆布鲁克所作。向左转，然后沿着一条曲线直到门厅墙的尽头，就会进入起居室空间，之后是工作室和餐厅。穿过另一个与入口处相反的门厅便是出口。这一设计被公认为是居住空间抽象概念的样板之作。对于德国平板玻璃制造商协会来说，这也是一条珍贵并切实可行的广告，该组织正是根据密斯的提议才委托他建造了这座建筑。

1927 年的夏天，密斯和赖希回到柏林。同年九月份，他们在柏林的无线电塔厅（Funkturmhalle）合作设计了作为"时尚女士"展览其中一部分的天鹅绒和丝绸咖啡馆（Café Samt und Seide）。这是一组由直线与曲线形态的钢管框架定义的空间，框架上悬挂着大量的织物。具有丰富色彩的材质——黑色、红色和橘色的天鹅绒，以及金色、银色、黑色和柠檬黄色的丝绸——都是赖希的选择，她的品味远比当时偏向使用白色的现代主义标准更加华丽。窗帘之间的开敞空间则布置着一组由密斯设计的桌椅，客人们可以在这里喝杯咖啡，放松一下。这个设计也预示着密斯很快会受雇于（设计）图根哈特住宅。

...

魏森霍夫住宅展后，密斯的名声更加显赫——作为规划者、组织者和理论家，最重要的是他是所处时代中最杰出的建筑天才之一，他也是一名具有影响力的政治家。鉴于密斯平凡的出身和不妥协的天性，在魏森霍夫他成功地将自己的艺术野心与管理意愿施加到了众多具有影响力的同行身上，可以说成就非凡。

然而，即便是在先锋精神盛行的令人陶醉的魏玛时代，进步的艺术也面临着抵制和反对。我们已经在很多类似波纳茨那"耶路撒冷的郊外村庄"这样的言论中见识到了这种攻击。由于被古斯塔夫·施特雷泽曼务实的后通货膨胀政策的阻碍，德国右翼民族主义力量和这位总理之间从没能实现和平。向凡尔赛合约复仇的渴望就像德国灵魂的病毒，等待着被一些遭受逆境的国家所激活。1925 年，阿道夫·希特勒出版了第一册《我的奋斗》并重新组织了早已在两年前失败的慕尼黑暴运动中失信于人的纳粹党。此时正值魏玛时代繁荣的初期，这种复兴也在建筑行业中反映出来。一战前的进步建筑师保罗·舒尔茨-瑙姆堡（Paul Schultze-Naumburg）在 20 世纪 20 年代末却引导了一场浩荡的讨伐，这些反对者们首先反对的就是他们认为不切实际的新建筑。后来，随着争论愈发的激烈，反对者们甚至将新建筑与"非德国文化"联系起来，并与布尔什维克主义的有毒土壤牵扯在了一起。舒尔茨-瑙姆堡的盟友包括康拉德·诺恩（Konrad Nonn），他曾在他创办的《建筑文摘》（Zentralbaltt der Bauverwaltung）中对包豪斯进行过攻击；还包括德累斯顿学院的埃米尔·霍格（Emil Hogg），他曾针对"环"发表过同样尖锐的谴责。

对魏森霍夫展的积极报导彻底激怒了反对者们。他们声称这一建筑群是毫无艺术价值的宣传噱头。展会被谴责为是极端错误的，而作为组织者的精英们则对德国传统漠不关心。事实上，纳粹一掌权就开始反对现代主义艺术，并在 1938 年制定计划，意图将整个魏森霍夫住宅群夷为平地，取而代之的是德国陆军高层指挥中心的巨大建筑物。直到 1941 年由于指挥总部决定迁至斯特拉斯堡才让魏森霍夫建筑群幸免于难。然而，即使是被纳粹和德国的艺术保守派们拖入低谷，甚至在世界的其他地方也引起质疑，这场 20

图 4.8（对面页上图）
约瑟夫·埃斯特斯住宅（Josef Esters House），位于克雷菲尔德（Krefeld）（1930）。兰格住宅和艾斯特斯住宅是同期设计的，且都矗立于威赫绍夫大道（Wilhelmshofallee）南侧，彼此相邻。照片由纽约现代艺术博物馆的密斯·凡·德·罗档案提供。

图 4.9（对面页下图）
约瑟夫·埃斯特斯住宅，位于克雷菲尔德（1930）。本图视角为花园一侧。注意观察砖路和半高墙是如何延伸——这是种"建筑风格"——并进入景观的。照片由纽约现代艺术博物馆的密斯·凡·德·罗档案提供。

世纪 20 年代开始的现代主义运动所创造的奇迹之一就是它竟仍然得以延续，并在二战后继续引领着西方世界的建筑。

...

密斯从来都不是一个空想家，他作品中对美学尺度的热爱让他非常看重材料的影响。赖希对他的影响也十分显著。回顾她在"时尚女士"展会上提供的织物，它们就像是一条将密斯引至他下一个重要委托的丝绸之路。

这一次的委托很不寻常，需要将两个主住宅设计为一个主体。约瑟夫·埃斯特斯（Josef Esters）和赫尔曼·兰格（Hermann Lange）是莱茵兰市克雷费尔德的范塞达格（Verseidag）大型丝织厂总经理。他们很有可能通过莉莉·赖希找到了密斯，尽管在这之前他们可能就已有接触——可能是兰格家族的关系，他们是柏林的现代艺术和先锋元素收藏家；或是通过克雷费尔德博物馆；又或是通过在杜伊斯堡附近，密斯曾于 1925 年进行过展览的博物馆。无论如何，1927 年底，兰格率先选择了密斯为他和他的生意伙伴在旧城区以外一个新开发的高档区域威赫绍夫大道（Wilhelmshofallee）南侧相邻的地段上设计住宅（91 号和 97 号地块）。住宅的设计花费了近一年的时间，同时建筑也在 1928 年底动工，并于 1930 年初建成。

埃斯特斯和兰格住宅是由 1924 年设计的极具实验性的、具有开敞平面的乡村砖住宅以及密斯在此前不久完成的沃尔夫住宅（图 4.8 和图 4.9）直接发展而来。如同沃尔夫住宅一样，它们以无修饰的立方体砖块的形式聚集在街道上——那里有不起眼的入口，垂直循环流线和服务集群。两座房子的入口设在相反的立面；从入口开始串联起一层的餐饮空间、起居室以及可以看到花园与风景的书房。两个花园在砖墙立面的同一高度设置了大面积格窗。阳台和楼台都朝南向阳。以沃尔夫住宅为例，广阔的花园被做成半硬景观式建筑，具有网格式铺地、砖砌挡土墙以及向梯田延伸的台阶。两栋住宅的二层都围绕着单装走廊组织布局，卧室都朝南；不过别的地方的布局却很常规。两所住宅都有朴素的房间和适合贵族生活的超大空间。密斯特别考虑了业主对于绘画和雕塑收藏品的展示需求。

密斯在晚年时回忆道："我本想（在这些住宅中）使用更多玻璃，不过业主（们）并不喜欢。我有着很大的麻烦"（图 4.10）。从图纸和文件的大量记录来看——以及密斯渲染的效果图中表露的早期概念——密斯的雄心显

图 4.10
密斯在润色约瑟夫·埃斯特斯住宅的炭笔画，拍摄于 1928 年。本照片为私人收藏。

然没有如其所愿。相对于最后完成的建筑，两栋住宅的最初方案都有更多样化的体块组合，包括单层侧翼和建筑第三层（仅为埃斯特斯住宅提供了第三层的结构图，但并未建造）；而且，据密斯回忆，花园立面几乎全是连续的落地玻璃。这些早期的透视图中，建筑物并不是明显的砖结构；正相反，我们看到的是交错的玻璃立方体。花园一边的窗户仍然巨大，而且两所住宅都以技术上新颖而大胆的下沉窗（可以电动向下沉降到槽中的大窗户）为特点——这一特点也在后来的图根哈特住宅中声名鹊起。与沃尔夫住宅的承重砖不同，埃斯特斯和兰格住宅决定将大面积窗户融入砖立面的外部结构中需要引入复杂的暗钢结构作为过梁和横向支撑。因此，砖墙并不是建筑唯一的结构，这样的技术所带来的立面设计优势正是几乎可以随意布置的门与窗。

在他后来的职业生涯中，密斯通常都会将这两座住宅从他的作品集中删去。我们可以推测出（他这么做的）原因，抽象还原的砖砌体过于朴素了。尽管英式砌合墙体的构造方式十分精巧且质感丰富，却也显得咄咄逼人。由密斯设计的窗户虽然有漂亮的细节和匀称的比例，但却数量过多、并且过于相似，特别是在临街立面的开窗处理得太过于自由随意。

尽管在和埃斯特斯和兰格两位客户的交往中遇到了"大麻烦"，密斯还是继续为他们设计了建于 1931~1935 年的工厂，同时直到 1937 年密斯还都和范塞达格保持联系——当时还为他设计了一座大型办公综合楼，不过这一建筑并未实现。早 20 世纪 30 年代中期，他还为赫尔曼·兰格的儿子尤里奇（Ulrich）设计了一栋住宅。这些都让我们得出了一个结论——他所言的"大麻烦"的确名副其实。即使这些住宅都算不上是杰作，我们却有大量的证据表明密斯在它们的实现上投入了很多精力。两栋住宅的内部细节就是一个例子——正如数十张漂亮的设计图所示的那样精美。所有的设计都仿佛是第一次被构思出来一般——外部、内部、壁橱门、窗框和窗子的机械机构、书柜、散热器罩、室内石槛、独立式和内置式的家具，甚至是车道的钢制门和门上填充的菱形格子也是如此。事实上，这些住宅的内部装修确实第一次运用了密斯的——以及赖希的——有关内部细节的成熟语汇。实木材质的运用是典型的"密斯式"风格的体现。它们有着清晰的轮廓和阴影线，以及具有精细配比的多样化材料搭配。门窗和框架也像家具一样精于细节。不过，两栋住宅的家具并非全部出自密斯设计——不久之后的图根哈特住宅也是一样——密斯为埃斯特斯和兰格设计的家具并没有被再生产，甚至也没有获得多少赞赏。直到2003年诺尔公司推出了"克雷费尔德家具"系列产品线——这些产品都源于密斯和赖希设计的椅子、长软椅、边桌；不过除了桌子，这些设计再也没有被采用过。

...

1928年，密斯接受了来自爱德华·富克斯的一项新的设计委托，爱德华·富克斯曾经负责两年前完成的李卜克内西-卢森堡纪念碑的建造。现在，富克斯想要扩建他从佩尔斯那购买的一栋住宅。在这一项目中，密斯不得不将一座新古典主义建筑与他20世纪20年代末期作品所体现的新风格结合起来。他设计了一种不对称的画廊建筑方案，作为画廊的侧翼设有可以通过楼梯到达的露台。透过五个法式落地窗可以欣赏到花园的风景，向左走则可以到达1911年设计的辛克尔式凉亭。对于扩建部分的外墙密斯则选取了与原始黄褐色相配的色调。

密斯在1928~1929年的其他四个设计都是竞赛作品：柏林的亚当（S. Adam）百货商场；斯图加特的银行办公楼项目；在柏林的第二个弗里德里希大街办公楼以及亚历山大广场的改建。然而并没有一件作品被选中，也没有任何项目落成。这些作品相对于其他只引起了少量的关注，部分原因是在同时期密斯设计的巴塞罗那的德国馆和图根哈特住宅过于耀眼，而且这四件作品本身也没有引人注目的特点。尽管如此，考虑到它们对于密斯在美国时期作品的影响，这些作品仍然值得评述。

自 1923 年起，密斯便在小型项目的设计中试图表现内部空间的动态并打破内部与外部空间之间的传统界限。可以在一、两层住宅的空间中延伸的玻璃与独立隔墙，成为了这一时期密斯的主要设计手法。不过在大规模的多层建筑中，这种设计并不适用。早在 1921 年的弗里德里希办公楼项目，密斯就提出设计一面连续的玻璃外墙，来消除空间内外的界限，但是多层建筑需要一个基于结构框架的系统性平面图。在玻璃摩天大楼项目中，非正式的平面导致了框架结构缺乏清晰性和合理性，从那以后，密斯开始将一条更加"客观的"准则增添到他高层建筑设计的考虑范畴之中。

为了更新建于 1863 年的柏林亚当百货商场现有的面貌，邀请了几位著名的建筑师设计一幢中层或高层建筑来取代现位于莱比锡大街和弗里德里希大街交叉口的旧建筑。在这一项目中，密斯的对手有汉斯·玻尔齐希、海因里希·施特劳默和彼得·贝伦斯，他们每个人都很尊重业主对于强调新建筑的垂直性的需求。然而，密斯却有着不同的想法。"您的要求已经表明，具有垂直感的建筑才符合您的品味。但坦率地说，在我看来一栋建筑物的形成和个人品味无关，而是符合所有设计要求后的必然结果，设计要求应是围绕它的用途而提出的。只有建立这种概念，才能够谈到一栋建筑物应具备的内在形态。"之后，在最早曾经提过的灵活功能，即所谓的通用空间（出自密斯的追随者而非本人的一个术语）的一张草图中，他补充道："您需要整洁明亮的空间和分层清晰的楼层。另外，还需要更多的光线与公开空间。"

在密斯的设计方案中，建筑为 8 层矩形体块，带有一个圆形墙角和顶层的阶梯形阳台，阳台为钢结构，内部空间可以敞开，而外墙则全部采用玻璃。一层的墙面则为整面的透明玻璃，墙面向后退让形成具有顶棚的人行道空间，而用作标牌的不透明玻璃则覆盖了立面的其余部分。这家公司的合伙人乔治·亚当非常支持密斯的方案。"支撑较少的宽窗玻璃能够引入光线和空气，而这些正是商人希望建筑师可以达成的设计，"亚当说道。然而，这一竞赛却被暂停了，业主也没有做出任何选择。直到最终被拆除之前，原商场都没有经过任何改造。这是密斯第一个具有现实意义的玻璃外墙设计。"这不是墙也不是窗，而是一些其他的颇有新意的构想，"亚当项目的评论家库尔特·格拉芬坎普（Curt Gravenkamp）说道，"它实现了已存在千年之久的一种材料【玻璃】的最终可能性……现代主义建筑不仅将建筑物与周围景观融合在一起，还将室内与街道空间连接在了一起。"

由符腾堡州银行发起的"银行办公楼"竞赛，要求建造一座内设银行大厅、商店以及办公室的综合办公楼。选址位于斯图加特市中心，邻近现在成为标志性建筑的火车站，该火车站由保罗·波纳茨设计，并于 1927 年完成，而保罗·波纳茨也是密斯在魏森霍夫展的强劲对手。波纳茨同弗里德里希·尤金·肖勒一起赢得了建造银行办公楼这一项目。而同样作为参赛者的密斯只获得了荣誉奖。密斯采用了与亚当百货商场同样的设计理念，开敞的平面设计与不间断的楼层再次呈现了钢与玻璃墙面围合的"通用空间"概念。透明玻璃会应用于地面上的橱窗玻璃上，而上层建筑则会由便于投放广告的不透明玻璃覆盖。

为了将银行与办公楼分开，密斯提出了面向劳恩夏格大街的 8 层建筑体块，底层为零售店，上层为办公室，后面为三层的银行大楼，中部则是一个中庭，以及四个带有楼梯的塔楼和洗手间。

20 世纪 20 年代后期的另外两个参赛项目尽管没有被实现，但却让密斯的注意力转移到了亚历山大广场项目，特别是它的选址原本是 1921 年密斯设计的高层建筑用地。这一次，他对由柏林交通部门发起的 1929 年的竞赛做出了回应。政府希望能够建造一座与 1921 年的方案类似的多功能高层建筑，为柏林市区增加多样化的商业和娱乐服务。密斯的方案与其他作品相比有很大不同，特别是它所具有的广义规律性方面。获得最高奖项的是埃里希·门德尔松，以及保罗·梅比斯与保罗·艾默里奇团队，他们的作品是一座高耸的四边形塔从具有三面的地基升起。密斯的作品则是三块上升到平屋顶和屋顶花园的面向街道的凸面曲板，也就是一个围绕中央核心的三面体。建筑表面则由透明与不透明的（砖）带交织构成。9 层高的塔楼则包含办公室、商店，以及一个可以从地下通道通往地铁的酒店。然而，这些方案最终一个都没能实现。

1928 年，由于柏林城市规划部的负责人马丁·瓦格纳的一份提案，柏林市参议会批准了亚历山大广场重建项目。这一项目旨在改善城市汽车交通循环，有六家公司及一些建筑师团队在方案设计邀请之列：彼得·贝伦斯、汉斯和瓦西里·卢克哈特以及阿尔方斯·安克尔、保罗·梅比斯和保罗·艾默里奇、密斯、海因里希·库勒－艾尔克兰斯，还有约翰·埃米尔·肖特。

肖特和安克尔获得了第一名，他们就像除密斯以外的其他参赛者一样，根据瓦格纳的模型提交了一个符合现有道路的对称建筑群方案。最后一个完成方案的是密斯，他并没有按照市政当局设定的比赛规则进行设计，而是设计出不对称排列的七个板状建筑物组群，围绕着一座 17 层的玻璃摩天大楼（图 4.11）。这种组群强调了亚历山大广场圆形的核心地位，也显得周围街道就像广场的附属。而组群中的单体建筑物的立面构成也与斯图加特银行建

图 4.11
亚历山大广场的城市改造方案，位于柏林－中心区（1929）。尽管密斯早期的忠实拥护者路德维希·希尔伯塞默（Ludwig Hilberseimer）肯定了这个方案，但后来的评论家却认为它没有什么值得称赞之处。

筑非常相似。

这一时期的密斯深受路德维希·希尔伯塞默的城市规划概念的影响。20 世纪 20 年代早期他们二人曾在汉斯·里克特家见过面，并一起参与过《G》杂志，虽然希尔伯塞默一直坚持功能主义风格，他仍然成为密斯最好的朋友之一。在沃尔特·格罗皮乌斯于 1928 年辞掉包豪斯的校长职务后，这一职位由汉斯·迈耶担任，而他是一名左翼政治派建筑师，曾与瑞士功能主义团体 ABC 有着密切的联系，希尔伯塞默也进入德绍任教。他在 1927 年出版的城市规划书籍《大都会建筑》中呈现了一种坚定的客观性理念。勒·柯布西耶认为一个理想的城市应由宽广的塔楼构成，而塔楼则由大片的草坪和高架公路环绕——这样便可以清理掉旧时代那些街道、车道、小巷和住宅组成的"混乱街巷"——然而希尔伯塞默却将它理解为一副冷酷空虚的全景长卷。

密斯的亚历山大广场改建项目遭受到远比以上项目更多的支持。在所有出版物中，希尔伯塞默是密斯最忠实的拥护者。他指责该项目的业主方负责人想要的是一个能创造出"一种让人联想到古典主义风格建筑的效果"的封闭式广场。而希尔伯塞默坚持认为"密斯·凡·德·罗的设计是唯一一个打破了刻板的制度并试图将广场按照一个独立的形态进行空间组织的方案。行车线路仍然保持着圆形轨迹，而密斯按照建筑独立原则，通过自有的单体建筑分布形成广场。通过开放式的街道，他实现了一个其他所有方案都缺乏的街道的宽敞性。"

· · ·

密斯在欧洲时期的创作巅峰正是在 1929 年 5 月 26 日，当西班牙国王阿方索八世和王后维多利亚·尤金尼亚为他所作的巴塞罗那德国馆举行工程竣工仪式之时（图 4.12）。国王和王后高举香槟敬酒时，密斯，作为德国馆的建筑师和博览会中所有德国展览品的负责人，头戴高顶礼帽，身穿燕尾服，非常的惹眼。这个时刻虽然很短暂，但对 43 岁的密斯来说，这是一次真正的胜利。在众多的国际商业博览会中，人们早已经遗忘了作为诸多国际商业博览会之一的这场盛会当时的情形，但是密斯设计的德国馆却作为魏玛德国的代表作——也是 20 世纪少数的极具代表性的建筑杰作之一——一直在人们的记忆中熠熠生辉。尽管随着博览会闭幕，这座建筑被拆除，后又在 1981~1986 年间重建，它仍然可以称得上是密斯一生中最伟大的作品。密斯创造了一座全新的，让人难忘的建筑物，这是一种永恒的建筑抽象艺术的独特体现。在历史的评判之下，它的意义在瞬间就显现出来，它是少数能够与过去那些最伟大的建筑相提并论的现代建筑之一。

在密斯的一个薄薄的笔记本中，记载了他在 20 世纪 20 年代已建成的现代主义作品。当时，魏玛政府选择了知名度和评价都颇高的密斯负责监督所有巴塞罗那博览会中德国展览品的设计与安装工作，巴塞罗那德国馆只是其中之一。密斯对于建筑应是一门高级艺术的坚持——同时建筑应该脱离装饰主义和历史主义的形式——让他成为了政府的必然选择、战后的十年中，德国渐渐变得和平、繁荣，更具有文化性与国际性。巴塞罗那那些源自德国的设计恰恰反映出了这些新的形势。在展会开幕式的演讲中，委任密斯做这项设计的格奥尔格·凡·施尼茨勒代表说："我们希望向世界展示我们能做什么，我们是什么，我们现在的感受和看法。除了清晰、简洁和真实以外，我们拒绝任何其他东西。"密斯将清晰和真实呈现给了世人，而他一直坚持的建筑方向就是简洁。

1928 年 7 月初，密斯被委任成为巴塞罗那委员会成员，此时距离展览会开放不到一年的时间。在初始阶段，德国馆并不是设计要求中的一部分。

图 4.12
世界博览会上的德国馆，位于巴塞罗那（1929）。1929年5月26日，开幕典礼结束后，密斯（头戴礼帽，照片右侧靠上）陪同在西班牙国王阿方索十三世（King Alfonso XIII of Spain）身侧。

在 1959 年的访谈中，密斯讲述了是巴斯阿罗那德国馆的诞生：

> 建筑是如何出现的，这是一个让人好奇的问题。德国需要在巴塞罗那举行一次展览。有一天，我接到德国政府的电话。我被告知，法国人和英国人都有自己的国家馆，德国也需要有一座。我说，"什么是国家馆？我几乎没有概念。"我被告知："就是一个亭子，设计一个，不要用太多玻璃。"我必须得说这是我有史以来遇到的最难的一项工作，因为我成为了自己的业主；我能做任何我想做的事。但我不知道一座国家馆应该是什么样子。

这些句子经常被引用，还带着一个有趣的错字："设计一个，不要太经典了。"

密斯的反应迅速而果断。尽管有常见的资金问题和政府职权的限制，密斯还是很快就提出了解决办法并得到了认可。十月，密斯已经有 6 个助手在他柏林工作室旁的配楼里开始工作，其中的几个人也在施工开始时搬到了巴塞罗那。政府的任务不仅时间异常紧迫，而且资金供给的不稳定也导致已经匆忙开工的项目甚至在 1929 年初的关键时刻里曾被迫停工 16 天。然而，凡·施尼茨勒拯救了这个项目，他不仅帮助密斯介入此事，还通过个人资源长期筹集项目资金。展览开幕时，很多设计细节就像很多展览的其他工作一样并没有完成。例如，因石料不足，外墙的一些部分只好用漆刷成了石材纹理，而在 1929 年的秋天时，德国馆的办公空间以及各项室内陈设仍然没有完善。

尽管有关密斯方案的材料已经消失不见，但在他请求助理塞尔吉斯·鲁根伯格（Sergius Ruegenberg）可能会被测试的各个墙面和屋顶上准备了橡皮泥模型之前，他都可能一直在独立工作。早在密斯准备评估这些基于实验而得出的模型时，方案的中期设计和透视图就已经被密斯和鲁根伯格获取并进行了修改和完善。几种平面网格都被进行了测试，但是建筑却从没有放置在单一网格中。相反，整座建筑都围绕着墙壁、柱列、台面、水面和整个场地布局等多个参考系统进行布置。解决的方法通常都与首次出现于乡村砖住宅项目中的主题密切相关。但现在的问题是在建筑必须在三维中实现，而不能只是纸上谈兵。事实上，德意志制造联盟在 1928 年 7 月的会议记录中提到过，政府官员们想要的不过是一个休息室（德语）。在英文中这可以称之为正式的或用于礼仪的原型空间，德国可以用它进行相关仪式。

对于德国馆的设计，密斯并没有受到太多施工规范的束缚，因为展览会馆很有可能只是暂时的。密斯设计上的一些诠释无疑也与莉莉·赖希有关，她分担了密斯一部分的设计压力，主要负责了展厅部分的详细设计、布置和陈设。

密斯一直都对建筑的选址和周围环境很感兴趣，在德国馆中也不例外。选址横跨蒙特惠奇山的北面，那里已经有加泰罗尼亚建筑师何塞普·普伊格·卡达法尔奇留下的古典美学经典之作——巴塞罗那展览中心。现场工作自 1915 年开始，很多建筑都在之后的 15 年相继建造，但由于经济和政治双重因素的影响，巴塞罗那博览会被推迟到了 1929 年。露天展览馆的主轴顶端是圆屋顶的国家宫殿，两旁是巨大的展览馆，相交于宽阔壮观的广场正

图4.13（对面上图）
世界博览会上的德国馆，位于巴塞罗那（1929）。西南侧的外部视图。由于展馆在博览会结束后不久就被拆除了，密斯委托拍摄的照片有效地重现了这座建筑的历史。密斯把"Alemania（意为德国，西班牙语）"这个词贴在展馆右侧的黑色大理石墙面上，然后让人拍下了照片。

图4.14（对面下图）
世界博览会上的德国馆，位于巴塞罗那（1929）。从办公室向北看去，能够看到展馆的"内部"，而右侧则是面积更大的倒影池。

中央。密斯选择了次广场的西端作为德国馆的地址。在平面图中，一个粗略的矩形平面被放置在广场前面，展馆与广场呈直角，正面是整齐的树木与平行于一排独立式古典风格柱子的喷泉群，向另一个展馆望去，可以看到整个巴塞罗那城的尽头。德国馆的后面是灌木丛环绕的斜坡，慢慢延伸到西班牙村庄。阿方索八世宫殿的宏伟围墙就屹立在村庄的南部，和与它相对的以维多利亚·尤金尼亚命名的建筑，一同横跨主轴线。德国馆最初计划建于这两座宏伟的建筑物之间，处于由法国馆开始的轴线上；但是密斯用几个优势说服了西班牙当局，项目最终选在采用的地址。"【看起来】似乎很明显，"评论家沃尔特·根兹默（Walther Genzmer）写道，"德国馆的主方向应该是与宫殿围墙相垂直的。与高高的围墙和平整没有变化的墙面相比，展馆却相对低矮，而且开敞而通风。这都极具对比性"目光长远的密斯已经为展馆挑选了独一无二的场地。

德国馆是一座单层建筑，由钢架结构之上镶嵌有石板的墙壁与非承重墙组成不对称的形式（图4.13）。立面的其余部分则是钢架平板玻璃。上层建筑设在一个铺砌的墩座上，它的一部分屋顶是带有宽屋檐的全白色平屋顶（内部也是钢结构）。正是这些因素定义、捕获或者暗示了纯净、流动、具有运动性的空间（图4.14-图4.16）。密斯设计并安装了德国馆的玻璃门，但是，在展览会期间，它们每天都会被费劲地拆除并储存起来，然后在晚上重新安装，进一步表达了"内部"与"外部"是相融合的概念。展览馆的地基让人联想到了古典主义风格教堂的墩座，但是光滑的大理石－玻璃平面却从地基显露出来，相互滑动，仿佛在下方游走，又在屋顶线条之下浮现而出，所有这些都绝不是古典主义设计的表达。穿过墩座的台阶连接着入口，与建筑长长的"前奏"相平行，如同在远处向人招手。从台阶的顶部俯瞰，一个石灰露台和一个巨大的倒影水池便映入眼帘。

从入口进入到准室内空间时需要经过一个U形转弯。在普遍存在的不对称设计中，有一套8根规则布置的铬片十字形断面钢柱，站在几面石墙边上，如同守卫。结构上的解决方案则显得模棱两可，不过从诸多的石柱和墙边来看，也有可能是故意这样设计。深入到室内，我们便可以看到一块非常壮观的石墙——10英尺高8英尺宽，由8块被称为镀金玛瑙的大理石做成的厚板拼贴而成——泛着金色的光，精心设计的纹理从黑金色逐渐变为纯白色。这无疑是最重要的部分。在玛瑙墙的左侧，一束乳白色的玻璃灯光从内部倾泻而出。与乳白玻璃墙平行的是一个长长的镜面桌，可以从一个较小的视野向玛瑙墙前面望去，它的右侧是一对并排放置的钢制躺椅，上面都放着

第4章 高潮在魏玛：1926~1930年

图 4.15
世界博览会上的德国馆，位于巴塞罗那（1929）。向北看格奥尔格·科尔贝（Georg Kolbe）的雕塑作品《黎明》（Dawn）。可以将这张照片与密斯于1935年设计的未建成项目的草图（图5.13）相比较。

一个白色的羊皮坐垫。德国馆的设计全都"围绕"着玛瑙墙，而它所有的厚板生坯都是密斯花费巨资亲自购买——原本在汉堡市的一个采石场中，有一块石头已经预留给了横渡大西洋的客轮中的舞厅，然而密斯却成功地拿到了它。

作为政府计划的一部分，密斯被要求参考德国国旗的黑、红、金三个颜色进行设计。而密斯也不负期待地以深黑色的奢华地毯，鲜红色的窗帷，还有金色的玛瑙抽象化了这一设计元素。密斯回避了"鹰"（国家象征）的形象，但作为让步，他把"Alemania"的字样挂在了正立面的外墙上。黑色字母的样式由密斯的朋友格哈德·泽韦林设计。密斯故意拖了很久才安装了这些字样，也因此，几乎所有已公开的德国馆图片中都没有这一标志。实际上，重建展览馆的时候，"Alemania"这几个字母变得再次无迹可寻，密斯无文字的设计特色在此被完整保留了。

图 4.16
世界博览会上的德国馆，位于巴塞罗那（1929）。从这个视角可以看到双面玛瑙墙、两把"巴塞罗那"椅和若干搁脚软凳。

所有的建筑材料都富丽奢华。为自由流动的空间，增添了多彩而华丽的外观。再加上另外一种体验：5种大理石的交织呈现出变幻的反射光，各式各样的镀铬框玻璃，尤其是那两个倒影水池，较大的水池边上镶有平滑的黑色鹅卵石。在深绿色的玻璃之中是一个站立的青铜雕像，在这里左转可以到达第二个水池边上的平台，这个水池的边缘则镶有黑色的玻璃。由与密斯所处同时代的乔治·柯尔贝设计制作的青铜雕像名为"黎明"，远远望去，就像是从水面中升起，吸引着人们穿过展览馆。围绕水池的蒂尼安（Tinian）大理石墙仿佛从屋顶下方延伸出来勾画出建筑北面的轮廓，与南部的密封式石灰墙相互协调。大理石墙沿着展览馆的西边绕回延伸至中央的空间，即在灰玻璃平面和小花园之间延伸到墩座的西部进入平台区。另一个出口则通向花园小径，经过台阶可以到达西班牙村。

图 4.17
"巴塞罗那"椅,于1928~1929年设计。这种椅子几乎是一个立方体——高、宽、深均为75厘米。照片由纽约现代艺术博物馆的密斯·凡·德·罗档案提供。

密斯在设计乡村砖住宅时提出有关内部与外部空间潜在互动的设计观点,在巴塞罗那德国馆的设计中体现的淋漓尽致。他对赖特和凡·杜斯伯格的借鉴显而易见。然而,采用丰富的建筑材料与贵族式的收藏品装饰却是密斯的独有风格。其他人对于密斯的影响也非常显著:受莉莉·赖希的影响,密斯也会采用大胆的色彩和华丽的布料;受勒·柯布西耶的影响——尤其是他在魏森霍夫展中的独栋家庭式住宅入口一层的设计——密斯在台阶顶部设计了一个启示性的180°转弯。

由密斯监督并由赖希设计的另一个展厅,则是体现高度艺术性的范本。密斯对巴塞罗那项目的掌控性通过全面的"建筑艺术"(架构)体现的非常充分:对于德国馆,他不仅是建筑师,还是室内设计师、景观与硬结构设计师,甚至是卓越的家具设计师。他设计了两个镜面钢支架的桌子,正如所料,几乎站不稳,但是他还设计了一把椅子(和长软椅),后来成为了椅子设计的经典之作——巴塞罗那椅(图4.17)。虽然德国馆在展览会结束后就被拆除了，但是那把椅子却幸存了下来。展览会至少制造了六把椅子，八把或更多的长软椅，这些椅子都被密斯和赖希保留下来，或是使用或是转移到了其他项目中。根据特格特霍夫记载，20世纪30年代早期，密斯和赖希将一些椅子和长软椅摆放在几个中等规模的项目中——其中以图根哈特住宅最为著名——甚至在菲利普·约翰逊赞助（并复制）下也曾重新出现在美国。直到这些设计重新被接纳，并且随着20世纪40年代初美国的不锈钢制造业的兴起，大规模的生产才开始。这些椅子至今仍被授权制造商诺尔公司大量生产，甚至还有不计其数的仿制品。1964年，密斯在一封信中描述了他的设计意图：

> 西班牙国王和王后曾在德国馆参加博览会开幕式。鉴于这一点，巴塞罗那椅不仅仅是把普通的椅子——也应该是一件极具纪念意义的物品，不过一件纪念品不应该使人们忽略了欣赏建筑本身的特殊流动空间。

椅子的每一侧都有两个轧制的（弯曲的）钢腿，最早由镀铬材料制成，但是之后则换成了镜面抛光的不锈钢材料。一个是长圆弧形，另一个相对较短，像一个流畅的S型。两者通过焊接连接到一起，就形成了座椅、靠背和椅子腿。两侧的"腿"再通过3个横杆连到一起。加上两个对角搭接的皮革靠垫——一个是坐垫，通过将承重皮条用螺丝钉固定在椅架来支撑，另一个是靠背（也采用了皮条，同坐垫的连接方法相似）——便完成了一把椅子。尽管它的形状被密斯改进了很多，但还是和罗马的高官椅——如同19世纪包括辛克尔在内的新古典主义家兴起的形式类似，还与现代化之前的"折叠椅"相关，不过密斯可能并不清楚这些。密斯为巴塞罗那椅制造了大量的测试原型——事实上，量太多了，他只好邀请他的工作人员帮忙淘汰不合格的设计。

在构造上（实际上），巴塞罗那椅可能仅限于用钢材料制成。其构架采用的是3/8英寸厚的棒料，从侧面看异常纤细，两条腿的交叉处焊接点看起来也非常自然，虽然优雅的圆角雕刻装饰是技术非常高超的工艺产品。椅子看起来很轻——悬臂式座椅就像没有支撑似的飘浮在空中——但是当有人想要移动椅子时就会知道它其实非常重。随着时间的推移，椅子内支撑坐垫和靠背的昂贵皮条一定会被拉伸，直至断开。椅子的宽度也很富余——75公分，恰好适合密斯宽大的腰围。但是对于很多使用者来说，它太低了，而且有一些人很难起身。特格特霍夫曾断言，巴塞罗那椅"之所以很有名，是因为它几乎从来不被用来坐。"尽管有这些限制因素，但巴塞罗那椅仍然成为优雅、高贵和奢华无可争议的象征,其价格也足以匹配这些特点。巴塞罗那椅子在各类机构和高端私人住宅中的应用极其普遍——没有任何一位"设计师"椅子够做到这一点。

密斯在他不太出名的图根哈特椅、扁钢布尔诺椅,以及德绍或图根哈特"X型桌"上继续自己的镀铬扁钢设计实验。和巴塞罗那椅一样,实现这些椅子的大规模的生产只能等待20世纪40年代末的到来。当时密斯被他的员工说服,再次审视了这些作品。也正是在那时,他对这些桌椅做了一些细节调整以便于进行抛光不锈钢装配。在此之前,少量的不锈钢产品则被授权给芝加哥的金属艺术家杰拉德·格里菲斯(Gerald Griffith)进行定制。

巴塞罗那博览会的最后几天并不像初始那样顺利,1929年10月,世界经济危机的突然爆发影响了展会。德国馆在博览会开始时已经受了若干次小型的金融风暴的洗礼;而当国际评论界的反响几乎一片热烈时,人们的情绪也高涨起来。但到了1930年1月,博览会结束时,情况却变得异常糟糕,对赞扬声充耳不闻的德国政府试图通过出售的方式来弥补一些官员所认为的成本过高带来的损失。仅仅在六个月之后,德国馆就被拆除了。钢材被卖做废品,玛瑙和其他大理石、镀铬柱子以及其他零件都被运回德国回收利用。

在此之后的半个世纪中,德国馆都只存在于照片之中,其中最著名的那些(照片)是密斯委托拍摄的。他严密的控制着这些照片的拷贝,其中有许多经过了修饰润色,某些视图已经永远丢失了。这座建筑从没有被全面地记录过;因为作为一座展览馆,它的改变和完善直到展览的最后一刻都没能结束。在多次错误的开始后,最早的重建尝试可以追溯至二战刚结束时。西班牙政府最终成功地指导完成了这座展馆的重建——此时已是1986年,恰好是密斯的百年诞辰。这项工作由建筑师因格纳斯·德·索拉-米拉雷斯(Ignasi De Sola-Molares)、克里斯蒂安·希里西和费尔南多·拉莫斯主持。重建者们必须新建一座能够长久保存的德国馆。(他们)小心谨慎地思考,纠正建筑物原有的缺陷;其中包括1929~1930年广受非议的下沉式屋顶,保护并制造合适的大理石——尤其是玛瑙大理石。整个工作都由主管建筑师记录在一本附有精美插图的书中,令人印象深刻。

...

魏玛共和国曾经存在的时间,也正是密斯在欧洲职业生涯的巅峰时期。在巴塞罗那博览会结束时,他的事务所依然繁忙——主要忙于一个通过爱德华·富克斯公司辗转找到密斯的大型住宅项目。1928 年，在密斯完成富克斯住宅的增建时，富克斯正与一对富裕的新婚捷克夫妇（弗里茨和格蕾特·图根哈特）开始社交联系。格蕾特（Nee-low-beer）在捷克斯洛伐克的布尔诺（德语译为 Brunn——如今位于捷克共和国）出生长大。她来自于上层社会的犹太家庭，家人均是生活在捷克斯洛伐克杰出的德裔少数民族。他们在当地创立了一家很大的纺织品制造厂。在嫁给第一任丈夫汉斯·威斯（Hans Weiss）后，20 世纪 20 年代的大部分时间，格蕾特都是在柏林度过的。这段日子里，她流连于艺术界并结识了收藏家、艺术史学家兼艺术品（展）的主办者富克斯。在格蕾特离婚后，她回到捷克斯洛伐克并在那里结识并嫁给了同为犹太人和纺织品制造商的弗里茨·图根哈特。她的父亲从他城区内的大片地产中划出极好的一块，并许诺在布尔诺为她建一所新房子作为新婚礼物。选择建筑师的问题则留给了这对新婚夫妇。富克斯住宅虽然传统，却给格雷斯留下了深刻印象。她了解到这座住宅正是由密斯·凡·德·罗设计。"我一直想要一座简洁、宽敞，明亮的现代住宅，"她回忆道，"而我的丈夫则受够了他年轻时流行的到处塞满装饰物和花边的设计风格。"

因此，密斯被邀请来与图根哈特夫妇会面。图根哈特夫妇的反应与之前（与密斯会面）的人（的反应）如出一辙："在我们见到他的第一刻，"格蕾特陈述道，"我们清楚地意识到他就是那个为我们建造房子的人，他的超凡魅力让我们印象极为深刻……他谈论建筑的样子让我们觉得是在和一位真正的艺术家打交道。"在密斯的建议之下，他们前往古本参观了沃尔夫住宅。它伫立在一个斜坡的顶端，与他们的情况相似。两人为之深深叹服。根据格蕾特的回忆，我们得知他们还参观了密斯的一些前现代住宅，并从各种出版物中了解了魏森霍夫展。但当这对夫妇选择密斯的时候，他们并不知道巴塞罗那展馆——当时德国馆尚未建造。

1928 年 9 月，密斯赶往布尔诺去查看图根哈特夫妇住宅建造的所在地。地块宽阔而倾斜，俯瞰着城市和圣斯皮尔伯格堡。他回到柏林后开始埋头工作，同时他还继续着巴塞罗那博览会的委托工作。因此，尽管在密斯从布尔诺返回柏林时德国馆已经进入了设计图阶段，德国馆和图根哈特住宅几乎是同时设计的，它们在建筑精神和细节上有许多的共通之处。

"快到年底时，"图根哈特夫人叙述道：

> 密斯告诉我们设计已经完成了。元旦前一天的下午，我们早早就满怀期待地来到了他的工作室。我们本应与朋友一同庆祝新年，然而和密

斯的会面直到凌晨一点才结束。我们首先看到了一个巨大房间的平面图，图中的房间有弧形和长方形的独立隔墙。然后我们注意到间隔每隔五米会出现一些小十字，便询问这是什么。就好像这是世界上最自然的事一样，密斯回答道，"它们是钢铁支撑，将支起整座建筑物。"

在巴塞罗那曾经出现的钢结构框架在布尔诺的项目中再次出现，并呈现出了相同的结果：丰富的材料构成的高雅墙壁划出一种新的内部流通空间，依次排列的独立钢结构网络让这一设计成为了可能。

格蕾特·图根哈特称他们夫妇"之前想要的是一所小得多，更为谦逊的房子"，而最后他们得到的却是一座大房子。除了他们的个人需求，他们还要求住宅包括家庭司机和他的妻子的住房，以及一名女家教、一名厨师和两名佣人的若干套间——而这些要素都意味着"谦逊的房子"远不足以达到要求。根据这一设计建成的是一所三层住宅，占地 8000 平方英尺，室内面积超过 10000 平方英尺，还有另设的 3000 平方英尺的铺砌平台（图 4.18）。顶层为 3500 平方英尺，主要用作卧室空间；它后面的部分与街道相连接，入口就隐藏在其中。临街一面分为一个居住空间、一个较小的服务边房和车库（图 4.19）。服务区包括顶层的司机公寓，以及在正下方楼层的一间厨房和佣人房。侧翼之间的空间以薄板为屋顶，使两部分融为一体并构成了斯皮尔伯格堡的观景场所。卧室被分成两块，长边一侧面向街道。卧室的其中一块区域包含两个孩子居住的一间儿童房和一个女家教的房间（两个房间也可以合并用作客房）；而另一块则是父母的独立卧室，能够直接通到儿童房。卧室区的这两块并没有完全错开，因此它们之间的前庭便可以通过一条短短的走廊连接到（位于主楼层屋顶的）露天庭院。除了女家教的卧室，所有卧室都可以打开让人进入到露台上，欣赏西南方向的广袤景色。庭院的尺寸翻了一倍，这样可以更好地照看孩子们在上面玩耍。这些私密区域的规划明显受到了巴塞罗那项目的启发，显得毫不拘谨。密斯原本也想在这一层使用独立的柱子来"表达"结构——我们稍后会看到它们正是起居空间的主要特征——但是图根哈特夫妇认为他们会在房屋内（活动时）"撞到它们"，因此密斯同意把它们布置在墙内。这是密斯为数不多的妥协之一。（当弗里兹·图根哈特认为落地门很可能会弯曲时——后来证明这种情况并没有发生——密斯就拒绝地非常彻底："不这么做我就退出房子的建造。"）

在上层入口处的一道弧形磨砂玻璃墙体构成了向下通往主要起居空间的螺旋楼梯。区域是一个单独的空间，大概有 3000 平方英尺，空间南面和西

图 4.18
图根哈特住宅，位于捷克斯洛伐克的布尔诺（1930）。照片的视角为主起居空间一侧，该空间比街道要低一层；在这张照片中，街道在住宅的另一侧的更高处。由于住宅的预算十分充裕，密斯得以将自己的创造性在这件欧洲作品中尽情展示出来。

图 4.19
图根哈特住宅，位于捷克斯洛伐克的布尔诺（1930）。照片的视角是从街道一侧向西看，住宅的入口在中央。和密斯设计的许多欧洲住宅一样，图根哈特住宅也建在陡峭的倾斜地块上（从另一侧看），它的入口设置在所谓的"后方"。

面以玻璃和围墙为界，就像格蕾特·图根哈特精确描述的那样，还包含了"一面弧形墙体和一面长方形独立墙体。"楼梯将这一空间与其他空间连接起来，在西侧角落的平台则向外敞开。花园下面的入口与平行于主楼层南立面的楼梯相连，这与巴塞罗那所用的设计手法完全一致。登上楼梯顶部的平台后，再拐过 U 型弯便可以进入住宅。

一个结构钢柱网格被加在主要起居空间之中。在平面图中，每一根钢柱的剖面都呈十字形；不过其剖面和覆面与巴塞罗那展馆中的十字形柱相比并不相同（图 4.20）。这些柱子从地下室层的钢结构框架延伸而出，穿过起居

图 4.20
图根哈特住宅的内部,位于捷克斯洛伐克的布尔诺(1930)。照片的视角是从主层的起居空间向东南方向看,中心位置是玛瑙墙和相邻的十字形柱。照片右侧有三把面向外的图根哈特椅。玛瑙墙的左边是弗里茨·图根哈特的"书房",这个区域主要由家具和用途来界定。地板使用了白色的漆布,与白色的石膏顶棚相映成趣。

空间,然后支撑顶层的钢结构和露台。结构柱网的精确尺寸为 4.9 米 × 5.5 米,不过这一尺寸并没有明显的理论依据。

房间的中央有一面不含柱子的镀金玛瑙墙,被密斯描述为"它的颜色就像年轻女孩的头发,蜜黄色中夹杂着丝丝白色。"靠近花园的地方则有一面通高的木制墙壁。它在平面图上超过了半圆的面积,镶有由黑色和浅棕色构成垂直纹理的望加锡乌木板。据说这些单板是密斯亲自去巴黎挑选而来。这两面墙在主空间内定义了多种功能。玛瑙墙作为虚拟的壁炉面而存在,和巴塞罗那的玛瑙墙相比,虽然单薄一些,但具有一样的垂直纹理和细部。它还将起居空间和弗里茨·图根哈特在后面的"书房"分隔开来。书房是一个有着雅致而开敞平面的空间,密斯和赖希设计的桌子也在其中。它离入口很近,由一面低矮且附带玻璃门的侧边板充当边界。檀木墙更直接地定义了一

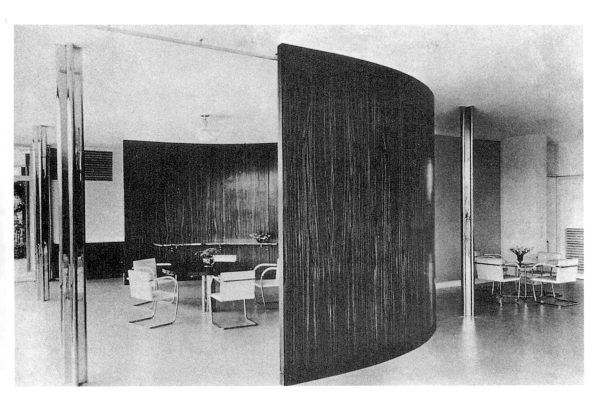

图 4.21
图根哈特住宅，位于捷克斯洛伐克的布尔诺（1930）。照片视角向北，展示了将用餐区和主楼层其余区域分隔开来的半圆形孟加锡乌木墙。餐桌（图片左中）采用了最小配置，含五把布尔诺椅；这些椅子专为这座住宅设计，既有钢管款，也有扁钢款。可以将本照片与图 4.23 相比照；后者是同款餐桌扩展版的平面图。

个传统的室内空间，在图纸中这个空间叫做餐厅（Essnische）。它以圆桌为中心，从主空间的角度来看，它有一部分被遮挡；但是又朝着花园景观的方向敞开（图 4.21）。在空间西侧的尽头，一道从立面退回的玻璃内墙几乎延伸至整座建筑物的宽度，形成了一个通风良好的冬日花园。就像在巴塞罗那项目中一样，一座高雅的雕像作品伫立在图根哈特住宅中，被安放在玛瑙墙的一端：那是威廉·勒姆布吕克所制作的"女性躯干"雕像。

这个大空间中的另外两个通道可以通过不同的摆设来进行功能区分。与玛瑙墙相对、书房的北侧是藏书室，占据了一个由两面矮墙构成的较大空间；在由一条长柜隔出的角落里，有一架三角钢琴，意味着这是一间"音乐室"。这些因素构成了内部空间"宏大而整体"的基础印象。玛瑙墙和望加锡墙，以及精心布置的家具都在构建一个可以被识别的内部规划，但是这个空间却并没有像巴塞罗那德国馆屋顶下的空间那样富有流动性，也呈现了内敛的空间感受，虽然连通室外这一主题更加重要。因为这是一座真正的住宅而并非一种"表现空间"，它必须是封闭的。

西面和南面的玻璃窗的一部分起到了建筑的围合作用。南面的玻璃墙长 55 英尺，面朝着冬日花园。西墙的长度超过 80 英尺，向花园敞开（图 4.22）。

图 4.22 图根哈特住宅，位于捷克斯洛伐克的布尔诺（1930）。照片的视角为东南方向，从花园一侧的室外楼梯处可以看到主起居空间。沿这一高度，有两扇巨大的窗户——采用了著名的升降落地窗（Senkfenster），它可以由机械控制降到地下室内。照片由纽约现代艺术博物馆的密斯·凡·德·罗档案提供。

这些落地的（玻璃）墙带来的光线极好——在青铜色框架内水平延伸 15 英尺——而西侧的每一面墙则可以通过两年前曾在 Krefeld 住宅首次安装的著名的（Senkfenster）机械装置降到地下室。巨大的起居空间在功能上几乎是一个露台；就餐空间距离室外仅有几英尺，可以直接向室外敞开。图根哈特夫妇表示这座住宅的居住体验无可挑剔；采暖和空调系统常年提供着舒适的温度，巨大的窗户即使是在冬天也经常被放下来，让房间沐浴在午后的阳光之中。

图根哈特住宅中的一层立即捕捉到了那如狂想曲般流动的空间。但是这种效果无疑依赖于完美协调的各个建筑元素，包括密斯有节制的尺度、镀铬柱的内敛排列、华丽与简约的材料运用、一系列的定制家具和沉溺于细节的环境设计。玛瑙墙的价格为 60000 德国马克，等同于当时一个漂亮的中产阶级住宅的花费。密斯为主空间的地面选择了无接缝的白色油地毡——这在当时是种奢侈材料——与白色的石膏顶棚相互映衬。石灰地面在图根哈特住宅中只出现在上层的入口门厅和冬日花园；南面的露台和台阶也选择性的使用了这种材料。玛瑙墙的前面铺有手工编织的天然羊毛地毯；而墙后的书房也铺着同样材质的棕色地毯。冬日花园的墙上挂着的窗帘由黑色的生丝和天鹅绒制成；西面墙上的窗帘则是米色的丝绸制成，这些窗帘都可以拉上，从而将空间与室外隔绝开来。装在轨道上的帷帘还可以把整个空间分隔成若干子空间。

新家具和硬装设计对住宅来说至关重要；它们的实现当然也离不开图根哈特夫妇的配合和慷慨。密斯和赖希为图根哈特住宅设计的新家具和定制木制品数量比密斯职业生涯的任何其他项目都多。除了佣人房外，所有房间的硬装修均为定制，连门把手和灯具也是如此。密斯和赖希甚至还为藏书室设计了定制的金属阶梯。某些定制的木制品极其复杂，其中最著名的正是餐桌。它通过自身位于半径 7 米的弧形檀木墙中心的镀铬十字底座固定在地面上。正常餐桌的配置为直径 1.4 米，可容纳 8 个座位；但这个餐桌可以扩展至直径分别为 2.2 米或 3.3 米的两种规格——最多容纳 18 个座位——通过金属片、桌下的伸缩装置和附加的桌腿组合起来（图 4.23）。餐厅还包括一个 20 英寸宽、仿古绿色（Vert Antique）的餐边古董架；架子在平面图上亦呈弧形，由檀木墙中的钢托架悬挑支撑。

在布尔诺项目中有两种椅子再次出现了：有扶手和无扶手的密斯椅；以及新巴塞罗那椅和搁脚凳。为了提供具有和传统软垫椅相同舒适度的现代室内休闲椅——同时带有扶手——密斯设计了图根哈特椅。它使用扁钢条作为

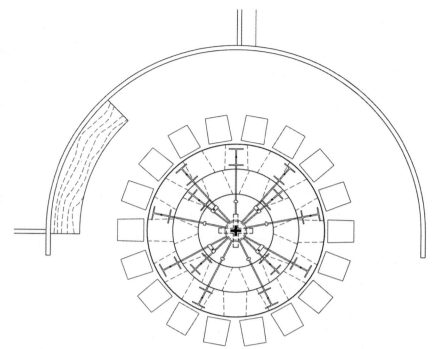

图 4.23
图根哈特住宅的餐桌仰视平面图，位于捷克斯洛伐克的布尔诺（1930）。图片展示了可两次扩展的桌面。其最大配置可容纳 18 把椅子。弯曲的"翼板"和其支撑，以及多余的椅子在不使用的时候被放置在储藏室。中心为镀铬的十字形花纹支撑，与住宅的柱子类似。注意观察从弧形墙的 9 点钟位置开始悬挑出来的弯曲送餐架（serving shelf）。

弹簧悬臂从而能够产生令人满意的回弹力（图 4.24）。椅垫用皮带固定在钢架之间，这与巴塞罗那椅非常相似。为了让带扶手的单人密斯椅可以用作餐椅，密斯设计了布尔诺椅。它的特点是从扶手到地面采用了漂亮的弓型，这让它能够与桌子更加贴近（图 4.25）；这种椅子的金属管版本以及扁钢版本也已被生产出来。另一件则是专为图根哈特住宅设计的新品 X 形咖啡桌，这一设计随后也流行开来。它由四个交叉的 L 型镀铬条以及上方 20 毫米厚、斜边的方形玻璃组成（图 4.26）。桌面则具有一种柏拉图式的完美轮廓，边长均为 1 米。

为图根哈特住宅所做的家具设计并不限于室内。儿童房外的露台也配有定制长凳和格子架。在平面上它们和餐厅的檀木墙相似，呈半圆形。另外还有一张直长凳、一个更大的格子架，以及定制的若干花架。还有两张没有实现的混凝土餐桌的设计。为了让这些家具看起来像是只与露台相接，它们的支架都隐藏在了屋顶平台的铺砌材料之中。栏杆、围墙、门和灯具的设计与细部也都由密斯和他的工作人员制作完成。

虽然室内装饰与家具的品质名副其实，而且对于现代时期，这所住宅在建筑层面来说是一件完整的艺术品（Gesamtkunswerk）。对于弗里茨·图根哈特这位成就了这一作品的人，密斯在 1959 年的采访中回忆道："后

图 4.24
扶手版的图根哈特椅（1930）。诺尔公司（Knoll Corporation）在二战后生产出了许多这种椅子，但它始终没能像巴塞罗那椅（Barcelona chair）那样流行起来——尽管它要舒服得多——并于 1976 年停产。

来（图根哈特先生）对我说：'现在我在所有的事情上都妥协了，但是家具绝不可以。'我说：'这真是太糟糕了。'我决定把家具从柏林运送到布尔诺。我对我的主管说：'你先带着这些家具，等到接近午餐时间就把他叫出来，告诉他你和家具都在他家门口。他应该会发脾气。但是你必须对此有所准备。'在没看到家具之前，他（图根哈特）说：'把它搬走。'但午餐过后他却喜欢上了这件家具，我认为我们应该把业主当作孩子而不是建筑师来看待。"

随后，密斯又在德国继续工作了 8 年，但图根哈特住宅却成为他最后一个主要的欧洲住宅作品。图根哈特夫妇二人都是国际性与政治上的自由主义者，他们在 1938 年从布尔诺逃离去往了瑞士——就在纳粹接管捷克斯洛伐克政权之前的一年。但是弗里茨和格蕾特双方的父母，以及他们家族中的许多其他成员都在大屠杀中遇难了。弗里茨（当时）在布尔诺待了几个月的时间，一些家具得以在艰难的时期中幸存下来。随着战争的开始，住宅也遭受了一次又一次的掠夺。作为犹太人的财产，它在 1942 年被纳粹没收且险些被夷为平地。留存下来的家具则被征用并拍卖——在捷克斯洛伐克的犹太人

第 4 章 高潮在魏玛：1926～1930 年 133

图 4.25
扁钢版的布尔诺椅（Brno chair）（1930）。布尔诺椅是密斯椅在设计上的一个"扁平正面"修改版，打算用坐餐椅或办公椅。这种扁钢版的椅子太重了，很难挪动。照片由纽约现代艺术博物馆的密斯·凡·德·罗档案提供。

财产通常都会被这样处理。1944 年，在（纳粹德国的）国防军东线溃败之中，红军接管了这所住宅。据说苏联人经常骑马在花园台阶上下，还在玛瑙墙前支起烤叉烤过牛肉。望加锡墙和勒姆布吕克的雕像作品不知在何时都消失了。即使是在 1933 年伤亡最严重之一的现代运动极端时期，这所住宅也依然挺立。经过一系列的修复——至少是高质量修复——住宅在 2012 年重建完成。

和巴塞罗那展馆不同，图根哈特住宅并没有被德国媒体广泛地报道。它仅在 1932 年的现代艺术博物馆展览中得到了国际性的曝光，作为其展示人的菲利普·约翰逊（Philip Johnson）曾经与密斯一同游览过这所住宅。但从一开始，这所住宅就一直具有小小的争议性。贾斯特斯·比尔（Justus Bier）在《形式》中一篇题为《人能生活在图根哈特住宅中吗?》的文章里

图 4.26
图根哈特住宅的 X 型桌（X-table）（巴塞罗那咖啡桌），位于捷克斯洛伐克的布尔诺（1930）。玻璃桌面的边长为 1 米。水平支撑件在交汇处采用了焊接连接，这和（之前设计的）巴塞罗那椅的支腿交接处很相似。照片由纽约现代艺术博物馆的密斯·凡·德·罗档案提供。

曾做出过负面的评价。他认为这座建筑是一件展品，而非一个真正的住宅。它"珍贵"的空间和浮夸的陈设压制了住宅本应具有的亲密性和个性化。

《形式》刊登了来自图根哈特夫妇的反驳。格蕾特在给编辑的信中写道"（她）……从来没有觉得这些空间'珍贵'，只是感到它们朴素而庄重；这是一种解放，而不是压抑。"弗里茨·图根哈特对此补充道：

> 确实，照片没法挂在主空间里；同样，我们也不会把一件会破坏原有装修统一风格的家具布置进来——但这些能够成为我们"个人生活受到压抑"的原因吗？大理石无与伦比的图案、木材的天然纹理并没有替代艺术，而是参与到了艺术之中；在这里，空间就是艺术。

业主、评论家和密斯本人一致承认在建筑中的精神是最优先的部分；这也是密斯从魏森霍夫展以来就一直强调的原则。比尔遗憾的是他认为密斯并

第 4 章 高潮在魏玛：1926～1930 年 135

没有从事那些"与他能力相称，代表建筑最高水平的项目；选址应该在适当的地方，建筑的初衷应该是建造一所精神家园，而不是为了满足起居、睡眠、用餐等需求而让建筑变成更朴素柔和的风格。"尽管如此，最有发言权的格蕾特·图根哈特却认为"密斯公正地对待了我们每个人的精神生活与日常需求。"

...

1929年1月，当密斯正在进行图根哈特住宅项目时，著名画家埃米尔·诺尔德——密斯追求埃达时在海勒劳与他结识——委托密斯在柏林－策伦多夫区为他和他的妻子设计一栋住宅。诺尔德订下了一个十分严格的时间表，并很快开始了与密斯的纠缠：

> 如果……你不能保证（4月13日完成设计）让我们能在1929年9月15号搬进住宅里去——由此我已经允许你比之前承诺的最后期限延长两周的时间，即8月底——如前所述，我只能认为你不能信守你之前反复对我许下的承诺。那么很遗憾，我不得不终止你的服务。最让我失望的是，我非常重视你，一直认为你是一名艺术家。

密斯按时完成了设计——就在4月13日之前——但是不知何故这所住宅并没有实现。图纸显示了一座单层的钢结构建筑物，拥有填充砌筑墙和半地下室，以及玻璃墙体和十字形柱网；在几个版本的平面图中，住宅被分为起居、工作和辅助区。起居室和图根哈特住宅类似，可以透过冬日花园看向外面。从入口穿过门厅就可以到达佣人房、起居室和一个100平方米的画廊兼画家工作室。工作室（四周）没有窗户，但是很可能有天窗。

...

1930年是密斯最重要且最著名的作品——巴塞罗那德国馆和图根哈特住宅——与他的职业挫折和财务逆转时期之间的分水岭。诺尔德项目的失败正是一系列挫折的开端；从此时开始，即使能够赢得项目的委托，密斯最终也是徒劳无获。其中最令人失望的是1930年对卡尔·弗里德里希·辛克尔在柏林的建筑作品NeueWatche（新卫队之家）的改造竞赛（图4.27）。

图 4.27 新岗哨战争纪念碑项目（Neue Wache War Memorial project），拟建于柏林－中心区（Mitte）(1930)。和十一月革命纪念碑一样（图 3.13），密斯的参赛作品意在唤起人们的情感，尽管他并非通过传统的手段，如花环、花环或雕塑来实现这一目的。在密斯的设计中，一块单独的、黑色四边形的石头稍稍陷入地面，上配简洁的铭文：献给死难者（den toten，英译为 To the Dead）。这块石板拟放置在辛克尔设计的柏林新岗哨纪念岗亭（New Guard House）的一个低于地面的、采用石墙的房间中心（见图 2.7）。从后面的出口可以看到一片树林。密斯的作品未能入选。

政府决定将这座建筑物改造成第一次世界大战德国死难者的纪念馆。较低一层用于陈设纪念性设施。密斯的设计是一个蒂尼安大理石墙壁围成的巨大立方体空间。石灰地面在接近中心处略微向内凹陷。那里有一块低矮的黑色板块，边缘刻有德国雄鹰和 DEN TOTEN（献给死难者）的铭文。这个概念的力量恰恰在于对纪念性的轻描淡写。但是评审团却把最高奖颁发给了海因里希·特森诺。

接下来的一次失败则是密斯在克雷菲尔德高尔夫俱乐部限制性竞赛中的作品。参赛的邀请于 1930 年 8 月发出。密斯提交了两个方案。第一个方案展示的俱乐部会所包含更衣室、教员和看护员的住所，与一个可能是人工建造的小山丘结合在了一起。最顶端是一个由细长柱围成的环形露天凉亭，这与密斯过往的作品毫无相似之处。在这附近安装的一面有角度的独立玻璃墙则是为了让凉亭免受风吹，同时满足竞赛的条件，即要求具备开放式和遮盖式两种走廊。宽阔的阶梯则通向山丘脚下的露台。

　　可能由于这一方案与自己通常的设计风格差异太大（并且无法解释），密斯最终替换了这个方案。无论原因是什么，密斯的第二个方案却富有特色：一座建在平整土地上的建筑单体，在平面上由三翼组成，而它们都遮蔽且以平台为中心向外分散。其中第一翼包含社交空间和一个大型接待厅；第二翼为更衣室、管理办公室和公寓房间；第三翼则是一个容纳停车位的线性室外空间。

　　然而当时发生的世界经济危机使得俱乐部的经理不得不缩减他们的计划，密斯也同意参加第二次竞赛。由于密斯认为时间安排过于紧张，俱乐部准予他推迟作品提交的截止日期。由于记录已经丢失，我们无法得知密斯的设计是否经过了修改。经济危机很可能导致了这场竞赛只能草草结束。

第 5 章
政治危机与包豪斯的结局：1930~1936 年

> 我不是世界的改造者；也从来没想过会成为这样的人，我只是一个对建筑感兴趣的建筑师。
>
> ——密斯这样描述他的政治观点

> 包豪斯的支持者们正在与我们抗争。这是一支在精神领域反对我们的军队。
>
> ——官员 ALFRED ROSENBERG 这样说道

> 极权主义的国家靠的正是大众的支持。在风口浪尖上起舞正是我们的责任。如果这股浪潮不支持我们，我们会在一夜之间销声匿迹。

> 我无法为密斯做任何事，因为站在我们身后的大众有着不同的想法，如果我推荐密斯，他也不会被所有人看好。
>
> ——宣传部长 JOSEPH GOEBBELS 在 1933 年对 Lilly von Schnitzler 说道

1931 年，密斯在纽约市设计了一间公寓，这一项目可以称得上一场小小的成功。业主是 24 岁的美国人菲利普·科特尤·约翰逊（Philip Cortelyou Johnson），克利夫兰出生，在哈佛受过良好教育，主修德语，他早熟、自大，并且在当时正与纽约现代艺术博物馆博学的青年导演巴尔（Alfred H. Barr Jr）交往密切。1930 年代夏天约翰逊在欧洲旅行，其中大部分时间他都在研究美国还鲜为人知的欧洲新建筑这一主题。他拿着古斯塔夫（Gustav Platz）1927 年出版的《当代新建筑》，一边旅行一边学习，在第一次见到密斯的作品时就认定，他是一位比自己的好友希契科克（Henry-Russell Hitchcock）推崇的两位现代主义建筑师勒·柯布西耶和奥德（J. J. P. Oud）更好的建筑师。1929 年早些时候，希契科克曾经出版了《现代建筑》，而在 1932 年，约翰逊、希契科克和巴尔则登上了如今已经是国际现代建筑传奇展览的现代艺术博物馆（MoMa）建筑展。约翰逊的公寓是密斯在美国完成的第一个项目，而现代艺术博物馆展览则是他在美国的首次公开亮相。

这间位于东 52 街 424 号的 550 平方英尺的公寓,包括一个门厅、一个带有壁炉的起居室,以及带餐厅的厨房。从照片和图纸来看,建筑师的工作只是普通的室内设计,但由密斯设计的定制物品、赖希的家具以及定制设计的木制品(很多现存的图纸中都能看到源自莉莉·赖希的手笔而制作的家具)让室内空间增色不少。

起居室里的壁炉前面,不对称地摆放着两张巴塞罗那椅,一张图根哈特椅,一张巴塞罗那奥斯曼椅,还有一张帕森斯桌子旁边的矮沙发(有时也称为沙发床)。壁炉对面的墙壁面前,摆放着一架三角钢琴,搭配着密斯椅风格的钢琴凳。由 Knoll 国际公司生产制造的矮沙发是为约翰逊公寓特意设计的作品。虽然这一作品的美妙无可否认,不过它却有着一个奇怪的混合结构,雕刻的木框架由镀铬(后为不锈钢)管状钢腿支撑。最近的学术研究将矮沙发的设计归功于莉莉·赖希,她在独立的家具设计中经常使用钢管与木质组结。起居室的双层悬挂窗(以及散热器)则通过全尺寸的窗帘与墙面分隔开来。定制的木制品包括两套书架,一张皮革面的书桌和一个卧室梳妆台,还有一个狭长的木制边柜用于存放起居室中的平面艺术品。卧室中的书架以及约翰逊书桌(同样的图案也曾用于图根哈特住宅中)的桌腿都由垂直的管状钢进行支撑。所有的家具和木制品都由德国制造。正如约翰逊所期望的那样,这间公寓成为了当时美国最先锋的私人住宅室内设计之一。在 1932 年的现代艺术博物馆展览上,他毫不犹豫地展示了自己公寓的一组照片。

正是约翰逊将密斯有效地介绍给了新世界。在接下来的 40 年里,这两个人也将就此继续保持了一种温暖与冷漠交织,智力相互匹敌又有个人敌意的奇妙关系。这段关系的萌芽正源于一位冉冉升起的热情洋溢的年轻人对于一位看起来似乎有日薄西山之势的杰出年长者的由衷钦佩。约翰逊代表的是美国的财富与权威,代表着广袤土地上的无穷资源;在德国这个社会流动性很小的国家,密斯已经凭借其天赋能力从平凡的出身一路走向了专业领域大师的地位。约翰逊会得到密斯的关注很大程度上是因为密斯总会被具有文化权利的人所吸引,尤其是这种权利本身也倾向于他的时候。与此同时密斯的自尊心却也让他与约翰逊保持着距离,在曾经一年的动荡关系中,他们之间既有吸引,也有冲突。

"我们以前经常去'调解人'那儿",约翰逊回忆道,"而且都是我付钱。那儿的消费非常昂贵,而密斯那时候没有任何经济上的支撑,1930 年他就只有我的公寓这一项工作。他投入这间公寓的工作量简直令人难以置信,就好像做的不是住宅而是六座摩天大楼似的"约翰逊提到的"没有任何经济上的支撑"可能是他之后争论的一个方面，尽管密斯处于财务危机之中，然而他习惯性的行为——以及他的自尊——可能让他并没有去纠正约翰逊那时候的误解。事实上，密斯已经被包豪斯以年薪 11200 德国马克聘请了，这在当时可是一笔可观的数目。约翰逊又说道：

> 密斯喜欢在乡下开车兜风。这也是我知道可以了解他的一种方式……他最喜欢的建筑是哈伦教堂，向北到 Stettin，到 Lubeck……哈伦教堂那高阔的空间（哥特式砖）让密斯感觉非常自由。我曾试想让他谈谈辛克尔。但他会答应的，如果我开始变得热衷于这个话题，他也不会真的想要讨论它。他在早期的那些作品（Persius House）看起来和波西乌斯宫非常相似，当我第一次发现这个的时候，我兴奋地跳了起来，"天啊，你知道波西乌斯！"不过他并不知道，至少他不知道它的名字。

尽管约翰逊受了不少挫折，但是他对于密斯这位建筑师的钦佩也与日俱增。他们一起参观了当时接近建成的图根哈特住宅，约翰逊声称密斯在这之前还没有参观过这一项目。这一项目令约翰逊印象极为深刻，而他也随之确保了密斯在现代艺术博物馆展览中获得了一席之地，甚至他还邀请密斯负责展台的安装。巴尔同样也高度重视密斯，他在 1930 年在柏林旅行时一定做了诸多努力，来争取博物馆最重要的捐助者之一，约翰（John D. Rockefeller）夫人的帮助。1931 年初，约翰逊曾经在柏林写信给她："展览的时间快到了，这真是令人兴奋，展览大概会在 9 月份，而我们有一个最棒的建筑师来负责设计。您的合作，尤其是在初期阶段的帮助，对于我们意义重大。"

密斯对于约翰逊的关注以及对展览本身的态度似乎一直在热诚和无趣之间徘徊。7 月，约翰逊对于密斯的抱怨已经非常频繁，约翰逊写道："密斯简直难以把握，我没什么可以做的了，反复打电话只会让他发疯。"不过几天后，约翰逊却发现密斯"非常渴望为我们设计一个新房子"

密斯真的如此任性吗？我们对他的了解似乎暗示了这一点。他完全有可能变得傲慢，尤其是他正在面对一个给予了他巨大压力的年轻男人时。除了约翰逊那些难以言表的闲言碎语之外，我们很难知道究竟在 1931 年那段黑暗的时光里发生了什么。就像约翰逊说的，包豪斯究竟在哪些方面正在"剧烈地分崩离析"？为什么在"绝对有希望在 10 月 15 日之前从柏林寄出一个模型"时，密斯却没有继续他为现代艺术博物馆展览设计模型？

"更加谦虚的表现"，约翰逊在 1931 年备忘录的边缘写道。"密斯没有来，也没有安装舞台"。密斯那日渐缩小的雄心也指向财务开支的缩减。然而约翰逊完全可以认为比起 1931 年初，密斯在 1931 年末的时候更容易亲近一些。他对于密斯会来美国参与安装现代艺术博物馆展览展台的期待，随着那场他和密斯曾经认真努力为之工作的盛会的闭幕，一同在 8 月结束了。

. . .

如果断言柏林建筑博览会是密斯在德国时期最后的天鹅之歌，可能有点儿言过其实。密斯主持的这场为无子女夫妻设计住宅的全面展会，在 Reichskanzler 广场上的柏林展览会场举行，而这一展会也成为了他在 1931 年以 20 世纪 20 年代末期的"风格"——小规模的、具有开放平面和室内室外空间交融的精美细致的建筑物——设计的最后的建筑作品——或者更准确地说，是建筑模型。即使是他在美国的事业第二春时期，他也没有做过任何妥协。此外，虽然这一作品也有过一定对未来的暗示性，但是除了温和的 Lemke 住宅，密斯在 20 世纪 30 年代后期一些住宅项目都没有实现。

柏林建筑博览会是最后一次密斯作为发言人为新建筑组织的展会。作为展示 1926 年建筑、建造和城市规划方面最新进展的工具，这场博览会却构思出了柏林城市生活的永恒特征，而且将这些特征都包含在了一个完整的社区模型之中。到了 1930 年初，国际金融危机迫使人们开始重新思考这一展会的方案，因此，1931 年 5 月 9 日，当展览会开幕的时候，就已经缩减成了一些模型搭建以及仅在一个大厅里进行室内展示的贸易展会。展会开幕的前一年，密斯当选为展会最重要的建筑部分的"艺术总监"，负责名为"我们时代的住宅"主题展览。就像他在威森霍夫所做的那样，密斯挑选了一些建筑师并协调他们的工作。比如雨果·哈林、马塞尔·布鲁尔，以及莉莉·赖希所设计的住宅与沃尔特·格罗皮乌斯、路德维希·希尔伯塞默和奥托（Otto Haesler）等人设计的公寓具有类似的特质。每个房间都由约瑟夫（Josef Albers）和瓦尔西（Wassily Kandinsky）进行装饰。一个围绕着大厅设计的画廊空间则举行了由赖希组织的材料展览。

图 5.1
为柏林建筑博览会而建的全尺寸模型住宅（1931）。从这个模型的花园"房间"和其相邻的庭园，我们能够看出密斯一直致力于将室内和室外结合起来。密斯设计的这座住宅通过一堵独立式的长墙与一座较小的住宅（未在本图中显示），而后者由莉莉·赖希独立设计。

密斯为一对无子女的夫妻设计的单层住宅就像是巴塞罗那德国馆的低配住宅版本：使用较便宜的材料，而且没有被打磨过的石材（图 5.1），还有独立式的立柱则被圆形钢管取代。虽然在名义上这座住宅是为两个人设计打造，但实际上在近 5000 平方英尺的屋顶之下他的使用面积却是近乎奢侈的 3400 平方英尺，而整体的占地面积则近乎 8000 平方英尺。建筑结构由布置在 5×6（米）的网格上一套 3×5 的独立柱网以及未悬挂的全尺寸的墙壁围合构成，其中一些墙延伸到了周围环境之中。内部功能由矮墙、木制品元素，以及悬挂的织物取代了传统门的分隔作用。只有浴室和服务间较为封闭，服务间装了与建筑中无处不在的无框玻璃相反的传统窗户。起居室则由三面玻璃围合而成，其中一面玻璃可以通过电力沉降到地面层，这也正是密斯为人所熟悉的内外空间融合的手法之一。

富丽堂皇的卧室内摆放着分开的床位，卧室空间向外部的庭院敞开，一个倒影池中的是乔治·柯尔贝（Georg Kolbe）的又一雕塑作品：一尊站立的女性形象。一面白色的石膏墙脱离了由莉莉·赖希设计的较小些的房子，并营造出了与花园之间的一个灰色空间，这一设计也不禁让人联想到密斯在

第 5 章 政治危机与包豪斯的结局：1930～1936 年　143

乡村砖住宅中的墙壁。

希契科克在1931年末参观了这场博览会，而约翰森则是在1932年初。他们两人都写了一些评论，而且也都同意密斯设计的住宅和家具构成的一间单身汉公寓无疑是现场中最成功的作品。这两个美国人随后返回了二月开幕的MOMA现代建筑——国际展览。这一展会包含超过50名建筑师，在约翰逊、希契科克和巴尔的监督下出版的展会目录中收录的文章大部分出自欧洲建筑师，比如格罗皮乌斯、勒·柯布西耶、密斯以及奥德和美国建筑师，比如雷蒙德（Raymond Hood）、豪（Howe）和莱斯卡兹（Lescaze），美籍奥地利人理查德（Richard Neutra），以及弗兰克·劳埃德·赖特。密斯的代表作为巴塞罗那德国馆、图根哈特住宅、兰格住宅和约翰逊公寓。

这场展览受到了纽约评论家们态度迥异的评论，也让纽约第一次看到了新建筑运动的影响力。尽管饱受争议，但也意味着展览受到了很大的关注。作为1939年第一个被现代艺术博物馆收录建筑作品的爱德华（Edward Durell Stone）随后评论巴尔（Johnson-Hitchcock-Barr）的展览"为建筑所做的贡献就像曾经著名的军械库展览为绘画所做的贡献一样……据我所知还没有哪一个单独的事件会像这次展览一样深刻地影响了20世纪的建筑。"约翰逊和希契科克在这次活动成功后随即出版了书籍《国际风格》，在这本书中他们确定了"风格"的三个标志："首先是注重体量而非数量的新建筑概念。其次是规律性而非轴对称作为空间组织的主要手段。第三是禁止任意附加装饰"，在本书于1966年出版的第二版中，希契科克却重新思考了这些术语和定义，并认识到它们既不能很好地适应展览中的作品，还会把有能力的设计师淡化或者忽视掉。

1930年9月，密斯接任了包豪斯的董事职务。有关究竟他有多少次被给予了这个职位，而他又为什么在之前拒绝至今没有定论。柏林包豪斯档案馆的学者认为格罗皮乌斯曾经在1928年就希望密斯接受这个职位，而在汉内斯·迈耶（Hannes Meyer）接受任命之前，密斯就拒绝了格罗皮乌斯。Elaine Hochman曾经研究过这一时期，而他相信这只是一个谣言。她引用了曾经收到的一封来自格罗皮乌斯妻子Ise的信，其中提到格罗皮乌斯是抱着让迈耶接任包豪斯董事职位的意图将他介绍到包豪斯的，那时格罗皮乌斯已经萌生退意："然而，迈耶最后却被证明太过于左派。市长包豪斯所在德绍市长弗里茨（Fritz Hesse）解雇了迈耶，并要求格罗皮乌斯重掌学校，但是格罗皮乌斯拒绝了……那时他也没有向市长提起过他希望密斯接任这个职位。"

密斯"接手"的理由其实更加阴暗。有一种说法是密斯在当时陷入了可怕的财政困难，而这都要归功于约翰逊和霍奇曼（Hochman）。1930年夏天之后，与密斯保持着稳定联络的约翰逊似乎成为了一个可敬的见证者。尽管他显然没有考虑到密斯在巴塞罗那德国馆和图根哈特住宅中获得了大笔酬金：德国馆的费用为125000德国马克，这一费用却比整座豪华建筑物成本的三分之一还要多。乔治（Georgia van der Rohe）这样描述两个项目对于他父亲声誉的影响——"可谓是在世界舞台上一举成名"——以及生活方式的影响——"密斯住的非常奢华。他独自居住在宽敞的柏林公寓中，并且配备了所有在巴塞罗那博览会上设计呈现的那些家具……那些地板被整块优雅的白色油毡覆盖。三种丝绸材质的深蓝色的巨大窗帘可以从墙的一面覆盖窗户直到另一面墙，就像剧院的幕布一样。"

回顾"对于这样一个奢华高贵的存在，一个管家是非常有必要的"乔治增加了密斯在包豪斯任命期间并不需要薪水的佐证。然而她对于专业层面上的信息较少，这一话题也没有挖掘出任何有效的信息。不过在图根哈特住宅完成后密斯的职业生涯发生逆转是一个事实，这一发展或许能够解释约翰逊对密斯的回忆。

包豪斯的前身，正如其名可以追溯到英国工艺美术运动和德意志制造联盟。这些运动关注的焦点正是西欧工业化的发展以及它对此适当的文化回应。19世纪德国建筑师戈特弗里德（Gottfried Semper）曾经认为技术变化是一种不可逆转的发展，作为保持传统工艺传承的一种选择，他主张对于新型工匠的学校教育应是以艺术上可行的方式来运用机器。甚至于更老的机构也加入了这场捍卫艺术教育改革的队伍之中。在1915年初，随着第一次世界大战的进行，省级城市Weicultivated相关部门希望能够在停止敌对行动后尽快重新开放当地大公爵撒克逊工艺美术学校。反过来，大公爵撒克逊美术学院其实自1860年就开始实施了教育改革，并提出与重新开放的大公爵撒克逊工艺美术学校合并，学院的官员认为新机构应该由建筑师来领导，并于1919年与沃尔特·格罗皮乌斯签订合同，而格罗皮乌斯正是在德意志制造联盟成立初期就起到重要作用的核心人物，他也参与到了魏玛新学校的计划之中。

格罗皮乌斯呼吁在当时被分离的教育体系重新统一起来，而这也成为了包豪斯的核心原则。所有入学的学生们将义务完成"预科"的基本课程，在这期间，学生需要摆脱传统艺术的束缚，转而使用天然材料、颜色以及抽象形式作为视觉语言。学生需要分析和研究画报作品，还可以选择参加一些诸如纺织、印刷、金属加工和橱柜制造等工坊进行实践学习。他们会遵循着这种制度从一个"学徒"慢慢转变为一个"熟练工"。格罗皮乌斯用工艺历史术语取代了教授的学术称号，并且会给完成学业的学生授予等级。学徒由一些工匠大师——所谓的工坊大师——教授课程，同时也会有一些美术家，"形式大师"来引导学生学会个性化的表达方式。

直到1927年，建筑学才成为包豪斯课程的一部分。格罗皮乌斯一开始就把"完整的建筑"作为他的终极教育目标。他认为学生应该在掌握了理论知识、工艺与设计技巧之后才能学会在建筑中解决问题。到了1926年，包豪斯搬到了德绍新建的大楼中，而一年后便成立了建筑系，与工坊系相同。他希望能够任命马特·斯特马斯（Mart Stamas）来领导建筑系，然而这位更喜欢实践教学的荷兰建筑师却拒绝了他。于是任命转向了巴塞尔建筑师汉内斯·迈耶。格罗皮乌斯在早些时候曾经要求在院系管理中不要涉及政治情绪。然而，一旦开始教学，迈耶便显示出了他作为马克思主义积极分子的倾向。正如格罗皮乌斯后来所说，迈耶"本打收敛他的真实想法，可等到他坐在了马鞍上，便无法控制了。"

迈耶将主要精力都集中在了建筑系。他坚持马克思主义原则，强调实践而非投机，鼓励努力和以集体的方式而非单打独斗来解决问题。他还协助在柏林附近的贝尔瑙组建了一间工会学校。不仅生产出了实用而廉价的"人的家具"，还开发出了包豪斯设计壁纸。他主要任命的两名教师是负责监督大规模住房和城市项目的路德维希·希尔伯塞默（Ludwig Hilberseimer）；以及教授摄影的沃尔特·彼得汉斯（Walter Peterhans），而这两位将很快就会去往芝加哥实现自己的道路，同时也在密斯的生命中留下了浓墨重彩的一页。

即使这些发展可以算作是迈耶的成就，他在包豪斯的任职却仍然给人们留下的是分裂和异议的印象。许多教师都因为他的政治倾向，他激进的功能主义美学以及他对于将社会学渗透到包豪斯各项活动之中的决心而选择了疏远他。奥斯卡（Oskar Schlemmer）在1929年辞职，而约瑟夫·阿尔伯斯（Josef Albers）、瓦西里（Wassily Kandinsky），以及保罗·克莱（Paul Klee）则在美术课程中逐渐被孤立。1930年，事件发生了，接着便是对迈耶曾经以包豪斯的名义给矿工们发放金钱的指控。1930年7月29日，市长黑塞（Hesse）正式要求辞退迈耶，而敌对行动也再次爆发。这一次是来自左派支持迈耶的力量和与其相对的右派之间的争斗。在这一年的中期，市长黑塞在格罗皮乌斯的推荐下采取了行动——格罗皮乌斯正试图挽救学校的声誉——就找到密斯并让他担任董事，密斯接受了。

密斯，既不属于左派，也不属于右派，他甚至都不属于中立——他就是一位艺术家。也因此，有人认为他会完全不受政治倾向的限制，也就不会影响学校的进步标准。虽然他被认为只为富人设计房子，但他的个人才华与诚信度却毋庸置疑。

身处这一时期的柏林，密斯继续扮演着这个时代的"大人物"形象，他曾见过彼得·贝伦斯就令人信服地扮演着这样的角色。他的穿着无可挑剔，对"保龄球与汉堡"的深色西装偏爱有加，他戴着单片眼镜，以此突出简洁的形象。他那充满权威的超然和极富个性的气质已经成为了他的天性。在中年的时候，他开始发福。并且成为了一个嗜好雪茄的吸烟者，而这个习惯也直接导致了他的死亡——1969年，他被确诊为食管癌。

密斯像管理自己的员工一样经营着包豪斯学校。鉴于包豪斯所具有的质疑精神，他的到来引发了许多学生的愤怒回应：学校粉饰的民主氛围被精英主义的主管入侵了。在学校食堂开过很多次嘈杂的会议。学生表示他们对于解雇迈耶极为愤慨，要求密斯出现为自己辩护。他们选错了挑战对象；密斯叫来了德绍警察并且直接将这些学生驱逐出了学校。市长黑塞随后将学校关闭了几个星期。密斯正式驱逐了所有的学生，只向那些在与新主管的一对一访谈中表示希望继续学习的人们提供重新录取的通知。最后，有5名学生被永远驱逐出了德绍包豪斯。

1968年，密斯与德克·罗汉的访谈中，回忆了当时的情形：

> 我们曾经与包豪斯的各位大师都碰过面。在我们驱逐了学生之后，他们只是惯例地站在走廊上讲话。我召集了他们所有人，因为我想问他们，"你们认为这是一个学校应有的正常状态吗？你们感到满足吗？我只想听是或者不是"。他们并不确定自己应该如何表达，于是我说，"是或者不是，其实我都没有兴趣。"然后我绕着他走了一圈，把问题留给了他们。结束的时候他们终于搞清楚了。"当然，这并不是学校，这只是混乱。我们没办法再进行教学了。"于是我说，既然事情到了这种地步，已经没有人能够分清什么是老师和学生的权利，什么又是义务了，我们必须彻底扫除这种混乱。我不记得我是否有问过他们同意与否，但是无论如何，我向市长黑塞汇报说，"我们正打算关闭学校几个星期，直到我们能够找到一个明晰的宪章。"
>
> 在德绍的行政协议保护之下，我被格罗皮乌斯和市长请求来接管这所学校……我来到这里重新组织这间学校，清理混乱……汉内斯·迈耶

图 5.2
手拿雪茄的密斯和德绍包豪斯学校（Dessau Bauhaus）的学生们在一起。照片约拍摄于 1930 年，为私人收藏。

想把这所学校变成共产主义者的地盘，我绝不赞成这一点。我不是世界的改良者；也从来没想过会成为这样的人，我只是一个对建筑和形式问题感兴趣的建筑师。

由格罗皮乌斯构想的包豪斯宪章被废除了，取而代之的是一个全新的宪章。在学校重新开放的时候，有 170 名学生被邀请重新注册，各项工作也随着接下来学期的开始而展开。

在密斯坚定的引领下，包豪斯变得更像一所建筑学院，它似乎不再像以前那样喧嚣，也少了很多"午夜石油"乐队的声音（图 5.2）。由于密斯将学校的活动转向了室内设计原则，工艺品工作坊也失去了之前的设计主权。克莱辞职去了杜塞尔夫教授，康定斯基则坚持留了下来，并与密斯共同讨论课程的设置——他们最终同意保留色彩理论，同时也减轻康定斯基的教学负担。

密斯与德绍市政府达成的协议是使他能够就城市规划进行咨询，并授予他由学校开发的所有专利和许可证。希尔伯塞默的影响力增加了。莉莉·赖希也被任命领导纺织工作坊。她与密斯在包豪斯共同分享一套公寓，每周有三天待在那里，剩余时间则在柏林。密斯不在学校的时候，就由希尔伯塞默负责学校事宜。

密斯将大部分行政事务交给了赖希和希尔伯塞默，也没有努力调解过内部机构之间的分歧。他只教学先进学生——密斯分配给这些学生一些看似简单的问题，比如说一个一层空间，一个单卧室住宅或者是一个面向围墙花园的住宅。"这些房子都非常简单，"他的学生霍华德（Howard Dearstyne）

在为密斯的教学方法进行辩护时这样写道,"而这恰恰就是他们的主要困难。很多时候去做一个复杂的东西比做一个简洁而清晰的东西要容易得多。",密斯更有可能告诉学生"再试一次",而不是单纯就细节上进行鼓励或者批评。如果迈耶可能认为这种做法是一种形式化的模棱两可,那么密斯则对他的前任也有着自己的看法。格罗皮乌斯还记得密斯对于迈耶的唯物主义世界观的反应——"所有的生命都是氧气加上碳,再加上糖分,淀粉和蛋白质之后努力的产物"——非常直接:"尝试搅拌这一切:它糟透了!"

在包豪斯的合同中,密斯负责德绍市要求的一些未指定的建筑咨询。1932年,在这一方面,密斯完成了一个鲜为人知却绝对"密斯"的作品——餐饮亭。或许,按照今天的说法,它既不算是"摊子"也不算是"亭子",或许称为"二者之间"更为恰当。密斯在现有的,弯曲的,高达2米的白色灰泥墙的后面插入了一个有着长方形开口的悬臂式天蓬的外壳(图5.3)。通过一对滑动的玻璃灯,它们后面的工作空间可以通过角落新敞开的开口到达。那面墙则是沃尔特·格罗皮乌斯的作品:它包围了前包豪斯董事为德绍公会在几年前设计的4栋住宅。

包豪斯的学生兼密斯在餐饮亭项目的助手爱德华·路德维希(Eduard Ludwig)为这一项目提供了一些诠释和照片,而这些材料也是我们了解这一项目细节的主要方式(在第二次世界大战期间和之后,路德维希对于密斯

图5.3
餐饮亭(Trinkhalle),位于德绍(1932)。密斯把这个"小食摊"嵌入到了格罗皮乌斯为包豪斯教工设计的4座住宅周围的墙上。它直到1969年前都保留在德意志民主共和国(GDR)的德绍。

图 5.4
这也许是对密斯最朴素的纪念了,这个砖砌的矩形勾勒出了 1969 年毁坏的德绍餐饮亭的痕迹。深色的砖块(图片右侧)是门的位置,这些门隐藏在墙角处。照片拍摄于 2010 年。

的文件和图纸的保存起到了至关重要的作用)。尽管德绍时期有关餐饮亭项目的一些文件上有作为作者的密斯的签名,但是密斯似乎很回避这个项目,至少在美国的职业生涯期间,他都没有在公开场合谈论过餐饮亭。餐饮亭及其周围的围墙在东德德绍时期一直留存到 1969 年。今天这一项目的遗址只剩下一些简陋砖块划分的平面。

各式各样的茶亭数十年来已经在德国的城市中变得非常普遍。但密斯却以提炼的手法赋予了餐饮亭独有的特点。他没有使用商业建筑的装饰纹理,而是用一种手段最细微却最具有视觉冲击力的方案植入到现有的建筑材质纹理之中。服务窗口向白墙内略微凹进,建筑上方则覆盖着华丽的全白色顶棚。作为全新设计元素的顶棚仿佛漂浮在墙面上,同时为窗前和窗后的空间提供了遮蔽之处。在窗花下部,应该摆放一个厚度几乎比窗框本身还薄的服务架或者柜台。通过隐藏在角落里的门,密斯成功地分隔并凸显了服务的场所。

在这个尺度极小的餐饮亭中,我们可以看到密斯正在进行一种很少在德国或者美国做过的极简主义的尝试。在德国时,密斯的主要角色是一个掌控开放式设计与丰富且抽象化的表面纹理的大师。而在美国时的他却拥抱了"建造之外"却又"结构清晰"的新建筑。除了它们都摒弃了历史主义装饰风格之外,它们都称不上与极简主义相关。密斯几乎从来没有设计过由最小的构件尺寸、最少的构件数量或者类型,最细微的设计手法实施的建筑,恰恰相反,他的大部分作品都有着奢侈的空间尺度,容纳着丰富的材料与装饰。为了表达极简主义理念，密斯在餐饮亭中极简化了材质的使用、设计手法的运用和信息的表达，也因此造就了这个极其特殊的项目。

···

密斯并没有看到现代艺术博物馆的展览，此时的他正将精力投放在包豪斯的任职中。从任期的开始，密斯就已经在面对他竭力想要避开的政治冲突。除了迈耶事件的冲突，德国经济状况的窘况也在 1932 年愈发严重，足以唤起人们对于 1919 年那些最糟糕的岁月的回忆。街头斗殴——这是政治日益分化的最明显迹象——再次变得普遍起来。在 1931 年 7 月 31 日举行的全国公选得到了数目空前庞大的公民的关注与回应，有超过半数的选民赞同并支持了推翻共和国的政党。

包豪斯也走向了厄运的漩涡。以保罗·舒尔茨（Paul Schultze-Naumburg）为首倡导传统民族风格的建筑师们的暴风雨朝包豪斯倾泻而来，而当地的纳粹分子也要求不仅关闭包豪斯学校，还要拆除容纳学校的格罗皮乌斯楼。在国家政府的压力之下，1932 年夏天德绍社会民主党人弃权了一次关键的市议会投票，而纳粹却在那一天赢了。

为了维持表面的公平，胜利者们宣布组成一个专家委员会，由委员会领导舒尔茨在包豪斯期末作品展时参观学校，并正式决定包豪斯能否获得下一次的市政拨款。进步的教师们和学生们都拒绝了这个提议。尽管他只说服了很少一部分他自己的学生参加，密斯——出于天真也好，任性也罢，或者二者兼而有之——却坚持仍然举行展览。而委员会的成员正是一群只会花几分钟的时间看展览，然后就做出最终的致命判断的人。康定斯基却决心展示他的一部分具有几何抽象性的画作——这些画作对于得到委员会的认同毫无助益，而且必定会引来他们的不满。

那一年的 10 月 1 日，包豪斯学校关闭了。在与市长黑塞的谈判中，密斯——这一次没有抱着天真的想法——以一个将这所学校有效转变为私人机构的法律协议结束了这场论辩。他在包豪斯的薪水结算到了 1933 年 3 月 31 日，而其中的一半的薪水还延后了 2 年以上。鉴于密斯打算把学校搬到柏林，德绍便放弃了包豪斯的命名权，并将它连同设备和专利一起保留给了身为学校董事的密斯。

1932 年 10 月下旬，包豪斯在柏林 - 斯特格利茨重新开放，当时的教员有阿尔伯斯、希尔伯塞默、康定斯基（Kandinsky）、彼得汉斯、赖希、弗里德里希·恩格曼（Friedrich Engemann）、辛纳克·舍佩尔（Hinnerk Scheper）以及阿尔卡·鲁德尔（Alcar Rudelt）。此时包豪斯的校址位于柏林南城一个不起眼的社区中一间的电话工厂之中。密斯用自己的钱支付了学校 27000 德国马克的租金。对于学校的翻新仅限于内部刷白。甚至在密斯的晚年，他都声称他和他的同事们让这个地方变得更加温和，而不是像德绍时"那样自命不凡"。尽管他成功地让学校重新开放了，但是入学人数却远没有达到他计划中 100 名的数量。他恢复了在德绍时期的课程体系，并且渐渐冷静了下来。这似乎是包豪斯历史上第一次在精神上团结了起来。在柏林包豪斯短暂的历史中，最热闹的就是 2 月 18 日和 25 日的狂欢节舞会。学生们和教员们用鲜艳的色彩和灯光重新装修了大楼建筑。

回想起来，这些舞会其实就像是用欢乐的爵士乐开启了一场悄然的葬礼。政治争吵又重新出现了。左派的学生对转移到柏林提出了抗议，他们将学校私有化称为"逃入沙漠"，并且断言密斯是因为"自负"而担任董事职位。1933 年 4 月 11 日的清晨。密斯来到包豪斯，却只看到了紧锁的大门和封锁了大楼的警察。在两个月之前接管了柏林政府的纳粹开始搜索可能指向学校与共产党有关联的可疑文件。

密斯在 1952 年接受了来自北卡罗来纳州立大学的 6 名设计专业的学生采访：

> 我们绝妙的建筑被身穿黑色制服佩戴刺刀的盖世太保包围了。那是真正的包围。我跑到学校，就听到一个哨兵说："在这儿停下来！"。我说"什么？这是我自己的工厂，我租了它，我有权利查看它！"
>
> "你是这儿的主人？进来吧"。他知道如果他们不想的话，我将再也无法走出来。然后我去和那儿的长官谈。我说"我是这间学校的董事，"然后他说"哦，那你进来吧，"我们又谈了一些后，他说，"你知道一份反对德绍市长的文件吗？我们正在调查包豪斯建立的文件"，我说，"进来吧。"我召集了所有的人然后说，"把所有东西都打开，让他们检查。"我确定我们在学校没有任何会被误解的东西。
>
> 调查进行了好几个小时。最后盖世太保们变得非常疲惫，他们饥肠辘辘地给总部打电话说，"我们该怎么办？我们得永远这么工作下去吗？我们饿了，而且还很累。"然后他们被告知，"锁了它，然后忘了它吧。"
>
> 然后我打电话给阿尔弗雷德（Alfred Rosenberg），他是纳粹文化的党派哲学家，也是德国文化联盟运动的负责人。我说，"我想和你谈

谈,"他回答道,"我很忙。"

我明白,但即便如此,我随时等你,只要你叫我,我马上到。

"你今晚十一点能来吗?"

当然。

我的朋友希尔伯塞默、莉莉·赖希以及其他一些人说,"你不会那么蠢要在晚上十一点去那吧?"他们很害怕,你知道,他们可能会杀了我,或者做点别的什么。但是我不害怕,我什么都没有,我很乐意和这个男人去谈谈。

所以那天晚上我就去了,而且我们真的谈了一个小时。我的朋友希尔伯塞默和莉莉·赖希就坐在街对面的一间咖啡馆里等我,这样他们可以看到我什么时候能够出来,是一个人,还是有人守卫着,还是别的什么情况。

我告诉罗森堡(Rosenberg)盖世太保已经封锁了包豪斯,我希望它能够重新开放。我说,"你知道,包豪斯是一种理念,这是最重要的,它与政治或者任何其他事情都没有关系,它只和技术相关。"然后罗森堡第一次和我谈论了他自己,他说,"我是来自波罗的海里加的一名训练有素的建筑师",他有里加建筑师学位。我说,"那我们一定能够相互理解。"他却说,"不!你指望我能做什么?你知道,包豪斯的支持者们正在与我们抗争。这是一支在精神领域反对我们的军队。"我回答道,"不,我真的不那么认为。"他说,"上帝啊,在你把包豪斯从德绍搬到柏林的时候,你为什么不改个名字?"我反问他"你不认为包豪斯就是一个很美好的名字吗?你找不到更好的了。"他说,"我不喜欢包豪斯现在正在做的事情,我知道你可以搞一些悬臂,但是我需要的是支撑。"我说,"即使它就是带悬臂的?"他说,"是的。"

他想知道,"你想在包豪斯做什么?"我说,"听着,你正身处一个重要的位置上,看看你的写字桌,这个破旧的写字桌,你真喜欢它吗?我想把它扔到窗外去。这就是我们想做的是。我们想要做一些我们不会愿意把它扔到窗外的物品。"于是他说,"我会看看我能为你做什么。"我说,"别让我等太久。"

从那开始的三个月,我每隔两三天就会去盖世太保的总部。我就是觉得我有权利这么做。那是我的学校。那是一所私立学校……这件事持续了三个月,整整三个月,我才见到了盖世太保的头目。他肯定有个后门,你知道的。而且他放在等候室里的长凳不会超过4英寸宽,很快就会让等待的人感到疲惫，然后就会回家去。但是有一天我终于见到了他。【密斯并没有提到他的名字】他非常年轻，就和现在的你差不多大，然后他说，"进来，你想做什么？"我说，"我想谈谈包豪斯，到底进行得怎么样了？这是我的私人财产，我想知道你为什么把它关闭。我们没有偷任何东西，我们也没有进行什么革命，我倒是很想知道它怎么能会牵涉这些？"

"哦"，他说，"我非常了解你，我也对那些运动，包豪斯运动什么的很感兴趣，但是我可不了解康定斯基。"我说，"我可以为康定斯基做一切担保。"他说，"你是得保证，但你必须小心。我们对他完全不了解，但是你想要他，对我们来说，这可以，但是一旦发生了什么事情的话，我们一定会逮捕你。"他对此非常明确。我所，"可以，就这么做。"于是他说，"我会和戈林谈谈，因为我对这间学校真的很感兴趣。"而我也相信他的确如此……

那是在希特勒发表声明之前。1935年在德意志艺术之家开幕时，希特勒发表了声明。在他的声明中，德意志艺术之家是纳粹运动文化政策的产物。在那之前，每一个人都会有自己的想法，戈培尔（Goebbels）有自己的想法；戈林（Goring）也有。你知道，没什么是明确的。但在希特勒演讲之后，包豪斯便出局了。盖世太保的头目告诉我说他会和戈林继续探讨。我跟他说，"请尽快吧。"我们只能靠在德绍时的薪水支撑过活，再也没有其他收入了。

最后我收到一封信，信中说我们可以再次开放包豪斯。当我接到这封信的时候，我和莉莉·赖希说，"我拿到一封信，我们可以再开包豪斯了，订香槟吧。"她说，"什么？可是我们没有钱了。"我说，"订香槟吧。"我把所有教员召集在一起，阿尔伯斯、康定斯基……他们仍然和我们在一起，还有其他一些人：希尔伯塞默、彼得汉斯，我说，"这是盖世太保的信，我们可以重开包豪斯了！"他们说，"那真是太好了。"我说，"为了这封信，这三个月我每隔两天就会去找他们。我太渴望这封信了。我想要得到继续办学的许可。现在我做到了，我希望你们能够同意我这么做，我会给他们写一封回信，上面写'谢谢你们允许重开学校，但是教员们却已经决定关闭它了！'"

我做的一切就是为了这一刻。这也是为什么我会说去订香槟。所有人都接受了而且非常开心。然后我们停下了。

这就是包豪斯真正的结局。没有其他人知道，只有我们知道。阿尔伯斯也知道，他就在那里，但是有关它的一切都是无稽之谈。他们根本不知道。我清楚这一点。

北卡罗来纳州立大学的采访，虽然收录了密斯这段珍贵的回忆，但却没有提到盖世太保的那封信：

严格保密：
  国家秘密警察
  柏林 S. W. 11，1933 年 7 月 21 日
  Prinz-Albrecht-Strasse 街 8
  密斯·凡·德·罗教授
  柏林，阿姆卡尔斯巴德 24 号
  关于柏林－斯蒂格利茨包豪斯
  经普鲁士科学艺术教育部部长同意之后，柏林－斯蒂格利茨包豪斯可以在满足以下条件来排除反对意见的基础上获准重新开放。
  1）路德维希·希尔伯塞默和瓦西里·康定斯基不再被允许执教。他们的学校必须由保证支持国家社会主义思想原则的人执教。
  2）到目前为止已经生效的课程并不足以满足新国家基础设施建设的需求。
  因此，相应修改的课程将会被提交给普鲁士文化部长。
  教职员工必须完成并提交问卷，以此满足公务员法的要求。
  关于包豪斯继续存在并且重新开放的决定将取决于立即履行以上规定的条件以此消除反对意见的基础之上。
  命令下达：【签名】Peche 博士
  法庭职员

历史学家多年来都在关注 1934 年纳粹党报《人民观察员》中出现的希特勒宣言的具体内容。

现摘录如下：

> 我们相信在这位领袖（元首）已经实现了我们对于统一的热切愿望。
> 我们相信他的功绩正是一种超越一切诡辩与谎言的伟大牺牲；我们应该把我们的希望寄托在这个超越一切人和事物的人身上，这是上帝的旨意。

> 作家和艺术家都以相同的奉献在为人民创造作品，而他也为我们带来了同样的信念……我们属于领袖的追随者……领袖呼吁我们以足够的信任和信念来支持他。我们绝不会在他需要这份信任的时候迟疑退缩。只要我们保持团结与真实，那我们的国家将永不会解体。

密斯与艺术家 Ernst Barlach、Emil Nolde 和 Erich Heckel、指挥家 Wilhelm Furtwangler、作曲家理查德（Richard Strauss）和汉斯（Hans Pfitzne），以及诸多左派与右派知名人士共同签署了这项声明，而密斯对于信任希特勒的意愿也为后代人对此的无情回应提供了合理的缘由。然而，一个合格的说明还是应该被注意到。在宣布声明的 1934 年，纳粹对于艺术的态度也从罗森堡对于现代艺术的敌意转向了戈培尔对于现代艺术的推广，希特勒也在这两种倾向中交替动摇。虽然不确定，但也不难想象，密斯在当时的实践备受阻挠，渐渐衰颓，他只是接受了国家社会主义占据主导地位的这个事实，而他希望能够摆脱现代主义的立场，专注于追求自己的事业。

...

纳粹的文化政策很少能简单明确。右翼的宗派情绪将现代艺术看作是有害且病态的现代艺术，它表现的正是以国际化的犹太人为标志的无根而非德国式的城市主义。然而，纳粹主义却毫不费力地宣称自己是现代的、科学的，具有先进技术的代表。在所有的艺术之中，建筑都被紧紧夹在矛盾之中，不得喘息。沃尔特·格罗皮乌斯在德绍的包豪斯大楼也被纳粹搞得乌烟瘴气，他们威胁要把这座大楼推倒，甚至还要在工作室翼楼增加一个倾斜的屋顶。然而，纳粹也建造了高效的，客观可见的高速公路。希特勒的个人喜好转向了第一次世界大战之前的新古典主义，但赫尔曼·戈林却委托为空军建造了与 20 世纪 20 年代现代主义建筑非常类似的建筑物。

密斯在 1930 年曾经在专业与经济上享有的双重舒适的生活，随着包豪斯在 1933 年的关闭而陷入了穷困潦倒的窘境。柏林包豪斯的租金让他用光了钱，他再也雇用不起管家和女仆，只好亲自动手勉强维持着自己的公寓。他的专业工作也没有继续下去，1931 年他完成柏林建筑展后，直到 1938 年——这也是他在德国的最后一年——他只设计了一些住宅，而这其中只有一个建造完成，那就是建于 1932～1933 年的柏林莱姆克（Lemke）住宅。

在图根哈特住宅之后，格里克（Gericke）住宅项目或许成为密斯在欧洲最引人瞩目的重大项目，而这一竞赛项目的周期只有 1932 年夏季的三个星期。作为一个发起竞赛邀请的私人公民，罗马德国学院富有的董事赫伯特·格里克（Herbert Gericke）采取了一个不同寻常的举措——这座为了俯瞰柏林万湖的美丽风光而设计的住宅，其竞赛费用是免费的。这无疑像是为密斯量身打造的项目，这所住宅要求"以我们这个时代最简单的形式呈现出来，让住宅和花园设计与周围景观愉悦地连接。"竞赛由沃纳·马奇（Werner March）（1936 年柏林奥林匹克体育场设计者）监督，包括密斯、布鲁诺，以及其他两个不知名的建筑师参加。住宅基地原本存在的一座 19 世纪的别墅已经被拆除，只保留了在古树掩映之中的三个露台和一些基础设施的墙壁。在提交方案之后的几个星期后，密斯得知格里克拒绝了自己（连同其他人）的方案。然而密斯仍然密切关注着这一委托，他甚至向格里克书面提出希望能够免费深化这一方案，然而却依旧遭到了拒绝，格里克在给马奇的回信中这样解释道：

> 我必须要委托一位真正具有艺术能力的建筑师来做这个项目，我不想把竞赛变成一场智力上的拳击比赛，分析着每一件制品的成型，甚至每一个门把手的形状……我对独立艺术作品的尊重使我无法期待像密斯·凡·德·罗这样的建筑师可以依照我所有的想法来做一个可能与他自己的艺术理念背道而驰的项目。

在同一时间给密斯的回信中，他坦率地说道：

> 我正在建造的这所朴素的房子，纯粹是出于我个人的经验打造，并且只为我私人使用，这与【竞赛方案】本身就不相符，我也没有办法来弥合我自己与他人之间想法的差距……在我看来，最近建造的很多糟糕的住宅设计正是业主与建筑师互相妥协之后的结果。如果一个所谓的业主已经在心中有了对于房子非常具体（甚至可能很糟）的形象，那么，在这种情况下建筑师参与进来完成作品，就会变成一个巨大的灾难。

对于格里克的矛盾心态，密斯在投入到设计工作时一无所知。密斯的很多草图、平面图和立面图被他的助手保存了下来，尽管这一建筑只完成了概念，但仍不失为一个很好的代表作（图 5.5）。这一项目具有和图根哈特住

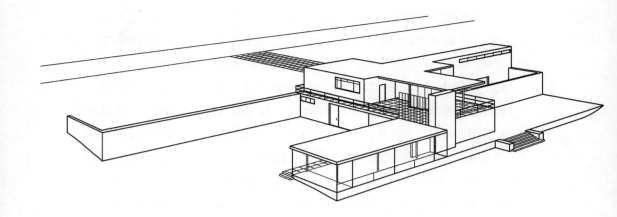

图5.5
格里克住宅项目（1932）。此处展示的是项目的推测透视图。单层的矩形体块（图的前方中间处）几乎完全由玻璃组成，预示着密斯在17年后设计的范斯沃斯住宅（Farnsworth House）。虽然本项目的方案含有许多来自图根哈特住宅的元素——同样通过玻璃围成的旋梯从上层进入住宅，但是外部、内部的"空间"和景色间的相互作用是前所未有的。

宅相当的规模，密斯设计了一个二层住宅，在此基础上增添了地下室、入口、佣人房、二层的儿童房、一个豪华的主卧套间，以及底层的起居室空间和就餐区域。楼层之间的交通流线则依赖于像图根图特住宅中一样的旋转楼梯。两层楼层的开敞空间，包含着各式各样的户外露台，根据现有的基础推出其中一些露台由围墙围合。主要平面部分则被放置在与景观融为一体的准独立式体量中。这一平面设计让人联想到同时代的克雷费尔德高尔夫俱乐部设计，在其具有动态感的风车状平面中，一系列韵律性的体量在角落重叠延伸。值得注意的是底层的起居室空间体量作为主体部分的一个单层附属空间，也被组织入与如今被人所熟知的巴塞罗那德国馆/图根哈特住宅相同的柱网之中。巨大的玻璃灯划分出三面的空间界限，其中的一些则预示了将会在1951年范斯沃斯住宅中出现的Senkfenster型全玻璃墙。

出自格里克项目中交织多层空间的自由平面比图根哈特住宅或者是沃尔夫住宅更自然地融入到了倾斜的地形之中。这些半独立式的体量打破了定义室外空间的新地面层，将外部景观纳入到了框架之中，在横跨过室外露台之后又回到室内的其他空间之中。有关这所住宅的材料和最终的构成我们并没有更详细的资料，对于密斯是否有控制室内的装饰与家具也不得而知。留给我们的，只是一个密斯在欧洲的风格成熟期内又一个典型案例。

...

在之后成为现代艺术博物馆的密斯·凡·德·罗档案策展人的路德维希·格拉泽（Ludwig Glaeser）于1974年提供的一份录音中，密斯在30年代早期对于命运的绝望状态显而易见。委托密斯设计巴塞罗那博览会的政府官员乔治（Georg von Schnitzler）的妻子莉莉·施尼茨勒（Lilly von Schnitzler）的录音摘录如下：

> 在很长一段时间内，尽管密斯都没有做任何工作，他仍然把自己陷入忙碌之中，但这仅限于大量的阅读和速写。有一次他来拜访我们，看得出来他处于严峻的困境之中，他说，"施尼茨勒夫人，我走投无路了，我再也没有任何委托了，我得去改变自己，以某种方式重新给自己定位，我在物质上已经走在了钢丝的边缘。既然你有很多的私人关系，你可以帮助我吗？"不幸的是，我不得不告诉他我和我的丈夫和纳粹没有任何的关系。此外，他也不会受到他们的欢迎。

与她对密斯所说的相反，其实施尼茨勒的确有机会能够接触到纳粹官员，在1933年，莉莉为密斯做出过一次重大的努力，然而就像她所预测的那样，这只是徒劳无功。在晚宴上坐在帝国宣传部部长约瑟夫·戈培尔（Joseph Goebbels）旁边时，她向他寻求给予富有才华的密斯一些帮助，"是的"，戈培尔回答道，

> "密斯是继特罗斯特之后最重要的德国建筑师，保罗·特罗斯特这位新古典主义者是当时希特勒最喜爱的建筑师。但是夫人，你似乎不知道的是，极权主义的国家靠的正是大众的支持。在风口浪尖上起舞，正是我们的责任。如果这股浪潮不支持我们，我们会在一夜之间销声匿迹。我无法为密斯做任何事，因为站在我们身后的大众有着不同的想法，如果我推荐密斯，他也不会被所有人看好。"

（戈培尔自称对人民的忠诚与当时加之于他身上的权力形成了鲜明的对比，此时的他已经全面掌控了德国的广播、新闻、电影和戏剧行业）。

· · ·

与20年代后期的几个主要委托相比，密斯为柏林Hohenschonhausen的Oberseestrasse街60号的卡尔和玛莎·莱姆克（Martha Lemke）所设计的房子成为他众多作品中的一个脚注。当1932年2月莱姆克找到他时，业主希望密斯在一个几乎不可能完成的时间表中——在这一年内完成大部分

建造——完成一所预算非常低的小房子,而已经深陷于急速恶化的个人财务危机的密斯也只能接受这个委托。而在 2002 年完成其全面修复工程后幸存下来的这栋建筑也成为密斯一件温和派的杰作。这件作品也因此成为密斯在 1938 年移民美国前最后实现的住宅项目而平添了几分凄美的色彩。

作为一家专门从事高质量的艺术书籍的大型商业印刷公司的董事,卡尔·莱姆克也是爱德华·富克斯的重要客户之一,而正是富克斯向他推荐的密斯。在密斯的相关文献中,莱姆克经常被认为是一个共产主义者,不过并没有充足的证据表明这一点。他是一个成功的印刷商,并且生产了所有的政党臂章,以及为国家社会主义者和二战之后苏联军事管理处印刷的出版物。莱姆克没有子女,他买了两小块地,与 19 世纪初在柏林远东的霍恩施豪森(Hohenschonhausen)区开发时创造的人工湖相邻。这个莱姆克住宅项目的尺度非常适宜:包括一间起居室、卧室、客房,夫妻二人各自的书房,以及典型的服务配房。而景观与花园设计则聘请了杰出的设计师卡尔·弗尔斯特(Karl Foerster)。

密斯最初设计的两层住宅方案被否决之后,他又设计了一个单层的平屋顶建筑,屋顶被推倒了靠近街道的一个角落,从而能够充分利用后院和湖面的景色(图 5.6 和图 5.7)。粗略的 L 型平面占地约 1725 英尺,对于当时无子女的家庭标准而言仍属于较大的尺寸。L 型的每一边都围绕着自己的形状进行空间组织。起居空间和服务空间临街,通过一个宽敞的大厅连接到起居室空间的卧室和书房则被旋转到后方成为私密空间。这一平面符合预算成本,在空间的利用上也极为高效,不过在相互关联的平面构成与室内外视线的处理上仍然会让人联想到密斯曾经的风车状平面设计。沿街和沿旁边院落的一面大多是承重砖墙,除了有齐腰高的窗台,这一面呈现的是一种不透明性。花园的立面上则有着延伸至露台的宽敞的钢框玻璃。分布在这座住宅的两侧和部分三分之一的露台,共同营造出一个露天房间和强大的住宅与景观的视觉中心。

就像密斯的其他作品一样,莱姆克住宅也拥有精致的细部。它的室内陈列着密斯式管状桌椅,以及由密斯和莉莉·赖希设计的定制家具和木制品。一些家具与地毯也被纳入到了密斯和赖希室内设计作品中。由于莱姆克住宅的预算只有 16000 德国马克,这些定制的内部装饰便显得更加可贵(上文提到的图根哈特住宅预算则超过 100 万德国马克)。以今天的标准来衡量这座住宅当时的材料和工艺质量,其品质仍然令人震惊。以英式砌筑法砌筑的三文鱼橙色熟料砖用薄薄的石线固定在屋顶上;地板则是人字形镶橡木地

图 5.6 莱姆克住宅（Lemke House），位于柏林 - 霍恩施豪森（Berlin-Hohenschonhausen）(1933)。此处为西南向视图。右侧是临街的立面；左侧则是主门（而非侧门）和车库。临街的立面大部分都是不透明的，但它的后面有个宽敞的院子，可以看到湖景。莱姆克住宅是密斯在欧洲的最后一件住宅作品，德国政府于 2002 年对它进行了精心的修缮。

图 5.7 莱姆克住宅，位于柏林 - 霍恩施豪森（1933）。此处为住宅的后立面，为东北向视图。这座住宅的平面为 L 型。在住宅的内部，每根支柱处都能看到另一根支柱，还能欣赏到室外的铺砌庭院。

板；露台的门由钢铜材质定制而成（类似为 Esters 和 Lange 所设计的门），与通高的玻璃墙融合为一体。这也难怪在 2000~2002 年房屋整体装修改造中，花费了德国政府超过 200 万德国马克的建造成本。

二战期间，莱姆克住宅一直被红军占有，直到战争结束之后，莱姆克夫妇才重新得到了这所房子的拥有权，最终夫妇二人也搬到了柏林西部。在原东德时期，一直到 1989 年，这所房子都被国家安全部（斯塔西）征用，甚至房子外部进行业余摄影都是不被允许的事情。尽管遭受过了多重磨难，这座坚实的建筑仍然存活了下来，1990 年，已经荒废的房子与地基重新回到了统一之后的德国政府手中。同年，莱姆克夫人去世，除了由莱姆克夫妇保存的家具，其余留存的家具都被送往了柏林的手工艺博物馆。今天，这所房子变成了一家国家博物馆和画廊，这栋最初在设计和预算的限制以及历经磨难之后，仍然成为一件杰出的艺术作品，再一次焕发了它的光彩。

...

大约自 2003 年起，关于 20 世纪 30 年代早期在德国克雷费尔德的豪斯根住宅就已经有了相当数量的新闻文献经过发表，一些业内资深的机构认为这栋住宅的设计者正是密斯，而其他的观察家，包括我们，却对作者的身份抱有怀疑。

这所房子由卡尔和米莉·豪斯根（Milly Heusgen）夫妇所有，这对夫妇还有一个儿子。与赫尔曼·兰格（Hermann Lange）和约瑟夫·埃斯特斯（Josef Esters）一样，卡尔·豪斯根（Karl Heusgen）也是克雷费尔德 Verseidag 天鹅绒与丝绸行业的一位高管。1930 年，还未与卡尔·豪斯根结婚的米莉·豪斯根在位于克雷费尔德中心以北的塔村（Hulser Talring）购买了一块近 2 英亩的林木茂盛的地块。1932 年，她获得了建造私人住宅的许可。此后不久这所房子便开始施工，结婚后的这对夫妇在 1933 年 1 月搬入了这栋住宅。现存的建筑记录由可能参与了这栋住宅设计的鲁道夫·维特斯坦（Rudolf Wettstein）签署。在第二次世界大战期间，克雷费尔德的档案遭到了破坏，对设计起源的进一步调查断绝了可能性。

这栋两层高的住宅坐落在距离街道较远的地方。在其钢结构的表面涂有白色的涂灰泥。房间长廊的南端，东向的立面，通过透明的落地窗，人们在客厅可以将倾斜的草坪景色尽收眼底。越过正立面末端墙角右转便是位于建筑右边的入口。它提供了进入起居室以及到达通向二层卧室空间的旋转楼梯。二层的单廊式走廊由 20 面东向窗户引入光线。西面的一楼扩建部分是一间拥有落地窗的餐厅，房子的南面也有另外一组相同的落地窗。一个较低层高的车库紧靠建筑北侧的空地。

卡尔·豪斯根于 1968 年去世。米莉·豪斯根在 1972 年聘请了卡雷菲尔德建筑师卡尔·阿门特（Karl Amendt）进行了住宅外部的恢复工作。据阿门特回忆，豪斯根夫人告诉他密斯是这栋住宅的设计师，但因为她害怕被蜂拥而至的朝圣者拜访便选择不被人们所知晓。阿门特遵守了她的愿望，豪斯根夫人在 1981 年去世，曼弗雷德·豪斯根在 1999 年去世之后，阿门特购买了这所房子，并进行了历史调查与进一步的建筑恢复。他坚信密斯是这一住宅的设计师，而随后两位公认的学者的证词进一步证实了这一观点：包豪斯档案馆的克里斯蒂安·沃尔斯多夫（Christian Wolsdorff）以及建筑历史学家简·马鲁恩（Jan Maruhn）。由于没有密斯与这一建筑直接相关的文件留存，沃尔斯多夫与马鲁恩论点的依据便是这所住宅所具有的密斯作品的特征。马鲁恩与他的合著者沃纳·梅伦（Werner Mellen）在他们所著的"Haus Heusgen"小册子中认为密斯正是豪斯根住宅的设计者：《豪斯根住宅：一座由密斯·凡·德·罗在克雷费尔德设计的住宅》（2006 年于各网站公开发布）。

马鲁恩认为豪斯根住宅的平面与密斯在 1931 年柏林建筑博览会上设计的房子非常接近，而其体量也"与密斯在这些年的各种草图相似"。开放式起居室、服务空间、卧室，尤其是二层密斯典型的单廊式走廊设计手法，这一空间组织形式无疑具有密斯风格。入口是隐藏式的、类似图根哈特住宅中的设计，而入户门则是马卡萨这一密斯最喜欢的材料制成。室内的门与房间等高，这也是密斯所青睐的高度。钢结构则是与 Esters 与 Lange 住宅以及图根哈特住宅类似的普通结构。马鲁恩甚至认为，豪斯根住宅通过超长的玻璃窗与室外自然景观相互联系，而这方面也是"大师级"的密斯式手笔。

马鲁恩相信这些设计策略的细节只有密斯和他的雇员才会知道。他也引用了其他人已经承认的事实：这所住宅的设计酷似密斯所拥有的包豪斯时期的学生作品。豪斯根住宅是由密斯的学生或者雇员设计的说法显然是可信的。而不支持密斯是此住宅设计师的证据则是房子的外观，无论是作为它自身还是与其他同一时期密斯的作品相比较，这所住宅的正立面都令人感到费解，它有着三种不同的开创策略，而沿街面既不开放也不封闭。二层的一列长窗的韵律非常单调，房子后面，由柱子支撑的二层则在视觉上过于沉重，而在南面，相同的柱子却仅用作支撑并没有支撑必要的细长屋顶。这些柱子所采用的圆形钢管与密斯在柏林建筑博览会中所做的样板房中一致，然而密斯在欧洲的其他现代住宅项目中，使用的都是十字型柱子（密斯在美国早期的职业生涯中也继续使用了这种柱形）。最后，密斯那从部分到整体的比例都熟练把控的尺度感——在20世纪30年代同时期的Gericke住宅与莱姆克住宅以及其他同类住宅项目中都尤为明显——却在豪斯根住宅中令人惊奇地消失了。

马鲁恩试图用密斯没有任何公开与这一住宅关联的记录是因为他可能认为这一项目不值得公开出版，但这并不能说明密斯就是它的设计师。无论如何，这个问题很快就会解决了。作为赫尔曼·兰格的孙女，同时也是一位受人尊敬的建筑历史学家的克里斯蒂亚娜·兰格（Christiane Lange）对密斯在克雷费尔德的几个项目都进行了研究，并于2011年出版了研究成果。她认为密斯的雇员威利·凯撒（Willi Kaiser）——他曾经在Esters和Lange住宅现场以及巴塞罗那德国馆项目中工作过——与Heusgen项目有极大的关联。据说他曾在1932年前往瑞士，这也能解释韦特施泰因（Wettstein）签署文件的时间。在2011年的专著中，兰格将豪斯根住宅的设计归结为密斯，但在2011年11月，她却宣布她有"证据"证明"豪斯根别墅并不是密斯设计的。"不过她并没有详细说明，只说过她将在2012年发表她的最新发现。

・・・

1933年，密斯决定在柏林工作室进行私人教学；同年9月，怀抱着同样的想法，他和莉莉·赖希在瑞士提契诺州卢加诺附近的一个山坡上的葡萄园的露台上租了一间小屋（图5.8）。由五名学生以及其中两名的妻子参与了密斯的设计任务：选择这里一个具体的基地然后设计一所住宅。

在长达六周的停留期间，这一小组参观了米兰的三年展。其中一名学生Howard Dearstyne报告说：

> 我们并没有太多的印象。随后，我们被吸引到宏大的广场前的米兰大教堂……我向密斯提议大家一起穿过广场并观察那些美妙的结构（我熟悉这些），但他拒绝了。虽然他是一个哥特式风格的崇拜者，却对这种混合风格的案例缺乏兴致。

图 5.8
1933 年,莉莉·赖希在瑞士的卢加诺(Lugano)。照片由保罗·杨提供。

　　在卢加诺短暂停留之后,密斯返回了柏林。随即也产生了几个可能在高山体验的启发之下诞生的山地建筑计划。一些学者认为这些项目的基地并不在瑞士,而是在南蒂罗尔的梅拉诺。在留存下来的十几张透视图中,最清晰可见的一个版本是一个拥有宽敞庭院的 L 型单层体量的住宅,其整个屋顶犹如漂浮在上面,非常轻盈。外墙则是朝向庭院的玻璃墙,在一些草图中,一个粗粝的石材表面面向下坡的侧面。在幸存的材料中并没有平面图或者是缩小比例的图纸,最终这一计划也几乎没有引起其他人的注意。而另一个可能相关的项目是"山坡上的玻璃屋,"尽管它只有一个尺寸很小(4.5 英寸 × 8 英寸)的草图,但是,在 1947 年现代艺术博物馆中举办的密斯展中,密斯最著名的图解思考都在其中呈现,而其中整面墙大小的这幅草图展现了别样的风采。这一方案很可能在 1934 年执行了。在极端经济条件下,方案的立面呈现了一个一端支撑在山坡上,而另一端由一对自由立柱支撑的不确定的结构材料构成的玻璃盒子桁架。这一设计极富有远见,它可能原本就是一个"餐巾上的素描"。但到了 1947 年,密斯已经将它变成了奥地利蒂罗尔州的"山房,"它的形式也极大地影响了菲利普·约翰逊,查尔斯·伊姆斯

（a host of lesser lights.）。虽然山地建筑有着与建于 1937～1939 年的 Resor 住宅相同的元素——1947 年由评论家们指出——但它远比里索住宅更具有毫不妥协的抽象性。

...

除了在美国学校中所收录的有关包豪斯最全面的书籍的作者 Dearstyne，还有一位来自柏林包豪斯，曾经私下向密斯学习的美国学生约翰·巴尼·罗杰斯（John Barney Rodgers）也随密斯一起在芝加哥阿默技术学院任教。作为绘图员、建筑师，以及翻译，罗杰斯协助密斯向美国过渡，甚至在密斯移民之前就已经在扮演着类似密斯发言人的角色。1935 年，罗杰斯在普林斯顿大学进行了一系列的现代主义讲座，他告诉路德维希·格拉泽"他们在（尽所能的凑近）研究我在 1934 年和 1935 年向密斯学习期间的谈话笔记。"虽然从未发表，但是罗杰斯的讲座却让人们得以窥见有关 50 岁时的密斯的一些片段。

> 密斯·凡·德·罗（原文如此）通过他思想的力量获得了今天的地位……他那包含信念与力量的言谈举止正是源于他那独有的、经过多年发展的、真挚细致的工作……他给人的主要印象就是其巨大的身心能量和卓越的领导力。他一直在为自己的信念斗争，但却不会像这一时期一样更能激发政府的回应。

罗杰斯在题为"动态设计"的讲座中解释了密斯的设计理念：

> 建筑，就像文学一样，必须以简洁的方式表达一个有效的想法。因此，希望所有元素都尽可能简单。让一堵墙看起来就是一堵墙，清晰可见，不要被切分成很多碎片，而其中却没有一块是门窗。如果它是自由而独立的，那就让它这样，用空间去将它包裹。所有的形式、无论是空隙还是实体都应保持简单明了。它们也不应被家具或是建筑外壳所遮盖。家具的线条和比例在空间中自由独立时将被释放，同样的道理也适用于整座建筑。
>
> 对于建筑师来说，没有什么是比装饰更不重要的了。在过去，成功的装饰总是在风格成熟且强调设计感的时候才会出现，然而现代建筑并

非如此。我们的装饰师还没有开发出一种适当的装饰品可以称得上是在美化或者提高空间的品质，大多数的现代建筑师们宁愿完全忽视它……他们更青睐于自然的颜色和纹理，而不是用现代主义的装饰品来破坏拥有自然肌理的建筑表面。

最后，罗杰斯描述了密斯对"秩序"这一主题的教导：

> 人类的头脑渴望秩序。它试图通过协调和组织将自然界的事实转换为一个逻辑系统来借此理解它们……这种思维习惯根深蒂固，任何完全混乱的设计都不会令人产生愉悦的感觉，甚至会令人不安……因此，建筑设计必须拥有秩序。必须出于一种理由，无论是出于世纪还是美学，在创作过程中，每一个决定背后都是一种问题的解决。最后的建筑就会将所有一切以最好的细节进行整合。

...

1933年2月9日，在希特勒就职不到两周，德国国家银行邀请了30位建筑师参与该银行在柏林中心的重要建筑设施的扩建竞赛，密斯也是受邀人之一。这一竞赛的主旨是为了纪念当时德国经济的乐观主义，而参与竞赛的这些对手们正是德国方方面面的建筑实践的代表人物：密斯与格罗皮乌斯占据着一个极端，而另一极端则是保守派的威廉·克里斯。1933年5月，包括彼得·贝伦斯和保罗·博纳茨在内的评审团将奖项授予了6个项目，其中就包括了密斯的参赛作品，虽然所有入围的参赛作品都经过了展览和公开发表，但却再没有任何后续。

获奖者都较为倾向谨慎的现代主义风格，而密斯则是其中最为激进的。他认真地配合银行的详细计划，在设计中为办公室和宽敞的银行大厅提供了充足的自然光。他的方案是一座十层的建筑，结构可能并不一定是钢结构，但却有着惊人的100万平方英尺的建筑面积。在一个单扫描曲线图中，密斯的"附加物"将在现有银行大楼前方横穿一条狭窄的街道，而在相反的方向则是三个开放办公空间构成的翼楼，三者在施普雷河交汇。三个翼楼的大多数楼板只有40英尺宽，侧翼的光井向天空敞开（图5.9）。在第二层和第三层设有一个巨大的入口大厅，由一个350英尺长的双层玻璃窗，形成弯曲的前段。而三层以上则均为三层条窗。带状条窗与宽砖砌体结合，以整体

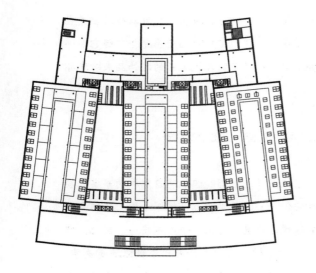
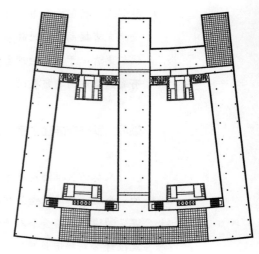

图 5.9
德意志帝国银行项目，位于柏林-中心区（Berlin-Mitte）(1933)。左图为较低楼层，由三个很大的银行大厅组成，可通过一个非常大的流通厅进入。右图则是较高楼层，全部用作办公室——办公室的内部均十分宽敞。

性的方式围合建筑的立面。这一构成手法也有着十年前的混凝土办公楼设计的影子（图 5.10）。

在 1933 年秋发表的一篇题为《第三帝国的建筑》的文章中，菲利普·约翰逊谈到了与帝国银行的政治隐喻的相关问题。他说，"德国的新建筑究竟会是什么样子，这完全是个未知数。"随后，在审视了关注这一问题的百舸争流的各个党派中——保守派、"半现代主义派"以及"愿意为现代艺术奋斗的党内年轻学生和革命家"——约翰逊继续说：

> 只有一个人，甚至连年轻人都愿意追随与捍卫的，那就是密斯·凡·德·罗。在密斯身上有两个特别的因素让他可以被接纳成为新建筑师。首先，密斯拥有着保守派的尊敬……其次，密斯刚刚赢得了（与另外四人一同参加的）帝国银行的新建筑竞赛。假设（可能会是一个较长时间的假设）密斯能够建造这座建筑，它将奠定他的地位。
>
> 一个优秀的现代帝国银行将会满足人们对于一个新地标的渴望，而更重要的是它会像德国知识分子和其他国家证明，新德国并不打算摧毁近年来建立起来的所有辉煌的现代艺术。

约翰逊最终也为他对纳粹的过分乐观看法而感到非常后悔，密斯也一样，即使在包豪斯被关闭之后，他却迟迟未能从新政府在清楚进步的柏林与法兰克福的建筑管理局中意识到这些错误，密斯必定对此懊恼不已。在 1933 年末期，一个名叫"帝国文化议会"（Reichskulturkammer）的机构

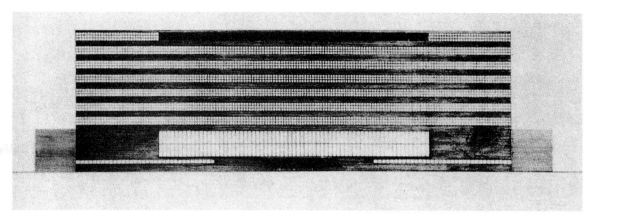

图 5.10
德意志帝国银行项目，位于柏林中心区（1933）。图示为西侧立面，坐落于施普雷河的对面。这座高9层的建筑物有360英尺宽。

在戈培尔的要求下建立起来。密斯成为这一机构的会员。新政府对于德国文化联盟中阿尔弗雷德（Alfred Rosenberg）所代表的现代艺术在军事上持不宽容态度，而在1932年，戈培尔就曾公开反对这种态度。"帝国文化议会"便由此发展而来，用以推动戈培尔的立场。

戈培尔在1933年11月16日的讲话中，攻击了保守主义，他宣称："德国艺术需要新鲜血液，我们活在一个年轻的时代，它的支撑者们正是年轻人，而他们的想法也是年轻的。他们与过去的我们毫无二致，而我们却已经在过去留下了我们的痕迹。作为寻求表达这个时代方式的艺术家，他必须年轻，必须创造出新的形式"。这番声明足以振奋现代艺术捍卫者们的信心。尽管在1933年同年，已经在此引用的戈培尔对于施尼茨勒的虚伪的言论仍然值得回忆。

但随着事态的发展，戈培尔却从未为他在11月16日的讲话中谈及的理想而奋斗。尽管如此，在一段时期内——主要是1934年，在文化议会这一机构中，虽然没有强迫性的文体限制，但必须要证明自己是"种族纯洁"的——甚至这一机构还邀请他参加另一场博览会会馆项目的设计竞赛，而密斯本可以在文化议会的成员中站稳脚跟。

· · ·

1934年6月8日，密斯和其他五位建筑师受邀"为1935年布鲁塞尔世博会德国馆建筑提供实验性设计方案"。就像巴塞罗那德国馆一样，布鲁塞尔的德国馆要求能够以一个具有简单结构的建筑来代表德国风格。然而在设计中，政府要求这一大型建筑应包含多种纳粹符号，并且展出大量的工业与文化展品。希特勒亲自审查了这些提案，但最终拒绝了所有的提交方

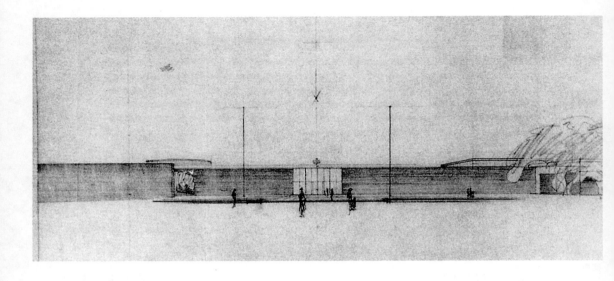

图 5.11
国际博览会（International Exposition）上的德国馆项目（German Pavilion project），位于布鲁塞尔（1934）。图为建筑的主立面。这个项目比密斯在欧洲的任何其他项目都更有政治争议——而代价则是更严肃的建筑调查。引起争议的是在密斯的几幅图中加入了纳粹的十字记号，由此产生了他支持纳粹的争论。在争吵声中有个事实被忽略掉了，那就是想要简短，就需要使用那个符号。照片由纽约现代艺术博物馆的密斯·凡·德·罗档案提供。

案。密斯的雇员鲁根伯格（Sergius Ruegenberg）声称在审查过程中，密斯的图纸被一概拒绝，最终被扔在了地板上。虽然鲁根伯格的资料属于二手资料，然而在德克·罗汉的报道中他提到："密斯曾经多次和我谈到希特勒，当时他可能与阿尔伯特（Albert Speer）一同审查了这些设计，并且对密斯的现代设计非常不满。希特勒生气地把图纸推倒了一边，然后它们落到了地板上，希特勒还从上面踩了过去。密斯说，从那时起，他就知道在纳粹政权下，他永远不会被允许做任何工作。"

希特勒曾经在很短的一段时间内喜欢拉夫（Ludwig Ruff）和他同为建筑师的儿子已经开始设计方案，直到 1934 年底德国彻底退出博览会时，他们才放弃了这一项目。

密斯在不到一周的时间内将包括汇报图纸和模型照片的所有参赛作品资料整理并留给了政府，但是这份资料却被遗失了。这一竞赛没有任何公开发表过的信息和资料，只有通过一些草图和正在进行中的平面和立面才能知道这项工作确实存在。尽管竞赛简报称这一竞赛是"展览馆正是通过一种宏伟的形式（国家的象征）象征社会主义斗争的力量和英雄般的意志来表达国家社会主义的德国，"但在密斯提交的书面介绍部分，密斯认为对于一个"基本的"建筑而言，博览会建筑应比日常的建筑更加抽象，给予展品有效的视觉展示，展现德国的真实风貌。密斯的方案实际上是一个类似巴塞罗那德国馆一样的巨大建筑物，在严肃的室内空间中放置着无数的展品，而其中的一系列纳粹标识卍则被缩小（图 5.11）。方案是一个主要由围墙围合的大厅以及其中精心设计的开放式平面，在建筑的一侧有 8 个凸窗

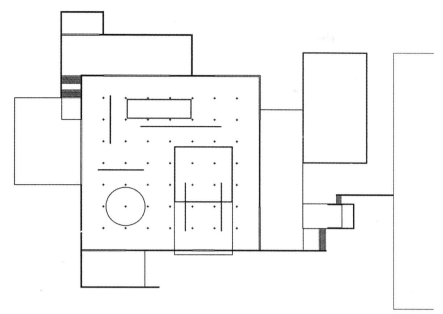

图 5.12
国际博览会上的德国馆项目，位于布鲁塞尔（1934）。此处为重建推测平面图。环绕柱状网格（columnar grid）的正方形面积约为 10 万平方英尺。

（图 5.12）。这一建筑物被附加了各式各样的前庭和半独立的附属建筑，其中一些的体量也相当巨大。屋顶的总面积为 15500 平方米（166840 平方英尺），与之相连的公共空间和花园则被另一个 11700 平方米（125900 平方英尺）的顶棚覆盖——大约是巴塞罗那德国馆的 32 倍。

在大厅内，密斯围绕着十字星柱网组织了空间，柱网与光滑的顶棚相接，在顶棚之下则是典型的独立隔墙，倒影池以及建筑内部的一些组件。从入口进入，沿着轴线穿过两面高大的承重石墙，就可以到达被称为"荣耀庭院"的特殊展览空间。空间的焦点，当然是具有英雄主义意味的面向天空的一个中庭，中庭三面由镶嵌着深色玻璃和部分高度的墙壁围合，这也是源自密斯 1930 年在"柏林新卫兵之家"设计竞赛中的设计手法。从中央中庭可以到达的其他剩余空间则是典型的密斯式空间，可以容纳所有可能需要的展品。在幸存的图纸中，建筑物的外部只呈现出了由无数没有开窗的砖墙所构成的巨大空间，其中大部分都高耸立直达屋顶。屋顶结构显然是这种规模的建筑中的一个关键元素，但却只是在一两张草图中有所暗示。

...

在 20 世纪 30 年代实现的所有努力中，成就了国家社会主义德国的第一个重要展览，"德国人——德国的实践"展览在 1934 年 4 月 21 日于柏林开幕。这一展览正是呈现德国人民的历史和当代德国在技术上取得的成就。戈培尔任命善于把控现代主义的汉斯·魏德曼（Hans Weidemann）来指导这次展览的内容，魏德曼非常欣赏密斯的作品，他邀请密斯承担建筑展的部分。根据 Elaine Hochman 的资料，魏德曼得到了曾经对巴塞罗那德国馆的照片非常不满的希特勒本人对于他的计划的批准。最后，密斯只保留了展览中关于采矿业的部分。尽管纳粹允许了密斯的参与，但却在展览名录中删除了密斯的名字。

密斯设计的展馆实际上主要由三面巨大的墙壁组成，它们也展示了三种材质——岩盐、无烟煤和烟煤。质朴的岩盐呈现淡粉红色，米色与深黑色的无烟煤与更接近沥青般褐色的烟煤形成了强烈的对比。尤其值得注意的是无烟煤材质墙面与岩盐墙面水平作业的完美结合。对于像岩盐和煤炭这样的普通物质，密斯在展馆中的运用与在图根哈特住宅和巴塞罗那德国馆中标志性的奢华的石材和玻璃材质的使用一样精致。

...

密斯可能早在 1926 年就认识了玛格丽特·许贝（Margarete Hubbe），而当密斯担任德意志制造联盟副主席期间，她也申请加入了这一组织。直到 1934 年初，可能通过她的朋友 Emil Nolde 介绍，她才与密斯真正相熟，并一起设计了在马格德堡易北河中的一座岛屿上的一座大型住宅。这座近似正方体的建筑占地约 2 英亩，毗邻远离河流的一侧，紧邻南部密集发展区域；这一岛屿实际上是一个城市区域。出于不为人知的原因，许贝在 1935 年中旬放弃并出售了这一产业，但是在那之前，密斯已经以自己的标准设计出了大量的替代方案，而且在最后，以模型和演示平面中呈现了一个完整的设计（图 5.13）。关于立面的研究却可能并没有得到提升，而且资料已经丢失。唯一与项目相关的书面文件是一份由密斯签署的简短公告：

> 这栋住宅被建造在马格德堡的易北河上，在美丽的古树之下，易北河的全景尽收眼底。
>
> 这是一个非常漂亮的建筑基地。只有太阳的位置有困难。由于美丽的景色都在面向易北河的东面，南面的景色则完全没有魅力，只是一些凌乱的场景。设计需要通过结构布局来平衡这一缺陷。
>
> 因此，我将房子的生活区域向南延伸，通过围墙围合的花园庭院不

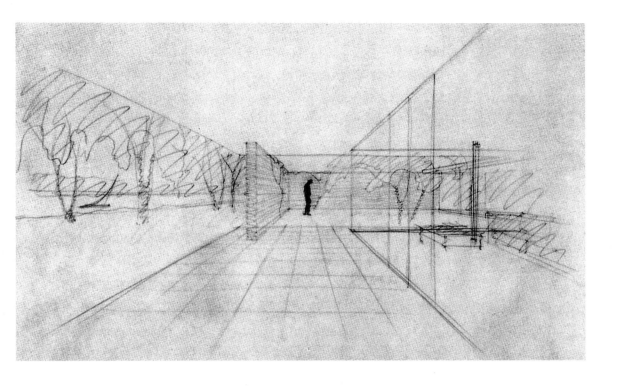

图5.13
许贝住宅项目（Hubbe House），位于马格德堡（Magdeburg）（1935）。密斯经过大量的初步研究和若干方向上的改变，最终完成了许贝住宅的设计。最终的方案通过中断的院墙在封闭和开放之间进行了协调。

仅隔绝了南面的景象，同时保留了阳光的射入。在另一方面，房子沿着河流的下游方向完全敞开，空间自由地流向花园。

这样做不仅与场地现状契合，而且获得了安静的隐居与开阔的良好平衡。

这种布局也适合业主的居住需求。虽然她独自居住在这里，但仍然想保持有休闲的社交生活和热情的聚会氛围。房子的内部布局也是为了这个目的而设计的，同时提供了必要的私密性和充分的自由开敞空间。

就像密斯所有欧洲的住宅业主一样，玛格丽特·许贝也非常富有，能够买得起拥有奢华围墙庭院与花园的宽敞的开放式住宅。从现存的近500张草图中来看，这栋住宅本身就是一个重要的声明。设计包括两间卧室，一间属于许贝夫人，一间为客房，一侧的服务配楼则包括两间尺度适宜的佣人房，住宅还拥有三面玻璃墙围绕的一个起居空间与就餐区域，另一面墙则设有一个巨大的方形石块砌成的浮动壁炉。服务配房和卧室空间含有承重墙壁，起居空间则被限定于十字形柱网之上。并不完全方正的（7米×6.5米）柱网上有典型的密斯式隔墙来划分空间。建筑的封闭空间面积接近5000平方英尺，另有2000平方英尺的悬挑屋檐。建筑平面接近T字型，由一个有序的长方形通高墙壁系统围合着住宅部分、花园以及铺砌的围墙庭院，总面积接近 11000 平方英尺。这样的设计的确能够让密斯实现"私密性"与"自由开敞空间"的美妙平衡。

许贝住宅无疑是密斯的最佳作品之一。延伸的入口面向河流和美景，通过一个精心设计的迂回路线到达全玻璃墙构成的通透的起居空间。蔓延的主空间边界由庭院的围墙和浮动式的壁炉构成美好的景观，而且正如密斯所言，住宅的南部和东部享受着充足的光照。北面，许贝夫人的卧室和书房可以透过玻璃窗看到花园的景色，而远处"令人不安"的景色则被全封闭的围墙隔绝。起居 / 就餐空间的南部是升高的完全不透明的东向服务配房。就餐区的三面都向巨大的花园敞开，第四面墙则面向易北河。在几张设计草图中，可以看到庭院中设有人体雕塑。而没有靠河的立面则几乎完全封闭，西面的佣人房和服务配房只有几盏长方形大灯——这也与克雷菲尔德的住宅项目的设计手法类似。从幸存的文件中，建筑的材料与颜色已经模糊到无法分辨，我们甚至无法确定庭院的围墙是否是砖材质。而建筑中还有很多诱人的谜团，比如在一张清晰优美的草图中，家具有俱乐部式的椅子，一个模糊的比德迈尔大箱子（vaguely Biedermeier chest.）。除了莉莉·赖希写给奥德的一封信以外，几乎没有关于许贝项目夭折的信息。奥德认为，这栋住宅最终并没有建成——因为许贝夫人将它卖掉了。

与许贝项目同期进行的项目是 1935 年为 Hermann 新婚的儿子乌尔里希·兰格（Ulrich Lange）设计的住宅。该住宅基地位于克雷菲尔德-特拉尔，在一封 1936 年初的私人信件中，莉莉·赖希提到这一项目时用"小"来形容，而当提到放弃它时，和许贝项目一样，此时这栋住宅至少经过了几轮修改。这一住宅有一个像许贝住宅中一样大庭院，高高的砖墙围成一个近 12000 平方英尺的长方形平面。在这些围墙内部，密斯设计了一个流动的 L 形室内，这比在许贝住宅中的空间规模要小，但仍然包含着典型的密斯式设计元素：平面的一端尽头是主人的卧室套间，由佣人房、服务配房以及一条长长的走廊与在平面另一端的起居和就餐空间相互隔开。起居和就餐空间又是一个两侧为玻璃墙的方形盒子空间。起居空间围绕着曾在许贝住宅中使用的相同柱网进行组织，但是密斯用一些砖承重墙的短端替换了几个十字形柱。在起居空间内，厨房由一面墙壁隔开，可能是木制的设施插入了主体结构，这与通常的设计不尽相同。庭院外面的景色经过了严格的控制，只有从起居空间的一面墙能够眺望到远方的景色。密斯还设计了只有一个停车位的车库，隐藏在庭院的一角。车道通过转弯穿过庭院，可以从街道就直接进入藏在一角的车库之中。临街的立面很安静,也许有人说单调——砖墙面由一系列普通的方形灯光打孔。而屋顶则是平的,有适度的悬挑。

这一项目的最终方案和可能的早期方案都被当地政府拒绝了建筑许可证。在纳粹的控制下,克雷费尔德建筑部门以阻碍现代主义实践的"不雅手段"驳回了这一项目。尽管兰格家族可以利用其影响力获得建设的批准,但前提是房子要用一个土制的护堤与街道隔开。各种各样的报道中证实了密斯因为这些操控的手段而愤怒地放弃了这一项目。乌尔里希·兰格当时的反应并没有任何记录,尽管他在1949年才开始重新尝试启动这一项目,但当他向此时身处美国的密斯求助时,被密斯以"工作太多"为由拒绝了。

如果许贝住宅和兰格住宅真的在当时实现了,它们会成为具有争议的作品,密斯建立了一个全新的欧洲住宅类型——现代主义庭院别墅。这两个项目都是标准的密斯开放式住宅——就像是巴塞罗那德国馆的大型住宅版本——又同时插入了有高耸的围墙围绕着大型铺砌的景观庭院。

· · ·

1937年5月24日,现代生活应用艺术与技术国际博览会在巴黎国际乐园开幕,直到同年11月26日才结束。密斯和莉莉·赖希都来参观了这次展览。在建筑师兼《L'Architecture Vivante》杂志主编Jean Badovici的签署下,展览目录《Architecture de Fetes》(Albert Morance版本,巴黎,可能是1938年)中收录了博览会国际馆中德国部分的插图,而所有这些都出自密斯之手。这些插图展示了两种结构,一种是由金属材质与细长的条带构成的弧形玻璃墙,这一设计用于展示合成材料与精密的设备;另一种则是玻璃平板墙体,用于展现冶金工具和机器。博览会期间密斯很可能就在巴黎。莉莉·赖希则负责也位于国际展馆的德国纺织工业的览设计。

在移民美国之前,密斯在德国的最后一个设计与另一个来自克雷菲尔德的委托——建于20世纪20年代的Esters和Lange住宅相关,1930~1931年,这一住宅遵循低调而严格的功能性设计原则,被设计为一间Verseidag工厂建筑,在1931~1935年期间的两次运动中建造完成。1937年,密斯设计了一栋比原本表面为白色灰泥的钢结构工厂更大规模的四层行政大楼,在平面上则与1933年的帝国银行项目类似。根据罗杰斯的研究,这一设计在1938年夏天时仍未建造完全,而且很快就因为建造沿帝国西部边界的防御工事而造成的混凝土短缺而被放弃了。

第 6 章
美国的召唤：1936～1938 年

> 我愿意接受这一职位，但我却不愿意自己成为一个教授候选人。
> ——密斯，对话哈佛大学的约瑟夫·赫德纳特（Joseph Hudnut）

> 秩序作为意义的定义以及存在的措施在当下正在缺失；必须重新开始努力。
> ——密斯，1938 年

对于密斯，从柏林走向芝加哥的路途中有过很多弯路和死胡同。我们曾经谈及他在 1935 年时低落的状态，以及那时在许贝住宅和兰格住宅上的失败。在纳粹掌权之后专业道路上遭受挫折与痛苦的绝不止密斯一人。早在 1933 年 3 月，也就是希特勒上台之后的两个月，埃里克·门德尔松（Erich Mendelsohn）为了回应政府发起的反犹太主义，离开柏林移居伦敦。一年之后，沃尔特·格罗皮乌斯也和马赛尔·布罗伊尔（Marcel Breuer）在 1935 年时的选择一样去往了英国首都。他们都没有再回到德国。门德尔松、格罗皮乌斯以及布罗伊尔都有正在伦敦等待着他们的工作。到了 1936 年初，局势已经非常清晰，但是密斯此时仍然留在柏林，而他的专业道路也正遭受着重重阻碍。

1935 年 12 月，密斯收到了一封来自加利福尼亚州奥克兰米尔斯大学阿尔弗雷德·纽迈耶（Alfred Neumeyer）的电报，纽迈耶希望邀请他在接下来的夏季学期到学校里任教，工资与差旅费相当可观。在 1934 年密斯自己移民之前，已经是美国历史学家和大学讲师的纽迈耶曾在柏林与密斯有过几次会面。但是这一职位需要英语作为授课语言，密斯却并不懂这门语言。

此后不久，命运的巨轮开始驶向了自己想要行进的方向。1936 年初的一天，两位芝加哥建筑师约翰·霍拉伯德（John Holabird）和杰罗尔德·勒布尔（Jerrold Loebl）正在沿着密歇根州大街行走，他们遇到了一个专业同事阿德勒（David Adler）……在他们的交谈中，霍拉伯德和勒布尔 提到他们是阿默技术学院的成员，正在寻求一位新的院长来把控建筑学院。他们希望这个人具有现代教育观来替代原来的院长 Earl Reed——

一个以美术为主导的教育家，正打算在 1935~1936 学年结束后退休。阿德勒自己的工作属于传统、折中的社会类型。而他认为他亲自寻找到的密斯·凡·德·罗是"最优秀的现代主义者，一位出色的设计师"。不过霍拉伯德和勒布尔都不了解密斯，于是阿德勒邀请他们走进几步之外的芝加哥艺术学院伯纳姆图书馆，在那里，他向他们展示了巴塞罗那德国馆的照片。而他们几乎立即就陷入了对密斯的钟爱。1936 年 3 月 20 日，霍拉伯德在给密斯的信中写道：

> 我们在芝加哥的阿默技术学院有一所建筑学校，是芝加哥艺术学院的一部分，有 100~120 名学生，而且它的地理位置也决定了它或多或少是独立于学院的存在。
>
> 学院的受托人和所长正忧心于如何能为这所国家最好的建筑学校找到与之匹配的最佳负责人……
>
> 我曾经给在洛杉矶的理查德·内特拉（Richard Neutra）写过信。他认为沃尔特·格罗皮乌斯或者是约瑟夫·伊曼纽尔（Josef Emanuel Margold）对于芝加哥来说是最棒的选择……
>
> 在和咨询委员会讨论这件事情的时候，我认为既然我们也有在考虑一位欧洲人执掌学院的可能性，我想冒昧地请问您是否能够考虑接受这样的一次会面。您可以提任何条件……如果我们认为您是最合适的，我将毫不犹豫地以您为首选。
>
> 学校本身有着在适当的人的引领下取得无限辉煌的可能性；而这个人选也不会被学院的当权所束缚。他可以按照自己的想法组织学校的活动，甚至从事自己的私人实践。

一个月之后，密斯才回应了这封信。除了霍拉伯德在信中提到的内容，他对阿默一无所知，或许他只对芝加哥了解得稍微多一点。在 4 月 20 日的回信中他这样写道："感谢您的来信，我很感兴趣。"信函如下：

这封信自 1936 年 5 月 4 日发出，信中表达了他对阿默的这所建筑学校所提出的附加条件很感兴趣，因为他可以自由地给予学校"一种全新的形式"，同时他还可以在芝加哥继续自己的私人建筑实践。一个星期后，可能因为没有收到密斯的回信，霍拉伯德再次写信到："我真挚地希望您能够安排我们的会面……如果有您作为校长，这会成为美国最好的学校。"

密斯在 1936 年 5 月 20 日回信道：

4月20日时我已经给您发了一封电报，让您至少知道我对这一提案非常有兴趣。今天我再次真诚地感谢您对我的信任。我很想知道您对于建筑学校重组的计划以及它所要实现的目标。我很赞赏您的想法，因为我确信它们是公正且具有价值的。正是它们让我决定遵循您的建议，切实地考虑是否接受这所学校的任职。

基于我的经验，我对于建筑学校的组织具有一定的概念，我想知道更多关于学校目前的结构和详细情况……我也想知道是否有可能增加和重组教员，学校目前的预算范围，是否有以培训为目的的实践性讲习班，最后，如果有的话，便是建筑学校与艺术学院之间的关系。

我很愿意接受这一项工作，然而，只是在可能的情况下，才能为这样一所学校找到一种符合时代精神的新形式。

5月12日，校长霍奇基斯（Willard Hotchkiss）在自己写给密斯的信中声明他"非常高兴地得知您对此感兴趣"，并补充道"但是没有受托人董事会的批准我们无法提供确定的答复"。密斯可能并不理解受托人的批准只不过是一个形式。他给霍奇基斯的回应突然变得很消极，并且拒绝了这一任职："课程的改变是至关重要的部分，它应该超越你们建筑部门的现有框架。"

7月2日，霍奇基斯抱着耐心和礼貌回复密斯，并抱着善意保证说密斯的个人见识对于芝加哥的情况将是非常有益的。密斯是否会同意在秋天或者冬天到阿默来进行一次讲座呢？"你将会更好地决定我们是否有能够吸引你进行创造性工作的机会。"

密斯花了三个月才回复了这封信，同时，他也与其他热情的美国人有了一些接触。大约在同一时间，赫尔曼·兰格（Hermann Lange）邀请他为1937年柏林的一个重要的纺织品展览会进行设计，密斯接受了。同年6月20日，在收到霍奇基斯在7月2日的信件之前，密斯就已经收到了因两个项目前往欧洲旅行的巴尔（Alfred Barr）的邀请，他与密斯讨论密斯将会在两个项目中扮演怎样的角色：一个是现代艺术博物馆新建筑的设计，一个则可能是哈佛大学教授的席位。对于后者，巴尔本身就是建筑学院院长赫德纳特（Joseph Hudnut）的使者，他为自己设立了目标：将现代主义引入到美国的建筑教育，并希望能够由一位才华横溢的欧洲建筑师执教，赫德纳特的候选人正是密斯、格罗皮乌斯和奥德。

此时的密斯已经接触了美国的两个最重要的文化机构，而阿默的提议也随之消失。"你的博物馆计划让我很感谢兴趣，"他在写给巴尔的信中提到："这可能是一个难得的奇妙的任务。"但是这最终被证明只是一厢情愿。巴尔被迫撤销了这一提议，早在 7 月 19 日他从巴黎写给密斯的信中就提到："我已经很努力地想通过我们的博物馆将你带到美国，并与我们的建筑师在新建筑的方案上进行合作，但现在我恐怕这一愿望无法实现了。相信我，我对我自己的失败非常失望，这是一场艰苦的战斗。"

无论如何，我真挚地希望与院长赫德纳特的谈话能够为你带来有利的结果。

赫德纳特在 7 月 21 日写给密斯的信中写道："我很高兴（从巴尔那儿）听说你有兴趣接受哈佛大学建筑学院院长职位……我非常期待……能够在 8 月 16 日于柏林和你会面。"密斯并不知道的是在这次旅程中，赫德纳特同样计划与奥德见面，不过奥德将他拒之于门外，而格罗皮乌斯却没有。至于在与密斯会面之前赫德纳特的心情，可以称得上是非常矛盾。密斯是一个比格罗皮乌斯更加技艺精湛的建筑师，但是格罗皮乌斯却更有教养，头脑也更加灵活，很可能是一个老师的更好人选，同时他精通英语，这为他增加了不小的优势。赫德纳特可能看过乔治·尼尔森（George Nelson）的文章，这篇发表于建筑杂志《铅笔画》（Pencil Points）1935 年 9 月刊上的文章提到："密斯，院士，包豪斯前任院长，即使对学校也没有做出贡献，并且乐于列出建筑界中那些从未见识过其内心世界的杰出人物。"

不过从赫德纳特在 9 月 3 日于伦敦写给密斯的信中可以看出，二人的会面进展顺利：

> 我一到剑桥，就向学校校长提出关于设计课程教授的最终人选。我希望可以收到一封写着您愿意接受我们提供的职位的信件……
>
> 假装不会有人反对任命一位现代建筑师为设计课程的教授，是非常愚蠢的。在柏林，我尝试过向您解释这种对立的原因——部分原因是无知，部分原因则是原则不同——自从我访问过柏林之后，我收到了比我想象中要更多且更加措辞严重的反对信件。
>
> 但是，校长却对我的计划有着足够的同情和保证，我有充分的理由相信我能够成功说服他们。
>
> 校长建议，如果他能够向参议院提出至少两个名字，而这些名字也能够让我接受，这将增加我计划成功的机会。这在哈佛是一个惯常的程序，监督委员会总是期望能够有备用人选的考虑余地。

大部分内容都写在信件的第一页，而在第二页的第一段写道："因此，我不仅要推荐你的名字，而且推荐格罗皮乌斯先生的名字，如果因为任何原因，还不能得到您的同意，我希望您能坦率地告诉我。"密斯也异常坦率地回复他，"你的信让我吃了一惊。这也迫使我做出了并不令人愉快的决定——缩减我在 9 月 2 日的信中曾经对你做出的答复协议，我愿意接受这一职位，但我却不愿意自己成为一个教授候选人，如果您坚持向贵校校长提供一些名字的话，请您善意地忽略我吧"。

再一次，就像和贝伦斯在一起的那些年，格罗皮乌斯挡在了密斯的面前，尽管在当时的情况下，其实正是密斯自己使他能够成功。而密斯原本认为哈佛会做出对他有利的决定，因为他——难道不是他吗？——在艺术上显然比格罗皮乌斯优越，但他自己的消极行为也让赫德纳特产生了另一种担心，担心密斯是一个轻易头脑发热的人。

格罗皮乌斯在 1937 年 2 月 1 日接到了这一任命。

. . .

在同年的晚些时候，密斯得知他在柏林纺织物展览上的角色也被取消了。赫尔曼·戈林（Hermann Goring）接管了这一项目，并将项目移交给了滕博尔霍夫机场以及诸多纳粹所钟爱的建筑作品的设计师 Ernst Sagebiel。与此同时，Earl Reed 已经从阿默建筑学校退休了，在他离任之后，建筑部门的代理主任先后由勒贝尔（Loebl）和路易斯·斯基德莫尔（Louis Skidmore）接任，而路易斯·斯基德莫尔刚与纳撒尼尔·奥温斯（Nathaniel Owings）在芝加哥开始进行建筑实践。

在纽约，密斯的命运再次受到了纽约现代艺术博物馆的馆长的影响。巴尔与现代艺术博物馆的受托人兼纽约沃尔特·汤普森公司——当时世界上最大的广告公司——总裁及董事的海伦·里索（Helen Lansdowne Resor）关系非常亲近。同她的丈夫斯坦利·里索（Stanley Resor）——汤普森公司主席一样，里索夫人也对现代艺术和建筑有着浓厚的兴趣。20 世纪 30 年代初，这对夫妇计划先设计一个客房，然后打算为他们在威尔逊的蛇河牧场上建一个大的避暑别墅，便委托美国建筑师古德温（Philip Goodwin）设计。1936 年，这一拟建住宅的服务楼正在建设中，里索夫妇却和古德温闹翻并解雇了他。于是，1937 年初，里索夫人向巴尔求助想雇用密斯来完成这一委托。巴尔对密斯抱着极大的热情，以里索的名义写信给他，不过密斯可能回答了，也可能没有回答——关于此事的记录并不清楚——但是在 1937 年 7 月，密斯的确在巴黎回应了里索希望约他在 Meurice 酒店见面并一同讨论这一项目的邀请。这一次会面让海伦·里索在第二天写给巴尔的信中写道："我非常喜欢他，并且非常尊敬他。"为期两天的会面以邀请密斯来到美国里索的家中做客而告终。他将调研这对夫妇的建筑项目的现场并考虑是否接受这一委托。密斯随后返回柏林，在几天之内乘坐 SS Berengaria，在里索夫人和她的两个孩子的陪同下，于 8 月 20 日抵达纽约。

此次在美国旅行期间，密斯并没有再尝试与阿默学院沟通，而且在哈佛雇用格罗皮乌斯之后，他显然也不会再次考虑芝加哥。1937 年的某些时候，密斯也接到了维也纳学院的邀请——在彼得·贝伦斯卸任之后，恰有职位空缺了出来。尽管维也纳的邀请让密斯很感兴趣，但因为纳粹在 1938 年吞并了奥地利，这一想法便随风而逝了。密斯在纽约受到了同样说德语的年轻建筑师罗杰斯的接待——罗杰斯与他的搭档普里斯特利（William Priestley）曾经一起研究过柏林包豪斯。罗杰斯担任翻译，普里斯特利也起到了作用；由于他当时正在进行芝加哥的一个项目。因此，通过他，阿默学院知道了密斯的行程。

密斯在纽约只做了短暂停留，就与里索夫人一同向西旅行。在芝加哥停留的那天，他与普里斯特利以及其他两个年轻建筑师朋友——布莱克（Gilmer Black）和戈德堡（Bertrand Goldberg）一起见了面。这三个人"向密斯展示了所有我们能找到的理查德森、沙利文和赖特的资料"，普里斯特利补充道，"我曾经和霍拉伯德（John Holabird）谈起过，而他从怀俄明州回来的时候，他非常急切地想要见到密斯。"

返程的路上，密斯乘坐的火车必须在芝加哥换乘，于是他又见到了普里斯特利和戈德堡。他们开车将他载到弗兰克·劳埃德·赖特在郊区橡树园的住宅之后，普里斯特利邀请他第二天与阿默学院的代表见面，密斯同意了。很可能密斯的这一意愿是受到从他之前在包豪斯的一名学生博伊伦（Michael van Beuren）的来信所影响，这封信是在密斯得知哈佛的决定之前就寄给了他（密斯已经展示过博伊伦在阿默写给他的信件）。博伊伦将他在哈佛和阿默了解到的情况进行了汇报：

> 我在纽约见到了罗杰斯和普里斯特利。他们都相信芝加哥比波士顿更适合你。芝加哥人更具有主动性；他们更加自然，处事也更加直接。

在纽约就像在波士顿一样，而且没有教条化的政治因素，通过个性化与传统的碰撞，这里会产生更多且更具有影响力的理论。

在阿默，你可以做你自己……那里的部门负责人反复承诺将给予你绝对的自由，还会为你配备助手来接管行政工作，这样你可以有更多自己的时间……

但是这个学校规模很小，直到现在也不算是非常重要的学校，而且它的位置也很偏僻。你应该看看，它正是美国奇妙矛盾的典型例子。芝加哥"最伟大的"建筑，正是它伟大的艺术殿堂——艺术学院……这是上个世纪文化抱负的遗迹。

在艺术学院中的每个人都在神殿下面的隧道里工作……而阿默学院则坐落在神殿的屋顶……工作室盘踞在阁楼的天窗下方……在夏天，你会被烤焦。波士顿则有着另一番景象：

波士顿曾自诩为"宇宙的中心"，但在过去的50年中已经被纽约逐渐取代。现在的它是一个骄傲的"刺"城，那里的一切都并不符合我们这个世纪。

【关于哈佛】：它的位置、空间，以及整个学校都非常高雅，各方面都有着良好的布局，你可以在那里舒适地工作。

【但是】那却有着困难……荒唐……以及严肃。所有的大人物——其中不愧是灰头土脸的人物——他们自从大萧条以来就没有改变过宫殿的设计，却对教授的人选有着自己的想法。赫德纳特对于他的职位而言可以称得上是一个年轻的新人……他所要面对的那些排斥他想法的人们听到风声都表示——他们"不想要更多的外国人"……而赫德纳特在谈论格罗皮乌斯时也坦诚地告诉我说他很喜欢他，格罗皮乌斯有很多"想法"……但是总的来说赫德纳特还是想要你……他还是坚持将你的名字列入到了他的名单中……他承认格罗皮乌斯的包豪斯名气太大了，这也带来了更多的反对意见。

阿默学院却从未失去它对密斯的热情。连续三天，密斯都在酒馆俱乐部享用午餐，首先是霍拉伯德，然后是校长亨利（Henry T.Heald），最后是董事会主席（James D. Cunningham）。在最后一天，他们提交了建筑项目主任的正式提议，而密斯也接受了，但前提是他完成了部门和课程改革的提议后——才能够同意履行协议。

密斯接下来表达了想要与弗兰克·劳埃德·赖特见面的意愿。于是，霍拉伯德指示普里斯特利说:"你给赖特打电话吧,我可不想给这个老家伙机会诋毁我的建筑",普里斯特利便给位于威斯康辛州的斯普林格林的赖特家中打电话。"赖特先生",他说,"密斯·凡·德·罗现在正在芝加哥,他很想见见您。"

"我想他可以,"赖特大声回答,"告诉他,我很欢迎他!"

这一出自1982年普里斯特利的回忆中的场景与另一个记录并不相同,这次会面是密斯努力寻求的结果,弗兰克·劳埃德·赖特基金会保有密斯于1937年9月8日的电报:我明天将会在芝加哥,我很想开车到塔利辛(Taliesin)去拜访您,表达我的敬意。由于您的电话一直播报处于停机中,我只能发这封电报,如果您方便的话,请连线回复芝加哥黑石酒店。

尽管这些记录在细节上都不尽相同,但都在密斯受到了赖特的热情欢迎这一点上保持一致。赖特曾经对于欧洲建筑师抱持着厌恶的态度:名气越大的建筑师,他就越讨厌;那些欧洲的建筑师总是在窃取他的理念和想法。比20世纪30年代还早的时候,他就已经接触到了欧洲建筑师中两个最为伟大的建筑师——格罗皮乌斯和勒·柯布西耶——并且拒绝了他们的拜访,每一次的态度都不合情理地粗鲁。然而在密斯这件事上,甚至到后来二人的关系渐渐归于冷淡,赖特也从来没有过行为不端。现在的赖特开始积极社交,不仅仅因为密斯是以十分尊敬的心态来他的住处拜访——格罗皮乌斯和勒·柯布西耶也同样这么做过,却只遭受到了挫败尊严的难堪——还因为赖特是真诚地赞赏密斯的工作。尤其是巴塞罗那德国馆和图根哈特住宅,都让他印象颇深,这些作品完全区别于包豪斯那些功能主义的建筑师们,它们是个性化敏感化的作品。密斯式的空间可能有受到赖特的启发,这一点却并没有伤害二人之间的关系,赖特认为密斯是唯一一个可以跟随他的指引和独立性并且能够在过程中创造一些具有独特原创性作品的欧洲人。

对于他在塔利辛所看到的赖特那建于1902~1925年的庞大的复合功能建筑,密斯感到由衷的惊叹。他在露台上漫步,威斯康星州的美景一览无遗,他不由地惊呼,"自由!这就是一个王国!"他鼓掌称赞着这座建筑,并用手势示意这些他曾从书本上看到的相互渗透的建筑体量,他如今正在亲身感受它们的美妙。赖特也被密斯吸引了,密斯有种浑然天成的魅力,并且时不时地会流露出一些温暖的瞬间,而这些温暖也因为稀有而变得更具有吸引力(图6.1)。这场午后的拜访持续了四天。"可怜的密斯先生,"赖特说,"他的白衬衫已经变成灰色的了!"在普里斯特利、戈德堡和布莱克返回到芝加

图 6.1
1937 年，密斯和弗兰克·劳埃德·赖特在威斯康星州斯普林格林市（Spring Green）的塔利辛东部（Taliesin East）。两人之间的友情是显而易见的。此时一人刚刚说完话，两人都在等待译员（背对镜头）的翻译。

哥后，赖特找了司机，并且亲自送密斯穿过了正在建设中的威斯康星州的约翰逊蜡像馆，然后经过他在橡树园的统一神庙、河滨的 Coonley 住宅以及南城的 Robie 住宅之后，返回了芝加哥。

. . .

里索牧场由一组靠近斯内克河（Snake River）的乡村小屋组成，在大提顿郁郁葱葱的平原上的经典景色——有一个未经发现的欧洲人对美国西部广袤天空的描绘。在密斯到达现场时，他发现这一大型建筑的部分是二层服务配楼，这所用于宏伟的夏季住宅的建造第一期，是跨越斯内克河的一段人工支流。四个混凝土桥墩已经穿过小溪就位了，中心的一对桥墩有水流通过，一个暂时作为桥梁预结构的装置也被放置其中。完成的服务配楼占领了水流的东岸。前面提到，当时的建筑师是现代艺术博物馆的受托人之一，也是当时反对过密斯设计现代艺术博物馆新建建筑的人——菲利普·古德温（Philip Goodwin）。里索可能已经解雇了古德温，但他的建筑设计深度其实已经足够，于是里索先生坚持让密斯将自己的设计融入到方案之中。在实地调研之前，密斯可能知道这些情况，也可能对此并不知情。尽管有语言障碍——密斯一句英语也不会说，而里索一家也无法用德语对话，现场也没有翻译——他还是表达出了他对于现场和先前已有条件的保留意见。在他停留在现场的几天中，他把大量的精力都投入到了考虑现场条件和灯光。他经常逗留在临时桥梁上面。随后，他再次乘火车途径芝加哥返回纽约。巧合的是，在他停留在现场的那段时间里，他也曾经与里索一家一起拜访了画家格兰特·伍德在同一区域的小屋。

他回到纽约后，密斯便开始还罗杰斯和普里斯特利的债。从 1937 年秋天至 1938 年的冬天，密斯都在二人的工作室中从事里索项目的工作。同时，密斯也在为阿默学院构建教育理念并将其整合为系统的课程（罗杰斯和普里斯特利同时尽心充当文字翻译）。这段时间内，密斯不得不小心避免公开他访问美国的真实原因，因为他"仅凭旅游签证在美国，如果作为建筑师继续留下来工作是不被允许的，"

里索住宅成为密斯在 20 世纪 30 年代另一个未建成项目，不过这一项目也成为他对美国最好的介绍——最初他的理由是能够来到美国——而且让他真正有机会能够留在美国。6 个多月之后——即 1938 年 3 月——密斯与罗杰斯、普里斯特利以及其他工程师一起为河边的一座两层钢架房屋制定了一系列的施工文件。这一设计也融入到了古德温设计的原本的侧翼部分中。在罗杰斯的监督下，这些图纸被送去投标，不过在 4 月 5 日，密斯登上 SS 玛丽女王号前往德国的途中，他接到了来自斯坦利·里索的一封电报："我很抱歉，由于商业条件的关系，我不能在怀俄明州威尔逊继续建造房产了。"

究竟为什么里索会做出这样的决定，原因不得而知。在几周后密斯收到了标书，这一项目的成本是里索预算的两倍，而且承包商和供应商也在巨大的玻璃灯的制作甚至是运输上也出现了技术问题。后来，里索又一次改变了注意，给密斯提供了参与一个较小的建筑物翻新的可能性。这栋设计于 1938 年的住宅正是里索项目两个不同版本方案中的第一个。在密斯接手了他在阿默学院的任职之后，便断断续续的进行这项委托。直到 1943 年，一场春季的洪水冲走了码头，再加上第二次世界大战，这一项目也只好停止了。产生于 1938 年之后的方案修改最终生成了一个单层住宅模型以及一部分图纸，并且不再把古德温住宅的侧翼整合到同一建筑中，这所住宅也就变成了相比真实的项目，更多的是密斯的一种自我推广和展示（图 6.2）。这一替代性的方案最终变成了众所周知的里索住宅，尽管由于这一作品的广泛发表，它也成为了密斯 1947 年在现代艺术博物馆展览上的展品，但是第一个真正的里索住宅究竟是怎样的呢？

密斯对于第一个里索住宅的解决方案基本上是图根哈特住宅平面的延续，在考虑到美国建筑所具有的质朴性后，密斯使用了更加温和的饰面和材

图 6.2
里索住宅项目第二个方案的模型，项目位于怀俄明州的杰克逊·霍尔（Jackson Hole）(1938)。这一方案有效地抽象并理想化了密斯最初的两层式设计，这样做是为了纳入该项目的前建筑师菲利普·古德温（Philip Goodwin）未完成的结构设计。照片由纽约现代艺术博物馆的密斯·凡·德·罗档案提供。

料。整个房子是一个钢架结构的矩形盒子，建筑上层横跨过溪流，现有的桥墩起到了支撑的作用。河岸一端的上面是古德温设计的二层服务侧翼，厨房在这一部分的上层。在另一边的西岸，密斯设计了一个互补且遵循严格的直线体量的两层建筑，其中包含入口、公共配套、车库，以及位于下层的办公室；上层则是三间毗邻旋转楼梯和一个开放式门廊的卧室。两层之间是位于二层的一个宽敞的起居－就餐－学习区域，其由全玻璃围合而成的立面可以将风景都纳入视线之中。建筑内部则是图根哈特式的开放空间，有十字形立柱、独立式的隔墙以及适宜的传统家具配置。一个巨大的双面壁炉位于欧洲制作的玛瑙墙上。当地生产的石头被密斯作为了独立雕塑的背景，就像巴塞罗那德国馆或是图根哈特住宅一样。建筑的外墙由柏木板覆盖在钢框架和厚实的绝缘材料之上。窗户和从地板到顶棚的灯具则都由定制的青铜挤压成型。室内的氛围无疑美妙绝伦。正如密斯著名的拼贴画中所展示的：全尺寸的窗户与外墙部分以及屋顶部分的细部图纸呈现出精密的技术水平。正如普里斯特利和罗杰斯执行的整套施工图文件的情况一样，据说其中详细的楼梯大样图就是由密斯亲自绘制的。

尽管在近乎奢侈的关注下，密斯的工作中有 800 多张草图和图纸被保存了下来。然而这一住宅的第一版设计仍然无法确信。按照典型的密斯式动态空间组织的起居空间被夹在了建筑两端的静态服务空间元素。密斯不能在两层楼上做任何引人注目的体量设计，主要是因为建筑较低部分的体块是由码头位置和古德温的设计元素固定的。二层的阳台则是一个独立的洞形空间。建筑的组成也因模棱两可的结构解决方案而进一步妥协，其中在起居空间的立柱中有四个仍暴露于空间中，而另外四个则被隐藏于墙体内。巨大的壁炉从地板直通顶棚，增加了结构上的迷惑性。

...

1937 年底，密斯在纽约与沃尔特·彼得汉斯有了一次见面的机会，这位在密斯任职期间曾经也在包豪斯学院就职的天才摄影师此时正住在布鲁克林。彼得汉斯当时穷困潦倒,这也促使了密斯再一次为他提供了在阿默学院的职位。1938 年 2 月,在回到德国结束所有的事务之前——密斯最后一次旅行去了芝加哥,他在阿默遇见了希尔德(Heald)和其他人,并同他们一同讨论他的新计划。3 月 31 日,就在他登上玛丽女王号离开时,他建议增加三个可能会让他更早去往美国的职位;在纽约的沃尔特·彼得汉斯以及约翰·罗杰斯,他们都被学院接受了。"旧"的教师体系中,密斯建议保留三位——查尔斯·多恩布施(建筑设计),斯特林·哈珀(建筑师),以及艾伯特·克莱尔(Albert Krehbiel)(绘画和水彩)——只要他们"准备和我们携手推行新的教育计划"。此时薪酬已经谈妥:密斯要求每年 10000 美元,最终以 8000 英镑的方式支付——这在大萧条时期的美国仍然是一笔可观的数目。

回到德国之后,密斯参加了一些商业活动,并最终向德国做出了他的告别。他的公寓和工作室没有受到干扰。他唯一的雇员赫伯特·赫奇(Herbert Hirche)此时几乎一直都在为莉莉·赖希工作,密斯的女儿也不再和她们的母亲一同居住。埃达早已从南蒂罗尔州返回了巴伐利亚——在那她将注意力放在了女孩们的学校教育上。她首先将她们送到了德国加米施 – 帕滕基兴学院,随后在伊京,埃达让她们在来自慕尼黑的沃尔夫冈·洛汉(Wolfgang Lohan)的指导下进行私人家庭教育。

1935 年,德国的经济萧条让埃达搬回了柏林,并在找到一间公寓之前,先在一个小房间中居住了一阵子。据说密斯也有从自己的积蓄中资助她。乔治娅开始了自己作为女演员的职业生涯。玛丽安娜则在 1937 年与沃尔夫冈·洛汉结婚,并在 1938 年成为了密斯第一个外孙德克(Dirk)的父母,紧接着的是卡琳(Karin)和乌尔里克(Ulrike),分别在 1939 年和 1940 年出生。瓦尔特劳特在乔治娅的母校——萨利姆体育学院的分校 Birklehof 度过了高中。此后,她开始在慕尼黑路德维希 – 马克西米利安大学学习艺术史。

赖希则继续努力工作着,在密斯缺席的情况下,她持续关注着他的业务。现在的密斯或许事业会更加稳固、更加长久。他会吗?他能够或者想过带她去美国吗?他有可能会回到柏林玛?他会觉得对她有任何的亏欠吗?如果他曾为自己的未来徘徊不定,那么纳粹恰好帮他做了决定。到了 1938 年,党内的争论结束了,他们决定对现代艺术宽容并且支持右派人士。在公共层面上获得批准后,纳粹主办了名为"堕落的艺术"的展览,其中正式展出了 650 件现代主义绘画和雕塑作品,其中包括 Max Beckmann,Ernst Ludwig Kirchner,Paul Klee,Emil Nolde,Gerhard Marcks,以及 Ernst

Barlach 的作品，这些作品都是 1918~1933 年间在德国创作而成。这一展览在 1937 年 7 月于慕尼黑开幕，直到 1941 年底已经在德国和奥地利的十几个大城市中巡回展出，这期间有将近 200 万人参观过展览。

当时在德国居住的艺术史学家 Sibyl Moholy-Nagy 这样回忆道：

> 1937 年 5 月 15 日，普鲁士美术学院院长马克斯·希林斯（Max von Schillings）给每一位进步教员都写了一封要求他们辞职的信件，作为"不可调和的分歧"的"有尊严的解决方案"，密斯在 5 月 18 日回信给希林斯并拒绝辞职，因为"在这样的时期，这将会导致更多的误解"。尽管这一组织对臭名昭著的旅游展览"堕落的艺术"负有责任，直到 1937 年 7 月，他仍然都是"墨守成规"的成员，

鉴于自己的艺术声誉以及同犹太人和左派人士的关系，1938 年的局势对于密斯留在德国更加危险。1938 年 8 月，在他计划离开柏林前不久，他被传唤到当地警察局去取他的移民签证和之前需要他准备的临时护照。他担心因自己的旅行计划失败而被拘留，所以便委托他的前任助理卡尔·奥托（Karl Otto）替他取回护照和签证。当奥托回来的时候，他发现密斯正在接受两名盖世太保的粗暴审问，这完全是一场突击审讯，并且他们对于密斯此时没有护照非常不满。

等拿到了护照，密斯便设法安抚了这些军官，在他们离开的同时，密斯就改变了自己的日程安排，提着一个行李箱立即离开了这里。赫希在火车站见到了他，那是一个远比 33 年前到达首都时要丰盛得多的灵魂。"赫奇"，密斯说道，"你自己也快来吧！"这场景仿佛是从很多年前密斯坐火车抵达亚琛时开始，终于在此刻完美落幕的一个隐喻。他在与他的兄长埃瓦尔德见面之后，密斯使用了他哥哥的护照（他自己的被盖世太保带走了）横渡荷兰，然后前往海牙。在那里得到当地德国领事的同情与帮助后，密斯终于可以踏上通往纽约的道路。通过 SS 欧洲号，密斯终于在 1938 年 8 月 29 日，再次踏上了美国的土地。

第 7 章
建筑师与教育家：1943～1949 年

> 女士们，先生们，让我来为你们介绍密斯·凡·德·罗。但对我来说，他可从来都不差。
>
> 弗兰克·劳埃德·赖特，1938 年

> 从材料到功能，对于创造性的工作总是有着漫长的道路，但是目标只有一个：从现有绝望的混乱中创造秩序。
>
> 密斯于 1938 年的就职演说

> 我绝不是无法独处的人。
>
> 密斯对话劳拉·马克思

> 我们是多么的无助！
>
> 莉莉·赖希在战时写给密斯的一封信中这样写道

密斯到达阿默技术学院时，1938～1939 学年已经开始了。他对芝加哥的直接印象还停留在两年前的短暂逗留。在他的脑海中，芝加哥与柏林与其说有比较，不如说是截然不同的两个城市。柏林是一个国家的首都，芝加哥却连美国的一个州都称不上。芝加哥是一个拥有 300 万人口的大都会，但仍然不及纽约人口的一半之多。柏林则是全欧洲最大的城市，也是拥有超过 400 万人口的世界级文化城市。然而柏林和芝加哥的发展却有着非常相似的模式。两个城市都在各自的国家中发展迟缓，直到 19 世纪末才达到了大都市的地位。芝加哥在 1870 年时人口为 299000 人，尽管遭遇了 1871 年的火灾，但却在十年之后就达到了 503000 人。在同一时期，柏林的人口也增长了三分之一，达到了 122000 人。到了 1910 年，两座城市的人口都达到了 200 万人。在 1868 年，柏林的中世纪城墙倒塌了，几个曾经独立的区域，包括婚礼区、莫阿比特区、格森布鲁能区都被合并到了柏林。芝加哥则从来没有过城墙，除了早期的壁垒。但 1889 年，这座城市的一个地区也发生了类似的大规模兼并活动，芝加哥的范围扩大了 5 倍。

芝加哥和柏林这种奇妙关系早已被政治家与工业家沃尔特·拉特瑙（Walther Rathenau）所注意，而他也曾形容这座城市正是美国摩天大楼的崇拜者。拉特瑙对于柏林是"狂欢中的芝加哥"的评价由历史学家格哈德·巴舒尔（Gerhard Masur）记录，他还补充道"许多人认为柏林是所有欧洲城市中最美国的……这里正在成为欧洲最大的制造中心。"同样，在美国的背景下，芝加哥也是如此。

当密斯抵达芝加哥时，"第一座芝加哥建筑学院"有很多工作仍亟待解决，然而这里20世纪早期的商业建筑与柏林和欧洲其他城市一样属于历史主义风格。装饰艺术风格的建筑曾在20世纪20年代初短暂闪现，却又因大萧条时期商业建筑的窘境被扼杀。作为现代主义的一种形式，它早在1933~1934年就呈现出了世纪性的进展，但几乎所有的东西都在大萧条时期被拆除了，其影响也非常有限。

密斯在芝加哥下榻的第一家酒店就是史蒂文酒店（现为芝加哥希尔顿酒店），这家1927年建成的酒店由备受尊敬的Holabird & Roche芝加哥公司设计，是一家散发着慵懒的古典气质的酒店，属于这一时期典型的传统主义。它位于芝加哥艺术学院以南0.8公里的地方（那里也是阿默建筑学院授课地点），面向城市中最大的林荫大道——密歇根公园大道。当密斯沿着林荫大道走的时候，他穿过了阿德勒和沙利文1889年设计的世界闻名的礼堂建筑，以及丹尼尔·伯恩翰的两个重要作品——铁路交换楼（1904）和管弦乐厅（1905）。也正是在铁路交换楼密斯首次开始了自己的实践。

他在史蒂文酒店住了一个月之后，便穿过巴尔博驶向了老黑石酒店（1908），这也是这座城市最富传奇的酒店之一。在接下来的三年中，他都住在酒店的单间里，这也完全满足了他的隐私与自我遏制的意愿。而他身处的世界已经离他那散漫的柏林公寓与简单的世界主义相去甚远。他的确社会化了，但正如在德国一样，他也抵制着这种变化。他需要的是一些马提尼、哈瓦那雪茄，以及几套上好的西装。1941年，他搬到了东皮尔逊街200号，一个庄严、拥有10个单元的新文艺复兴时期的大楼之中。他买下了公寓三层的一间包括两个卧室的住宅，并在这里度过了余生。

第二次世界大战爆发之前，赖希已经寄来一大堆物品和专业论文，但糟糕的是大部分属于密斯的财产和记录仍留在德国。在赖希寄给密斯的东西中挑选后，密斯还是为芝加哥艺术研究所在1938年组织了一场小型展览。展览包括一些照片、图纸，以及最新建造的两组法院大楼的模型和许贝住宅。

1938 年 11 月 20 日，阿默学院为密斯举行了庆祝晚宴。场地就在帕尔默住宅中的红漆房。400 人出席了这场艺术舞会，其中包括该县主要建筑学校的官员、著名建筑师以及芝加哥社会名流。（阿默学院向每人收取了 3 美元的费用）据说密斯要求弗兰克·劳埃德·赖特来介绍他的出场。赖特答应了他的邀请，尽管他知道很多这种场合中那些职业同行们对他的关心一点儿不比他对他们的关心多。赖特发言之前，还有很多人进行致辞——阿默委员会主席詹姆斯（James Cunningham）、亨利·希尔德（Henry Heald）（自 1938 年 5 月起担任阿默的校长），以及一些学术界的知名人物。赖特最后已经开始感到烦躁无趣，并以隐喻方式暗示其他出席者所表现出的专业状态。接下来他介绍密斯时说"女士们，先生们，让我来为你们介绍密斯·凡·德·罗。但对我来说，他可从来都不差——当然在场的各位也不差。作为建筑师我很欣赏他，作为男人我尊敬并且爱他。阿默研究所，我将我的密斯·凡·德·罗交给你们，希望你们能够像我爱他一样好好对待他。他也一定会回报你们。"（希尔德版本中赖特的语言部分则是"天哪，你们需要他！"）

　　甚至就在密斯走向讲台的时候，赖特几乎立即就跟着他的一队随从退出了会场。目击者之间相互矛盾的证词让我们并不能确定赖特这样做是出于一个明显的不满情绪，或者，正如他的同事后来坚称的，他的确有需要紧急外出的活动。希尔德的证词成为了最终答案："晚餐结束后，我在酒吧看到了赖特，他一直在那坐着等待活动结束。"

　　密斯用德语发表了他那 1150 个字的演说——他完全没有用英语——不过因为他的口译员事先没有检查过文稿，他翻译出的内容中便有一些不合时宜的用语，约翰·巴尼、罗杰斯受不了这样拙劣的翻译，便在中途取代了这位口译员，于是在演说的最后赋予了整体一些意味深长的内容：

> 我们希望每一种事物的性质赋予每一事物适当的位置，这便是秩序。
> 我们希望以完美的方式来让我们所创造的世界由内而外的绽放。
> 我们不想要的越多，我们做不到的就越多。
> 没有什么比圣奥古斯丁这句话更能深刻表达我们工作的目的和意义了：
> "美是真理的光辉。"

　　在对这一演说的详细分析中，弗里茨·诺伊迈尔试图从文字中提及的内容来追寻密斯的想法，其中包括罗曼诺·瓜迪尼、乔治·西梅尔、马克斯·舍勒，以及亨利·贝格森（Henri Bergson），他们都是密斯在20世纪20年代至30年代期间读过的作品。诺伊迈尔认为这一演说正如密斯早在20世纪20年代中期的笔记、演讲和著作中所表达的东西一样，是对密斯理论的总结，"没有比这一演说更加清晰地表达了密斯建筑艺术的逻辑了。"

它或许很有说服力，不过作为就职演说则显得意义不明。几乎所有密斯发表的专业言论都是一些格言式的宣言，却缺少持续的批判性论据。甚至在诺伊迈尔的分析中，都是引用了很长的一段话并把它压缩，最终都是一句一句的话语，几乎没有任何其他解释。

密斯所要表达的其实很好辨别，在他的宣言中，高潮便是"只有一个目标"，尽管需要在大的方面适应社会——"但是仍应从现有的绝望的混乱中创造秩序。"密斯在1938年1月31日写给博物馆馆长卡尔·施尼温德（Carl O. Schniewind）的信中继续扩充了这一主题：

> 相比之下，在技术领域和经济领域，这是非常明显的，文化领域没有必要，也没有传统，有的只是混乱的方向和观点……
>
> 理清这一情况应是大学的责任……我们这个行业无数的"大师"（都被迫）成为重要的人物，于是很难有时间加深自己哲学上的理解。
>
> 事物本身没有创造秩序。秩序作为存在的意义和尺度的定义在当下正在缺失，必须重新开始努力。

密斯在私下里坦率地说明了他成熟的世界观中的根本原则："秩序是存在的意义和尺度。"这个原则可以追溯到几个世纪以来的西方哲学与宗教思想，不过也可能是经过密斯自己的哲学探索后的独立产物。但是它也同样可以经密斯个人的艺术尝试，或者在战后德国文化、政治和经济的"绝望的混乱"，或者是任何个人或者专业上的挑战的串联迸发而来。

密斯以"秩序"为主题的主张占据了他演说中的绝大部分：学生的"个性"毕竟经过"塑造"，未成形的学生只会拥有"不负责任的意见"；教育必须"将我们从偶然和随意性中超脱，引领我们走向明确的合法性和精神秩序"；我们在这个由"原始建筑"构成的世界中应有"对材料……清晰的理解"；我们必须"了解我们的目标……明确地分析它们"，我们"想要让所有可能的秩序和原则重见天日"。

就职演说中的主题正是反映密斯对伊利诺伊理工大学合并而设置的课程体系的关键因素（IIT 于 1940 年与阿默学院和芝加哥刘易斯学院合并后成立）。除了研究和赞美"原始建筑"，教学重点是便利砖的基本原理，以及正确使用木材、钢材和混凝土等基本建筑材料——"还原每件事物的本质"（这里他听起来很像赖特）。在密斯指导下的本科教育的第一年被一些批评家评价为"贸易学校"的培训，但是密斯却在 1960 年的演讲中展示了这样做的合理性：

密斯的教学方式正如他在演讲中所说的那样，对于建筑学的学生，材料的掌握和"功能主义要素"并不足够；手法必须变，我们应该去追寻尊严和价值。最终，密斯似乎在说，"秩序"，"清晰"甚至是深刻接触"我们这个时代的精神"也不足以产生"创造性的作品"。艺术家必须这样做："我所说的是我所站的立场；我相信并为我的需要辩护。信念是必要的，但在一个人的工作领域，信念的意义是有限的。在最后的分析中其实表现非常重要……这就是歌德所说的：创造，艺术家，不要说话"。

1938 年，密斯的职业发展的一个关键要素并没有在就职演说中披露——这是当然的。他四次使用了结构这个词：引用了那个"时代"的结构，"连接"的结构，在古老的木建筑中，在石建筑中所看到的"财富"的结构，以及"我们这个时代所携带和被驱动的"结构。但是他并没有提到一个"清晰的结构"，而这一理念却将成为他在美国的职业生涯中所界定的建筑原则。1938 年，密斯在美国的职业生涯刚刚开始，他还没能展现出他的演说中所表达的理念。而它们却在 1942 年设计的伊利诺伊金属与矿物质大楼中出现了，随之又在 1944 年密斯的学院图书馆和行政大楼两个项目中体现得更加充分。

20 世纪 60 年代时，密斯曾表示他"在荷兰建筑师亨德里克·贝尔格的影响下走向了现代"："我仔细研究过贝尔格，我读过他的著作并且了解他的理论主题就是建筑要施工，施工要清晰。"1961 年，密斯在建筑师彼得·卡特的采访中给出了更全面的解释——带来了许多事后的好处——并提供了关于英语和德语中有关"结构"这一重要单词不同含义的准确解释。

贝尔格是一个非常认真的人，他拒绝任何虚假，正是他说过如果没有清晰地建造，什么都不值得去建造。贝尔格也做到了这一点，他在阿姆斯特丹的旧证券交易所就有一个中世纪的风格，却并没有让建筑彻底的中世纪化。他以中世纪人们的方式来使用砖。而结构清晰这一理念便在那时进入了我的脑海，我们也应该接受它成为我们谈论建筑的基础之一。谈论理念非常简单，但是做起来却并非如此。坚持这个最基本的原则非常困难，还要提升到结构上……我必须得说，在英语中你会说一切都是结构，但是在欧洲我们却不这么说。我们会说小屋是小屋，但结构不是结构，这是我们的哲学思想。结构是有相同的理念的从上到下每一个细部的整体——这才是我们说的结构。

密斯最重要的学生迈伦·戈德史密斯（Myron Goldsmith）也跟随着密斯开拓其杰出的事业，他将这一论题更加清晰化了："建筑应该是一个连贯的结构艺术，所有的细部都体现了整体，而整体又体现着细部"。密斯在美国的一位重要的职员基恩·萨默斯这样解释结构：

如果你看着他所说的每一件事，如果你试着了解他所说的一切，就会发现那就是结构。密斯最重要的贡献就是他一直在表达建筑的本质……他清楚地感觉到了我们当时的社会本质是什么，我们的文明正是科学与经济的结合……这就是技术……密斯把他这一目标的全部都放在他为此设计的任何建筑物中。他说结构是一件你必须要拥有的东西。你可以做很多有墙壁、没墙壁的建筑——当然，大多数你都会再做一些环境……但是你必须做的一件事就是结构。去细化、发展和表达结构……这就是他所有工作和想法中最重要的方面……这就是学校的本质以及他之后的所有工作的本质。直到他到了美国他才清晰地认识到这一点，其实你可以在密斯处于欧洲时的作品中看到这一理念的开端，但密斯真正是在美国才找寻到了明确的方向。

我们还有另一个关于密斯何时开始阐述结构性原因的参考。1944年，希尔伯塞默所著的《新城市：规划原理》（The New City: Principles of Planning）一书中，出版商也宣布了密斯·凡·德·罗将要撰写一本书，"1944年是准备期"，这本书名为《建筑：结构和表达》（Architecture: Structure and Expression）。这种长度的写作就像密斯其他"调情似的"想法一样，这本书也从没有出现过。尽管"秩序"和"精神"的概念一直是密斯书面语汇与演讲中最核心的词汇，但是"一个清晰的结构"却成为了他核心的专业价值。结构在德语中的意义——连同那些建筑案例——是密斯最好的，最值得铭记的部分。

· · ·

就在第二次世界大战的混乱将人们的精力从经济大萧条中转移开的时刻,密斯怀揣着对是否会有工作等着他的不确定,作为一个外国移民来到了芝加哥。密斯在美国的头十年,大部分时间都依赖于学院付给他的薪水生活。虽然密斯时常会表现出他担任阿默学院的院长是因为他认为自己能够设计一个新的校园,但实际上从来没有过这样的协议。1938 年,在密斯毫不知情的情况下,阿默学院的生存陷入了危机。然而,也正是学院任职的 35 岁的亨利·希尔德给了密斯第一个在芝加哥的项目:重建阿默南部校园的总体规划。密斯在 1959 年的一次采访中自豪地回忆起这一项目:"希尔德有一天对我说,'密斯,你最好现在开始想想校园怎么设计'。这就是我接受的委托。因为他就在这儿,我们也从来没有签过什么合同。"

希尔德认为作为一所技术性的大学,阿默学院需要现代化的课程体系,严格的研究计划,以及新的物理设备。他的这一任务也因阿默学院位于芝加哥最老旧的社区之一而变得复杂起来。在长达数十年的世界大战期间,大量的非洲裔美国人从南方迁到了芝加哥,很多人都会在距离阿默学院很近的工厂和周边晃荡,以此来寻找工作。

自 19 世纪末期以来,这个城市的种族隔离已经将非洲裔美国人有效地限制在两个越来越拥挤的"黑人地带"中——而阿默的校园就在其中一个之中。1919 年的夏天,一场全面爆发的种族暴动造成了当地 15 名白人和 23 名黑人死亡,500 多人受伤。在这之后,许多住在阿默校园内或附近的教师都要求搬离这里,而校园本身也是如此。

密斯到达现场时,阿默的校园占据了那面联邦街道和第 33 街道交叉的十字路口处 9 英亩的地块。这一地块北面是第 31 街、南边是第 34 街,东边是州街,岩岛铁路的铁轨则在西边。所有的建筑都可以追溯到 19 世纪末或者 20 世纪初。周围地区曾经是商业建筑和住宅建筑的密集混合区域——这里处于长期破败的状态,而密斯在 1937 年首次在芝加哥旅行时也一定已经注意到了这种情况。阿默学院三年级学生迈伦·戈德史密斯在密斯到达这里时也说道"(密斯)在早年就已经知道芝加哥是多么可怕,尤其是伊利诺伊周边的区域。这里就是一个正在被逐渐清退的巨大贫民窟,生活在那里的人们处于极度的堕落之中。"这些事实也促成了 1930 年学校的搬迁计划。不过这一次的决定最终也是徒劳无功,经过 1935 年的讨论后,阿默学院决定继续留在这里,但会购买额外 30 英亩的土地用来扩大校园。在此后一代人的时间里，这些 19 世纪的砖瓦走廊和木结构小屋——大多数都在 25 英尺宽的地块上——仍然矗立在"最近"被收购的地块上，不过最终这里还是被夷为平地。扩建的校园包括在第 31 街和第 35 街之间的州街两侧前面被称为"漫步"的区域，这里曾经是芝加哥爵士乐的天堂。20 世纪 20 年代，金·奥利弗，路易斯·阿姆斯特朗，杜克·艾灵顿，贝西·史密斯，吉米·扬西等人就在这里演奏，让"漫步"成为美国最热闹的娱乐场所之一。

20 世纪 30 年代——也是经济大萧条时期，对于"漫步"和与它毗邻的大学都是很艰难的岁月。爵士乐手们都搬去了更远的南边，走进更大的剧院和舞厅，沿着州街蔓延的颓势让整个社区持续衰落。阿默学院决心扩建校园的计划也逐渐让很多在这里生活了数十年的人们变得流离失所。当时，这一策略被认为是消除贫民窟的问题，同时让校园自身的环境设施变得更具有吸引力且更加安全的绝佳方式。而这一计划也获得了芝加哥政府的支持，阿默同时也期待在二战结束后，政府的规划给予公共资助升级——或者完成那些被正式指定为贫民窟的社区的重建这类项目高度的优先性。

密斯对于阿默校园规划便是紧随其后的另一个项目。1937 年，也就是希尔德被任命为阿默校长之前，学校曾经雇用芝加哥 Holabird & Root 公司进行校园扩建规划。尽管霍拉伯德也非常热衷于密斯的作品，但是他的公司所做的规划却是非常传统的类型：建筑物沿着一条中轴线的两边围绕庭院进行分组布置，一系列构成古典山门的立柱穿过高架火车站东面四个街区对面的第 33 街，形成校园西面的入口。由芝加哥建筑师兼阿默学院理事会成员阿尔舒勒（Alfred Alschuler）所做的第二个方案则可以追溯到 20 世纪 40 年代——比密斯第一个方案出现更晚。尽管希尔德给予了密斯高度的关注，但他在 1941 年 1 月 9 日写的信还是对密斯的方案产生了将其边缘化的影响。随着几天后校园规划将要进行公开汇报，希尔德悄悄地给密斯写信说道：

> 董事会决定尊重阿尔舒勒先生生前所绘制的规划草案。我不希望你觉得董事会决定采纳阿尔舒勒先生的草案便代表着你需要对自己的工作作出任何反思，只是恰巧阿尔舒勒先生曾经准备过一版方案，而其中显示出了可以让一些正在使用的老建筑物可以阶段性地发展改造，它与你一直在做的一般性的全面改造计划不同，董事会认为在这一时期以这种方式进行公开汇报是最佳选择。

阿尔舒勒的规划——很可能是政治制度内的产物——在 1941 年 1 月 13 日的芝加哥《每日新闻》上进行了发表。密斯则坚持自己的方案，并最终获得了由希尔德主导的官方支持。阿尔舒勒的规划方案展示的新古典主义风格中最重要的建筑被搁置了。希尔德在 1941 年 10 月 13 日向学校理事会宣布密斯已经制定了"一个优秀的现代校园规划，并已正式交给 Holabird & Root 公司进行深入与施工图的绘制。"

密斯的最初校园规划开始于 1938 年末或 1939 年初。当时他得到了罗杰斯和普里斯特利的协助。"我们必须建造校园建筑，可通常我们并不确定【它究竟会被如何使用】"密斯这样说道，"所以我们必须找到一个让这些建筑被用作教师、用作工作室，或者是实验室成为可能的特定系统。"罗杰斯就教室与实验室的建筑需求进行了研究，而这也让密斯决定使用一个 24 英尺的规划模块进行设计。这一模块也同样适合于办公室（1.5 倍模块面积）、教室（1 倍模块，可按其分数倍或整数倍进行演变）、实验室（1×2 个模块）以及整体的建筑尺度。密斯也同时采取了该模块的一半——12 英尺作为典型的建筑物楼层之间高度的模数，这一模数以就施工性而言非常合理，不过也可能是恰巧与密斯制定的规划模块尺寸相关。

密斯让这个 24 英尺的模块不仅成为了单体建筑物的规划，同时也成为了整个校园空间组织的原则。"我们就像来到了一个 24 英尺为尺度的空间系统中，"密斯解释道"我将整个校园置入在 24×24（英尺）的网格中。交织的点便是我们可以放置柱子的位置。没有人能够改变它。我曾经与人争论过，但我依旧坚持这一原则。这个明晰的空间系统可以连接任何建筑物。"事实证明，校园建筑几乎毫不例外地保持了各自的独立性，相互很少"联系"。也因此，密斯对于空间系统的坚持便值得商榷了。即使是一个统一规划的新校园，让建筑物单体的平面尺度与它们所在位置之间彼此的连接性相互关联都是没有必要的。密斯可能受到了校园内部和周围现存的街道网格，以及芝加哥城市大规模的 1.6 公里 - 八街区的大规模的街道正交网格的影响，才会对校园规划中的空间系统如此坚持。由上述可知，密斯其实意识到了自己的"原则"可能会遇到阻碍，而他希望能够阻止这件事情发生。然而大规模的空间网格系统对于他所来自的古老的欧洲是一个完全陌生的概念。密斯也从来没有在欧洲时的建筑项目中提及建筑位置与空间系统的关系。在最初的规划平面中，密斯提出将城市中的六个街区合并入现有的校园中，这样整个项目便成为沿着第 33 街东西走向的两个接近正方形的"超级街区"。（图 7.1）超级街区计划将贯通校园南北几公里的主要通道——德尔伯恩街道和

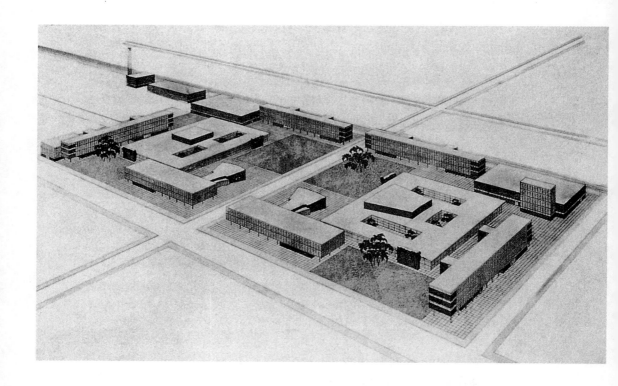

图 7.1
密斯为芝加哥阿默技术学院（Armour Institute of Technology）（即后来的伊利诺伊理工大学）所做的初步校园方案（1939~1940）；本图由乔治·丹福斯（George E. Danforth）绘制。此处为西南方向的空中透视图。第 33 街从图的左下方到右上方斜跨而过。图片由纽约现代艺术博物馆的密斯·凡·德·罗档案提供。

联邦街道进行封闭。方案中的两个关键要素——南部的图书馆建筑和北部的学生会礼堂——占据了每一个"超级街区"的中心位置，而教室分散在周围，街区边缘则是实验室建筑。密斯也做过一班拆除几栋阿默学院已有的建筑（其中包括传说中在战时幸存下来的"主楼"，1891~1893 年）的方案——或许他只是在公开汇报中忽略了它们。

密斯在发展适合技术学院的建筑解决方案上投入了巨大的精力。他希望能够借鉴他在欧洲最后十年的实践案例——主要是未建成的帝国银行建筑和范塞达格（Verseidag）工厂——特别是建筑立面设计的层面，但这些经验却与他需要解决的问题并不相关。密斯提出了一个广泛的外部系统，这一系统包括带状窗；网格化的玻璃幕墙；砖裙和三角壁；以及更高的镶嵌在砖材中的凸窗。密斯继续深化着设计，但是他的方案却永远不会实现。大部分二级构筑建筑都依托于十字形的底层架空柱的支撑（自巴塞罗那德国馆以来密斯偏爱的设计元素），这些建筑中只有大堂和露天的楼梯间延伸到了斜坡上。最值得注意的是与实验室相邻的一个联排式礼堂建筑，它呈现出了半独立性的体量、扇形的平面，以及倾斜的屋顶。

菲利斯·兰伯特（Phyllis Lambert）在她被收录于 2001 年"密斯在美国"的展览目录中的一篇全面且附有插图的论文中细致地阐述了密斯的校

园规划方案的演变，这也是印刷品中对密斯方案最全面的解读。虽然她对于这一方案的评价是尊重且具体的，但她也认为第一版本的方案——正如刚才描述的——是一个"及其激进和复杂的方案"而且断言道"为了完成1941年伊利诺伊校园计划，密斯寻求着简化、消除过多的建筑类型和繁杂"。而以下介绍的第二版方案则是第一版方案的简化版本。尽管如此，兰伯特也没能确认密斯为校园设计的第一版方案，对于刚刚由两所院校合并而成的大学而言，是否并没有做过所需的详细计划或者预算。此时的密斯完全没有在美国从事建造的经验。密斯肯定也意识到了营造技术上的进步形象是他被委托进行这一项目的主要目的。希尔德试图能够重塑学校，他选择密斯是因为密斯的理念以及它们令人信服的表达。真正的开始建造——以及实现——将在晚些到来。

因此，密斯的第一版方案也成为了当时美国建筑现代主义最先进的表达之一。

在芝加哥高密度的南部区域的背景下，"超级街区"提供了一个可实现的框架——其必要性也会随着时间的推移——营造出在视觉上学院仍然与周围城市区域相连的整体风貌。而几种建议的建筑类型也都是对于建设过程分阶段变化的回应。这些设想中的建筑物有着前所未有的形式。它们既不是历史主义，密斯也还未理解它们。建造这样的建筑物需要先进的技术，那座礼堂建筑——尽管后来被密斯视为"过于表现主义"——对于当时的美国可以说是根本性的现代作品。密斯建议将资源集中在具有象征意义的图书馆和学生会建筑中，在他的想象里这些建筑应该是漂浮状的，单层全玻璃的棱柱体，每一座建筑都应该有多个内庭。讽刺的是，尽管这些特征鲜明的建筑在第二版修改后的校园规划中被保留了下来，并且仍然是伊利诺斯未来雄心勃勃的20年中的核心，但它们却都不是一个密斯式的设计，且直到1958年密斯从校园规划中被解雇后，这些建筑才被建成，但建成后的形式并不成功。

最初的校园规划中有一个关键性的设计要素是几乎所有的教室和实验室都以底层架空柱进行支撑。"提升整个建筑"对于密斯正是一个全新的概念。而对于阿默学院，似乎并没有狭隘的纲领性的理由；但是在1938年，以这样的方式让地平面变得通透带来了更多的象征意味，尤其是超大体量的建筑尺度上进行这样的协调更是前所未有的创举。

1940~1941年间，密斯从根本上修改了原本最初的校园规划（图7.2）。这种变化的产生主要有两个因素在推动：圆满完成阿默学院与刘易斯学院的

图 7.2
第二份（修订后的）伊利诺伊理工大学（Illinois Institute of Technology）的校园方案，属于剪辑组合而成的作品（1941）。此处为东北方向的鸟瞰图。位于芝加哥南区的这一密集地块很快就在城市的复兴和不断恶化的自然条件作用下被毁坏殆尽了。照片由纽约现代艺术博物馆的密斯·凡·德·罗档案提供。

合并，并最终形成了伊利诺伊理工大学；并且芝加哥城市决定禁止封闭迪尔伯恩街道和联邦街道有效地阻碍了有着典型的清晰性和简洁性的"超级街区"的设计。密斯在 1960 年的一次采访中回忆这段过往说道："在这个校园设计中——尽管它并没有建成——我移除了大部分的街道，这样我可以自由而适宜地布置所有的建筑物。那时的校长亨利·希尔德告诉我所有这些事都可以在那时候完成。但是直到很久之后他们才允许我移除那些街道。于是我被这个地块的过去困住了。我不得不做出了一个正常街区模式的规划。"在经过修改后的规划中，密斯简化了建筑体量并且去掉了附属的礼堂建筑。但也有将近一半的建筑如同第一版方案中一样被抬高了——尽管最终并没有任何建筑以这样的方式建造完成。除了第 33 街街区的建筑物被严格控制之外，这一版的规划的对称比较松散。由于街道的"重新导入"导致形成了一些较小的街区（相对于超级街区而言）图书馆和学生会建筑都相对地缩小了规模，它们都只有一个内庭。

在修改过的规划中，最重要的变更是原本建议选址相互平行并相互有联结点的建筑位置。第 33 街的两个以一些三面或四面围合的建筑组群而形成了一些较小的绿地。评论家认为它们是对荷兰风格派艺术家彼埃·蒙德里安作品的借鉴——甚至是直接引用。同时这一概念已经清楚地反映在最终的建造中——尤其是在 Alumni 楼、Perlstein 楼，和 Wishnick 楼的选址上——而且被经常引用为校园规划的一项重大创新。但由于在第一版的方案中"超级街区"接近正方形，密斯能够以正确的角度处理建筑物之间的关系，而这也可能是密斯较为青睐的设计方式。平行的选址和建筑物依次"滑动"排列（建筑长边总是南北向平行）也可以被视为密斯不得不适应现在较小的矩形块的功能而选择的解决方案。

第二版校园规划也反应了密斯对于新的伊利诺伊理工大学（IIT）运营中财政限制的认知。第二次世界大战期间只建造了两个重要建筑物，其后校园环境的改善提升需要也都依赖于一个具体项目才能进行成功筹款。事实上，在密斯任职期间，IIT 从来没有一次筹措过足够的钱来协调建设工程。如果当时能够这样，密斯的校园规划必定会因优先知情而从更多的财务安全机构中受益，或许他还能实现图书馆和学生会大楼的建造。很久以后，密斯将这一校园规划定性为"我做过的最大的决定"。尽管对于密斯，这些"重大的决定"是指建筑，但是政治和金钱也同样重要。希尔德总结了他对于密斯的回忆："很多次，我都觉得他值得一个更好的业主，或者至少也应该是一个更富有的业主！"

...

让我们现在回到 1939 年的夏天，此时最初的校园规划正在进行之中。应普里斯特利一位朋友——芝加哥律师阿什克拉夫特（E.M.Ashcraft）的邀请，密斯来到威斯康星州中北部一间隐匿的派克湖小屋中度假。密斯要求罗杰斯和阿默的本科学生乔治·丹福思（George Danforth）继续深化当时的方案。普里斯特利和沃尔特·彼得汉斯也短暂地出现在了那间独家小屋。在度假派对中还有一位女士——她正是莉莉·赖希。在这一年的 7 月，她抵达了纽约，在那里遇到了密斯并相约一起坐火车到芝加哥旅行。

这个小小的社交圈子中的人们在北方的森林中度过了几个星期逍遥快活的日子。他们的作品都具有进步性，他们之间的专业情谊也很亲密，休闲时光更是愉悦轻松没有限制：酒很容易就能买到，裸泳也非常舒适。晚上的时光更是流金般飞逝——因为阿什克拉夫特和普里斯特利这两位音乐家总会为人民提供即兴爵士乐。他们时不时地还加入到在附近安营扎寨的著名小号手吉米（Jimmy McPartland）的演奏中。吉米简直迷住了密斯，尽管密斯通常对音乐都无动于衷。

"为什么呢？"他曾经问过著名的钢琴家丹福思，"为什么你喜欢爵士？"

"因为它们如此即兴"。

"嘿"，密斯回答道，"但你也必须小心这些即兴，对吗？"

1939 年的夏末或是初秋，芝加哥联邦调查局的办公室收到了以下这封信，而它出自芝加哥格伦科郊区一名不知名的女实业家。

> 我刚从威斯康星州派克湖小屋中回来，我怀疑那里有四个德国人，而其中领头的人很可能就是来自纽约的一位了不起的建筑师。他和其他两个年轻的男人以及一位刚从德国来的女助手在一起，他们只说德语，并且花大量的时间都在图纸上。我可能会判断失误，但是他们给我留下了深刻的印象，他们很可能是我们国家的间谍，或许正在绘制我们的图纸然后让那个女人带回的过去。如果您对此有兴趣，我可以告诉您更多。

这封信促成了为期八个月的调查。据联邦调查局报告说，这位女士声称她对于秘密活动保持着高度警觉，"因为她刚刚看过 1939 年由罗宾逊（Edward G. Robinson）主演的电影《纳粹间谍的自白》，而他正是饰演了一位联邦调查局的特工。"于是联邦调查局密尔沃基办事处便派了特派员到派克湖小屋登记密斯和他同事们的信息。因为联邦调查局无法随时和密斯保持联络，他们便将度假小屋的电缆连接了起来，并且为那位德国女性安排了重返德国的渡轮——当时他们还不知道赖希的名字。在芝加哥警方的记录中没有透露任何调查结果。1939 年 11 月 10 日，联邦探员从黑石旅馆的记录中确定密斯曾经在那里以日租 6 美元的价格居住过一段时日，而两天后他们就确认了密斯正是阿默学院建筑系主任。而他也与他的助手定期会向德国发送航空邮件。这场调查一直持续到了下一年的春天。

来自联邦调查局报告中的两段话反映了他在美国职业生涯早期的个人观点和政治观点（联邦调查局当时还不知道"凡·德·罗"并不是密斯的全名）。一是："【空白】说凡·德·罗并没有向所有人表达他的观点，只有与他最亲近的人才能听到他毫无保留的表达自己，他不喜欢希特勒政权，尤其是这一政权实际上已经毁了他在德国的财产，密斯进一步表示自己对于现状非常满意，现在他居住在美国，再也没有任何回到德国的意愿或者计划"。二是："【空白】说他曾经与凡·德·罗谈论过各种议题，在政治上凡·德·罗曾经向他表示他非常反对现在通知德国的政党，然而，【空白】表示凡·德·罗对于积极反对这一政权也没有足够的兴趣"。

联邦调查局的最终结论是密斯并不是间谍，他们声称："事实上，尽管作为个人去接触以上任何主题都不是明智之举，但很明显也没有任何违反间谍法规的行为出现，这一案件可以结案。"那一天是 1939 年 11 月 24 日，但是关于这件事的报道却至少一直持续到 1964 年。1946 年，密斯的名字出现在一本名为《我们需要你》的小册子中，小册子由艺术、科学与专业独立公民委员会芝加哥分支印发，这一组织声称自己是美国内政委员会在共产主义阵线上组织非美国人进行活动。联邦调查局的文件并没有透漏接下来的行动（报告中的大部分被涂黑了），但 20 世纪 50 年代初的麦卡锡恐慌期间，密斯显然再也没有受到政府进一步的怀疑。当时的案件文件有白宫批复的结案记录，并由肯尼迪政府官员肯尼思（Kenneth O Donnell）签署，而他的背景也成为密斯会与 1964 年纽约世博会顾问委员会有所关联的潜在原因。作为回应，联邦调查局提供了所有自 1939 年以前的调查总结。

1939 年 8 月末期，密斯和他的同事们准备离开派克湖小屋。广播中播报的欧洲战事让大家的情绪都变得黯淡阴沉。我们认为赖希此时应该想和密斯在一起，以此远离她留在德国的那些暗无天日的困扰。但是密斯的大多数朋友都相信密斯并没有劝说她留下来，就像我们推测的那样，主要是因为密斯想要摆脱赖希，以及她那强势的风格。此外，赖希返回德国也是有责任的，德国需要她。在派克湖的那段日子中，无论密斯和赖希之间发生过什么，她还是在德国入侵波兰前的 9 月 1 日离开了美国。赖希乘火车赶往纽约后，却发现渡轮不来梅号为了避免英国人的追捕已经在夜色中匆忙离去。于是她设法在 9 月 22 日回到了柏林，当时，她仍对密斯忠诚如昔，并且马上和他开始通信，然而，自此之后，她再也没有见过密斯。

密斯与赖希之间的通信往来一直持续到 1940 年 6 月，之后便被战争打断了。在他们的信件中主要谈论关于生意的事情，主要是密斯在欧洲的家具专利，当时他仍然在从中获利，而他对于专利的诉讼也在持续。密斯写给赖希的信已经遗失了。我们所能查阅的范围只有赖希写给密斯的信。在信中赖希写了所有她为密斯所做的事情，她的感情充沛而殷切，从她关心密斯生意的方式，以及她对于埃达、乔治娅、玛丽安娜、瓦尔特劳特、埃瓦尔德和诸多老同事们的生活的描绘中可以看到她深切的爱意。尽管她不时地遭受到战争的痛苦和密斯离她远去的煎熬，但她的语气却仍然平缓质朴。

与其对应的密斯回应的次数则是一个惊人的数量。在不到一年的时间里，密斯至少寄出了 22 封言辞诚恳的信件。在玛丽安娜的报道中她说道，"在我的一生中也只收到三、四封他写给我的信"。密斯给赖希、他的家人以及他的朋友们寄出的食物包裹也同样一丝不苟。（战争结束后他回复了寄东西给家庭成员）。赖希微微抱怨了密斯不再给她写信了，1940 年 6 月 12 日的那封信，便是她认为这是写给密斯的最后一封，她终于承认了已经失去密斯的事实：

我深深地想起了在芝加哥的最后几天和几小时。我害怕我的直觉并没有欺骗我,尽管我宁愿什么感觉都没有。过去和现在是对是错已经无关紧要。我很伤心,在过去的几个星期里,我只收到了你最轻微的一些语句,而且内容也只涉及到了生意上的事情。或许你没有时间,又或许你已经给我寄出了很多信而我没有收到,没有什么比失去与你的联络更让人难熬的了。

我想我们还有很多需要担心的事情。但我却失去了你的消息,对你一无所知。你会尝试再找到一个方法和我联系吗?我很高兴你现在身边有一些朋友,对于我曾经和你在那儿待过一阵子我也感到很欣慰。可是,我们都无能为力了!

她的直觉是正确的。密斯显然已经在她离开美国之前就已经做出了决定:要求密斯为赖希或者是任何人而放弃自由是一件绝不可能的事。而孤独就是密斯必然付出的代价。"我绝不是无法独处的人,"密斯这样对劳拉·马克思说道。

. . .

尽管1942年密斯已经完成了一座伊利诺伊理工大学的校园建筑,但他为其制定的校园整体规划却已经到了被放弃的边缘。1943年,学校理事会已经了解到了以便宜的价格收购史蒂文酒店的可能性。自第一次世界大战以来,战争部门就将这间酒店用作培训的兵营。随着讨论的继续,这一建筑的确能够用来容纳整个大学的机构和学生住宿。尽管南校区的改善工程已经花费了"可观的资金",但是"我们可以相信",在1943年7月9日的理事会会议纪要中记录到,"所有的投入资金都可以通过变卖财产来实现回收"。人们只能猜测这件事对于密斯的职业生涯究竟会意味着什么。然而史蒂文酒店最终却被卖给了另一个实体,成为了学校多次尝试搬迁的历史上最新的一章。

关于密斯为阿默和IIT设置的课程已经有太多文章进行过分析。大多数都是描述性而非批评性的评论。尽管密斯写过一些描述他在美国的课程与教育理念的文字——其中最特别的就是1938年的就职演说以及一两份大学出版物的声明——但是对于他的最全面的描述是在他1938年任职开始时,专为阿默学院开发并在随后被修改和广泛流传的包豪斯风格的图表。就像大多数图示一样,这张图表也有着多重解读,尽管它不一定包含任何理论内容。

正如我们已经注意到的，密斯往往倾向于词语最少的格言。因此，有关密斯的——即使在印着他抽雪茄的剪影的运动T恤上——我们已经看到了太多"少就是多"，"上帝在细部"，以及"几乎没有任何东西"这些言论如果脱离了语境其实毫无意义，但的确成为了他最广为人知的言论。甚至在1960年他与建筑学生的一次交流中，被问道"您的格言'少就是多'的起源是什么？"，密斯回答道："我想……我应该首先说给了菲利普[Johnson]，哦，而且它首先来自彼得·贝伦斯。是的，你得知道其实这并非我的原创，但是我非常喜欢这句话。"而密斯最喜欢的哲学家之一托马斯·阿奎那（Thomas Aquinas）也对密斯有着同等重要的影响。"阿奎那……说过，'理性是所有人类工作的第一原则。'当你曾经掌握了它，你就可以按部就班地行动。所以，我说会把一切都扔掉是不合理的"然而与大多数密斯的所谓"原则"一样，这些声明也都一致地得到了广泛传播。

在天性和经历中，对于正规教育不屑一顾的密斯却讽刺地参与到了建筑教育之中。他的本科教育体系不仅反映出了密斯对于正规教育的偏见，而且，对于密斯来说，最高水平的建筑——这也许是他唯一感兴趣的东西——是无法在普遍教育中教授的，而教授对象也不可能是年轻人，甚至不会是大学生。因此，密斯所设置的课程有着严格的基础教育和艰苦的实践。实际上，如果一个具有天赋的本科生结束他/她在伊利诺伊理工大学4~5年的本科学制之后，她/他将会有精湛但是非常基础性的专业技能以及一个和其他密斯·凡·德·罗的学生都非常相似的作品集。根据基恩·萨默斯的回忆，密斯曾经私下表示他对于自己的计划抱有的希望很有限："他每年可以从学校里培养10名建筑师……那么优秀的建筑就会在全国各地生根发芽……不过那只是早期的想法，后来他表示，'上帝啊，如果我能够让10名建筑师在一起该有多好。'"

然而，密斯的第一个研究生，同时也是学校内的长期成员斯派尔（A.James Speyer）却坚决捍卫这伊利诺伊理工大学的本科课程：

> 课程由浅入深，从简单到复杂，非常有序。毫无疑问，这是将一名学生培养成为一名建筑师最直接的方式，入学的学生可能并没有任何相关知识，即使他/她不能成为一个伟大的艺术家，至少在完成课程后也会成为知道如何绘图、如何建造、如何规划的训练有素的建筑师，课程保证了学生可以拥有基本的专业地位。如果学生有着艺术家的天赋，那么他可以在这些课程中的任意方向深入发展，成为高水平的艺术家，这

也是我能够想到的最好最基本的课程。我认为这与大多数建筑学院的课程恰恰相反，因为我重复，它在进化中是如此简单和直接，这与很多学校中的诱惑恰恰相反。

密斯总是觉得在他无法找到解决方案时就让学生参与进来是对学生极大的危害……这种想法也确实在阻碍着他。密斯的信念是，一切训练都应在建筑系中循序渐进。最开始你会是在白纸上画出黑色的线条，可能除了画一条细线、一条中线和一条粗线之外什么都不做。但当你掌握绘制线条这门艺术，或者说是工艺的时候，你可以绘制任何你想要的效果，粗糙的，或者流畅的线条，此时你已经取得了很大的进步。现在可以开始考虑如何运用线条绘制一个长方形，或者是画代表指南针的圆圈，或者是一个复杂的阴影排线。然后你可能会开始学习色彩……然后是建造……你逐步地开始了成长。

托马斯·毕比（Thomas Beeby）毕业于康奈尔大学和耶鲁大学，并于20世纪70年代初期在IIT任教，在此期间他在基恩·萨默斯手下工作，彻底沉浸在密斯式的建筑语汇之中。随之他摒弃了现代主义，并对密斯设置的课程进行了如下评价：

雅克·布朗森（Jacques Brownson）在他一年级时就引起了密斯的注意。他曾经受过木工训练（这份经验也让他曾在S·R·克朗楼举行过一场展览），工作方式有条不紊，精准而高效……密斯对他的工作非常感兴趣，密斯认为他具有对建筑的正确态度——那就是工匠精神，而不是一个艺术家的方式，甚至密斯本人都没有像他一样充分的耐心。我也不认为密斯希望周围的人们以非常艺术的方式进行工作。学院的课程及其职业化，甚至是埋没天赋的……密斯很可能就是要训练学生们将来在他的工作室工作。我想，密斯在离开欧洲后便处于一种文化的流离失所中，他并不觉得（美国）社会拥有可以让艺术家们有所成就的文化环境。美国对于他就像是一个正在咆哮的荒野，他必须重新开始训练最基本的人才首先成为工匠，或许他们中的一部分人能够成为艺术家，但与此同时他必须将成为训练有素的建筑师的水准提高。我认为这是他对于我们社会的（不正确的）评估，但如果考虑到密斯是从欧洲来到美国的，那么他的看法在一定程度上也很合理。

密斯所秉持的信念中有一条——同样适用于建筑教育——是无可争辩的——建筑是朴素而辛勤的工作。密斯的学生马尔科姆森（Reginald Malcolmson），提供了密斯和他的同事考德威尔（Alfred Caldwell）之间难忘的交流记录。

> 考德威尔……【经常】会很直接地和密斯沟通……他会要求密斯来解决难题……有一天他在克朗楼里问密斯什么时候我们会搬进来。"你认为学生的天赋究竟有多重要？"密斯沉思了一会儿说道，"我能告诉你的是，我已经看到了太多才华横溢、天赋绝佳的人们，可能有成百上千个，但是天赋就像是你这杯咖啡中的奶油，我知道太多人都很有天赋，但他们却都很懒惰，所以他们没有办法取得成就。你不能依赖于自己的天赋，如果你不去行动的话，你将无路可走。"

密斯在伊利诺伊理工大学的研究生课程于20世纪30年代末开始，最初每年只有两、三个学生进修，到了20世纪40年代早期便已经取得了很多先进性的成就。课程标准和格式大部分由希尔伯塞默开发。在那个时代的研究生大多是来自IIT课程的本科毕业生，并且已经获得了建筑专业学位，但到了20世纪40年代末，密斯已经吸引了来自世界各地的国际研究生来此进修。IIT硕士学位的毕业设计是一篇"毕业论文"，通常要包含一个完整的毕业设计，并将设计过程以文本形式简要描述，同时包含专业品质的建筑模型（学生亲自手工制作）以及用于文本汇报的照片和分析图。毕业设计鼓励学生们将自己的设计与建筑、文化和经济历史的文脉相结合。论文主题最多的便是"代表性"的建筑物，比如剧院、博物馆和竞技场。研究生可以和一名导师以及一到两名其他教师或外部专业人士共同工作，就像在一个真正的设计办公室中以项目建筑师的方式进行运作，而且具有相当的独立性。在密斯退休之后，迈伦·戈德史密斯和他的学生——也是后来的同事——夏普（David C. Sharpe）成为为伊利诺伊理工大学——这所在20世纪60年代后变得非常著名的学校——考察高跨度结构中工程与美学的融合这一主题的一系列毕业论文的导师。

以伊利诺伊理工大学为基础，密斯在专业上拥有多重的优势；早年以他的方式所培养的最好的学生们已经进入了他的工作室工作或者通过这段经历去向了更大的事务所并且获得了更高的薪资。对密斯来说，在低成本和低压力的学术环境中探寻新的灵感，以及让具有才华的学生成为他工作室的劳动力是非常容易的事情，密斯的方法和人选总是层出不穷。除了战争年代时他亲自授课之外，尽管密斯名义上是大学20世纪40年代和50年代初硕士论文项目的顾问导师，密斯与教室中的学生——尤其是本科生——的接触是非常有限的，学生的监督指导工作主要由受到学生们欢迎和爱戴的希尔伯塞默来完成。那段时期的学生中有几十个曾经描述过密斯实际的"教学"通常只是长时间静默地观赏一幅画，或者一个模型。有时，在学生这群热切的群体面前，在无限漫长的无言的审阅之后，他只会停顿片刻，然后安静地回复他们说，"好吧，再试一次，"或是"好吧，你可以做到的"，或者略微积极些的"继续努力吧"。

但是根据1946~1947学年的研究生保罗·皮平（Paul Pippin）对与密斯的课堂描述却与上述恰恰相反。

（我们被分配了）一个住宅设计，留给我们的是完整的六个星期。而密斯给我们画图留了一个星期。我们被通知他会在某一天和我们见面并开始讨论我们的设计。他让一名助手把每一名学生的图纸放到他面前，随后，评图开始了。他会做出评价——然后是长时间的停顿——接着再评价另一个，直到所有的设计都被审阅和评估后才结束。每一次的评图时间都会在两个小时以上，有时全面性的评图会花费好几天的时间。（密斯并没有试图扮演过什么大师——恰恰相反），他很"低调"，甚至害羞，不过他却有着强大的信念……他说过"我想告诉你们，没有天才这种事情，只有努力的工作。如果你愿意为我工作，那么我也愿意为你努力。"他给我们自由时间交流，而这种课程可能会有几个小时。与密斯的交流是温暖且友好的交流，并非是听从教授的批评。

尽管如此，类似现在的学术工作室环境中导师回去纠正或者提炼学生的工作这样的做法并不符合密斯的本性。相反，他总是将自己的知识与艺术引力的力量作为引领，就像他周围的伊利诺伊理工大学一样。

...

第二次世界大战期间，密斯和他在大学的两位主要专业助手希尔伯塞默和彼得汉斯都带着数量很少的学生，把更多的时间留给了自己。密斯仍然忙碌于第一批新建的校园建筑，而希尔伯塞默则集中精力在教育行政以及有关

图 7.3
从左到右，依次为：建筑师埃里希·门德尔松，以及伊利诺伊理工大学的沃尔特·彼得汉斯、路德维希·希尔伯塞默和密斯。当时他们站在交响乐厅（Orchestra Hall）和普尔曼大厦（Pullman Building）（后者已被拆除）的对面。照片约拍摄于1940年。

建筑与城市规划方面的写作之中。彼得汉斯则通过一系列的设计指导课程成为了一个传奇的教师。在早些时候，密斯曾经表达过对于阿默建筑学专业学生在视觉艺术和敏感程度上的缺乏的担忧。他后来写道：

> 有时（1938年之后）虽然会很惊奇地发现学生们似乎明白我说的比例的重要性，但他们却没有在作业中表现出丝毫对此的感觉。我意识到他们的眼睛根本看不到比例是什么。与彼得汉斯讨论过之后，我们决定引进一个专门用于训练眼睛形成对比例的敏感性的课程……为了达成这一目标，彼得汉斯开发了"视觉训练"课程。它的效果……可以称得上是彻底改变了学生们的精神与态度，所有的烦躁和懈怠都从他们的工作中消失了；他们学会了放弃任何不符合设计要求的手法，他们对比例的真正理解由此而生。虽然有天赋的学生们有时还会在课上制作一些板材来丰富博物馆的收藏，但是这套课程的目的从来都不是创作艺术品，而是训练学生的眼睛。

在密斯的美国同事中，彼得汉斯是受过最广泛教育的那一个（图 7.3）。他在 1897 年出生于法兰克福，在德雷斯顿长大，后来又在慕尼黑学习机械

第 7 章 建筑师与教育家：1943~1949 年

设计，并随后在 Hochschule 技术学院学习类似的课程。1920 年他在慕尼黑路德维希马克西米利亚大学就读哲学。一年后又搬到了哥廷根的格奥尔格大学——直到 1924 年，他都在那里研习哲学、数学和艺术史。随后，他搬到了莱比锡国立印刷学院和图示制作学院，视觉艺术方面的多重知识让他成为了包豪斯的一名教师。从 1929～1933 年，他都在包豪斯任职，直到学校关闭。他在阿默/伊利诺伊理工大学担任视觉训练教授，而他同时也是芝加哥大学社会思想委员会的成员。1953 年他成为乌姆尔设计学院的讲师，1959 年则成为汉堡美术学院的讲师。

彼得汉斯对于科学与艺术的双重兴趣源于在蔡司企业中担任光学工程师的他的父亲——他送给彼得汉斯一个高质量的相机，并且教他光学的知识。彼得汉斯的创作大多以摄影为主，以对技术精度的迷恋为特点。他经常工作几个星期只为了拍出一张——非常生活的照片。鉴于这样的背景以及彼得汉斯在包豪斯任教的经历，他非常适合探索发展视觉训练课程的目标和手段。

彼得汉斯构想了在四个学期中完成 10 个练习的课程体系。学生将学习掌握各种以基本视觉元素——线条、形式、内涵、色彩以及质感作为呈现方式的抽象设计。比如，在一个 20 英寸×30 英寸的白板上一条细长的黑色垂直线条与一条同样的水平线条交叉产生四个矩形，而学生就努力让其产生最具有说服力的线型层次与矩形布局方式。每一种尝试都会在小组讨论中被点评。这个初级练习将会引起更多复杂的布局变化，将曲线、对角线、色彩和纹理的变化都纳入其中。

彼得汉斯认为美术学院的训练过分强调了学生在设计中的绘画表达，他认为这样的方式将会扼杀学生对于潜在的个性元素属性的理解。因此，他选择在练习中孤立那些元素，而同在包豪斯的保罗·克莱也给予了他的课程非常重要的支持，特别是克莱在 1925 年的"教学写生"。彼得汉斯自 1939 年开始负责视觉训练课程，直到 1960 年他去世。而类似的课程也在伊利诺伊理工大学一直保留到现在。

· · ·

如上所述，密斯与希尔伯塞默的联系可以追溯到 20 世纪 20 年代的《G》时期，1938 年，密斯也将他带到了阿默学院担任城市与区域规划课程教授（图 7.4）。希尔伯塞默在 1885 年出生于卡尔斯鲁厄并且毕业于那所城市的 Hochschule 技术学院。1910 年他搬到了柏林，开始自己的建筑实

图 7.4
教学中的路德维希·希尔伯塞默,约拍摄于 1960 年。照片出自伊利诺伊理工大学(IIT)的档案馆(芝加哥),并由其授权使用。

践。他与德国先锋派们有着莫大的关联——特别是与艺术工作委员会、十一月组以及表现主义风暴画廊。1931 年,他成为德意志制造联盟的主席。他也一直致力于艺术评论以及支持进步运动。

尽管他的兴趣广泛,涉猎颇多,但是希尔伯塞默在德国的职业生涯最令人印象深刻的还是他在城市规划方面的工作。1924 年,他制定的"高层城市"(摩天大楼城市)项目计划激起了不小的争议。尽管受到勒·柯布西耶在 1922 年提出的"当代城市"理念的影响,希尔伯塞默的高层城市由两部分组成"一部分是低层空间,这里云集着商业活动和汽车交通,而它的上部则是禁止车辆通行的城市住区"。这一计划的目标是为了保护行人,尤其是儿童群体。这些建筑就是无穷尽的相同平板在没有任何自然物质的城市风光中升起。有关这一项目的关键评论有像理查德·波默在 1988 年声称的"这些图纸……仍然让人们感到不寒而栗"这样的消极评价,也有维托里奥(Vittorio Magnago Lampugnani)在 2001 年回应道"希尔伯塞默并没有试图展现一些虚构的理想城市的观点,这只是理念的简单图式。"

曾在包豪斯师从于希尔伯塞默,并且也在伊利诺伊理工大学长期任职的霍华德(Howard Dearstyne)这样诠释他老师的图纸:

> 题目看起来非常简陋,几乎是业余的。和他极其富有建筑绘图才华的同事密斯·凡·德·罗不同,希尔布斯如果作为绘图员显然缺乏天赋和能力……他曾经告诉我,德国的建筑师朋友曾经用一个橡皮戳把他的

第 7 章 建筑师与教育家:1943~1949 年   211

图纸粘在窗户上，然后指责他。

希尔伯塞默也提出了自己的犀利评论："块体的重复导致过度的一致性。每一种自然事物都被排除在外，也没有绿地和树木打破沉闷单调的构图。作为一个整体，这个高层城市设计从一开始就错了。它只会形成一个大墓地，而不是一个大都会。这个"墓地"由沥青和水泥的无菌环境构成，在各个方面都是极其非人性化的设计。"希尔伯塞默在 1963 年写下这些话，而高层城市项目也已经过去了近 40 年。他在美国的职业生涯后期专注于从事大规模的区域规划，因此他成为了一个热情的先行环保主义者。但他的批评者们却不以为然，乐此不疲地攻击他的抽象原则超出了人性的范畴。

希尔伯塞默与密斯在底特律拉斐特公园项目上共同努力已经超越了单一的合作关系，不过很少有资料涉及这一项目，下面我们将其做出详细讨论。作为在历史上区分阿默学院和 IIT 的一个人物，希尔布斯（Hilbs）（这也是他最常用的简称）最为人们肯定的是他的写作以及他作为教师的天赋。作为一名作家，他曾经受到过来自密斯本人在专业性上的慷慨赞誉。在希尔伯塞默 1944 年所著的《新城市：规划的原则》的前言中，密斯赞扬他这位同事的规划将在美国被无数次地使用。这无疑是一种修辞，如果不是在说城市规划而是在说建筑，密斯可能也会这样称赞他自己：

> 理性是人类工作的第一原则。希尔伯塞默总会有意无意地遵循这一原则，并使之成为他在城市规划这样复杂领域的工作基础。他避免强加任何个性化的想法，以坚定的客观主义审视着城市，调研它的每一个组成部分，确定它的每一部分都在整体中位于合理位置，从而让城市的所有元素变得清晰、合乎逻辑。
>
> 他知道城市必须服从于生活，它们的有效性正是以生活来衡量的，因此城市规划也必定要以生活为基础。他明白城市的形式与现有的生活方式密切相连，它们彼此有着千丝万缕的联系，而这些因素也都随时都处于变化之中。希尔伯塞默意识到了城市问题中的物质与精神条件本身并不受这些因素的影响，它们植根于过去，也将由客观的趋势决定未来。
>
> 他也知道很多因素的存在也预设了某种可以成为这些因素成长和延展的媒介，并赋予这些因素以意义的秩序的存在。因此，城市规划意味着规划者需要将事物按照自身的顺序和彼此之间的关系进行组织，不应该将这些原则与它们的应用混为一谈。城市规划的本质是一个秩序与排

序方式的工作——根据圣奥古斯丁（ST. Augustine）所言——"平等与不平等的事物都有它们自己的位置。"

除了希尔伯塞默在城市与区域规划方面的著作之外，他最重要的一本书是 1956 年有关密斯·凡·德·罗的专著，而这也是继 1947 年菲利普·约翰逊的《现代艺术博物馆名录》之后有关密斯的第一版专著。作者希尔伯塞默与书中的主题密斯一起共同工作了 30 余年，无论是他们之间的友谊、合作以及在专业上的分享与彼此支持都成就了这本专著的权威性。书中的每一页，希尔伯塞默都在谈论密斯："【密斯】已经做到了钢结构建筑的必要条件——结构清晰，并且找到了物质手段与精神目标的相互和谐。"

> 如果建设者能够理解秩序的有机原则，即建筑物的每一个部分——根据其重要性和价值——都与整体相关……结构，而不是建筑本身，可以成为建筑的手段。
>
> 【密斯的】建筑，尽管依赖于结构，却又比结构丰富得多。它从结构出发，又以结构作为诠释，它已经超越了材料，希望能够表达建筑的精神……虽然同样的钢铁在之前都一直隐藏在"建筑"的意义之下，但是密斯·凡·德·罗……却让这平淡无奇的材料实现了其表达建筑精神的目标。

希尔伯塞默同样推崇被他称为密斯的"全新建筑语言"，他认为"每个人都可以理解"。这是密斯"最伟大的成就……由钢铁的本质发展而成。"他甚至能够预计到会遭受的批评："一个【密斯的】建筑看起来简介是因为它的问题已经被清晰地解决了，"密斯在美国的声望达到顶峰的时刻出现的希尔伯塞默的著作反映了学校对于正在巅峰期的密斯的信心与满意。

密斯与希尔伯塞默的关系并不对等，只有当希尔伯塞默顺着他的想法时，他才会听取希尔伯塞默的意见，如果他不同意，密斯一定会坚持按自己的方式做。最著名的例子便是沿着芝加哥北湖岸对于密斯的公寓塔楼进行场地规划。希尔伯塞默最珍视的原则之一便是建筑应该按照能够优化其内部自然光照的方式进行放置。为此，他提出了这样的建议，然而密斯却轻易地选择了忽视，认为建筑物的选址是基于几何因素与城市形式——而非光照。

希尔伯塞默是个多少有些古怪的人，人们知道他每天都会按照时间表走很远的距离，包括他每天都会规律性的从他的公寓往返 6 公里。他并不是受到了官方的威胁，或者就像劳拉·马克斯所说，他已经无可救药了。她记得，当希尔伯塞默与密斯一起在为底特律的拉斐特公园这个合作项目工作期间，他对一些高级实验室的领导者说的话让密斯非常尴尬。希尔伯塞默也因为密斯在被解除校园规划项目建筑师的职务时非常愤怒，不过他还是在他以前的学生乔治·丹福思的领导下继续执教了十年之久。深爱着希尔伯塞默的丹福思（同时也是他的遗产执行人）说着他们之间的关系："当他想到一个事情不对，他会毫不掩饰地直接说出来，却不管会不会惹恼别人。"

在某个方面，希尔伯塞默却也会让密斯黯然失色：那就是作为一个工作室和教室的管理者时，希尔伯塞默是一个严谨与温暖并存的独特组合。密斯非常认可他的天赋："我……常常会想究竟是哪些品质让他变成了如此优秀的一位教师。并没有什么公式或者偶然灵感能够有助于他的工作。他运用苏格拉底式的对话方法，通过提问来引导学生，通过分析他们的答案，让学生们可以自己达到一种理解的境界。"用他在 20 世纪 50 年代时的一位学生的话说，"他不是那种会把你叫到角落里谈论或者批评你的那种老师，那只会让学生想要摆脱他。他会让你真正屈膝，但同时又以非常温和的方式来完成这件事。他想让你做的就是思考问题：了解你正在说什么，小心对待你正在说的话，以及你到底要怎么表达。"很难想象会有任何一个密斯的学生会像这样来描述密斯。Reginald malcolmson——同时是密斯和希尔伯塞默两人的学生以及亲近的人——这样总结道："密斯就是那种学校的领导；而希尔布斯则是学校的核心。"

这一点可以在伊利诺伊理工大学将一项传统荣誉给予了希尔伯塞默时得到证明："希尔伯塞默的共和国盟友"年度教员－学生晚宴就在冬至或者接近冬至的时候举办，这一活动开始于 1940 年，而选择这一天是因为希尔伯塞默相信在一年中最短的这一天，会有至少四个小时，阳光可以到达任何一座建筑物的主要房间内。希尔伯塞默作为"Hilbs Day"的荣誉嘉宾，持续了 26 年，而且在他的记忆中这项活动也迈进了 21 世纪。

· · ·

在密斯的教员中，美国人阿尔弗雷德·考德威尔占据了一个独特的地位。他是最著名的景观设计师，负责过很多项目，密斯的校园规划中的景观设计也由他负责。他也是一位建筑师，在他职业生涯和长期的游历过程中大部分的时间都有着自己独立的建筑实践，同时他也在伊利诺伊理工大学的建

图 7.5
阿尔弗雷德·考德威尔与伊利诺伊理工大学（IIT）的学生在克朗楼（Crown Hall），拍摄于 20 世纪 50 年代末。照片出自 IIT 的档案馆（芝加哥），并由其授权使用。

筑学院以及其他大学担任教授。根据其传记作者丹尼斯·多默所写的那样，考德威尔也是一位诗人、散文家、环保主义者和哲人（图 7.5）。他所绘制的精美详细的建筑和景观图，如今也同密斯的作品一样被收藏家们所青睐。他是密斯的同事中最丰富多彩的一位，他是一个声音昂扬鼓舞人心的讲师，也是一位有着能够将周围的世界经常夷为平地的暴脾气的男人。

1903 年，出生于圣路易斯的考德威尔在 1909 年与家人一同搬到了芝加哥。他在 1921 年开始就读伊利诺伊理工大学景观设计学，但是却中途退出了。不久之后，他与负责业务的合伙人乔治·多诺霍共同开始了在芝加哥的景观设计实践。考德威尔随后做出了一个因事态发展而变得非常幸运的命运般的决定，当他与以研究当地中西部的物种并创造出自然岩层著称的景观学家詹森（Jens Jensen）一同工作时，詹森既是他的雇主，同时也成为了他的老师和榜样。在 20 世纪 20 年代，二人负责了一些以著名的私人业主为对象的充满野心的景观项目。詹森与弗兰克·劳埃德·赖特的友谊使得考德威尔也来到了塔利辛，而赖特所带来的影响很快便同詹森所带来的影响相互交织，在考德威尔著名的 WPA 时代景观与爱荷华州迪比克的鹰角公园的建筑设计中体现的尤为明显。

在为芝加哥公园区工作的 20 世纪 30 年代后半期内，考德威尔设计了主要的公园，包括海德公园的海角点，以及林肯公园北面延伸到好莱坞大道的填埋场。1938 年秋的某一天，三个男人——密斯、希尔伯塞默和彼得汉斯——在穿越林肯公园的时候，进入眼帘的百合花池以及周围花园的结构深深打动了他们。密斯推测这是赖特的作品，但恰好被此时在那里工作的考德威尔自豪地纠正说是他设计的。而密斯与考德威尔的联系便由此开始了，同时他也成为了伊利诺伊学院建筑学预科生。考德威尔在 1940 年获得了建筑师执照。

1944 年的一个下午，考德威尔接到了一个电话：

> 有人用喉音说道："是我……"我说，"这里是 Ardwell 4892，你打错电话了吗？"然后我就挂了……很快电话又响了，然后那个男人说道，"是我。"然后我意识到，他不是在说"是我，"而是在说，"我是密斯……你愿意来我们学院教年轻的建筑师吗？"他接着说，"明天下午请到我的办公室来。"于是我去了，他对我说这只会占用我一部分的时间。密斯让这一切都很顺利和愉快，他说，"我不知道你会用多长时间才会发现这没什么大不了的。"但事实是他的委托耗尽了我的生命，不过这就是他的方式。

考德威尔被雇用了，他也是密斯手下第一位全职的芝加哥系的教员，他的教学特长是建筑。

在考德威尔职业生涯的后期，他也曾在南加利福尼亚州大学建筑学院任教。在那里，他主要教哲学、文学、历史遗迹建筑和景观设计。1981 年，作为路德维希·密斯·凡·德·罗的建筑学教授，他重新加入了伊利诺伊理工大学，他的职位一直保留到 1988 那年他在威斯康星州布里斯托去世之时。

第 8 章
全新的建筑语言：1946～1953 年

当一切都完成时，金属（和矿物）大楼的工程师赶来说："我们需要在这儿有一扇门"。于是就成了"蒙德里安"风格！

——密斯在 1960 年否认他受到画家彼埃·蒙德里安的影响。

建筑不是鸡尾酒。

——密斯

在伊利诺伊理工大学，密斯通过给学生布置作业的方式来验证他的理念。他在包豪斯也同样做过，但在芝加哥，随着校园建筑的实现，这一进程也被逐步加强。这种方法与传统美术学院的教育并没有什么相似之处，尽管它的方式是完全传统的，他满足了密斯所钟爱的中世纪时期大师和学徒一起工作，他们为了完成共同的目标而努力的美好图景。

1942 年，学生保罗·坎帕尼亚让密斯注意到一张照片，那是底特律艾伯特·卡恩公司为战争生产而设计的位于巴尔的摩市附近的马丁轰炸机制造工厂内部场景：巨大的钢桁架跨越过宽阔的无柱空间。密斯当即决定根据这张照片设计一个方案。他构想了在这座巨大的工厂内部建造一个音乐厅的场景（图 8.1）。运用拼贴手法，密斯将墙壁与顶棚进行了一系列组合——水平、垂直、平整、弯曲、矗立、悬挂——从而在这座巨大的建筑物内界定出一个用于音乐表演的场地。不过对于音乐厅中显而易见的声学问题密斯却并没有予以考虑。这个方案仅仅是一种假设——实际建造中并不可行，但不可否认这一设计却充满了启发性。音乐厅的设计介于密斯在德国时与在美国时的作品风格之间，并对两者的元素分别进行了借鉴与融合。空间仿佛流淌在其中，那正是 20 世纪 20 年代那些流动空间的遗迹；巨大的工厂大厅则以大型钢桁架结构为代表，而它也成为密斯后期工作的重心。

1943 年，美国杂志《建筑论坛》（Architecture Forum）准备做一期关于战后建筑的特刊，邀请了几位著名建筑师共同探讨未来建筑物的假想设计模式。杂志希望密斯能够设计一座教堂，他虽然同意参与这个活动，但却选择自行设计一座博物馆——这就是现在闻名的"小城博物馆"，在密斯的

图 8.1
音乐厅的拼贴画（1942），这是密斯为艾伯特·卡恩公司（Albert Kahn）位于巴尔的摩的马丁轰炸机工厂内部交上的绘画答卷。密斯对该工厂的大净跨桁架印象深刻，采用了垂直平面和水平平面的布置，从而在一个更大的开放方案中定义了中心空间。这是他对"匀质空间（universal space）"着迷的一个较早期的事例。照片由IIT的档案馆（芝加哥）提供。

项目说明书中这样描述道："我们不应该一味效仿它的大都市的模板。决定博物馆价值的是馆藏艺术品的质量和独特的展览方式。"

  首要的问题是把博物馆建成一个娱乐中心，而不是拘禁艺术的地方。在该项目中，设计以一座通往雕塑展览区的花园，模糊了艺术作品与生活区之间的界限。开敞式的空间让内部的展品与外部周围的山丘遥遥相对。这样的设计也让建筑成为被定义的空间而不是被限定的空间。而像毕加索的《格尔尼卡》（Guernica）等作品，如果能够放在一般的博物馆画廊中已经非常难得，而这间博物馆的最大优势便是可以让这样的作品在不断变化的背景下成为空间中的一个元素。

密斯继续坚持着他对于空间与简洁形式的推崇："如果把建筑物设想成其内部功能可以被灵活使用的巨大空间，那么支撑这种空间的结构类型应该是钢架。这样的结构也会把一栋建筑物限定在以下三种基本元素中——地板，柱子和屋面板。"

乔治·丹福斯的著名拼贴画《阿里斯蒂德·马约尔的夜晚》在《格尔尼卡》的右前方，《格尔尼卡》则作为平面左边的独立隔墙，它们共同形成了一个开敞区域。马约尔的《斜倚着的年轻女孩》则放置在玻璃墙的前面，它的后面是一片树木繁茂的林地与水池。这一平面融合了自由排列的画廊墙壁，也唤起了人们对密斯在德国时的作品的回忆，一些内部庭院的引入，也成为了密斯设计伊利诺伊理工大学的标准。此外，设计中还包括一个夹层，一个下沉的休息区和一间礼堂。而这些元素也似乎效仿了马丁轰炸机工厂的桁架结构。为了实现无柱空间，密斯建议使用一对外露部分屋顶的可悬挂桁架，让建筑向净跨结构方向迈进占据了密斯在美国的大部分精力。

...

1941年，密斯的校园规划开始有了实际的建筑物。对于一部分观察者而言，这些作品看起来就像是一些工厂。但也有人却赞赏其完美的比例和精致复杂的细部。在设计过程中，密斯的思绪也飘回到了那些在20世纪20年代末和30年代初曾经存在的具有出众品质的德国工厂。例如，位于波鸿的特奥多尔·梅里尔的作品（1930）就显示出了约翰逊和希契科克的国际风格。位于埃森市附近的关税同盟煤矿（1932）和由埃里希·门德尔松于1927年为莫斯勒出版社设计的柏林锅炉厂也都在1933年公开出版。这三个作品很好的诠释了德国工业化时期典型本土化半木材半灰泥结构建筑。1933年2月，《建筑论坛》对关税同盟煤矿做出了这样的报道："所有表面覆盖着玻璃砖的结构都在铁架上延伸，在德国，它被称为熔块……（这一系统）可以保证即使是外形，大小和功能各不相同的建筑组群也都能给人以一致的整体性。"密斯相信，一个非个性化——同时具有经济性——的建筑可以同时满足作为一个有潜力发展的技术性研究机构建筑组群在实用性与象征性两方面的需求。

伊利诺伊理工大学的总体规划恰当地暗示了密斯，这位即将成为结构表达拥护者的建筑师正在经历其自我的重塑过程。那些规划中的建筑物，尽管它们不具有结构上的表现力，却无疑都具有着强烈的现代性特征。尽管如此，在他早期的其他作品中，我们仍然可以看出密斯对于钢结构那非凡的审美表现力。第一个体现出这种表现力的便是之前提及的"小城博物馆"，随后，在1944年完成的图书馆与行政大楼那规模宏伟的钢骨架与钢制砖的详细设计中，这种表现力再次被完整地呈现出来。然而，这两个项目却并没有进入建造阶段，但其设计中的桁架与大跨度梁结构却让无柱结构与室内空间接近无柱空间成为了可能。这两个项目也变成了密斯在美国时期的作品中熠熠生辉的宝石。

然而，人们很容易就会忘记密斯的伊利诺伊理工大学校园规划中所描绘的，那些想象中校园建成后的美妙图景。1940年及其后几年间，校园的大部分建筑都变成了荒废的商业与住宅的混合建筑物。阿默学院的旧建筑仍然

图 8.2
矿物与金属研究大楼（Minerals and Metals Research Building），位于芝加哥的伊利诺伊理工大学（1942）年。此处为西南方向视图。图的右边是风评极差的"蒙德里安墙"（Mondrian wall），评论家认为它基于荷兰艺术家（蒙德里安）的风格主义（De Stijl）作品创作。密斯有力地驳斥了这个说法。大楼的北墙后来被密斯纳入到了由他设计的另一座建筑物中。照片出自：约瑟夫·卢卡斯（Joseph J. Lucas）。

存在，但是密斯却始终在模型和鸟瞰图中忽视这些建筑的存在。而新建筑的实际建造地点和秩序只不过是一个有效的资金回收手段。伊利诺伊理工大学的官僚内斗、世界大战、与战后复杂多变的形势，让这所学院迅速发展成为一个技术大学。

密斯为伊利诺伊理工大学设计的第一个作品是一座最实用的三层建筑，一个有办公室和实验室的铸造大厅，以及一台 5 吨重的移动式起重机组成。该建筑坐落在校园西边临近石岛铁路的一块狭小区域内。矿物与金属研究大楼于 1941 年 3 月被委托建设，并于同年 11 月到 1943 年 2 月期间建造（图 8.2）。在得到丹弗斯的协助后，密斯建立了自己的设计团队。

尽管对于密斯为什么以及如何采取外露钢架的建筑语言一直存在着各种猜测，但他为什么会在矿物与金属研究大楼上使用钢材却很好解释。在 20 世纪 50 年代早期，所有的校园建筑都是密斯与芝加哥霍拉伯德与鲁特公司合作完成，而这家公司负责的正是准备施工文件以及提供机械与建筑工程。对于矿物与金属研究大楼，一个具有重型轧制部分的钢架结构可以显著解决其功能、造价与可施工性等问题——尤其在适应起重机的使用方面，霍拉伯德公司绝对可以提供密斯所需求的技术建议。随着结构体系的发展，密斯只需要完善项目，组织方案，对建筑外部进行组织和细化。芝加哥建筑规范允许铸造型建筑使用非耐火钢材，而密斯正是使用这种钢材对结构进行简化，这也是在他职业生涯中首次出现了清晰的结构表达。事实上，这种清晰合理的结构同样符合伊利诺伊理工大学为数不多的成本预算。

矿物与金属研究大楼的方案看起来并不起眼，不过它的设计却摒弃了密斯为校园规划所创造的 24 英尺模块。考虑到狭小的场地，密斯决定在南北向 24 英尺模块的分隔处布置这座三层高的建筑物，但是在东西向，则以 22 和 42 英尺宽的分隔进行空间组织。办公室和实验室面朝东，西侧是南北走向的铸造大厅，这也使得办公室远离了喧嚣的车间。密斯选择将玻璃砖墙沿东西走向放置在钢架结构外侧，但在南北方向的宽缘梁与柱中插入两个互相连接的抛光砖块（两砖厚的墙）。脱离模块的平面生成了南北向立面上钢结构与砖结构的不对称组合，其中包括两个需要额外的砖块支撑的外露钢筋。这些立面的设计又使一些人想起了蒙德里安的画作。密斯对于这样的说法也感到非常的气愤，他不仅表示自己完全没有依赖任何一位"艺术家"，并且对这一说法进行了有力的回击：

> 人们说我在为伊利诺伊理工大学设计第一栋建筑物，也就是金属大楼时受到蒙德里安的影响，但是我清楚地记得当时发生了什么。我们把所有精力都投入到了这栋建筑物。它的场地——我们从铁路到人行道只有 64 英尺。有人还设置了宽为 40 英尺的移动起重机，所以各个柱子中心之间的距离是 42 英尺。其余的是实验室…所有东西都在那里——我们需要在砖墙内插入钢结构来支撑，这是一个建筑规范的问题。你只能把墙设计成 8 英尺，否则就把它进行加固。我们确实那么做了。当一切都完成时，金属（和矿物）大楼的工程师赶来说："我们需要在这里有一扇门"。于是就成了"蒙德里安"风格。

关于如何相对于建筑结构设置围墙的"问题"——密斯在欧洲时常会将两者分开放置——对于在美国时期的密斯却成为了灵感的来源和研究的主题。在矿物与金属研究大楼那长长的立面上，密斯采用了一种 7 英尺高的连续双叶砖裙，其上部是半透明条形窗，每个间隔有 5 扇。玻璃后面则是密斯首次采用的宽翼缘直棂——从外部看几乎完美隐匿在玻璃之后。东向立面由楼梯出口和中心部分与地面平齐的两扇门组成。条形窗与第一版和最终版本的校园规划中建筑物所采用的窗户相似，但密斯永远不会再使用它们；由于砖块与其后支撑的钢材之间的差异运动，矿物与金属研究大楼的长砖裙在柱线处断开了。密斯随后为校园建筑中的砖块填充物设定了标准——其宽度不大于 12 英尺（亦有例外）。校园规划中其他的重要理念都在矿物与金属研究大楼之前被放弃了，并且这些设计手法再未被采用——其中主要是由底层架空柱支撑的开敞式底层空间、特殊的玻璃条带，以及独特的用砖包裹着长长的幕墙建筑物的窄端。

矿物和金属研究大楼的立面是对这一方案很好的诠释。它的砖裙用荷兰砌法砌成，并用端墙填充物将两个砖板层在内部相互连接，这种方式在密斯的眼中正是"客观的"方式。（后来校园建筑中采用了视觉上更加丰富、也更为昂贵的英式砌法，出于同样的客观原因）。一个设计上的决定开始贯穿于密斯所有的 IIT 钢结构建筑中。他选择在外露的钢材表面涂上"底特律石墨黑"；这种材料由底特律石墨公司生产制造，早在 19 世纪晚期就开始用于给有轨电车、桥梁和船舶上色。它的主要颜料是纯石墨，在涂装后不久会呈现出一种略似白垩的、高度稳定的非反射性表面。尽管密斯曾经考虑过将黑色之外的颜色用于校园建筑或者他后来的钢结构商业建筑；但他还是更青睐黑色，一方面是因为它代表着钢铁的色彩；另一方面则是 1940 年的芝加哥，所有的建筑都被这个煤烟滚滚的大都市中污浊的空气染成了黑色。

矿物与金属研究大楼的诞生可以说是美国现代主义建筑的先锋代表。由于二战爆发以及私人建筑实质上的暂停，这座建筑物并未受到什么挑战；但是对于身在美国的密斯来说，这仍然是一场非同寻常的首秀，它也代表着他在专业领域上的成长。

...

1942 年初，密斯开始了当时被称作冶金大楼的教学楼设计工作。在设计过程中，密斯对钢与混凝土这两种材料都进行了研究，尽管建筑物在 1942 年中期被叫停，但是它的设计却被保留了下来。1943 年间，密斯设计了最终为三个单元的两层工程研究大楼其中两个单元的混凝土框架，该大楼于 1944 年末完工。这座建筑物的特别之处在于它精致的木制窗户看起来像是钢制一般，而这种材料在当时的战争年代中极难获得。1944 年初，（学校）管理层要求密斯开始着手于主楼的工作，这也是他校园规划中的核心元素，主楼需要容纳大学图书馆和行政以及管理办公室——因此它也被称为图书馆与行政大楼。与此同时，伊利诺伊理工大学再次授权密斯设计冶金大楼，还在项目中增加了为化学工程课程使用的教室和实验室。于是这座大楼进而更名为冶金与化学工程大楼；但后来，它被称为了珀尔斯坦楼。

图书馆与行政大楼，以及珀尔斯坦楼都被设计为钢结构建筑，正如菲

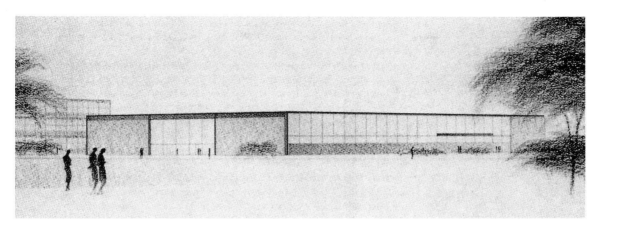

图8.3
图书馆与行政大楼（Library and Administration Building）项目，位于芝加哥的伊利诺伊理工大学（1944）。这一设计是密斯的美国建筑语汇发展的核心。它最终未能得以实现，是20世纪中叶美国建筑史上最大的损失之一。请注意远处的微小人影，它们展示了这座建筑物的巨大规模。右边的"浮动"拱肩则与内部夹层的位置相对应。

利斯·兰伯特所说，两个建筑物的设计"相互依存"；图书馆与行政大楼没有建成，但珀尔斯坦楼是在1947年末建造完成，此时海军大厦（Navy Building）已竣工约18个月了。这座为美国军方服务的教学楼基于"快速通道（fast track）"设计并进行建造，于1946年5月完工。然而在几乎所有细节上，珀尔斯坦楼都是这座"更早的"海军大厦的样板。

图书馆与行政大楼的设计几乎是一个完全成熟的设计（图8.3）。和工艺纯熟的矿物与金属研究大楼相比，图书馆与行政大楼——用密斯的话来说——是一座享有极高地位的"文化建筑"。最初，密斯在他的建筑师员工爱德华·奥伦奇和几个学生的协助下，在这个项目上花费了几乎一年的时间。通过对全尺寸的彩绘木模型，以及全尺寸图纸中各种钢连接件进行研究，密斯构想了无数室内外的透视草图以及展示图（通常由学生绘制）。基于矿物与金属研究大楼的（设计）经历，以及他"发现"标准的热轧钢可以被转化为建筑艺术，密斯在此时已经对自己的建筑语言进行了测试与扩展，他第一次将其运用于拥有象征性和实验性力量的巨大而无差别的空间之中——这个空间也正如他设想的一样，符合并代表了建筑的文化性。

这座建筑表面上只有一个楼层，从地面到顶棚的高度是24英尺。一个宽阔的、几乎完全开放的夹层被用来容纳大学的行政办公室。因此这座大楼在法律上是单层的非防火建筑物，它的内外钢结构都可以采用露明的形式。在平面上，这座建筑是个单独的"空间"，它长312英尺，宽192英尺，南北方向有13个24英尺的间隔，东西方向则有3个64英尺的间隔（后者再次未能遵循24英尺这个校园模数）。如果把夹层计算在内，整座大楼的建筑面积为73000平方英尺（这也包括书柜占用的低矮地面，其中一块甚至低于地坪高度），这在当时可以称得上是一个尺度巨大的完整室内空间。

第8章 全新的建筑语言：1946～1953年 223

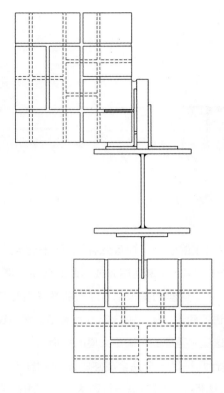

图 8.4
图书馆与行政大楼项目,位于芝加哥的伊利诺伊理工大学(1944)。本图为角落的平面截面。请注意复杂的组合钢截面。

密斯在矿物与金属研究大楼的铸造厅中采用了 42 英尺的净跨结构——这个设计是迫于移动起重机的需求而做出的——但是在图书馆与行政大楼中他却采用了一种更长、更轻却更厚的型钢,这种材质有标准的宽翼缘(常被错误地称作工字钢),当时的最大厚度为 36 英寸。这个尺寸的型钢通常用于桥梁或者在特殊情况下用于厂房,但是在这一项目中,密斯主要基于它的建筑特性而对这种宽翼缘材料进行了首次运用。遵循密斯所设计的矿物与金属大楼模型,以及珀尔斯坦楼(当时正在建设中)设计,密斯在这一项目中运用了多叶抛光砖裙和相同填充材料的端墙。大楼外部 50% 以上都是玻璃,使用的是当时能找到的最大的平板玻璃——尺寸约为 12×14(英尺)。看似没有支撑的高大端墙需要达到 4 块砖结合的厚度,密斯把同样的系统用在了 6 英尺高却达到 5 块砖厚度的砖裙上,这样做可以让砖裙上部的玻璃窗拥有更宽的宽度。大楼的墙角、柱梁连接处和墙内直棂都使用钢梁、角钢和钢板这一新颖的拼接方式进行塑造,并通过连续焊接形成了具有明显美学特征的塑性造型(图 8.4)。

图书馆与行政大楼的另一个与众不同的特点是其针对复杂系统所采用的净跨距解决方法。阅读室和多层书架几乎占据了图书馆北部一半的空间。靠近中心处是一个大型室内庭院，它的三面被玻璃环绕，朝向天空敞开（珀尔斯坦楼也有一个类似的室内庭院，不过要小一些）。大学的行政办公室几乎占据了主楼层南部的大半空间，并将庭院的南侧和东西两侧包括在内，主楼层的空间被独立的、8英尺高的墙壁隔开，并向上敞开，这样的设计也成为了具有开敞平面的现代化办公空间的雏形。在这些办公室中央的上方，漂浮着悬挑的局部夹层，其内部设有正副校长的办公室、一间大型的会议室，以及供其他行政人员使用的空间。在私密夹层的办公室中可以俯瞰整个室内庭院，还可以看到图书馆和阅览室。在主入口处，密斯设计了一个面积超过6000平方英尺的"等候大厅"。夹层可以通过一个高雅而美妙的浮动楼梯进入，而设计夹层的初衷正是象征行政管理层的权威性。

　　密斯在室内空间的研究上已经到了细节的极致。他知道这样巨大的、多用途的空间面临着声学上的各种挑战，于是他采用了一种膨胀的声学顶棚，事实上这样做也同时隐藏了上方许多主要的钢结构。他建议在夹层的管理层办公室中选用木制品进行装饰。卫生间和其他的服务性房间则被巧妙的隐藏在书架侧面两处不起眼的夹层下面。这些夹层的下方一侧是借阅登记室，另一侧则是自习室和图书馆办公室。（这些楼层通过外部的悬浮拱肩进行"表达"）而阅读室仅占据了大楼最北边的两个间隔，面积9000多平方英尺。密斯回避了将图书阅读室作为恢弘的焦点中心的传统设计，就整个项目而言，不仅是阅读室，而是整个建筑的功能都被纳入到了一个有效而单一的宏伟空间中。

···

　　由于技术上的原因，图书馆与行政大楼可能并不那么成功。当时还没有空调——空调的普及大概还需10多年的时间（IIT直到1960年才开始使用空调）。巨大的透明玻璃接收到的热量是无法控制的，建筑的围护结构也按照当时的标准并没有采取隔热措施。来自顶棚的照明无疑不足以满足需求，这样的例子还有很多。无论如何，自1944年年末公开之后，这个方案就受到了来自图书管理员内尔·斯蒂尔（Nell Steel）的严厉指责以及声学与机械学顾问的不屑一顾。尽管密斯耐心地从技术和功能一体的角度对他的方案进行了辩护，但是到了1945年中期，他却失去了动力，而项目也被正式"推迟"。在之后的20多年中，这个方案慢慢地消逝了。

　　战争仍在继续，伊利诺伊理工大学在1945年初计划建造一座海军科技

图 8.5
著名的海军大楼一角,该建筑物位于芝加哥的伊利诺伊理工大学(1946)。照片来源:Hedrich-Blessing。

大楼(Naval Science Building)(后更名为校友纪念馆),大学给了密斯一份由他人编制的详细规划和初步设计布局,而密斯的任务则是在夏初时完成项目的施工图文件。这次的设计大量利用了手头已有的珀尔斯坦楼的平面和细部;新的建筑物也于1946年5月匆忙完成。在战时管制之下,采用钢材建造仍然获得了允许,美国海军提出的唯一要求是大楼要有一个大型装备竞技场。密斯再次采用了填充砖裙(现为内部用石膏)。只是这次为12英尺长,顶部则使用了定制的钢制窗框;大楼的两层教室也采用了相同的做法。不过这座二层的教学楼需要防火设计,于是密斯将宽翼缘的钢柱设置在了外墙线内,并将这种"真实的结构"包裹在了混凝土中。然后在外部,就用小型宽翼缘钢板和角钢组装而成的直梃作为结构的"表达"。面板则采用英式砌法的砖填充,在砖和钢铁交汇处,会稍稍露出半块砖来。在拐角处,位于柱中心线的两个宽翼缘钢互相组合,中间靠8英寸的角钢焊接在一起,从而形成了标志性的"转折"(见图8.5和图8.6)。无论是在拐角处还是沿间隔处的外露钢铁,都在快到地面的地方由砖代替,因此最终与地面相接的仍是砖墙。人们通常认为终止于地面以上的室外钢材是非结构性的一种"表达"方式;但它其实有着实际功能上的原因:从地面分离后,钢材就不再那么容易生锈了。

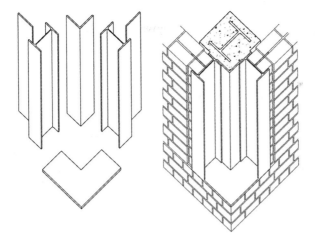

图 8.6
海军大楼一角的详图,该建筑物位于芝加哥的伊利诺伊理工大学(1946)。左侧是标准轧制型钢的分解图,右侧则是通过焊接将它们组合后的成品图。包在混凝土中的宽翼缘型钢隐藏在这个角的"后面"(见右图),是建筑物"真正"的支柱。

· · ·

在完工时所拍摄的相片中,海军大楼被包围在建筑碎石构成的废墟中,两旁则是遗留下来的 19 世纪城市建筑。这座全新的大楼看起来非常时髦,令人惊叹。它的立面是模数的有序整合,各个部分都优雅地组合在一起,极具比例美感。抛光砖与黑色的钢框架(虽然)在后来成为了标准配置,却在当时显得十分新颖。钢框架的窗户让建筑的外立面也显得清晰明快。(符合)建筑标准的活动百叶窗使得大楼的外观更加整齐。

珀尔斯坦楼则出现在它之后,这一项目并不是钢框架窗,而是在校园中首次采用了铝框架窗这项新技术。珀尔斯坦楼在设计程序上比海军大楼更加复杂,它的一端是具有净跨结构的实验室,另一端则是传统的办公室、教室和一个室内礼堂。随着玻尔斯坦楼的完工,密斯的校园建筑语言已经基本完善(图8.7)。之后的那些教学楼则会有的增加一层;有的则设计为特殊的功能类型,例如小礼拜堂,公共大楼,以及脱离了标准范畴的克朗楼。但密斯的特点是,一个问题的"解决"——往往需要耗费巨大的努力和极大的耐心——会成为一个能够重复使用的方法;通过这三座最早的校园建筑物,就像密斯表述的那样,他和伊利诺伊理工大学都拥有了"适用于新时代"的全新建筑语言和具有代表性的建筑物。

· · ·

密斯在 IIT 校园外进行过多次净跨距方案的尝试,净跨距方案最早的尝试其实是受私人客户委托的一个项目。1945 年,他收到了来自房地产

第 8 章 全新的建筑语言:1946 ~ 1953 年 　227

图 8.7
维什尼克礼堂（Wishnick Hall）（1946），原为芝加哥伊利诺伊理工大学的化学大楼。此处为东北方向视图，展示了密斯在校园建筑上的典型外部处理手法。12×24（英尺）的模数很容易辨认。这座建筑物在 2010 年得以全面的翻新和修复。照片拍摄于 2011 年。

开发商兼印第安纳波利斯多家电影院所有人的富商约瑟夫·坎托（Joseph Cantor）的咨询。他想要一座具有"开敞平面"的"娱乐大楼"。到了 1946 年初，这个项目已经成了一家汽车餐馆。遵从坎托的要求，这座建筑物沿主要的商业地带建造，要十分"突出"；密斯采用了全玻璃式的单层方案；建筑物呈长方形，净跨的屋面沿建筑物的每一个长边被悬挑起来。屋顶则悬挂在两个间隔 48 英尺的大型桁架上，它在平面上长边的跨度为 120 英尺（图 8.8）。

这个项目在 1950 年末被取消了，但它却因一张建筑模型照片仍被今天的人们所熟知。这一模型由密斯手下一名极具天赋的模型制作师爱德华·达克特制作完成。而它的主要目的是为了参加 1947 年举办的现代艺术博物馆展览。大约有 200 张图纸和草图也被保存了下来。所有图纸都是由迈伦·戈德史密斯绘制而成，他既是项目建筑师，也是结构工程师。虽然有若干版本的平面方案被保存了下来，但可能的"最终"方案则是被组织在了一个 12 英尺 ×8 英尺的结构网络中，室内规划占据了 4 平方英尺的面积。在这个封闭的空间中，约三分之二用作就餐区，约三分之一用作厨房和服务区。两个

图 8.8
坎托免下车餐馆（Cantor Drive-In Restaurant）项目，位于印第安纳波利斯（Indianapolis）（1946）。此处为夜间的模型。建筑物上的"HIWAY（意为公路）"（位于左侧两辆车的上方）一词替代了业主的标识。该模型是爱德华·达克特为 1947 年的现代艺术博物馆回顾展设计的。照片来源：Hedrich-Blessing；芝加哥历史博物馆（Chicago History Museum），HB-10215-A。经芝加哥历史博物馆许可使用。

普纳特（Pratt）桁架跨域了 10 个 12 英尺的模块。一侧的桁架面板在厨房一端完全突出建筑物外壳 12 英尺，而这一侧正面对着高速公路。传统的钢框架屋面在长边一侧悬挑出了 16 英尺，完全可以遮住单列排队的车辆；尽管在这一地块的方案中，停车场总共可容纳 175 辆车，约有 30 个车位属于从建筑物中移出的传统通道。就餐区的容量大的惊人——能够容纳 300 人。目前尚不清楚坎托和密斯是否仔细考虑过真正的汽车餐馆服务是怎样的——这个有着大量餐椅的就餐区明显倾向于传统的步入式餐馆（图 8.9）。各种餐位的布置离不开各式的独立隔墙，这些隔墙在沿着长轴对称的区域灵活地进行摆放；这其中的某些方案也是克朗楼室内布置的雏形，而克朗楼的建造还要等到十年之后。

戈德史密斯仔细地研究并排列了 10 英尺高的桁架、它们的钢柱，以及桁条钢屋面，就好像这座建筑物即将要开始建造。玻璃外表皮的设计并不先进；虽然平面图上也标注有空调，但是机械系统和细部设计显然没有把这一因素考虑在内。戈德史密斯承认密斯想靠这些桁梁做出"有力的表达"，但奇怪的是他们跨越的是建筑物"错误"的长边，同样不清楚原因的便是餐馆

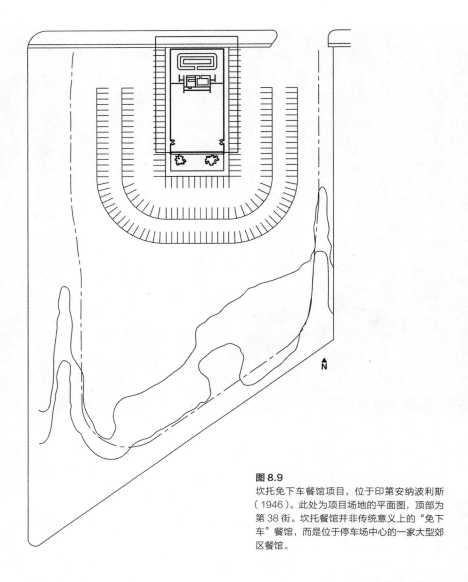

图 8.9
坎托免下车餐馆项目,位于印第安纳波利斯（1946）。此处为项目场地的平面图,顶部为第 38 街。坎托餐馆并非传统意义上的"免下车"餐馆,而是位于停车场中心的一家大型郊区餐馆。

为何采用无柱设计（举例来说,这和采用远距离排列的柱子的敞开平面是截然不同的）。

. . .

在国际上,20 世纪 40 年代中后期的西方艺术界经历了巨大的变化:现代主义的复兴以及它将拥有的主导地位。经过数十年的黯淡时光,现代主义终于在被对它不利的形势——大萧条和极权主义的兴起—压倒后,再一次大放光彩。现代主义思想的两个基础观点再一次被唤醒:抽象主义成为受人喜爱的表达语言；国际主义取代了 20 世纪三四十年代的民族主义。

当然，两个时期的现代主义必定会有不同之处。一方面，新时期的现代主义不追求也不宣扬艺术和政治上的乌托邦式结合。一个世纪以来经济、政治的变动让即使最坚定的空想家也相信，乌托邦不可能存在于当时那个时代。美国作为现代主义复兴最坚定的国家，对政治空想是最不感兴趣的。无论是国家的传统还是军事上的成功，都让人看到了这一点。而美国人正处在他们居主导地位的世界中，对欧洲人的那些政治教训毫无兴趣；但是他们却渴望在那些为躲避战争而逃往美国的欧洲现代主义大师麾下进行艺术学习。这些避难者——比如，密斯、格罗皮乌斯、皮埃特·蒙德里安、托马斯·曼和阿诺德·舍恩贝格——便得到了美国人慷慨热情的礼待。

这样的环境对密斯来说十分理想，也正是他所向往的。密斯是一个抽象主义者，不受民族主义和政治意识形态的影响，可以说是新现代主义完美的普罗米修斯。就如同绘画中的自然主义日益被看做是历史上肤浅表面的残妆，掩盖了艺术的本来面目；建筑也有同样的问题——和任何历史时期相一致的装饰和构成被都看做是历史的伪装。密斯现在正要将这一信念付诸实践。如果时代的潮流是技术，那么钢与玻璃的建筑就是适应现代城市的现代建筑形式，对美国的现代城市尤为如此。既然这个结论是通过"理性"得出的，那么，正确的建筑实践将再也没有"自我表达"与任性的空间。"建筑，"密斯一再申明，"不是鸡尾酒。"而即使有人会感到定义"理性"的密斯的专断独行，却在看到 IIT 的那些墙壁后很难再对他的观点提出异议——因为它们在建筑逻辑上是如此的无可辩驳。然而矛盾的是，正是凭借其无可比拟的艺术感染力，这些形式才让人看到了它们的美好之处。

第 9 章
20 世纪 40 年代

> "这张纸条是说我不想伤害你的感情——即使是事实——无论是作为一名艺术家还是作为一个男人,你都是最棒的!"
>
> ——1947 年,弗兰克·劳埃德·赖特在给密斯的一封信中写道。

> "他总是很有礼貌,做事风格简洁明了,但他却粗暴地无视任何情感纠缠或者其他可能影响他的琐事。"
>
> ——凯瑟琳·库赫,密斯的一位女性朋友。

1940 年的新年夜,在查尔斯和玛格丽特·多恩布什于芝加哥举办的派对上,密斯结识了劳拉·马克思(图 9.1)。这位美人刚刚离了婚,前夫是芝加哥社会建筑师、艺术品收藏家塞缪尔·马克思。劳拉是赫尔穆特·巴奇公司的员工,因此随巴奇一起去参加宴会。赫尔穆特·巴奇也是密斯的一位讲德语的朋友。巴奇问劳拉是否介意他再带一个朋友去。这个朋友就是密斯。后来,劳拉和凯瑟琳·库赫——一个开画廊的朋友,一致认为,劳拉和密斯在相见的瞬间就被对方深深地吸引了。劳拉说这是"一见钟情"。库赫更是回忆说,劳拉是个不折不扣的美人,密斯被深深地打动了。

密斯等了一周后才给劳拉打电话。然后一段长久的——尽管中间曾有过比较大的中断——贯穿密斯余生的恋爱就这样开始了。劳拉是莉莉·赖希的对立面。她秀美、平静,顺从,是一个颇具素养的雕刻家,但和赖希相比却算不上是艺术家。她比密斯小 14 岁,但她却是一个可以与密斯保持亲密关系却不让他厌烦的女人。像赖希一样,她与密斯保持着亲密却又相对独立的关系,尽管偶尔她也会受不了。她从不涉足密斯的工作,只是在旁边激发他的灵感,在他身边无微不至地陪伴着他度过痛苦的晚年。

劳拉和密斯珍惜在一起的每一天。20 世纪 40 年代,是他们的爱情最火热的时候。用密斯朋友们的话说,也是充满酒精的十年。人们经常喝酒,有时候是因为战争,后来是因为胜利。密斯和劳拉是这样,他的学生们也是如此,建筑师和艺术家、美国人和欧洲人、本地人和游客以及所有的朋友,那个年代的大家都钟爱开怀畅饮。有一次,密斯和劳拉参加建筑

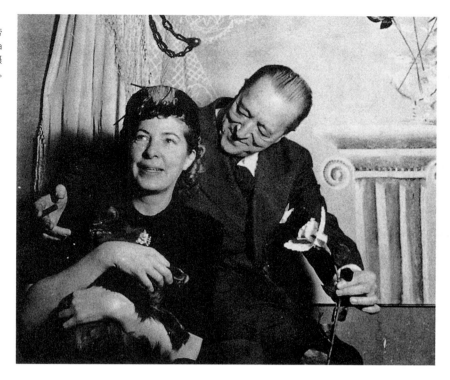

图 9.1
热情洋溢的密斯和劳拉·马克思（Lora Marx）在一起，拍摄于 1941 年的芝加哥。照片为私人收藏。

师阿尔弗雷德·肖和他的妻子鲁伊一起举办的宴会——大家都喝醉了，甚至拿出女士的唇膏给黑石酒店大厅的大理石女神像化了个妆。一天晚上，汉斯·里克特和画廊总监柯特·瓦伦汀来到了芝加哥，因为瓦伦汀喝醉了，还从台阶上摔了下来，于是他们在劳拉的住处逗留了很长时间。伊利诺伊的教职人员在聚会上也和学生们都混在一起，常常玩乐到深夜。这种聚会最著名的一次是在 50 年代中后期时，密斯和学生以及员工，突然想要去高地公园，恰好他们中一个叫彼得·罗斯的人负责看管和居住在公园中的一座豪宅中，大家便在这个地方举办了一个长达 12 小时的烛光派对，一直玩乐到了天亮。

劳拉帮密斯找到了在皮尔逊东街 220 号的一间公寓住所（图 9.2）。尽管这间房子用来招待客人也足够大，除了密斯的女儿们在 20 世纪 40 年代末第一次看望他时也住在这儿之外，通常都只有密斯自己住在这儿。他的世界局限在房子周围几公里之内，出行主要依靠出租车。后来他开始变得行动不便，学生或者员工就会带他出去转一转。50 年代，他拥有了第一辆车，那是一辆黄色奥尔兹，不过密斯既没学过开车也没想过要学，于是就让劳拉负责开车。密斯无意将自己的公寓变成一个建筑陈列室，不过他还是为了避

第 9 章　20 世纪 40 年代　233

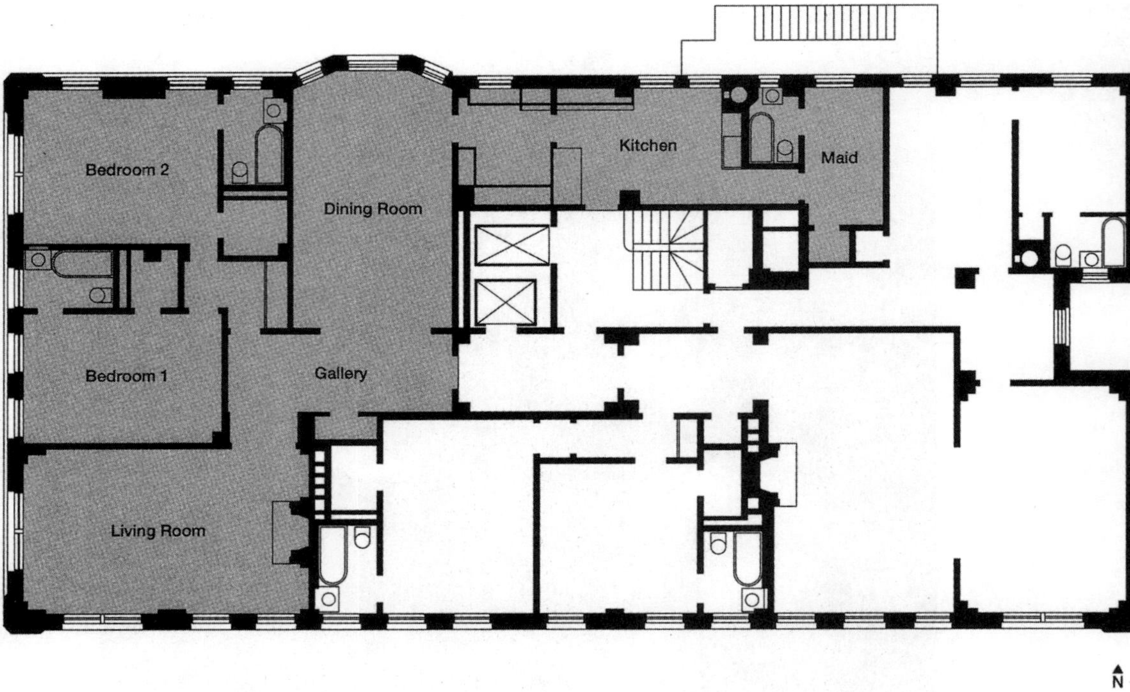

图 9.2
位于芝加哥东皮尔森街 200 号（200 East Pearson Street）的密斯公寓（阴影区域）的平面图。这座由 10 个单元组成的建筑由罗伯特·德·戈耶（Robert S. de Golyer）于 1916 ~ 1917 年设计。

免麻烦而把公寓里所有的墙壁都漆成了白色（图 9.3）。1941 年，密斯为公寓安装了一些货架，它们靠从分隔卧室和起居室的墙壁两侧悬挑而成的隐形钢托架进行支撑，钢架长 14 英尺，厚 19 英寸，起居室顶部是绿色大理石，而卧室顶部则是石灰华材质。他还有一个风格低调的定制餐桌和几把密斯椅，不过这些椅子却没有巴塞罗那椅那样奢华迷人。

那是 1947 年的一天，劳拉突然意识到自己成了一个酒鬼，她毅然决定开始戒酒。"我突然戒酒让密斯很着迷，不过这丝毫没有影响他喝酒的量。"她找到了酗酒者匿名互助社，并坚持参与了很多年，甚至连 60 年代才来到这里的德克·罗汉都能记住她每周四都会去参加互助社。因为担心只要和密斯在一起，自己便没办法保持清醒，劳拉选择结束了这段关系。——他们分开了一年。密斯去世后，劳拉回忆道，无论他们之间曾经有过多少烦恼，密斯仍然觉得从他们相识到 1947 年都是他"人生中最美的日子"。然而劳拉却说，那些年的大多数时间她都是醉醺醺的。

酒和雪茄是密斯更稳定持久的伴侣，究竟密斯是不是一个酒鬼一直都没有定论。不过证明他并不是酒鬼的证据却相当可观——在伊利诺伊理工大学以及他的工作室中，密斯都是众人关注的焦点，但是从来没有人提到过他身体有什么不适。据我们所了解，他习惯晚起，并不是因为喝酒。他基本上只

图9.3（跨页插图）
密斯靠在他公寓（东皮尔森街200号）（200 East Pearson Street）内的白墙坐着，拍摄于1956年的芝加哥。照片中的绘画作品出自保罗·克利（Paul Klee）；雕塑出自毕加索；极简风格的悬挑架则由密斯亲自设计。弗兰克·谢舍尔（Frank Scherschel）摄／时代与生活图片（Time & Life Pictures）／盖蒂图片社（Getty Images）。

在社交场合喝酒，即使劳拉在1947年前说过"密斯和我几乎不吵架，即使有也只是在我们都喝醉的时候。"1953~1963年，在密斯工作室工作的唐纳德·西克勒在那段时间也经常给密斯当司机，即使密斯有时会在午餐时喝点儿酒，他也从没见到过密斯真的喝醉过。

可以说密斯其实非常善于社交，尤其擅长与学生和员工们打交道。讨论的时候，尽管他与这些人之间的讨论全都围绕建筑进行——偶尔也会涉及一点儿艺术和哲学——但他从不排斥任何人，无论是在聚餐的时候还是其他休闲场合，密斯都表现地平易近人。基恩·萨默斯回忆道，每当到了交图期的时候，密斯总会在办公室待到深夜，还不止一次和大家一起熬到天亮。自然而然地，密斯在他工作室里的年轻男人们，以及偶尔会有的女士眼中便成为了一种父亲的形象。乔治·丹福思是密斯的第一个员工，他仍记得密斯建议他，"宁愿不吃午饭也要买艺术品"。而他也遵从了这个建议。

密斯周围的人一度对他很崇拜，丹福思说就是那种典型的可爱的学生会对真正的大师充满敬意的崇拜：学生们模仿密斯也用柔软的线条来勾勒草图。他们也很仔细地观察他出没的时间，以便在他出现时能够做好与他碰面的准备。不可避免地，学生们也会学着密斯抽雪茄，喝马提尼。学生们和密斯工作室的员工也都穿夹克衫，系领带。这些都是在模仿密斯职业风范的表现。

...

1947年，芝加哥大学文艺复兴协会举办了特奥·凡·杜斯伯格作品回顾展。杜斯伯格曾是密斯20世纪20年代艺术派别风起云涌时的同伴。在《我与现代艺术的爱恋》（My Love Affair With Modern Art）的展览活动中。凯瑟琳·库赫这样描述密斯的设计方法以及他对女性的态度：

> 1947年10月的一个傍晚，密斯叫我去他在南瓦巴石大街的办公室接他去赴宴。那是文艺复兴协会庆祝特奥·凡·杜斯伯格展览顺利开展……而举行的晚宴。无论是凡·杜斯伯格还是专程从欧洲而来的他的遗孀内莉，密斯都与他们有着深厚的感情。于是密斯也答应为展览做设计。设计再次体现了他"少即是多"的理念——完全依靠一个和谐的空间平衡装置来支撑凡·杜斯伯格那简洁的建构主义作品，密斯承认大多数的时间都花在了调整层板的位置……

第9章 20世纪40年代 235

鸡尾酒会进行了很久之后，文艺复兴协会的会长走过来问密斯是否知道内莉·凡·杜斯伯格迟迟未到的原因——这个晚宴就是为她举办的，她的缺席会让宴会无法开始。密斯一惊，"天哪，我把她忘了！"那个可怜的女士此时还在密斯北城的公寓等着，但密斯却忘了让我去接她——他几乎被这样的自己逗乐了。随后打车过来的内莉身着一袭黑色低胸晚礼服，真是迷人极了。她坐在长桌的顶端，密斯在她旁边，但她却没有和密斯说过一句话，连点点头都没有。

后来，在去密斯公寓的路上，他俩之间仍然是尴尬的沉默。她虽然没说什么，但可以感受到气氛中浓重的谴责。密斯，这个从来不会因内疚或者个人原因而去担心别人的人，最后也不得不半开玩笑地说道，不如去喝个和解酒吧，并最终帮助内莉恢复了平静。他总是慢慢地喝着上好的威士忌。而她，在不生气的时候，也是一个风趣的、精力旺盛的女人。她很有主见，但是还是不敌他。的确，很少有女人能够抵挡住密斯的魅力。他总是很有礼貌，做事风格简洁明了，但他却粗暴地无视任何情感纠缠或者其他可能影响他的琐事。

库赫所提到的"上好的威士忌"也再次证明了密斯的热情好客，尤其是对像他一样的来自欧洲的"流亡者"们。1948 年冬天，在芝加哥艺术学院举办了的马克斯·贝克曼展览期间，密斯举办了一个派对并邀请了许多艺术界的领袖人物——贝克曼也是贵宾中的一个。第二天，贝克曼在皮尔森街与大家吃晚饭，一同吃饭的除了密斯，还有沃尔特·彼得汉斯，以及北克拉克大街脱衣舞酒吧里的一行人。后来理查德·诺伊特拉也来到了镇子上，还有纳姆·加博、安托万·佩夫斯纳兄弟二人。他们总是会喝不少酒。

但在这些友谊的表现之中也夹杂着密斯对拉斯洛·莫霍伊-纳吉的不满，他和密斯一样也移民到了芝加哥。1937 年他创立了一个学校叫新包豪斯。作为德国包豪斯的最后一任校长，密斯认为这个名字在法律意义上应该属于他，也因此对于莫霍伊篡夺了这个名字感到非常怨恨。

如果不是因为这个名字，密斯或许可以对莫霍伊更加友善。包豪斯的命运，无论是在德国还是美国，都非常短暂，就好像被牵涉其中的主角们之间的仇恨诅咒了一般。除了和雨果·韦伯，设计师康拉德·瓦克斯曼，摄影师亚伦·西斯金德和哈利·卡拉汉有些交情，以及偶尔还会参加巴克敏斯特·富勒的演讲会之外，密斯对于莫霍伊和他的学校都非常冷淡，即使学校是在设计学院（简称 ID）的名下重组的。直到 1946 年莫霍伊去世，塞吉·希玛耶夫接管了这间学校，密斯也没有改变他的想法。乔治·丹福思说过："希玛耶夫想要建立另一个建筑部门，这彻底激怒了密斯——当他发现希玛耶夫在搞一个名为"板房设计"但实际上是真正的建筑项目时——我从未见他那样大发雷霆。"1952年，ID正式并入IIT。但是ID傲慢的员工之间并不能和平相处，之后更是爆发了对制度的公开反抗，在新校长杰伊·都柏林的调动下，学校也在20世纪50年代中期进行了新的人事变动。1956年，这所学校——无论是字面上还是形象上——搬到了克朗楼的地下室。

...

1947年，现代艺术博物馆对密斯的作品进行了一次全面回顾。这也是密斯首次引起公众广泛地关注。这一次，仍然是菲利普·约翰逊帮助了密斯——这个展览正是他的主意。二战结束后约翰逊从部队退役，又回到了博物馆工作，他雄心勃勃又极富个人魅力，与阿尔弗雷德·巴尔一起，以无可争议的领导力接管了博物馆建筑部分。早在1946年，他就计划为密斯举办一个重要的展览。这是一个大胆的决定：密斯来美国不到十年，而且大部分的实践都笼罩在战争的阴影之中，只有两个建筑在美国建成。但是展览涵盖了密斯整个职业生涯，约翰逊还为展览写了专著——这也是第一本关于密斯的专著。这本专著的研究过程困难重重，因为密斯大部分的私人、专业论文还在德国，更糟糕的是，都在苏联区。战争期间，尽管莉莉·赖希和密斯在包豪斯的学生爱德华·路德维希已经把密斯留在柏林的手稿打包送到了在图林根州muhlhausen的路德维希父母手里保管，但这个地方后来却变成了原德意志民主共和国的一部分。事实上，这些资料已经无法再追回了（这些资料在1963年被排斥）。

约翰逊没有退缩，他查阅了所有已经出版的资料，咨询了密斯在芝加哥的员工，也询问了并不会一直配合的密斯本人。1946年12月20日，约翰逊胸有成竹地向密斯保证，"这会成为本部门有史以来举办的最重要的展览"。他给予了展览足够的预算和布展空间——大概比以往建筑展览多出5000平方英尺的场地。约翰逊甚至成功地说服了密斯为展览做设计——密斯没能为1932年的国际现代建筑展做设计——即使资金充足，约翰逊也不断哄着、催促着密斯去注意他有时会忽视的工期问题。1985年，约翰逊的一次采访中讲到了他与密斯之间的发生的事情：

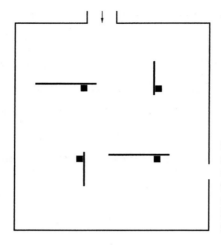

图 9.4
由纽约现代艺术博物馆举办的密斯·凡·德·罗展会的平面示意图（1947）。展会由密斯设计。博物馆为该展会分配的面积约为 5000 平方英尺，这是自它创办以来为建筑主题所提供过的最大面积。密斯用他所特有的、最简洁的方法在这样一个平庸且没有窗户的空间中创造出了一个动态的平面图。

我记得密斯从芝加哥给我打过一个电话——这在当时简直是件不可思议的事情——他说，"请问博物馆柱子的角上有倒角吗？"我说，"没有"。密斯说，"好的，那样就好，除了柱子我们不要任何东西。就那样吧。"然后他就来这儿了，当然，他一辈子都在和我作对……那些天我们不得不用石膏夹心纸板或者石灰把倒角盖住。

安装过程中所付出的辛苦都是值得的。密斯用从地板到顶棚高的壁画照片将四个画廊柱子挡在后面，形成了一个完全的无柱空间。风车式构成的壁画充当了墙，也让人想起他在欧洲曾经做的一些设计（图 9.4）。展览包括密斯的绘画，作品照片，密斯的员工制作的一些展览模型。展览中包括 1912 年的克罗勒·米勒住宅——20 世纪 20 年代建成和未建成的设计中最有名的那个。到了 20 世纪 40 年代中期的项目，则包括了范斯沃斯住宅和坎特汽车餐厅和伊利诺伊理工大学的建筑物。展厅的一角，是一张图书馆与行政大楼的全尺寸的墙剖面图。一些家具以及 20 世纪 40 年代早期的一些被称为贝壳状椅子的图画——这是一种用塑料制成的与身体贴合的曲线设计椅子——也在展出之列。展览中的图像作品都由密斯童年的玩伴儿，仍在德国居住的格哈德·塞维林设计而成。

约翰逊的专著对密斯的作品追溯到了第一次世界大战之前的年代，并详细地描述了卡尔·弗里德里希·辛克尔和彼得·贝伦斯对密斯的影响。"密斯觉得里尔住宅太缺乏个性了，所以没有发表，"约翰逊写道，还坚定地加上了一句，"房子是 18 世纪传统的最流行的风格，有陡峭的坡屋顶、山墙和天窗。单凭精妙的比例和细致的工程，它就已经在同类作品中出类拔萃了。"

如果最后这句话只是约翰逊对密斯这一个作品的看法，那么另一篇有关密斯更多作品的分析文章则可以称得上是不准确的了。约翰逊专著的目录是对密斯职业生涯第一次的完整梳理，它由名望极高的现代艺术博物馆进行出版，并被翻译成了多种语言。在长达数十年的时间里，约翰逊的书都是公认的权威，并填补了密斯20世纪30年代作品的空缺。"从1931~1938年，"约翰逊写道，"密斯设计了一系列的'法院大楼'（Court-houses）。这些楼的流动空间都被限制在法院的外墙和大楼围成的矩形区域里。房子被设计成了不同的形状，比如L型、T型和I型。除了组成外围矩形区域的部分，外墙都是玻璃材质制成"

在2001年的一篇名为"从包豪斯到法院大楼"的文章中，特伦斯·莱利仔细分析了约翰逊的描述，并得出结论：有10张法院大楼的图纸是被误解的。其中三张是其他项目的草图；三张是由伊利诺伊理工大学的学生绘制的图纸——而且极有可能就是密斯在包豪斯的学生的作品；还有三张是伊利诺伊理工大学学生依据密斯以往不知来源的项目绘制而成的图纸；最后的一张是由密斯在伊利诺伊理工大学的一组学生开发的项目。虽然公众对于密斯在开发法庭大楼构思上的核心作用并无质疑，尤其是在1935年他为许贝楼项目所绘制的草图也都非常出众，不过莱利表明这一构想其实主要是密斯给学生们布置的练习作业。约翰逊的错误可能部分归因于前面提及的，他研究中受到的限制以及在和密斯的交谈中对方偶尔的缺乏合作。

不过这里还有一篇后记可以说明约翰逊那善变的性格。1946年初，大约在他构思那场有关密斯的展览的时候，他开始对建筑中象征性与宏伟感的结合产生了新的迷恋，而这种迷恋——尤其是出自法国克劳德-尼古拉斯-勒杜的法国新古典主义风格——也开始影响他对密斯和现代主义的表现。四月，在约翰逊写给奥德的信中提到："大多数建筑师和评论家认为密斯'极简'（almost nothing）的口号已经过去，现在真的成了'极简'……我不知道……但是毫无疑问，历史将会很快告诉我们。"

历史就是这样，即使约翰逊没有怀疑，也仍能够以某种方式证明他的努力。展览一经展出，对于展览的正面反馈即刻涌现。《纽约时报》评论家埃德温·奥尔登·朱厄尔对此赞不绝口，特别是对于那些装置的"惊人的效果"。而《艺术与建筑》则发表了题为"美国设计的后起之秀"的文章，其中，查尔斯·埃姆斯认可了密斯的成就，他也像朱厄尔一样专注于那种安装设计的不凡之处："这是一种独特的体验，当你穿梭空间，你也可以看到其他人在空间中行走，这正是本次展览的高潮所在"。

甚至连赖特都出席了开幕式。尽管他尽力让自己成为了活动上的焦点和首席评论家，但这一行动仍然表达出了他的敬意。之后，赖特大步走进画廊，他的披肩在飘荡，并迅速公开了自己对密斯最相关的一个评论，以及密斯对此的回应。他们之间后来来往的信件如下：

亲爱的密斯：
　　当我来看你的纽约展时，有人告诉我因为我的言辞对你造成了伤害……但我是不是告诉过你，我觉得你对材料的处理非常棒？
　　你经常会说你相信"极简"的理念，所有的东西都排在线上。然而，当我看到关于"极简"的短语的巨大爆炸时（原文如此），我自然而然地觉得这简直太过火了。
　　随后我说到了巴塞罗那馆是你对原始的"否定"的最好诠释，你好像还在我原来的地方。
　　这可能就是所谓的（来自我的）伤害，我希望我能把你叫到一旁私下跟你说这件事，因为在我看来，整个"现代建筑"这件事已经和深陷其中的建筑师们一起进入了困境。我不想把你和他们分类，但是这场展览，从这个意义上来说让我非常反感，我也正在和我自己较着劲儿。
　　这个说明正是表示我不想伤害你的感情——即使它就是事实——无论是作为一名艺术家还是作为一个男人，你都是最棒的！
　　许多年前，你来看过我（那是在你会说英语之前）。之后，尽管我常常邀请，但你再也没来过。
　　因此我也一直没有机会看到你，把我过去说过的，现在也再说的事情说给你听。
　　你何不在某个时候来找我——除非我们的关系已经无可挽回——和我一起畅谈这些建筑问题。
　　你诚挚的，弗兰克。

密斯回复：

亲爱的弗兰克：
　　非常感谢你的来信。
　　在纽约展上，如果你听说我被你的言辞伤害了，我得说，那真是太夸张了。如果你听到"极简"的理念，那么我会和你一起大笑。而关于

"否认"——我用这个词来形容的却是我觉得非常正面且必要的品质。

若是有天能在威斯康辛州见到你,我们再深入讨论这个主题,那一定是一件令人高兴的事。

一如既往的,密斯。

信件来往中的字里行间也让两位个性不同的建筑大师的形象跃然纸上:赖特是热烈而积极的,无论是在建筑评论、人情友谊还是虚荣心的方面都是这样;密斯则倾向于谦虚,保持距离和充满隐私感。尽管他的地位完全可以支撑他回击更多,但是密斯只回击过一次(是我觉得非常正面且必要的品质)。他们之间的相互尊重也非常真挚诚恳;赖特从不会邀请一个不止一次爽约的人来塔利辛超过两次,而密斯也会不厌其烦地回应。然而最终,他们分离的信号还是凸显了出来。赖特把密斯当作现代建筑最佳的实践者,但他自己并不想成为这一运动中的一部分,不过他也承认自己独自的努力"很难对抗它"。几年之内,两人只有过几次交流。

在1947年现代艺术博物馆展览前期,密斯经常待在纽约和博物馆那群人重新建立人际关系。他与曾经在1933年的柏林见过面的策展人兼评论家詹姆斯·约翰逊·斯威尼交往。十年后,斯威尼带给了密斯扩建休斯顿艺术博物馆(斯威尼作为首领)的委托。约翰逊还把密斯介绍给了女雕刻家玛丽·卡勒,而这个迷人的女士挽着密斯的胳膊共同出席了展览开幕式。他们之间的暧昧关系持续了十多年时间,不过两方都没有对彼此的感情认真。

· · ·

战后在德国的生活凸显了密斯在来到芝加哥定居之后的好运。埃达在柏林经历了第二次世界大战的大部分时间,然而那糟糕不过的时代,却是她精神状态最好的时期。她在巴伐利亚大街自己的小公寓里还隐藏了几个犹太人,最著名的是利维(Levy)博士和他的妻子。他们为能够去瑞士找到和平的居所付出了极大的努力,途中,在慕尼黑遇到了瓦尔特劳特(Waltraut),他护送他们到了边境。然而横渡两次都失败之后,他们被纳粹党人逮捕了,并被认为已经死亡。

1942年,盟军的空军加强了对柏林的袭击,埃达也在她的公寓被摧毁之前,把她的所有物品都搬离了出去。同年,在当地的雷根斯堡剧团,乔治娅已经成为了一位年轻的演员新秀,她嫁给了国家剧院影片的导演弗里

图 9.5
乔治娅·凡·德·罗（Georgia van der Rohe）
（原名多萝西娅·密斯）（Dorothea Mies），约拍摄于 1945 年。照片来源：Hildegard Steinmetz。

茨·赫特里希。他们的孩子弗兰克出生于 1943 年 11 月。而那个时候，埃达，已经和她的朋友在柏林生活了一段时间，于是她来到了雷根斯堡，和他们一起居住在这里。

1945 年早期，玛丽安娜和她七岁的儿子德克以及女儿乌尔丽克、卡琳一起在他们所在的小镇在轰炸中被夷为平地时被迫出逃。甚至德克只能救出他的泰迪熊。几个月之后，战争结束，他们身处所属苏联区域的哈雷。随之而来的是一些焦虑的举动，在沃尔夫冈·洛兰从战俘营解脱后，他带着家人成功地搬到了萨勒姆，并在那里获得了体育馆的教学职位。到了 1951 年，他们定居在附近的弗莱堡。同时期，瓦尔特劳特也被慕尼黑路德维希－马克西米利安大学录取，在那个严峻的时代环境下，她于 1946 年完成了艺术历史的博士学位。

20 世纪 40 年代末期的德国正处于萧条时期。在征服者的摆布之下，越来越多的争斗时常发生，而曾经在 1919 年崛起过的艺术界也在这样的磨难中再无复苏的迹象，德国成为了一个物质与精神上的荒野。有一段时期，玛丽安通过制作木偶，再把它们换成美国烟草来维持生活（图 9.6）。乔治娅在亚美利加·豪斯与美国军事政府的公共关系办公室工作，在慕尼黑和雷根斯堡两个城市之间穿梭。随着工作室在 1943 年被摧毁，莉莉·赖希便搬到了萨克森，不过等到战争结束后她却立刻返回了柏林，并且继续给密斯写信，让他寄一些纸、墨水以及一些最简易的工具来布置她的画室。

图 9.6
密斯的二女儿玛丽安娜（Marianne），拍摄于 1935 年，当时她 20 岁。照片由格里塔·布鲁恩（Greta Bruhn）拍摄，她是玛丽安娜的母亲埃达的妹妹。照片由德克·罗汉提供，并经其许可使用。

到了 1948 年底，乔治娅和瓦尔特劳特在没有邀请函的情况下，带着密斯援助的资金，乘船踏上了去往美国芝加哥的路上。接着他们在瓦尔特劳特租住的公寓安顿下来，不过瓦尔特劳特一个人度过了随后的两年。在古德曼戏剧学院学习八个月之后，乔治娅回到了慕尼黑，埃达也再次和她住在了一起。然而埃达的身体状况已经开始恶化，最终，在 1951 年，她在雷根斯堡医院因为癌症医治无效去世。瓦尔特劳特则一直和密斯生活在了芝加哥，后来她也是独自生活，在芝加哥艺术学院的图书馆里工作，直到 1959 年去世，同样死于癌症（图 9.7）。1950 年，玛丽安娜也去往美国旅行，与密斯和瓦尔特劳特一起住了四个月的时间。后来她也多次往返于芝加哥，并且在 1959 年照顾了瓦尔特劳特一段时间。在与罗汉离婚后，玛丽安娜自 1963～1975 年都是自己一个人生活。

密斯（和劳拉）忍受着这些"孝顺"的入侵，但心里却从没有感到高兴。劳拉说过，父亲与女儿之间的摩擦是频繁的，特别是她们当中不止一个人都想住在父亲的公寓中。（她们睡在密斯公寓的沙发上。）密斯就是个鹦鹉螺，他会去观察这个世界，也会享受跟同伴在一起的时光，然后，当他选择离开他或他们时就会退出这段关系。这个比喻非常适合他：密斯并不缺乏长期的感情，他有能力甚至也有意愿会去表达它。瓦尔特劳特崇拜他，无穷尽地把她自己贡献给了他。然而密斯却并没有回馈给她什么感情，但他却为她的天赋感到自豪——早在她以优异的成绩在慕尼黑大学毕业时候就很明显了。在

图 9.7
瓦尔特劳特·密斯·凡·德·罗和她的父亲在芝加哥，拍摄于 1955 年。照片为私人收藏。

她去世时，他把自己的学士服穿在了她的身上。在她被火化之后，劳拉和乔治娅便带着她的骨灰开车去了威斯康星州，把她的骨灰撒到了密西西比河里。劳拉说："瓦尔特劳特的死对于密斯就像是其他所有精力的逆境与悲伤一样，只是一个事实，没有必要逃避，也无须安慰。"

战争结束后，密斯在 1953 年第一次回到了欧洲，他拜访了罗汉一家。当时 15 岁的德克对于他祖父的工作已经有了非常敏锐的反应力。他可以和密斯以及五六个当地的建筑师一起共进午餐，并且始终记得他的祖父每当说到什么就会随便画在桌布上。对于德克，这次拜访中，第二个亮点就是跟他的祖父以及司机一同坐着优雅的霍希汽车穿过黑森林的漫长旅程。

. . .

在他的朋友和家人们都在德国挣扎求生的时候，密斯正在美国适应着不同的情况。战争结束之后，伊利诺伊理工大学的学生数目已下降到了 50 人左右，但是武装部队的退役回归则带来了招生人数的暴涨。1945 年，班级从艺术学院转移到了两个地方：一个是在南沃巴什街 37 号，密斯在那里有自己的工作室；另一个是在南密歇根大街 18 号。两年后，这个部门再次迁移，接管了伊利诺伊理工大学校友纪念馆（先前的海军建筑）的大部分建筑。

1946 年，乔治·丹福思在服兵役结束后，重新回到了校园担任教员。20 世纪 50 年代早期，丹尼尔·布伦纳、雅克·布朗森、阿尔弗雷德·考德威尔、威廉·邓拉普、布鲁斯通伯爵、托马斯·伯利、雷金纳德都成为了密斯学校的青年教师。他的专业人员也在增长：在 1945 年，通过约瑟夫·藤川和约翰·威斯介绍，爱德华·欧雷克和爱德华·达克特加入了密斯的工作室。1946 年，迈伦·戈德史密斯也被密斯聘请了。密斯的业务经理是出生于德国的费利克斯·邦尼特，他总是不停地抱怨，当然，那是无可非议地，制作模型发出的噪声和产生的灰尘就在经过他的桌子和绘图室之间的走廊里飘荡。当赫伯特·格林沃尔德带来了海角公寓时，在 1946～1947 年的两年时间里，工作室几乎没有什么工作——结束了。从那以后，工作归于稳定。即使是在 20 世纪 50 年早期——密斯在美国的职业生涯中最具创意的阶段——他的职员也没有超过 10 人。

密斯总是充满着远远超过建造本身的想法。在 1951 年，他与业主发生了严重的冲突。到了 1952 年春天，他对伊迪丝·范斯沃斯提出的诉讼和后来她对他的反诉让他陷入了身心疲惫且耗资巨大的法庭斗争之中。法律上是在争论密斯为范斯沃斯设计和建造房屋时成本上谁欠谁的问题。然而真正的斗争是更大的分歧——个人的权威与意志，性格上的冲突。不过，他们争论的主题——也就是范斯沃斯住宅本身，却成为密斯在美国的第一部杰作。

第 10 章
范斯沃斯（住宅）的传奇：1946~2003 年

> 以前出名的是我，现在是她闻名全世界了。
> ——密斯口述，关于伊迪丝·范斯沃斯

> 密斯让我回想起中世纪的农民。
> ——伊迪丝·范斯沃斯，关于密斯

> 我认为这所住宅是一个完美的构造，它建造得非常完美。
> ——密斯口述，关于范斯沃斯住宅

1945 年，芝加哥医生伊迪丝·范斯沃斯在位于芝加哥西南 96 公里处，毗邻伊利诺伊州普拉诺附近的福克斯河（Fox River）沿岸购买了一块 9 英亩的旧农场。卖主是罗伯特·麦考密克上校，《芝加哥论坛报》（Chicago Tribune）的出版商。而农场的销售价格是每英亩 500 美元。这块地产上已经有了一座农舍和几栋附属建筑物存在，但是范斯沃斯想要有些新东西。在 20 世纪 70 年代的一本未出版的回忆录中，范斯沃斯回忆了自己项目的开端：

> 一天晚上，我去乔治娅（Lingafelt）和露丝（Lee）在欧文（Irving）那舒适的老式公寓里与她们共进晚餐。当晚还有一位（身材）魁伟的陌生人也接受邀请来到了公寓，当我脱掉外套的时候，乔治娅面带微笑的介绍道："这位是密斯，亲爱的。"
> 我想在吃饭时他一定是说过什么的，但是如果他真的说过，我却也一点儿都记不起来了。在我印象中，密斯就像块花岗石一样坐在那儿，而我们三人就围着他坐在一起聊天。我可能把如何找到这块地产、和麦考密克上校讨价还价，以及最终买了这块 9 英亩的地块等细节讲得过于详细了……
> 就聊天而言，这一切都没什么意义，而我的结论就是密斯几乎不会说英语；他听懂了多少也不得而知。晚餐过后，我们回到了起居室；乔

治娅和露丝离开去刷碗了。

范斯沃斯继续回忆到她向密斯说：

"我想知道，您的工作室里是否有一个年轻人愿意在那块可爱的河岸边设计一座小小的工作室兼周末度假住宅吗？"

密斯的回应相对于之前长达两个小时的沉默而言更让人吃惊，"我愿意为你建造任何类型的房子。"于是我们计划一起去一趟普拉诺（Plano），这样我可以给他看看那块地产……让他知道我想要的那种巨大的、犹如一场暴风雨、洪水，或者是其他神明征兆的那种效果。我们动身去那里待了一整天，勘察那样的地块应该建造怎样的周末度假住宅。那是在（1944~1945年）深秋或是隆冬时节，我把车停在东皮尔森（East Pearson）200号接密斯。他出来时穿着一件巨大的黑色外套，上面那柔软细腻的羊毛几乎垂到了他的脚踝以下。他钻进我的小雪佛兰中，坐在了我的旁边；对我的可卡犬一直蹭着他并把爪子全程放在他膝盖上这件事，他也只是微微的表示出一点抗拒而已。

最终我们抵达了农舍的前院——我终于能把车门打开了——密斯和我的白色可卡犬（从车里）出来的场面十分精彩，可卡的白色皮毛已经在那件华美的黑色羊毛大衣上留下了一层柔软的"白霜"，而我们也没有带着任何可以除去它的东西。

我们沿着斜坡往下走，穿过冻结的牧草地和灌木丛；我十分担心，害怕这名欧洲人在这样不适宜的季节中无法领略中西部乡村的美丽；但是在半路上，密斯却停下来看了看他的周围。"真美啊！"他说，而我也相信他的惊叹是出自真心实意。

这是范斯沃斯所记得的故事的开始，那时她已经70多岁了。不过很显然，对于这件事，密斯却提供了大相径庭的版本，而这一版本出自1952年的凡·德·罗起诉范斯沃斯（Vander Rohe V. Farnsworth）案件中的证词：

对密斯的提问：你能陈述一下当晚你和范斯沃斯医生间的谈话内容吗？

密斯的回答：晚餐过后，范斯沃斯医生说她在普拉诺有块地，她想和我谈谈她在那里想要建造一所住宅的计划；这之后我们单独相处并就该场地进行了谈论。她告诉我说想要建造一所小型住宅，问我是否对此感兴趣。我说，通常我并不设计小型住宅，但是如果我们能做些有趣的建筑的话，我愿意接受这一委托。

　　提问：你解释过"有趣"是指什么吗？

　　回答：没有。

密斯还补充说他在两人见面之前就已经知道这件事了。范斯沃斯之前曾请芝加哥建筑师乔治·弗雷德·凯克（George Fred Keck）为她设计这所住宅。凯克对密斯说，要他接手这个项目的条件只有一个，就是他"可以随心所欲地做他想做的，可她似乎并不喜欢这样。"

...

伊迪丝·布鲁克斯·范斯沃斯于1903年出生在芝加哥一个富贵人家，她的父亲乔治·范斯沃斯是威斯康星州和密歇根州木材公司的高管。在青年时期，她曾在芝加哥大学学习英语文学和写作，也在芝加哥的美国音乐学院学习过小提琴和音乐理论。为了继续追求音乐，她选择前往意大利去向小提琴演奏家马里奥·科蒂（Mario Corti）学习。然而最终，伊迪丝却确定自己缺乏乐器所要求的天赋，不过她学会了意大利语；这个兴趣也使她在晚年成为了一名意大利现代诗歌的翻译。

伊迪丝在20世纪30年代早期回到了芝加哥，随后便转行学医。她于1934年进入西北大学医学院，1939年拿到了医学学位。之后便成为帕萨旺纪念医院的实习生。随着二战爆发，她也开始接手男医生那些为军队服役的病人；而她本人也承认，这让她更快地获得了职业上的成功。她成为了一名技艺高超的临床医师和研究人员。她专注于肾脏病学，并为天然急速ACTH及其合成物质可的松（Cortisone）的发展做出了很大的贡献——这两种物质都在肾炎的治疗中具有疗效。她还撰写了若干关于高血压、贫血症，以及肝硬化的论文。尽管她有如此多的成就，但范斯沃斯如今仍然被人记住却是因为那座以她名字命名的住宅，这是因为这所由密斯创造并由她促成的住宅结果竟然比他们的想象中——用密斯的话讲——"更加有趣"。

范斯沃斯的回忆录中提供了有关这座住宅早期阶段以及她与建筑师之间关系的较为私密的描述：

我们开始时不时地见面，并且每个周日都会赶赴普拉诺……随着天气转暖，我们不得不从杂草和牧草中劈出一条小路走到河岸边……我们为住宅研究了岸边很多的场地，还打下了一些临时性的桩子。

"密斯，你会想用什么建筑材料？"

"我不会像这样考虑问题。我不认为我们会建造一座砖住宅或是钢筋混凝土住宅。我想（既然）这里的一切都很美丽，隐私也不是问题，如果我们得用一面不透明的墙壁将室内和室外分隔开，那真是太遗憾了。所以我们应该建造一所钢铁和玻璃制成的住宅：外面的世界能够被引入到室内。从另一方面来说，如果我们把它建在城市或是郊区中，我会让它从室外看是不透明的，但通过中间做一个庭院花园便可以将光线引入到房子内部。"

范斯沃斯也描述了密斯的性格："密斯让我想起中世纪的农民；虽然他性格中的某些特性在后来被证明其实是冷酷无情，不过在那些年里，他只是看起来笨拙、不得体而已。在一些细节上他从来没有展现过礼貌绅士的一面——或许在更大的事情面前也是如此——他也从来没有帮人叫过出租车，或是考虑无人陪同的女性访客如何安全返回的问题。"范斯沃斯对密斯这样的评价也反映出她自己对于知识分子的期待：

有某种形而上学的脉络，增强了密斯自己的理念依据……我读了瓜尔蒂尼（Guardini）的著作，就像他提议的那样，我试图将自己作为"价值观的层次"概念中的一个组成元素，或是宗教的一个神秘层面，又或是灵魂净化的长期锻炼——几乎所有可能丰富我自己意识的东西——而这些可能也是密斯所展示过的、他得以充实的（方法）……

在我们关系发展到这一阶段时，我理所当然的认为我们对所有这样的事情都有一致的观点。密斯读过（Erwin）薛定谔的著作《生命是什么》后，经过我们的讨论，这种感觉更加强烈了。这本由这位杰出的物理学家所写的严谨清晰的论文正是我借给密斯的，我想，不论密斯在形而上学上持什么观点，对于薛定谔将生命归纳为可观察的有机或无机晶体这种严谨性，他一定会感到欣赏和钦佩……

"难道你不认同薛定谔的书吗，密斯？"

"它是本否定灵魂的书。照他说的，一个人和他不朽的希望又算是什么呢？薛定谔认为我可以坐在那儿盯着窗户上的雪花或是餐桌上的盐晶体就能心满意足吗？我想知道在死后还能期待点什么。"

"也许薛定谔也是这样想的，但是作为物理学家，他的作品中删掉了人类盼望死后有灵魂存在的问题,他也仍然阐述了作为生命观察者的人类其实具有相当的尊严。我们不需要坐在那儿等雨落下……"

"那根本不够!"

密斯对死亡的执着以及他所迸发出的力量让我非常触动。它甚至给河边的这个住宅项目增添了神秘的背景,也让密斯的性格显得更加难以捉摸。

在密斯的证词中,他表明了一场有关砖还是石材作为住宅材料的对话,并回忆了他提出全玻璃方案时的现场考察:

> 我记得在一次旅行中,我们正在讨论这所住宅,关于它应该是什么样子的;她问我是否有了主意。环顾四周之后,我说"如果是我在这里给自己建一座住宅,我会使用玻璃来建造,因为所有的景色都那么美丽,很难决定以哪个视角为首选。"

尽管在整个地块中还有地势更高的地方,密斯还是决定将新住宅直接建在河的洪泛区——离河岸只有几英尺远。他证实:

> 我们讨论了这两个地块的优劣之处;我建议范斯沃斯医生把住宅建在靠近河岸的地方,(因为)那儿有许多美丽的古树。而她却担心河水会漫过河岸,但我还是坚持选择这个场地,因为我认为这些问题可以用某种方式来克服和解决。

密斯亲手(正如他所作的证明)绘制了一张立面图,这张图并非是一系列探索性的铅笔素描中的一张——这是他通常使用的草图画法——一个由钢和玻璃组成的单室建筑的立面图,它位于间距很大的桥墩上。建筑包括一个非对称布置的服务核心,其组成元素为一个从地板到顶棚的鼓形空间、一把舒适的椅子和一张矮桌。除了弧形空间外,不论是柱子的大小还是地板和屋顶的厚度,住宅都基本如图所示建造——尽管在这一阶段,观景门廊只是一段模糊的树桩,而它的尽头只有一个楼梯。密斯这样描述了这个最早的设计:

> 它大体上和我们现在的建造方式相似,只是我们当时并没有按照现在这样高规格的建造来考虑它……当时我们讨论的钢结构并非采用焊

接,而是采用螺栓连接这样更简单的方式——我们甚至还考虑过是否可以让学生一起参与到诸多工作中……当时我们还考虑过混凝土地面(以及将胶合板作为核心)。

密斯向伊利诺伊州的水文调查部门索取有关福克斯河最高洪水位的信息。在得知没有此类记录后,有人建议他去"采访住在那附近的老人。"他决定将竣工的地板的顶部高度设定为比室外地坪高5英尺,这比老一辈人所说的最高洪水位要高了2英尺。

范斯沃斯住宅的设计与建造时间在文献中记载为1946~1951年,即使对于一个特殊的住宅建造来说,也算是很长的一段时间。但是根据该住宅的项目建筑师和结构工程师迈伦·戈德史密斯所述,从1946年设计被构想出,到1949年初开始着手施工文件的工作这段时间内,事情并没有实质性的进展。不过戈德史密斯不知道的是,导致这一拖延的主要因素正是密斯,是他,而非范斯沃斯一直在担心着建造成本的问题。在密斯的证词中有这样的描述:

对密斯的提问:你,或是你工作室的其他人,在1946年有为这所住宅绘制过任何平面图吗?

回答:没有,我认为我们没有……因为建筑市场的不确定性,我反对当时建造(住宅)……从任何一个承包商那里得到真正的计算价格都是件难事……他们更多的是在猜测,而不是计算,要么就是在其中加入了过高的安全系数。

戈德史密斯在应密斯律师请求而准备的一份陈述中,总结了事件发生的顺序:

1946年5月上旬我来为密斯工作……我见到了密斯已经完成的一张草图(先前所述的水彩图)。

大约在1946年5月底,我已经为该住宅工作了约三周的时间。我做了一些结构计算,试图找出建造该住宅的多种方法的可能性。这时我们已经有了一个相对原始的建造想法……我(给工程成本)做了一个粗略的预算,大概达到了40000~50000美元……

中途我放弃了这一项目,在1949年之前没有再做过与该住宅相关

图 10.1（对面图）
伊迪丝·范斯沃斯（Edith Farnsworth）在密斯的事务所向迈伦·戈德史密斯咨询有关事宜，拍摄于 1950 年。戈德史密斯和范斯沃斯当时正在检查一份五金名录。这张照片是爱德华·达克特用布朗尼相机（Brownie camera）拍摄的，并在凡·德·罗对范斯沃斯案的听证会上作为证据使用。照片和范斯沃斯的论点相矛盾，即范斯沃斯称对方并未告知她这座住宅的诸多特性。请注意戈德史密斯身上的白色外套，这是密斯事务所内的标准穿着，这样他在事务所之外穿的衣服就不被石墨粉尘弄脏。

的任何工作。在此期间唯一和它有关的工作就是 1947 年现代艺术博物馆的展览。阿尔弗雷德·考德威尔于 1947 年夏天（以自由职业者的身份）为它工作过几个星期。当我们于 1949 年重新接受工作时，我们几乎是从头做起……一直到 1951 年 4 月之前，我几乎把自己所有的时间都投入到了这个项目中。

正是 1949~1951 年这一时期，密斯的建造理念逐渐发展成以全焊接结构与高品质内饰功能相结合进行室内设计。他工作室中的大多数人（当时编为一组 4~5 人）都从事了这一项目的设计深化、建造结构件的全尺寸模型，并制作了整栋住宅五个不同的模型版本。戈德史密斯："这是他感兴趣的东西，因为他有全盘的控制权……不言而喻，它将会被建造得尽善尽美。"戈德史密斯汇编了一份总结该项目的时间表，由此得出整个密斯工作室为它花费了惊人的 5884 小时——三个人——数年——这还不算周末去现场的时间——尽管有些时候是为了消遣，但大多时候是在工作。戈德史密斯的表中并没有包括密斯的工作时间，这一点并没有记录可询。在工作过程中，戈德史密斯大概去过现场 100 次，通常乘火车往返普拉诺，然后再搭便车或徒步去 3.2 公里之外的小镇里（图 10.1）。

1949 年春，范斯沃斯继承了一笔 18000 美元的遗产，这也使得密斯被默许着手进行更详细的设计。促成这一决定的是另一所由菲利普·约翰逊为自己设计的住宅。该住宅坐落在康涅狄格州的新卡纳，于 1949 年完工。约翰逊曾经在 1947 年的现代艺术博物馆展览上首次了解到范斯沃斯住宅的概念，并在拜访密斯在芝加哥的工作室时看到了密斯的桌子上摆放着的这所住宅的模型——也因此，他的设计受到了范斯沃斯住宅的影响。

密斯的笔记记录了这一决定：

> 范斯沃斯医生非常渴望继续施工，她在 1948 年冬天和 1949 年春天使劲儿地催促我。
>
> 1949 年春天，菲利普·约翰逊告诉我说，他那个类型和尺寸都和范斯沃斯相似的住宅，要花费大概 60000 美元。
>
> 我将这个事实告诉了范斯沃斯医生，并且明确提出如果成本少于 50000 美元，我认为我们无法建成此住宅。
>
> 她告诉我她的资产是 65000 美元，但是为了一些（安全）原因起见，她不想把它们全部花光。后来她告诉我她又继承了 18000 美元，现在我

们可以随心所欲地建造那所住宅了。

1949年6月初,戈德史密斯以多种尺寸的住宅为基础进行了估算,从而找出施工图的(合适)尺寸。

戈德史密斯对以下三种尺寸的住宅进行了相应的成本估算:84×30×10(英尺),成本为69250美元;77×28×9(英尺),成本为59980美元;77×28×10(英尺),成本为60980美元。最后达成协议的方案为77×28×9½(英尺)的方案,密斯希望以这个方案将成本限制在大

第10章 范斯沃斯(住宅)的传奇:1946~2003年

概 60000 美元左右——和约翰逊住宅的造价基本相同。

对于这样一所非传统的住宅，密斯并没有兴趣让当地的承包商参与其中，他决定自己担任总承包商。他的工作室自行寻找材料和人工来源，并支付相应费用，编写详尽的每月支出报表。虽然密斯已经决定用焊接钢框架替代螺栓连接，但用戈德史密斯的话来说，"地面此前是许多讨论的基础，我找到了许多替代材料的样本。我们有石灰石、青石、大理石、地砖、预制混凝土板等……密斯喜欢石灰华，不仅因为它的外观，而且因为这种材料能够满足建造要求……范斯沃斯医生最终决定使用石灰华，我记得她后来一直对自己的这个决定感到非常得意。"

这些描述反映了建筑师和业主在 1949 年夏天时仍然拥有着亲切友好的关系。成本估算已经增加到了 65000 美元，但这也是为了住宅核心的墙壁和地面能够选择最称心的材料，因此合情合理。

范斯沃斯自己也兴高采烈："这个夏天对我来说是不可思议的，它也非常符合我的理想：在艺术和科学的不同领域受过训练的人员应该力求理解所有进步领域的共同理想和原则，并给予他们的忠诚和支持。"密斯感觉——如往常一样静默——在有关这一决定的证词中也有所体现：

  对密斯的提问：好吧……你说她说过"我继承了一笔钱不是很好吗？现在我们可以继续下去了，我们可以按照我们的意愿把这所住宅建到最好"——你有没有对此做出回应，或者关于这个话题她还说了些什么，或关于住宅？

  回答：没有，我和她一样高兴。

  提问：你这么说了吗？

  回答：我想她能从我表情上看出来这一点。

· · ·

在详细讨论这场诉讼之前，我们首先被审判笔录上那些丰富而具有启发性的证词所吸引了。不过我们仍然在猜测事情究竟是如何恶化的。戈德史密斯是除了密斯外最接近范斯沃斯的人，却也未能完全明白哪里出现了错误；或者，由于证人禁止坐在法庭上，所以他也没有听到那些可能会启发他的证词。

范斯沃斯的一些忧虑当然是房子日渐上涨的成本，此时已经攀升至

74000美元，大大超出了密斯在开始做详细设计时提出的60000美元的成本。还有应该给密斯的服务费，以及他作为总承包商时可能要单独收取的费用。至此，他们之间的关系已经不再轻松惬意；他们之间也没有任何讨论了。密斯把材料和人工的月度花销结算单送出，但却从来没有为这些费用开具发票。戈德史密斯已经清楚地意识到了范斯沃斯对预算的担忧，他谨慎地监督着成本。范斯沃斯预料到好消息和坏消息都会直接来自密斯，这一点也很关键；戈德史密斯在工程接近尾声时重新进行了计算，由于朝鲜战争的动员使电气方面的成本暴涨到了"数千美元"，价格也随之激增。"我找到密斯对他说，'密斯，这个可怕的消息已经发生了，我们怎么告诉范斯沃斯医生呢？'我不知道他为什么这样说，但是他的确说了，'戈迪（戈德史密斯的昵称），你告诉她吧。'我不知道他们的关系是否已经出了问题……我打电话告诉了她。我记得范斯沃斯说，'为什么不是密斯告诉我？'她认为他欺骗了她……她想到的是最坏的方面。"

戈德史密斯还提出了另一个有争议的问题——布料的选择。密斯曾提议使用的真丝样品和范斯沃斯建议的其他布料都被一同订购了，模型也都已经做好了。虽然她最终接受了密斯的推荐，但却因为在这之前因她询问了另一名建筑师的建议而惹恼了密斯。戈德史密斯说："她说了类似这样的话，'我不喜欢那真丝的颜色。我和哈利·威斯（Harry Weese）讨论过，他认为应该采用棕色。'我不知道是我汇报给了密斯或是他通过别的方式知道了这点。他说道，'如果我早知道她会这么难相处，这个项目我连碰都不会碰，'诸如之类的话。那就是他的经历。"

即使已经知道了这么多，一个关键性的细节却仍然是个谜——即范斯沃斯和密斯之间私人关系的本质。这个场面十分吸引人：两名杰出的专业人士，都是单身，无论是工作还是社交他们都是如此密切，这意味着什么呢——露水情缘？恋爱？那么劳拉·马克思呢？据称，她在1947年避开了密斯，也成功戒掉了酒精；还有在纽约的玛丽·卡勒里呢？她于同年陪同密斯出席了他在现代艺术博物馆回顾展的开幕式，范斯沃斯也参加了此活动。有太多的传言和炒作存在了。劳拉·马克思于1980年在和笔者之一谈话时，声称"他们之间有过短暂的'小事'，但是两人并非真的有染——他们是非常专业的。"她对于那些传言并不感兴趣。然而范斯沃斯和密斯之间产生的对抗可能来自相互感情上的失望，或是来自知识与专业的对抗。我们知道随着项目接近完工，范斯沃斯的要求也越来越多，尤其是对室内装饰的指定——而这在当时还没有决定下来。

这场争论中一个引人注目的新元素是凡·德·罗与范斯沃斯案长达3500页的庭审记录中所包含的信息，这也是我们第一次找到它并对其进行分析。这份新材料很清楚的表明，早在工程的最后阶段，两人之间矛盾就已经非常严重，他们关系的破裂也都合情合理。下面的证词涉及了在工程刚刚开始时最初的一些微不足道的话题。范斯沃斯的律师伦道夫·博雷尔（Randolph Bohrer）进行了询问：

对密斯的提问：范斯沃斯医生当时有没有在你的公寓中对你说过，他们正在准备建筑物的地基材料？——即她告诉了你她会去普拉诺，而且她也听到了弗洛恩德先生和戈德史密斯先生的对话；弗洛恩德先生想使用当地的砾石（建一条通向工地的临时道路），而戈德史密斯先生想用碎石灰石；这让她十分烦扰，因为弗洛恩德先生说碎石灰石的长途运输成本非常昂贵，而砾石不仅成本不高，还可以直接从当地获得。你是否记得在某次对话中谈论过这样的事宜？

回答：是的。但是地点在普拉诺。

提问：谈话内容是什么？

回答：据我回忆，戈德史密斯本倾向于砾石——不是碎石灰石——他和弗洛恩德正在讨论是否能弄到它，后者说它太远了，他也不知道能不能弄到；然后他们还是决定使用砾石。

提问：你有没有和范斯沃斯医生就此进行讨论？

回答：我想范斯沃斯医生说的是，"我不明白为什么他们总是谈论那件事。"

提问：你不记得范斯沃斯医生说过她希望你不要让戈德史密斯进行工作吗？

回答：不记得。

提问：那关于她认为他或许无法胜任这样的话呢？

回答：不，那是某天晚上在我公寓的另一次讨论中提到的……那是很早以前了。我想是在我们刚刚订购钢材后不久（1949年中）。

提问：是在你已竖起钢结构或是打基础之前吧？

回答：嗯，我想是的。我们当时正在讨论——她谈论了帕萨旺医院里的人，还抱怨了我工作室的工作；然后她说了些"为什么你不换掉那个——"之类的话，而我说"听着，那是我的事，不是你的事；如果我不订购钢材，我就建不了那间住宅。"

提问：那难道不是事实吗？在那次对话中范斯沃斯医生表示了她认为戈德史密斯先生缺乏判断力，并对成本一无所知，而你告诉她……

回答：我告诉她应该离开我的工作室，那是我的事。

提问：没错，（你）还说医学才是她的事？

回答：我不知道是否对她说了医学之类的话。

提问：但是你告诉她不要在那里喋喋不休对吗

回答：不，（那）是一次普通的讨论（而已）。她要说的是她对实验室里的工作不甚满意……之后她开始谈论我应该对我的事务所做出变动；而我说："这不关你的事……"

提问：在这次对话中，她有没有告诉你，戈德史密斯……看起来不知道自己在做什么并惹恼了弗洛恩德先生吗？还耗费了大量的时间？

回答：……我不记得那些。但是戈德史密斯先生无疑是名很谨慎小心的人……我要说的是，范斯沃斯医生肯定不能这样评价戈德史密斯。

我们有清晰的证据，当时——至少从密斯的观点来看——业主和建筑师之间曾经在管理上有过小小的争执。值得注意的是，面对着他自己的极大兴趣，密斯仍然会为某一原则而威胁中止这个项目。但是有个现实问题便是；他已经订购了钢材，也因此在财务上有了进行项目的义务。

···

范斯沃斯住宅和以往的任何住宅都不相同：它是一栋钢和玻璃构建的华美建筑，它是一个内部没有任何结构元素存在的单一空间。它也是密斯在巅峰状态下的作品（图10.2）。作为在庭审时一段令人瞩目的对话中为对友好提问的答复，密斯努力做出了解释：

对密斯的提问：好了，这所住宅好在哪里？

回答：我认为这所住宅是一个完美的构造，它建造得非常完美。很难找到一所（与之）相似的住宅或是具有相似细致工艺的住宅，同时我认为它的设计也非常完美。

提问：就这些了吗？

回答：我认为它是精心设计，精心建造和精心制作的。为了与木材和石灰华相互搭配，我们在材料上也是精挑细选。住宅本身就足以说明

图 10.2
范斯沃斯住宅,位于伊利诺伊州的普拉诺（Plano）(1951)；此处为站在福克斯河畔的北向局部立面图。

一切。人们只需要看一看就行了……

提问：这所住宅里的特色不是在建筑界完全新颖吗？

回答：喔，是的。我们在模型前面讨论过（早前的证词中）。

提问：难道在（服务）核心的浇筑和建造设备上没有采用全新的方法吗？

回答：当然，是的。

提问：难道它的悬挂方式也没有采用新方法吗？

回答：当然，是的。

提问：难道它的整个施工中也没有采用新方法吗？

回答：我不知道那是不是——我认为也许那是第一次，地面和屋面第一次——不是直接被支撑起来而是被悬挂而起，但是那是——我得说在那样的环境下是很正常的做法。

提问：（通过）这种不同寻常的设计，是为了让范斯沃斯医生或任何其他人住得比住在其他类型的房子里更舒适或更能享受生活吗？

回答：我确信她是的。

提问：我在问你是否以此为目的设计的？

回答：当然，正是如此。

提问：而你认为它能做到这一点，是吗？

回答：当然，我想是的；而且据我所知，她对很多人说她对这所住宅非常满意。

提问：好吧，如你刚才所证实过的，你因为这所住宅受到了广泛的关注对吗？

回答：她也一样。以前出名的是我。现在是她闻名全世界了。

提问：然而事实是这所住宅成为让你声名大噪的经典作品之一，它获得了许多的关注，在杂志和报纸中也占据了大量的篇幅和关注，难道不是吗？

回答：噢，不是的。对她来讲是这样的。但是人们对我期待的是我的作品究竟意味着什么——以及它拥有怎样的品质。

通过范斯沃斯住宅，密斯在美国的结构语言得到了最终完善。建筑是一个长方形玻璃墙棱柱体，在地坪上方被支撑起来从而免受偶尔发生的洪水影响。住宅的长边在北面临向上升的草坡，在南面则临向树木繁茂的河岸。屋顶和地板均以15英寸深的槽钢为界，槽钢的平面朝外，在每一条长边侧以4根钢柱支撑，钢柱又与这些槽钢相互焊接。（钢柱为W8×48，横截面大致成正方形，通常用于钢基础）地面和屋面之间的外表面除了两扇玻璃门和两个漏斗窗之外，都是1/4英寸厚的抛光平板玻璃。主楼建筑面积为2216平方英尺，但是其中只有1540（平方英尺）为封闭空间，其余部分为门廊。

出入通道是以石灰华为踏板的钢楼梯，位于河流一侧的巨大露台（北侧的第二个楼梯为了节约成本而被取消了）。露台与住宅平行布置，但是向西侧错开；其架空于室外地坪之上，高度大概为主地面高度的一半。另一部楼梯从露台升高到了阳台处；之后需要向右拐，从两扇位于西墙中央的玻璃门进入（房间）。

室内的主要元素是一个独立的、不对称布置的（服务）核心，包含一个舱式厨房、被杂物间分开的两个卫生间，以及一个宽大的壁炉。一个独立的衣橱划分出了睡眠空间。以相似的方式划分的"起居室"空间在壁炉前延伸开来，将河流的景色尽收其中。对流通风可以通过打开门和两扇漏斗窗来实现，后者位于与入口相对的东面墙上。一开始那里是没有空调的——住宅靠四个隐藏式风机进行机械通风，其中包括一个在水槽下方、夹在地板中的全室排气扇。

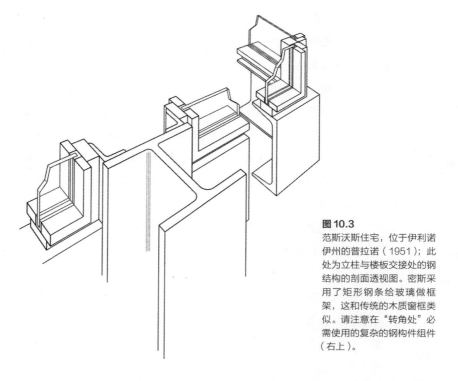

图 10.3

范斯沃斯住宅,位于伊利诺伊州的普拉诺(1951);此处为立柱与楼板交接处的钢结构的剖面透视图。密斯采用了矩形钢条给玻璃做框架,这和传统的木质窗框类似。请注意在"转角处"必需使用的复杂的钢构件组件(右上)。

石头地板铺设在 24×33(英寸)的矩形网格上。它不仅是地下加热管的散热体,还具有隐藏连接到厨房、卫生间和杂物间的管道和电气设施的功能。一个立井由核心延伸到了顶棚,用于加热器、厨房、卫生间和屋顶排水口的排气。屋顶排水口与管道、电气设施一起下降到了一个黑色的烟囱中——而这也是住宅除了柱子之外与室外地面唯一的连接处。

范斯沃斯住宅的结构与空间反映了密斯在美国时期不断变化的关注点。从欧洲职业生涯时期保留下来的平面上的不对称,在门廊与露台为主要设计元素,以及关于服务核心与设备房的布置仍在密斯的作品中闪耀。罗马石灰华这一密斯理想的用于重要空间的材料,则被用于室内地面和室外装饰上——这也成就了室内外强大的整体性。密斯亲自为木制品挑选了石灰华板和单板背板。钢结构通过焊接和磨口连接形成整体,之后进行喷砂和平整处理以达到表面平滑(并为涂漆做准备),最后涂成白色(图 10.3)。

尽管范斯沃斯住宅的主要组成部分都是以现代机械制造完成,但它们的组装和处理采用的却是工艺方法。这所住宅所具有的抽象几何结构和缺乏装饰的外立面彰显着自己的"现代",然而这种抽象几何结构的设计早已有过先例——范斯沃斯住宅也让人想起 18 世纪的乡村建筑和神社。白色的涂层和精心隐藏的焊缝否认了钢材的工业感,使桥墩变得类似于古典的立柱一样

图 10.4
范斯沃斯住宅，位于伊利诺伊州的普拉诺（1951）；图示为支撑露台的宽翼缘柱。此处为俯瞰视图。柱通过塞焊与露台的挑口板构件相连接，且焊接部位在完工后被打磨光滑。看起来柱和挑口板只是挨在一起一样。低于挑口板顶的柱顶进一步增强了这种效果。

的存在。功利性的宽翼缘变成了精神客体，这也是工业时代潜力的一种表达（图 10.4）。

比起住宅，这一建筑更像是一座神庙，其空间注重美学的沉思多过营造居家生活。以严格的物质意义来看，有时，建筑在技术上也是不符合生活的。在寒冷的天气，无隔热的玻璃上凝结出水雾；原因也很简单，玻璃没有被移动的热空气柱清洗。到了夏天，尽管外边就是巨大的黑糖槭，阳光的炙烤还是让室内变成了一个烤箱。由于服务核心和其他木制品的存在阻碍了通风，而丝质窗帘对于高温的隔绝也基本无效。住宅在一开始设计的时候就考虑了隐蔽式的门廊，而通往主空间的屏风门也被认为是没有必要的。

密斯满足于简洁和规范化的开敞空间。由内部服务核心和衣橱所定义的复杂的空间流动赋予了建筑内部蓬勃的生命力。无论是探索还是观察空间都会有奇妙的感受。自然风景也许会变幻，但是框架几何却完美地凝固在了那里。在密斯的建筑物中，没有一个作品像范斯沃斯住宅一样如此接近建筑的非物质化，这也呈现出一种固定的表达和超感的秩序。范斯沃斯住宅之于在美国的密斯，就如同巴塞罗那德国馆之于在欧洲时的他：那是一种世界观的神化。但是这一次已不再以他早先戏剧性的条件为特点，而是被一种新的、迫切而"客观的"成熟所替代。

...

1950 年的新年除夕，是范斯沃斯第一次在这所住宅中过夜。此时建筑有些细部还未完工，工作一直持续到了第二年的 3 月才结束。律师倒是很早就参与了进来。1950 年 8 月 8 日，密斯收到了来自范斯沃斯的一封信，指出"超出（你）8 月 1 日清单中金额的财政支出将不会被认可。"在月度常规结算清单中，密斯报告他在材料和施工上的费用总计为 69686.80 美元。和他之前的做法一样，专业（服务）费并未列在清单中。

范斯沃斯的信件由芝加哥律师伦道夫·博雷尔起草。范斯沃斯之前曾对这位 59 岁的律师进行过血压和肾脏问题的治疗，很可能博雷尔也因为他的生命被范斯沃斯挽救而十分感激她。从范斯沃斯的回忆录中可以知道，某天她在医院治疗过程中偶然提起了她对于新住宅的失望。博雷尔表示他会竭尽全力"帮她解决这个问题"。

尽管有 8 月 8 日的那封信，范斯沃斯仍继续向密斯支付费用，甚至还订购了一些额外的东西。她显然相信他们的社会关系还可以继续下去。但是到了 1951 年 2 月底时，根据密斯的证词，范斯沃斯在密斯打来的电话中指责他在住宅的成本上欺骗了她。在说完"她不能如此（对我）说话"之后，密斯挂断了电话。这是他们在开庭之前的最后一次联络。

在 1951 年 6 月 4 日写给密斯的一封信中，菲利普·约翰逊陈述了他对于（密斯的）业主、范斯沃斯住宅，以及目前"情况"的观点：

（最近一次见到伊迪丝时）我仍然觉得她富有魅力；她对住宅也不吝赞美之词。虽然她没有提到你的名字，但也完全没有提到建造中遇到过什么麻烦。我认为她会很快平静下来，我只希望在安装太多家具之前她能做到这一点。

我无法向你表达我有多么钦佩和赞赏这座建筑。那些多年来困扰我们的建造问题，你却用绝妙的方式解决了它们，真是令人叹为观止。钢的连接点也是如此恰到好处、如此干净，又制作得如此精美；我相信没人能够再对它们加以改进。它们的问题被一劳永逸地解决了。它们的制作对我来说也是一个契机。我很惊讶你能找到工匠们并且让他们完美地执行。我不能说具体是哪一个，因为每一个都和其他的一样好。甚至只是想象一下你做过的工作，都会让我体会到什么是殚精竭力。

  这件事情一直持续到罗伯特·威利（Robert Wiley）的出现，他是约翰逊的业务顾问、朋友和房地产开发合伙人。在闲谈中，密斯曾对约翰逊抱怨说他的工作室有财政方面的困难。约翰逊推荐了威利，后者很快就抵达并审查账簿。除了这些问题外，他还发现了一笔4500美元的范斯沃斯住宅工程费结余款。为了收回这笔款项，他找到了当时范斯沃斯的代理人博雷尔，但始终无法取得任何进展。最终，他说服了密斯和博雷尔见面。据密斯证实，他告诉博雷尔如果范斯沃斯统一支付4500美元这笔款，他将免去所有的专业服务费且"认为此事到此结束。"博雷尔答复范斯沃斯同意以1500美元达成"协议和解"。我们不知道是否是威利建议提起诉讼——戈德史密斯认为这很有可能——但是通过威利，密斯的确联系上了芝加哥的索南夏因·伯克森·洛特曼·莱文森和摩斯（Sonnenschein Berkson Lautmann Levinson & Morse）律师事务所。其高级合伙人大卫·莱文森接待了密斯，并建议他提起诉讼。戈德史密斯后来说道，"在所有可能发生的事情里，这一桩是最不幸的。"

  莱文森当然知道范斯沃斯和博雷尔会做出还击。他此时可能不知道博雷尔的健康状况和范斯沃斯在其治疗中的作用。事实证明，博雷尔怀着极大的热情追查此案，很可能也没有向范斯沃斯收取任何费用。在20世纪50年代初，博雷尔和他刚从哈佛法学院毕业不久的儿子梅森共同开办了律师事务所；但是索南夏因事务所确实是（现在仍是）芝加哥一家大型律师事务所，具有相当的法律实力。在密斯、戈德史密斯和范斯沃斯于芝加哥宣誓证词后，审判被定在伊利诺伊斯的约克维尔市进行；住范斯沃斯宅所在的肯德尔县也属于这个区域。双方都联络了当地的律师。密斯的当地律师中包括年青的威廉·墨菲，他是梅森·博雷尔的同学，也刚从哈佛大学毕业不久。

  双方都同意了在当时一种不寻常的形式：与平时在法官或在法官和陪审团面前听证不同，这起诉讼案法庭委任了一名特别的专家——通常由一名具有审判经验的律师担任——单独审理此案。双方各付专家费用的一半。专家收取费用，向法官建议应如何判决案件，并以此为目的编写正式的专家报告。案件双方都可以对专家的结论提出异议，也可以向审查法官提出反对意见和其它申诉观点。通常情况下，法官会先听审以考量双方的论据并复审专家的报告。接下来就会宣判，通常也会采用专家的建议。此次判

图 10.5
自称"乡村律师"的杰罗姆·纳尔逊曾在凡·德·罗对范斯沃斯案的庭审中担任衡平法院的特别专家（Special Master）。这是他唯一一次担任特别专家，而他自己也承认这是他职业生涯中的"一大亮点"。照片由罗伯特·纳尔逊（Robert E. Nelson）提供。

决仍然可以被申诉。而这么多的步骤聚合在一起，也给我们后来的故事制造了很多的麻烦。

　　凡·德·罗对范斯沃斯案的特别专家杰罗姆·纳尔逊（Jerome Nelson），是肯德尔县的一名律师；他在约克维尔市附近的奥罗拉长大（图 10.5），于 1936 年从伊利诺伊大学的法学院毕业。在二战中的大部分时间他都服务于 FBI，并于 1944 年加入了海军陆战队。他还参与到了冲绳的战后军事法庭中，为期两年。20 世纪 70 年代，他曾两次当选肯德尔县州检察官。纳尔逊的儿子罗伯特形容自己的父亲是"认为有速记员的听审很重要"的"一名乡村律师"。凡·德·罗对范斯沃斯案是纳尔逊唯一的一次担任法院特别专家。清晰的文字记录和墨菲的言论都可以证实，密斯的性格和取得的成就都给纳尔逊留下了深刻的印象——这也是相伴密斯一生的个人魅力的一种反映。据同为律师的罗伯特·纳尔逊所述，他的父亲认为这起诉讼案是"他一生中最精彩的事件之一。"

　　为了案件的听审，莱文森将案件移交给了索南夏因事务所的诉讼律师约翰·菲仕勒（John Faissler）。莱文森和菲仕勒之间的备忘录揭示了他们对博雷尔的战术、性格，甚至他们的客户的看法。菲仕勒为人和蔼可亲，他与纳尔逊的交往也一直都很积极正面（菲仕勒此后一直继续担任密斯的私人律师）。博雷尔却正相反，根据墨菲的报告和庭审记录的证实，他经常陷入"极其愤怒"的状态中。尽管如此，墨菲还补充说，密斯的法律团队仍然视博雷尔为一名"可敬的对手",虽然他"总是比我们所知道的还要暴躁。"

听审会从 1952 年 3 月 23 日开始,一直持续到 7 月 3 日。证词陈述耗费了 25 天,而密斯一次也没有落下过。范斯沃斯似乎只在需要她自己作证以及接受询问时出现——共计 3 天时间。值得注意的是,范斯沃斯所知的大部分诉讼信息均来自博雷尔,而后者却并非一名毫无私心的报告人。我们从范斯沃斯的回忆录中得知,博雷尔向她夸耀自己在法庭上的表现——与现在我们知道的事实几乎恰好相反。

尽管诉状(信息)庞杂,但这次案件的案情可以概括如下:菲仕勒(代表密斯,即原告)认为密斯被拖欠了约 3500 美元未支付的已自费支出工程费用(范斯沃斯已经向密斯支付 70000 美元)。此外,他还指出密斯的设计费用及建筑总承包服务价值——基于此类工作的合理、规定费用计算——约为 16600 美元。虽尽管事实上密斯从未向范斯沃斯开票索取他的这笔费用,但菲仕勒认为双方曾在合同中有过"部分表达和部分暗示",范斯沃斯充分意识到了这点,包括她"理解"这会产生一笔费用。博雷尔(代表范斯沃斯,即被告)以一种完全合法且标准的方式做出了反应——反诉。他认为密斯曾表示该住宅可以用 40000 美元完成,而在设计和施工的过程中欺骗性地隐藏了相关成本会上升的信息,不过涉及这一欺骗,博雷尔并未在技术上进行指控。博雷尔还提出(可能他自己也真的这样认为)密斯已经完成的是一件"拙劣的"作品。博雷尔声称该住宅不适宜居住,它是密斯牺牲日常专业能力而痴迷于所谓"建筑艺术"的证据。博雷尔要求他的委托人获得约 35000 美元(的赔偿),这大致上是他所述的她被"承诺的"费用——40000 美元——与她已经支付的费用之间的差额。

密斯的证词给人以他非常自信、专业,并且掌握事实的印象。在对博雷尔的误解和错误陈述进行细节性描述时,他有时耐心的如同教师一般。在证明他与其业主之间专业上的交往时,密斯明确表示他已经谨慎处理了她的需求和关切。他详述了他试图推迟工程,直到范斯沃斯能够负担得起费用。他描述到在工作室中的会议和设计汇报中为她提供了大量关于材料、装修和功能上的选择。采用石灰华的决定大概花费了预算的 20%,而这一决定也是经过慎重考虑的。为了得到价格最好的石材,密斯甚至给他的哥哥埃瓦尔德写过信,后者仍然在德国从事大理石生意,埃瓦尔德给出的成本价高于美国当地的价格。

范斯沃斯的证词充满犹疑,为了支持自己在案件中的观点,博雷尔详细询问了她关于预算的讨论以及她对设计和施工过程方面的了解问题。为了支持反诉,她还不得不坚称她之前被承诺的是一所40000美元的住宅;她几乎直到最后都还相信这一承诺,因为她对设计工作室的工作并不知情;她受到了密斯的摆布和欺骗;而且她也没有读懂密斯给她的月度结算单。有些时候,她甚至声称一些重要的事件她已经不记得了。她在工作室的照片,其中包括一张她和戈德史密斯一同查看平面图和文件的照片,由密斯的律师进行了展示,同时也在这场官司中构成了还击她的要点。曾十分欣赏范斯沃斯的戈德史密斯在多年后仍哀叹道:"令人失望的是,范斯沃斯说的全是谎话。"

博雷尔则就有关预算、平面图和规范要求的各种状态、成本估算方法等问题对密斯提出了质疑。他声称密斯从未出示过一套完整的合同文件,而预算也只是个"浮动不定的目标"。作为回应,密斯解释说他和范斯沃斯曾商定平面和规范要求"一步一步"来。一所如此特殊的住宅是不能像一座校舍或办公楼那样被设计、记录以及作为一个独立的"房间"来进行报价的。密斯引用菲利普·约翰逊的玻璃住宅高达60000美元的成本以此证明范斯沃斯的住宅不可能以更低的费用建成。而且他已经向范斯沃斯告知过菲利普的统计数字。密斯还把住宅的尺寸减小了10%以降低造价。(范斯沃斯不只知道这一改动,还要求密斯向其保证这不会在设计上做出妥协。)更有意思的是,密斯和菲仕勒出示了一份在范斯沃斯手中的总计65000美元的项目预算书。40000美元的谎言不攻自破了。

博雷尔所坚持关于欺诈的论点需要非常高标准的证明,但他无法彻底证明这一点。证词清楚地展示了密斯、戈德史密斯以及事务所其他人对这一项目的关注。博雷尔声称设计和施工中有各种缺点。他把精力又集中到了机械系统上;这看起来可能是密斯的弱点所在;但是伊利诺伊理工大学的机械工程学教授,即密斯在机械设计上的常任顾问——威廉·古德曼的证词证实了——正如后来纳尔逊所说的那样,"他所运用的技术和应有的关注都是依法进行的。"博雷尔的策略包括对密斯和戈德史密斯的嘲讽和羞辱,但是他本人却常常表现出对设计和建造的无知。可能博雷尔对于他盘问建筑师的结果感到满意,但是纳尔逊并不买账,他在他的专家报告中的"法律结论"里进行了充分的陈述:

> 大量的证据表明,原告人(密斯)在工程服务中应用所需要的技术和应有的关注都是有法律依据的;在住宅的设计、规划、监管或施工中

并没有重大缺陷。

不过当涉及密斯和范斯沃斯的"合同"时，密斯却并没有足够的证据。如前所述，在超过五年的专业联系和亲密的友谊中，两人都没有讨论过酬金问题。范斯沃斯曾有一次寄钱给到密斯的工作室并附上了一封短笺，解释说这 1000 美元是"一笔酬金"，但那就是全部了。在项目的后期，她问戈德史密斯应该如何收费，并坦言"密斯从未就此事和我谈论过……你认为我该怎么做？"戈德史密斯回答道："为什么你不问问他自己？"但她始终没有这样做。从一开始，范斯沃斯就暗示过密斯可以时不时的使用这所住宅。也许她认为这就算是报酬了。但是密斯在这所住宅上的人力投资确实如此庞大，甚至于"普通和常规的"报酬已经几乎无法负担他的成本。但是到了最后，这份"非正式"的合同可能对也对密斯的权益造成了损害。

在特别专家进行诉讼程序的最后一步时，双方都已经出示了各自对"事实认定和法律结论的提议。"每一方都使用这份文件来进行重新辩论，并整理庭审中的证据来支持自己，以便特别专家可以引用自己的报告。最终的口头辩论直到 1953 年 1 月才进行，此时距离举证结束已有六个月；专家的报告随后于 3 月 7 日得出，此时距听证会开始已将近一年。

在他的 45 项"事实认定"中，纳尔逊以各个角度的论点来支持密斯，并借用了菲仕勒提议中的大量内容。以下正是表明他驳回博雷尔的典型案例：

> （在认定 35 中，纳尔逊报告）原告（密斯）并未向被告表示过住宅的花费不会超出 40000 美元或其他具体数额，原告也未向被告表示过能以不超过 40000 美元的费用建成一所与他向被告提交的模型大体相同的住宅……原告从未表示过住宅的花费将不会超出任何具体数额。
>
> （在认定 38 中，纳尔逊陈述）"原告没有对被告进行过虚假陈述"，且（出自认定 39）"……原告行事始终真诚如一。"

纳尔逊总结道，密斯有权获得 12934.30 美元以及"本诉讼所产生的费用"。确切的金额通过复杂的计算得出——应使密斯有效地获得未支付的工程及相关费用和一笔尽管数额不大但是合理的专业服务费。

博雷尔对专家的报告提出了反对，并对纳尔逊的结论进行了逐条驳斥。而菲仕勒使用了更简洁的文件更正了若干事实。两相权衡后，纳尔逊召开了一场听证会并驳回了博雷尔的所有反对。

下一步通常是最后一步，法官应该复审这份报告、证词和证据，并做出法律结论。这个任务落在了巡回法官哈利·丹尼尔斯（Harry C. Daniels）身上。他举行了一场为期一天的听证会，双方人员和纳尔逊均参与其中，并对案件进行了重新审理。在写给莱文森的备忘录中，菲仕勒报告说博雷尔"重复着他所有的旧论据"，菲仕勒认为丹尼尔斯法官对于纳尔逊（和密斯）"充满同情"。

有关这一次的记录已经丢失。尽管双方阵营可能都以不恰当的方式影响过丹尼尔斯，但是丹尼尔斯并未呈递他的意见。充满硝烟的两年过去了。1955年本案件被重新指派给了阿伯拉罕森法官受理。他举行了一场听证会：讨论诉讼双方的劣势，并表达了希望双方和解的意愿。他注意到密斯和范斯沃斯之间并没有书面合同，这个事实对于范斯沃斯而言在一定程度上是种放松。而对于菲仕勒的记录，他明确表示自己并没有兴致阅读长达3500页的记录。经过两周的谈判后，双方都报告和解是不可能的——谁也不会向对方付钱——博雷尔表示他要继续准备申诉。

在考虑解决问题的同时，密斯也在因与外界的斗争而烦恼。由于住宅为专业和大众媒体所赞扬和接受，被刺痛的范斯沃斯开始了她自己的战斗。她在若干访谈中贬低了建筑师和范斯沃斯住宅，她间接地，也许是无意地、成功地触及了战后反共产主义的神经。在1953年4月发行的赫斯特杂志《美丽家居》（House Beautiful）中刊登的一篇题为《未来美国的威胁》的文章中；编辑伊丽莎白·戈登（Elizabeth Gordon）把范斯沃斯关于其住宅的不利论点延伸为了对国际风格和包豪斯的攻击。戈登把勒·柯布西耶和前者联系了起来，把瓦尔特·格罗皮乌斯和后者相联；而密斯，则于二者皆有关联。她称密斯的建筑是"冷酷的"和"空洞的"，他的家具则是"乏味的"、"单薄的"和"不舒适的"。戈登曾"和一位极具智慧、现如今却幻灭的女士（她并未引述范斯沃斯的名字）交谈过，这位女士花费了超过70000美元，却只建成了一所只有一个房间的住宅——那只是个用高跷支起来的玻璃笼子。"

她所使用的标题也暗示着由欧洲启蒙的现代主义运动已经在美国获得了足够的成功，这一论点也引发了类似于曾在20世纪20~30年代间反对过德国新建筑的保罗·舒尔茨-瑙姆堡（Paul Schultze-Naumburg）这样的民族主义人士的狂欢。不过这次的结果却并不相同：美国从没有受到过像德国所经历过的那种被右翼势力支配的命运。尽管如此，戈登的观点却也在弗兰克·劳埃德·赖特的话语中找到共鸣："这些包豪斯建筑师（现如今特指密斯）从极权主义的德国而来，现在却以华而不实的方式在美国推动他们自己在艺术上的极权主义……为什么我不信任并且蔑视这些像"共产主义"一样的"国际主义"呢？因为这两者在本质上都必然要以文明之名行趋同之实。"

在这样的背景下，密斯向他的律师提议他愿意和解，条件仅是"如果她停止对我们的诋毁。"莱文森告诉密斯他们对范斯沃斯的行为无能为力，但是他们强烈要求得到专家的有利报告，"她必须向你支付费用。"此时伦道夫·博雷尔正在度假，菲仕勒的团队便通过梅森去说服范斯沃斯付"一小笔钱"。菲仕勒提议 2500 美元，这大概是专家原判决和申诉费用间的差价。梅森·博雷尔同意了。经过五年的斗争后，这场耗费精力的战斗终于结束了。虽然我们并不知晓密斯的诉讼费用，不过合理推测应该超过了 2000（原文）美元。显然，这是密斯最初要求的 4500 美元和范斯沃斯相对达成"和解"提出的 1500 美元之间差额的折中。通过这个关键的手段，伦道夫·博雷尔出色地为他的委托人辩护。他使她免于一笔巨额的罚金，以及在法庭上痛苦的拒绝承认。

...

尽管范斯沃斯称住宅"无法居住"，她还是把它作为乡间度假地使用了 20 年。1968 年发生的一系列事件让她决定出售这处房产。第一个事件便是肯德尔县决定更新处于她房产所在地下游的建于 1884 年的福克斯河大桥。为了适应新的桥梁并改善其线形，北方的部分被夷为平地，向东移动了约 175 英尺，还占用了范斯沃斯住宅 2 英亩的地块。从范斯沃斯住宅中可以清楚眺望到桥梁和公路，尤其到了冬天更是如此。范斯沃斯向《芝加哥论坛报》表达了自己的看法："（桥梁）就在离住宅 180 英尺以内的地方跨过。想想吧，如果有那些"地狱天使"们会骑车经过这里，他们可以直接朝着房子射击——它是全玻璃的。"

为了阻碍县里的这一规划，范斯沃斯聘请了威廉·墨菲，即 15 年前密斯法律团队中的青年成员。她对他印象颇深，而且很喜欢他。在新桥梁的选址确定之后，一名县保护官员向范斯沃斯提到在她的地产中发现了印第安人的文物。范斯沃斯找来考古学家确认此事，他们确认并说"该地肯定（是）史前遗迹，可能至少有 2000 年的历史，'非常重要'。"有了这些信息的范斯沃斯便和墨菲试图将这 2 英亩土地给予伊利诺伊州的文物保护部门。

范斯沃斯没有收到来自州里的回复函,这一策略失败了。

作为后续行动,墨菲于1968年3月25日提出了一份更为慷慨的提议,他写信给肯德尔县的元老们:

> 如果县议会撤销跨越范斯沃斯房产中8公里桥梁的法令,范斯沃斯将向肯德尔县移交一份契约,她会将所有财产贡献出来用于肯德尔县公园建设。但条件是在她一生中,任何政府机构或其他人没有首先得到她的书面同意时,不得在她的财产上建造道路、桥梁或通道……
>
> 桥梁可以建在别处,可一旦本提议被否决,肯德尔县的人们将永远失去一座公园!

如果墨菲的提议被接受了,那么范斯沃斯住宅也会成为公园的一部分,那么接下来的资料也会与后面的事大相径庭,但是议会拒绝了这一提议。这时范斯沃斯做了最后的努力——却也无比讽刺——她通过墨菲争辩道住宅和土地共同组成了重要的艺术作品,新建的桥梁会把这种艺术破坏掉。她要求250000美元的赔偿金,但是由当地居民组成的陪审团对此却无动于衷。她唯一得到的安慰是被迫放弃2英亩的土地,可以获得17000美元的赔偿。

接下来的行动,尽管细节并不确定,但是很难让人不去推测这其中直接与间接的联系。一位非常欣赏范斯沃斯住宅的英国地产开发商彼得·帕伦博(Peter Palumbo)出现了,他在学生时期就听说过了它的大名。20世纪60年代初,帕伦博成年之后,决定在他拥有的伦敦某一地块上建造一座办公大楼。1967年,他将这一项目给了密斯,而密斯也接受了(见本书第13章中关于豪宅项目的讨论)。1968年,帕伦博在芝加哥拜访密斯时,向德克·罗汉打听密斯有没有可能在他拥有的苏格兰的一块地上设计一栋住宅。罗汉建议帕伦博买下范斯沃斯住宅即可,当时这座住宅正列在《芝加哥论坛报》的房地产板块进行出售。罗汉当天就开车带他去看了住宅。帕伦博联系了范斯沃斯,在几个来回之后这栋住宅以12万美元的价格成交。

范斯沃斯于1971年离开芝加哥去往意大利。她在佛罗伦斯附近的巴尼奥阿利帕里买了一栋别墅,开始写一本回忆录,同时翻译现代意大利诗歌,也写自己创作的诗歌。她出版了三本书,分别是有关阿尔比诺·皮埃罗、萨尔瓦多·夸西莫多和埃乌杰尼奥·蒙塔莱的作品。这三人中的最后一人,埃乌杰尼奥·蒙塔莱是1975年诺贝尔文学奖的得主,范斯沃斯也和他很亲近。帕伦博仍记得在佛罗伦斯拜访她的情景，她慷慨激昂地给他朗诵了诗歌。1977 年，74 岁的范斯沃斯在意大利去世。

．．．

帕伦博 1968 年买下了这处房产，但是根据协议范斯沃斯还要在那里居住三年。在他于 2003 年卖掉这所住宅前，他一直是个理想的业主：伦敦仍然是他主要的居住地，他偶尔才会过来，并为这处位于福克斯河的产业雇用了一名全职看管人。范斯沃斯之前坚持把露台遮盖起来。当帕伦博接手住宅时，用于遮蔽的材料已经变得松垮且满是破洞；于是他把它们都拆掉了。由于当时密斯为住宅设计家具的意图没能成功，帕伦博购买了密斯设计的现代家具以及一件曾属于巴塞罗那德国馆馆的原版黑玻璃桌。他还委托德克·罗汉为起居区域设计了一张书桌，为就餐区设计了一张桌子，以及为壁炉添置了一些构件用以防止灰烬像之前范斯沃斯居住时那样散落飞扬。他还安装了空调，德克·罗汉成功地将设备隐藏在了服务核心的屋顶中。

帕伦博聘请了英国园林设计师兰宁·罗珀（Lanning Roper）重新设计了范斯沃斯留下的几乎未曾打理过的庭园。罗珀在住宅的东西两侧栽种了一些新的树木，在北侧的草地上栽种了数以千计的水仙花。他悉心照料了与密斯的设计相呼应的华美的黑糖槭。罗珀遵从了密斯不想在住宅的核心墙上挂艺术品的意愿；但是他认为室内外布置雕塑是能够被接受的。沿着穿过这处住宅的环形小路，他最终布置了亨利·穆尔（Henry Moore）、理查德·塞拉（Richard Serra）、安东尼·卡罗（Anthony Caro）、克拉斯·欧登伯格（Claes Oldenburg）和安迪·戈德斯沃西（Andy Goldsworthy）的雕塑作品，还有一小块柏林墙，以及几个伦敦电话亭。

即使是帕伦博也无法控制天气。早在 1954 年，福克斯河的河水上涨，淹没了房子。服务核心、家具和布帘都遭到了破坏，不过建筑结构并未受到影响。尽管范斯沃斯居住时期发生过多次洪水，但是最严重的一次是在 1996 年 7 月，当时该地区在 24 小时内降雨量达到 18 英寸。谁都无法进入住宅抢救里面的物品；两盏巨大的玻璃灯照射着汹涌的水流，一切都只能听天由命；（服务）核心毁坏严重，已经无法修复。室内的陈设也被毁坏了，一些艺术品被冲到了下游。洪峰比地板高出了 4 英尺 10 英寸。帕伦博当时并未在场。他请罗汉对建筑进行全方位的修整，而这也花费了他 50 万美元。

2000 年，已经 65 岁的帕伦博决定将住宅出售。不久前的癌症手术和严重的心脏病让他不得不做出这个决定。随着出售消息的放出，有传言说住宅会被卖给可能会将其搬走的买家。作为对这种威胁的回应，芝加哥建筑师赫尔穆特·雅恩（Helmut Jahn）、罗纳德·克鲁埃克（Ronald Krueck）和乔治·拉森（George Larson）便来寻求身为芝加哥的实业家以及艺术赞助者的约翰·布莱恩的支持。为了让伊利诺伊州政府成为最理想的买家，布莱恩发起了一场旨在获得时任州长的乔治·莱恩（George Ryan）支持的运动。布莱恩约见了伊利诺伊主要报刊的编委，并向他们介绍了这座住宅的非凡品质。10 篇持肯定意见的社论随之而来。于是州长开始介入此事，他同意从自主基金中拿出 750 万美元来。但是 2002 年莱恩决定不再寻求连任。而下一任的检察长莉萨·马吉根则以财政状况不佳为由正是驳回了这笔交易。

帕伦博等了两年才作出最后决定，现在出售房屋只能在私下提出。布莱恩和他的团队与国家历史建筑保护信托会和伊利诺伊的标志建筑保护委员会取得了联系。他们找到帕伦博并表达了购买意向。他现在想卖 1000 万美元了，尽管布莱恩认为他也能接受更低一些的价格，但帕伦博还是拒绝了他，并选择了在苏富比（拍卖公司）拍卖这所住宅。

拍卖定于 2003 年 12 月 12 日举行。截至拍卖日前一天的早上，布莱恩的团队已经获得了 360 万美元的资金，这比苏富比 450 万～600 万美元的低估值还要低。而这笔资金的大部分则来自布莱恩的 50 万美元以及 LPCI 和 NTHP 各 100 万美元。在那天下午的早些时候，LPCI 会长大卫·巴尔曼（David Bahlman）接到了杰克·里德的电话，他住在密斯的海角公寓，是个富有的建筑爱好者。里德承诺出资 50 万美元。巴尔曼还与弗雷德·埃查纳（Fred Eychaner）见了面，后者是一名芝加哥电视台的经理，也是日本建筑师安藤忠雄设计的住宅的业主。之前来纽约时他还对拍卖犹豫不决。在和布莱恩见面后，他也承诺出资 75 万美元。

紧接着在第二天清晨，布莱恩的团队和画廊主理查德·格雷（Richard Gray）制定了一番策略。格雷是名公认的出价专家。杰克·里德在前一天又增加了 25 万美元的出资。布莱恩也决定如果 LPCI 将自己的 100 万美元翻一倍的话，他也将在 50 万美元的基础上再出一倍的资金。各方同意这 100 万美元可以借用 NTHP 所拥有的相邻土地在未来销售的所得。这次拍卖也吸引了全国的爱好者们，他们所关注的是这件建筑杰作如今悬而未决的命运，以及出于保护的原因，在这种稀缺领域的高水平招标究竟是怎样的盛况。在拍卖现场，巴尔曼对拍卖做了如下记录：

大约5:30分，800号拍卖品（范斯沃斯住宅）的竞价开始——起拍价为350万美元，缓慢攀升至450万美元，后达到500万美元，已经有两位竞标者相继退出。在600万美元时情势开始紧张起来。布莱恩和埃查纳商定了500万美元的基础资金和额外增加250万美元的空间。布莱恩让格雷最多出价到650万美元。格雷出价到了670万美元（布莱恩对他说："迪克，我希望你知道现在只能靠你自己了。"）最后两次出价也由他（格雷）自己完成。670万美元最终赢得了拍卖，拍卖场里的所有人都在欢呼和拥抱。

第 11 章
在美国的事业巅峰：住宅设计 1950～1959 年

> 我们不是在装饰。这是结构。我们提出了必须建造的，然后接受它。
> ——密斯，评价北湖滨大道 860-880 号上的项目

> 密斯对办公室的效率没有兴趣，甚至连完成一项工作的效率都没有。这些从来都不在他的考虑范围之内。
> ——吉恩·萨默斯，在 20 世纪五六十年代是密斯的首席副手

> 所以有一天，我怀疑地对密斯说道，"你的意思是你能让这个家庭的孩子和父母都生活在这个开敞空间里吗……？"
> ——迈伦·戈德史密斯，50×50 住宅项目的建筑师对密斯提出的质疑

到了 1958 年，这也是密斯生命中最后十年的开始，关节炎已经让他离不开轮椅了，他得付出极大的努力才能靠拐杖支撑着走路。令人厌烦的医疗干预以及喝酒，只能在一定程度上缓解他的疼痛。但是在身体每况愈下的这些年中，他的名望和职业影响力却达到了巅峰。本章和第 12 章将对密斯达到成熟的美国职业生涯期间最重要的已建成作品进行记录和评论。本章将首先讨论住宅项目；而其主要的商业建筑及公共机构建筑则放在第 12 章。

· · ·

密斯的学生黄（Y. C. Wong）在 1950～1957 年间曾先后为密斯工作过三次，在同时期还曾为斯基德莫尔，奥因斯和梅里尔建筑设计事务所（Skidmore, Owings & Merrill）工作过一年。"SOM 很复杂，体量也要大得多，你没办法接触到所有的东西。而在密斯的工作室里你可以随心所欲地做想做的事情。"密斯从没有运营过大型事务所，不过随着 20 世纪 50 年代时间的推移，他的事业也呈现出稳步的增长。1952 年，密斯的工作室从芝加哥卢普区（Chicago's Loop）的南沃巴什大道 37 号，搬到了俄亥俄东街 230 号商业中心区外的一间阁楼公寓中（图 11.1）。1959 年，

图 11.1
密斯建筑事务所，位于芝加哥俄亥俄东街（East Ohio Street）230 号的一幢阁楼里，拍摄于 1956 年。密斯当时身穿深色的夹克。他只雇用伊利诺伊理工大学（IIT）的毕业生，几乎所有员工都比他小 40 岁。弗兰克·谢舍尔摄 / 时代与生活图片 / 盖蒂图片社。

当他的员工数量达到了 35 人时，密斯将位于俄亥俄街事务所的空间也扩大了一倍，面积达到了 1 万平方英尺——和现在一样，这样的规模仅仅算是中等规模的公司。约瑟夫·藤川主持公司的"业务拓展工作"，而爱德华·达克特仍然是由他成立的模型商店的主管。在其他主要员工中，威廉·邓兰普（William Dunlap）于 1951 年离开密斯后进入了 SOM 事务所，并帮助它成为美国最强大的密斯式建筑实践事务所。密斯最具天赋的两名学生，雅克·布朗森（Jacques Brownson）和迈伦·戈德史密斯，在创造出繁盛的集体密斯式建筑风潮的第二代芝加哥学派中成为了核心人物。和邓兰普相似，戈德史密斯成为了 SOM 的合伙人；布朗森则成为了深得理查德·戴利市长（Mayor Richard J. Daley）喜爱的墨菲联合事务所的设计师。在 20 世纪 50 年代中期，基恩·萨默斯成为密斯的首席副手，尽管藤川当时仍有很大权力（图 11.2）。萨默斯的晋升——尽管员工的角色和专业

第 11 章　在美国的事业巅峰：住宅设计 1950～1959 年　　277

图 11.2　28 岁的基恩·萨默斯（Gene R. Summers）和密斯在芝加哥的事务所里，拍摄于 1956 年 10 月。密斯当时正在检查西格拉姆大厦（Seagram Building）广场长条凳的大理石样品。他们身后的背景是广场和大厦低层的模型。弗兰克·谢舍尔摄 / 时代与生活图片 / 盖蒂图片社。

级别在密斯的工作室中从来没有正式化——却是他非凡的设计天赋,坚定务实的工作信念以及孜孜不倦的辛勤工作的结果。和布朗森一样,他也在晚些时候加入了墨菲联合事务所,并在20世纪60年代末期到20世纪70年代早期担任该事务所的设计主管,负责若干主要建筑物的设计。

20世纪50年代,密斯的常规专业顾问包括结构工程师弗兰克·克罗纳克(Frank Kornacker)、景观设计师(兼IIT的教授)阿尔弗雷德·考德威尔(任IIT工程教授的)机械工程师(兼IIT工程教授)威廉·古德曼(William Goodman),以及纽约的灯光设计师理查德·凯利(Richard Kelly)。路德维希·希尔伯塞默也仍然是(密斯的)盟友、知己和公关人员,直至1967年去世前他都没有停止教学和写作。随着密斯年龄渐长以及身体状况不佳——有很长一段时间都不在工作室露面——他(通常和萨默斯一起)集中精力在几个项目上,其中包括为古巴巴卡迪公司设计的展馆建筑和柏林新国家美术馆。萨默斯还担任着合同谈判者的关键角色,并行使权力给工作室带来了新的专业水平和生产力。

. . .

20世纪40年代,在芝加哥形成的一种单一的职业关系被证明是密斯职业生涯中最重要的部分。这种关系始于一名29岁的犹太法学者与密斯的接触;而这名学者,便是后来成为房地产企业家的赫伯特·格林沃尔德。如果说1947年现代艺术博物馆的展览为密斯赢得了更广泛的声誉,那么格林沃尔德则是最终帮助密斯实现其设计上主要建筑作品的关键人物。反过来看,密斯接下来的作品——创新性与经济实用兼而有之——对格林沃尔德来说也同样是一次不小的幸运(图11.3)。

20世纪30年代末,此时的格林沃尔德在芝加哥大学攻读哲学,这一时期,他曾为芝加哥建筑师约翰·霍斯曼工作过一个夏天。这段经历也为他能成立自己的房地产公司——赫伯特建筑公司(Herbert Construction Company)——提供了宝贵经验。到了1946年,他已经在埃文斯顿郊区建成了3座不起眼的中层公寓楼。他还从身为投资人兼律师的塞缪尔·卡岑(Samuel Katzen)处获得了资金支持;由于塞缪尔·卡岑同时也是芝加哥北湖滨大道一处地块的所有者之一,而这一地块正适合建一栋公寓楼,卡特森便让格林沃尔德负责这个项目的开发,而格林沃尔德又给自己分配了一项任务,那就是确保"世界上最好的建筑师"。他首先找到了赖特,而赖特所

图 11.3 密斯和他的客户赫伯特·格林沃尔德（Herbert Greenwald）在研究底特律拉斐特公园（Lafayette Park）的建筑模型，拍摄于 1956 年。格林沃尔德使得密斯的首个大型商业作品得以建成。三年后，格林沃尔德死于飞机失事。弗兰克·谢舍尔摄 / 时代与生活图片 / 盖蒂图片社。

提出的25万美元的预付费用对于格林沃尔德却太过昂贵；因此他又找到了伊里尔·沙里宁（Eliel Saarinen），沙里宁此时正忙碌于密歇根州布隆菲尔德山的克兰布鲁克学院的相关事务；而格林瓦尔德接下来的选择，哈佛大学的沃尔特·格罗皮乌斯也婉拒了他，不过格罗皮乌斯也同时建议他去找——我们这种风格的鼻祖——此时已经定居芝加哥的密斯·凡·德·罗。在三个"伟大"的建筑师都拒绝了他之后，格林沃尔德最终找到了密斯。和密斯一样，他也是哲学的忠实学生，而迅速建立起了一种知识上的亲近关系。

格林沃尔德于1915年出生于圣路易斯，他在14岁时便离开了家，他的儿子贝内特（Bennet）解释了其中的原因：

> 粗暴的父亲让他无法忍受……他去了东部，因为这样他就可以进入（纽约）耶希瓦大学进修犹太法学。他常常说他在等待火烧荆棘、木杖成蛇，但这一切却从来没有发生过。尽管对那些贪婪而不负责任的同学感到失望透顶，但（他）仍然热爱宗教伦理。他训练有素，是名优秀的学者……所以他四处寻找大学，然后他找到了芝加哥（大学）；芝加哥大学当时正是各种思想的温床——所有伟大的作品都能在这里找到。可是他花光了积蓄，却也未能如愿完成学业。

根据格林沃尔德儿子的叙述，"随后他开始经商，希望能够以这种方式影响现状。"

随着海角公寓（Promontory Apartments）的建造，这段具有历史意义的伙伴关系也建立了起来。20世纪50年代，密斯工作室大部分的作品都是由格林沃尔德委托，其中包括在芝加哥和在底特律的项目，也有后来为纽约、旧金山，甚至是全国范围内的开发项目进行过多次研究和投标。在他们关系的初期，格林沃尔德也无不例外地对密斯抱有敬畏之情。约瑟夫·藤川形容格林沃尔德"在早期"可以说"在建筑问题上对密斯唯命是从。"布鲁诺·康特拉透也同意这一说法："有时我觉得赫伯在赞赏密斯的决定时几乎算是极端了。我记得赫伯总是在说，'密斯，你又一次做到了！'"不过，格林沃尔德也很快有了自己的地位——并成为密斯职业生涯中的关键人物。

· · ·

1949年完工的海角公寓是密斯第一座得以实现的高层建筑，这座22

图 11.4
芝加哥的海角公寓（1949），它是密斯第一座得以建成的高层建筑。此处是以人行道为视角的建筑物东立面。注意柱子随着建筑物的升高在不断后移。20 世纪 50 年代和 60 年代，空调机组的砖拱肩出现了不协调的渗透现象，这让密斯及其员工很不满意。为了达到防火的目的，照片右边的邻近建筑物要求海角公寓的侧壁不能有窗户。

层的大楼位于芝加哥海德公园（Hyde Park）附近的湖滨地带（图 11.4）。密斯在 1946 年秋着手这个项目，那时他已 60 岁，而他的员工只有 4 个或 5 个人。从技术上来说，密斯是其学生查理斯·根特（Charles Genther）当时新近成立的佩斯联合建筑公司（Pace Associates）登记在册的设计顾问。就外露的混凝土结构来说，海角公寓与密斯后来设计的那些著名的大楼并不相同——那些大楼都具有密斯在美国那些标志性作品一样的金属玻璃外墙。甚至在它建成之前，海角公寓的光芒也都被密斯那具有钢结构表皮的湖滨大道公寓（Lake Shore Drive Apartments）所遮盖；后者于 1949 年在北湖滨大道 860 和 880 号一个更加突出的位置上建造完成。

在它建成后的 50 年里，许多书籍和文章都一再表明海角公寓原本打算使用钢材建造，它的外墙本该是钢或者铝材质，之所以最后使用混凝土建造，是因为项目有限的预算以及战后钢材的短缺。有三张图纸似乎可以充分支持这一论点；在这些图纸上，建筑正立面均呈现出从地面到顶棚高度的直棂玻璃。这些图纸于 1947 年由密斯指导戈德史密斯绘制而成，并且因为密斯的关系而得到了广泛的出版。据戈德史密斯回忆，这一概念的确出自密斯，但是"钢版本的海角公寓"则是实际建筑完工后的研究产物。它们也的确是在 860 号的项目完成前就已经完成了，并且错误地成为了海角公寓未能实现的一种可能性的代表。

尽管如此，海角公寓仍是一座开创性的建筑物。它是芝加哥第一座现代化高层公寓楼；即使它的结构也是 20 世纪 20 年代和 30 年代典型的混凝土塔楼的结构框架，但其现代化却体现在摒弃了装饰的建筑表皮。海角公寓是格林沃尔德第一次使用"合作社"的方式筹措资金，这在纽约已经是一种标准做法，不过在当时的芝加哥还很少见；他在 860 号的项目中也再次使用了这种方式。在"合作社"（co-op）中，公寓单元等同于拥有和经营大楼的公司的股份。从技术层面来说，股东可以从公寓楼中租借一个单元。因为公司拥有抵押品——即公寓楼本身——它可以很容易地被借用出去。开发商通常支付"合作社"资金的一半，并将另一半作为买家的购买价格进行收费。业主承担发展债务的负担作为低于市场价的回报。银行当时并不会为合作社式的公寓提供抵押贷款，所以买家必须支付现金。因此只有相对富裕的人群才能参与到这样的项目中。

尽管建筑预算已经被极力压缩，海角公寓的单元配置依然奢侈——只有两居室或者三居室的公寓，这样的配置也是合作社形式的人为产物。密斯沿着 8 个间隔的正立面采用了传统的 16 英尺 6 英寸的结构模数，而从前到后则是两个 17 英尺的间隔。4 间公寓的向东面都是湖面、向西面则是城市。为了增加公寓单元的数量，每个楼层增加了两间公寓，每一间都在平面上略微伸出一块，从而在整体上形成了一个双 T 型的平面。从湖上看，这座大楼就像是一块厚棱柱板；但是从西面看，它却和 20 世纪 20 年代标准公寓楼的后部很相似。密斯的"清晰结构"的关键元素是在 7 层、12 层和 17 层略微后移的柱子，这也反映了更高层上载荷的降低。这些后移柱没有像标准做法一样被埋在砌体墙内，而是成为了外观上的"表达"。地板的边缘也采用了外露的形式，整个混凝土"盒子"都清晰可辨。

除了双 T 型平面，密斯还设计了一个几乎透明的底层，从这一点上看，海角公寓确是典型的"密斯式"建筑，具有真正可辨识的特点。20 世纪 40 年代末，市场还没有产生封闭式住宅停车场的需求。因此，巨大的后院便被用作了地面停车场，通过大楼南北间隔下面的车道可以驶入这个停车场。这个方案参照了芝加哥战前的湖畔公寓楼设计，底层公寓也是如此（即纳了三居室单元的 T 型平面突出处）。在两个 T 型平面之间，密斯还设计出了令人惊讶的开放式大厅，东西两侧从地面到顶棚都是玻璃，并且在西侧向一个

图 11.5
芝加哥的海角公寓（1949）；此处为北向的柱廊视图。密斯将一直把柱廊当做他的玻璃幕墙大厦的鲜明标识。这是柱廊的首次建成亮相。

隔绝了停车场的小庭院开敞。东面的玻璃从外部嵌入，形成了一个诱人的拱廊。流动空间开放而优美，塔架似乎是浮在上空一般（图 11.5）。开放式的车道和面向街道的两个服务区域的透明玻璃窗也让这种效果变得更加深刻。

表面上朴素的大厅非常精致。和伊利诺伊理工大学一样，它的内墙由米色砖砌成。密斯在每个电梯厅里都做了一个悬臂式桦木架，它看起来就像是浮在墙壁之外，由隐形的钢筋进行支撑。密斯为收发室设计了一个独立的钢和玻璃的邮箱结构，于是邮箱便悬浮在漂浮的半透明玻璃架子上。他还设计了一对朴素的木框长椅，上面有磨砂石灰华座椅；他还为走廊定制了壁式烛台以及每间公寓的房门号。

　　密斯在单元布局上进行了缜密的试验。在建造时，公寓是传统式的，铝框架的玻璃被限制了在极高的拱肩上方区域内。在设计研究中，还有开放式的布局，甚至在"房间"之间也有独立的木制隔断。由于大楼的侧面均临近建筑物或是可供建造的地块，而芝加哥建筑规范（Chicago Building Code）要求建筑耐火且侧墙应为实心墙——这一规定实际上有效禁止了将玻璃围合的起居空间布置在大楼角落处。因此，起居室位于两个核心筒的旁边，而卧室则被推到了平面层的末端。这也意味着更短的公用走廊和略微增大的单元。每个公寓内都有一个小餐厅，但内部的交通流线却是曲折蜿蜒的。

　　一套留存至今的备选平面研究却与之有着明显的不同，在这一方案中，密斯在单一细长的 T 型平面布置中试验了全复式方案（图 11.6）。方案中包含 10 个几乎完全相同的公寓；每间公寓宽 19 英尺，并包含一个如今被称为"阁楼式"的起居室，在一层有开放的厨房，以及通往上层的私人楼梯。主卧室面向东侧，一个或两个小一些的次卧室则面向西侧。从一个沿着西墙修建的集中载荷走廊可以进入七个面向湖面的公寓单元中。在"上层的"楼层中并不需要公共的走廊，于是这一空间便用作卧室和朝西的观景处。核心筒部分包含两部电梯、一个连接两个主要平面部分的走廊，以及一座剪式楼梯。这个方案既是一个精彩的布局方案，同时也呈现了高层生活那令人兴奋的可能性。

　　密斯并非是砖拱肩和外露混凝土框架组合的发明者，但是海角公寓仍然是这一系统广为人知且极具影响力的一次应用。它的经济性也让人无法抗拒：连同价格低廉的填充窗下面易于建造的拱肩一起，外露的结构成为了建筑外表皮的一部分。在 20 世纪 50 年代，这一系统成为了当时在技术上更先进的（价格也更高昂的）幕墙的主要竞争对手，在高层公共住房时代来临时，拥有砖结构的混凝土框架结构成了显而易见的选择，而密斯也成为了这一实践的先行者。然而海角公寓样式的高楼开始大量出现在了芝加哥和许多美国的其他城市之中，这些建筑却毫无美学价值。除了位置以及主要由中产阶级入住之外，海角公寓和 20 世纪一些最受争议的城市建筑有许多共同之处。

· · ·

　　随着海角公寓的建造，格林沃尔德又将视线投向了芝加哥湖畔的另一处地块上。他于 1948 年中期邀请密斯在海角公寓以北 0.8 公里处的若干相邻

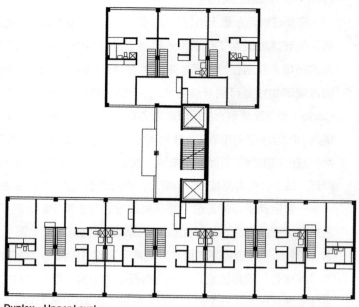

Duplex - Upper Level

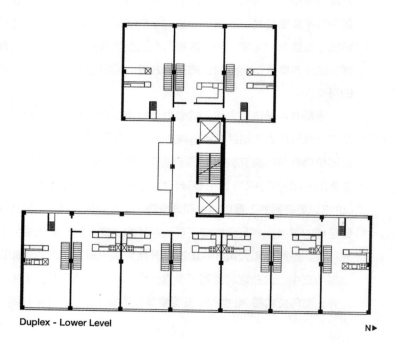

Duplex - Lower Level　　　　　　　　　　　　　　　　N▶

图 11.6 芝加哥的海角公寓（1949）。此处展示的是采用了 T 型平面和复式单元的替代方案。上图为复式公寓的上层，有卧室和浴室，但没有公共走廊。下图则为客厅、厨房、内部楼梯和走廊。该方案非常现代，毫无疑问，它远远领先于二战后的芝加哥市场。

地块中研究如何选址；这些地块位于一片在战前被称作印度村的住宅塔楼群中。南面的地块位于康奈尔（Cornell）和东区大道（East End Avenue）之间的海德公园大道（Hyde Park Boulevard）北部是一块空地。另一块地则南跨东第 50 区（East Fiftieth Place），在其一角处是一座建于 20 世纪 20 年代的 27 层石材贴面的公寓大楼。

三个月之后，将用来修建湖滨大道公寓（Lake Shore Drive Apartments）（860-880 北湖滨大道）的土地此时可以用来建造建筑项目——这一位于芝加哥北侧的地块位置也比印度村更好——同时，格林沃尔德也无力保证阿尔冈昆公寓的资金也促使他做出了放弃印度村阿尔冈昆公寓项目的决定。此时的密斯已经为北阿尔冈昆（项目所处）地块设计了双子塔楼的方案，他准备了一个演示模型，还完成了多个公寓和大厅的备用方案——这些平面如今在文献资料中以阿尔冈昆公寓大楼 1 号方案的名称出现。在密斯的外围参与下，由佩斯联合建筑公司设计的第二个阿尔冈昆项目得以实现。在如今被称作 2 号方案的这一设计中，6 座 14 层高的大楼还被人们称作阿尔冈昆公寓大楼。它们往往被错误地认为是由"密斯·凡·德·罗所设计的"。

阿尔冈昆公寓 1 号（Algonquin No. 1）方案本有机会成为密斯建造完成的第一座独立塔楼（图 11.7）。它的模型照片并没有呈现出任何建造背景，建筑看起来孤立而且双侧对称。室内的集群厨房和相邻的起居室都位于对面三个间隔的中央，这也是密斯第一次为高层住宅指定了有限的落地玻璃窗。卧室则设置在另外对边的边缘处，建筑外部与海角公寓相似，在铝框架玻璃以下是全砖制的拱肩。

在这个时期，放贷人对全玻璃表皮仍然十分谨慎，甚至 860-880 号"玻璃住宅"也很难融资。开发商们也不确定市场是否会接受这种现代化的公寓，而阿尔冈昆公寓的立面设计也在一定程度上反映了这一点。在其他方面，这座大楼都仿效了海角公寓；砖填充的混凝土框架几乎如出一辙，外部的柱截面逐渐减小了，底层则向后退（仅有三面如此）挤在两个正对着大厅的公寓单间。

阿尔冈昆 1 号方案的取消对密斯的声誉来说是一件幸事。约瑟夫·藤川为阿尔冈昆公寓、860-880 号项目，以及之后的许多塔楼都做了公寓平面设计，他认为那些建筑物都很"笨拙"。它们的高度为 200 英尺，宽度为 85 英尺——即使以 19 世纪的标准衡量都过于矮胖了。16 英尺 6 英寸的柱距与其立面形式的结合，将大楼包裹在了一个名副其实的混凝土铠甲中。20 个柱间立面中有 4 块是完全由砖砌筑而成。这种结构系统已经不合时宜，

图 11.7 阿尔冈昆公寓楼（Algonquin Apartment Building）项目，位于芝加哥（1948）。此处为项目模型。虽然建筑物的少量隔间（位于中间靠左一侧）采用了地板到顶棚全玻璃的设计，但它的几个立面均脱胎于海角公寓的设计。适中的高度、呈方形的平面布置、和巨大而鲜明的柱子结合在一起，造就了一件平庸的作品。照片来源：Hedrich-Blessing；芝加哥历史博物馆（Chicago History Museum），HB-11601-B。经芝加哥历史博物馆许可使用。

那种柱-板式的高层笼式建筑物在50年中只有非常有限的发展。在这之后不到十年的时间里，密斯率先在滨海广场公寓中采用了现代混凝土平板建筑结构，建筑的围护结构采用21英尺的混凝土跨度和建筑内部的立柱构成。阿尔冈昆的"结构表达"甚至看起来与密斯自己的原则也是自相矛盾的。仿照海角公寓的柱列"逐渐后退"的逻辑，导致了阿尔冈昆在角落处设置了大量的直角支撑——密斯十分清楚，正是这些柱子承载着最低的负荷。

  这些问题在860-880号北湖滨大道项目中都被一扫而空了，董事会很快从一开始就计划采用钢材，但是到了1951年，当项目几近完工时，阿尔冈昆2号方案对应的建筑物也已经拔地而起了。根据一段口述的历史，佩斯联合建筑公司的负责人查理斯·根特，将阿尔冈昆项目以6座14层的建筑群进行了重现，而这个建筑群正分布在格林沃尔德曾在1948年研究的两个地块上。根特知道阿尔冈昆1号方案规模过大，资金很难筹措。一名放贷人建议采用分期施工的方式建造若干座建筑物，其中的每一座建筑物都有能够获得自身的抵押贷款的足够小的体量。因此格林沃尔德和根特将这一项目重组为一个6座大楼的方案。根特曾声称密斯在阿尔冈昆2号方案中仍然担任建筑设计师，而密斯档案馆中的一些图纸也包括了已建大楼的概念立面图和公共区域的细部。然而在同一次的采访中，根特又夸口说是他自己"（和机械工程师约翰·霍尔斯曼）午饭时在餐巾纸上设计了这些大楼。"密斯的工作室提供的研究表明密斯本人和这一项目可能并无关联，密斯从未声称过自己是阿尔冈昆2号方案的设计者。

· · ·

  这些采用了钢结构以及金属玻璃外表皮的塔楼，位于北湖滨大道860-880号，是有史以来最著名最有影响力的建筑之一（图11.8和图11.9）。起初它们被称作湖滨大道公寓，俗称"玻璃屋"（Glass Houses）。现在则通常被统称为"860"项目。这两座塔楼群太过有名，也被无数建筑作品复制，以至于（我们）现在很难想象它们的独创性。

  自20世纪40年代初，密斯就已经在研究后来在860中得以实现的"钢和玻璃"的建筑词汇；这一词语起始于IIT的矿物与金属研究大楼，以及未能修建的图书馆与行政大楼；通过它们以及海军大楼中原型建造的形式，密斯的这一建筑词语首次走向了成熟。密斯也曾就这些问题与他的学生们一起

图 11.8 湖滨大道公寓（Lake Shore Drive Apartments），位于芝加哥的北湖滨大道 860-880 号（1951）。此处为东北方向视图。请注意前景中那些 20 世纪 50 年代的汽车 [860 号建筑物（右边）的南立面当时正在粉刷]。照片来源：Hedrich-Blessing 的胡贝·亨利（Hube Henry）。

图 11.9
芝加哥北湖滨大道 860-880 号（860-880 North Lake Shore Drive）的低空鸟瞰图（左边为 880 号，右边为 860 号）。此处为东北方向视图。请注意 860 号建筑物在东侧有一个跨度的"位移"，用于容纳图中左下角的车库坡道。照片拍摄于 2011 年。

进行过研究工作。在这些建筑实践和研究工作，以及在 1946 年构思却未即刻动工的范斯沃斯住宅中，密斯已经试验了"建筑外露"或"建筑焊接"钢的应用和表达——其中热轧钢板和标准轧制型钢相互结合能够生成的全新建筑形式以及相关可能性。正如我们已经注意到的，密斯甚至在海角公寓建成之前就已经构思过了具有宽翼缘直棍的钢外墙。这一概念也是范斯沃斯住宅中柱列与面板连接多层楼层的延伸。当建造一座钢结构高层建筑同时推动全玻璃表皮设计的机会来临时，密斯已经准备好了。

在建筑刚刚完工后的一次行业媒体的采访中，密斯描述了他的方法："我们不是在装饰"，他声称道。"这是结构。我们提出了必须建造的，然后接受它。"这任性的语言来自密斯这位客观主义者——对于真正的设计工作

第 11 章 在美国的事业巅峰：住宅设计 1950～1959 年

的一种夸大。但在密斯的所有作品之中，860 项目或许是对密斯所奉行的客观的建筑——一门以理性和反复的工作为导向，以一套正确的方法解决一系列建造问题的建造艺术（密斯更喜欢用 Baukunst 架构的概念而非建筑 Architektur 的概念来形容）最强有力的证明。这些"问题"包括规划、选址、建筑的经济性、结构和环保性能，以及艺术创作的代表性与其在精神层面上的需求。

860 项目的场地是一个梯形，对角线朝东，面对着湖滨大道。这片土地来自于 20 世纪早期的填湖造地。尽管战前的塔楼就在附近，但由于经济大萧条和第二次世界大战的原因，这里一直没有建造建筑。1948 年中期，芝加哥的麦考密克家族以罗伯特·麦考密克父子（Robert H. McCormick senior and junior）为代表找到了格林沃尔德；而罗伯特·麦考密克父子当时正控制着最终场地的北半部以及西侧的连片土地。麦考密克家族向格林沃尔德提出以对半的方式合伙开发这片土地，麦考密克家族提供所需的土地以及家族声望；而格林瓦尔德则贡献年轻的活力和已经在海角公寓中证明自己能力的设计团队。

通过过去数十年的遗赠，西北大学控制了位于栗树街和特拉华街（Chestnut and Delaware Streets）之间湖滨大道前方的另一半土地。实力强大的麦考密克家族将他们手中的土地和西北大学的土地进行了交换，不过交易的达成有一个重要的条件：即他们同意建造两座建筑之间为开放空间的住宅塔楼，这样西北大学将来修建在西侧地块上的建筑物才能同样享受到美丽的湖景。1964 年，这样的建筑物在东栗树大街 260 号建造完成，从这座 42 层的大楼便可以欣赏到 860-880 之间以及更远处的湖景。

在研究了体块模型之后——这些模型都是用来研究比例规模的简易木块——密斯选择将两座完全相同的大楼互为直角进行放置。具有 3×5 个间隔的 880 号大楼，其长轴为南北方向，整个大楼靠近北侧和西侧的地界线；而 860 号大楼（东西方向有 5 个间隔）则靠近南侧和东侧的地界线。相对于 880 号大楼，860 号大楼还有一个结构间隔被挪到了东侧。这个简单的调整不仅打开了 880 号大楼的西南角，使之朝向城市风景，还使得 880 号大楼的西北角朝向湖泊；同时这个调整还为一条不起眼的坡道提供了空间；通过这条坡道可以从栗树街到达地下的两层停车场中。

柱与柱之间的尺寸都经过了结构强度和规划效能的分析（弗兰克·科尔纳克联合公司担任了结构工程师）。21 平方英尺与 22 平方英尺间隔的方案经过了最多的研究；根据结构强度的组合排列、居住布局的调节,以及建筑物和地块的精确匹配之后,最终 21 英尺的方案被选定(有两个卧室刚好能塞进 21 英尺的间隔中)。在南北方向上,这块土地被这两座大楼的 8 个完整间隔和 48 英尺长的楼间距所填满。评论家认为 860 项目呈现出了蒙德里安式的规划,但是研究表明这两座相同的塔楼都有自身的相关要求,也因此设计方案时也受到了极大的限制……

每座塔楼的楼层面积只有 7000 平方英尺;整个地块的 40% 被拥有地下停车场和底层各边退距的这两座建筑物占据,只有 15% 的场地是建造于同一水平面上。建筑第一层的墙壁上所使用的透明玻璃和磨砂玻璃,进一步虚化了建筑物的实体感,等到夜晚,当轻柔的灯光从楼中透出时这样的效果便更加强烈。建筑物毗邻的密歇根湖(Lake Michigan)的无边愿景也进一步加强了这一效果;在城市的正交网络和湖畔"天然的"对角线的交汇之处,这对仿佛飘浮在空中的棱柱形大楼成为了二者出色交融的媒介。

到了 20 世纪 40 年代末期,密斯已经充分表达了他的坚定信念,即建筑是"清晰的结构"。这个原则主要通过建筑外露的钢结构得以实现。这一方式几乎完全是密斯在美国的职业生涯的产物,也成为密斯的艺术已经发展成熟的突出例证。早于 860 建成的伊利诺伊校园建筑逐步接近了这个目标,但是 860 项目让密斯第一次真正实现了"清晰的结构";这种结构本身强大的力量也足以承载密斯"建筑艺术"中所有的雄心壮志。所有这些都发生在他 65 岁的时候。

26 层的 860-880 大楼并不是很高,钢框架已经足够满足建筑结构。在技术上,铆接钢结构和 20 世纪 20 年代无数的摩天楼所使用的钢结构很难区分。但通过各种微妙的动作,密斯却创造出了一种在技术进步的表达。摈弃从美国出现高层建筑时就占据统治地位的砌体覆面和装饰体系并不是一件容易的事儿——尽管密斯确实这么做了。与此相反,密斯创造出了一种新颖的外墙,并开发出一种通过车间和现场焊接的结构钢把建筑物的外立面简化为井然有序的必要元素的新技术。因此,通过外墙清晰化(并因此表达)的高层钢结构框架第一次出现了。

通过复杂的方式,这种效果得以优雅而经济地实现了。典型的 10 英尺楼层间距中是一个 8 英尺 4.5 英寸高的顶棚。顶棚为耐火的蛭石抹面,其上部的空间是承载着波纹钢地板的钢结构地梁,地板上也铺满了混凝土。顶棚到地面的夹层采用 20 英寸高的钢板拱肩封闭了建筑外部。柱子都是 W14 的截面,但重量却各有不同;它们被固定在楼板的边缘内,使得其中一面与外表皮的平面相交。柱子的表面和拱肩一样,均为钢板覆面,而"真正的"

柱子隐藏其后，内部由防火的石膏材质环绕。因此，外墙是所有在同一平面中的拱肩和柱子相交而成的网格，每一根"线条"都是约 2 英尺宽的钢带。这个网格在横向和纵向上几乎同样清晰可辨，不同的是纵向"代表"的真正的柱子在后面延伸至地面时，其视觉效果更加美观。在底层柱廊处的柱子，其四周都没有外墙。密斯将它们包裹在了钢覆面中。在没有了玻璃和直棂后——我们下面会进行讨论——建筑的外墙完全由一种厚度为 3/16 英寸的钢板覆盖，并在柱盖和拱肩相交处采用了边对边焊接，这也是一座高层第一次被无缝钢材覆盖。从技术上来说，钢结构其实是偶然出现的；柱子和楼板也可能是钢筋混凝土。

虽然 860-880 项目常被称为第一座钢与玻璃的摩天大楼，但这样说并不准确。它们是第一座采用钢结构外墙的高层建筑。每个间隔有四扇落地窗户，窗户都使用现成的抛光平板玻璃，被挤压进入填充钢墙的铝框之中。密斯选择使用一系列 W8 型的宽翼缘"直棂"来进一步"包裹"建筑外部。直棂的内侧翼缘则被焊接到了交叉的拱肩上。上下被限制的铝制窗框被固定在了直棂的后面。在钢制外墙安装就绪后，窗户再从内部倾斜到位。

一个令人难忘的争论曾经围绕着另一种"直棂"展开，其截面也是 W8 型，并连续焊接在每根柱子的钢覆面上。"我们所有的人都在问"，布鲁诺·康特拉透说道，"为什么我们要在柱子上放直棂？结构上并不需要它们。这个问题尤其让迈伦（戈德史密斯）一直苦恼不已。有一天我们说'迈伦，你为什么不去问问密斯？'于是迈伦走进了密斯的办公室并提出了这个问题。密斯答道：'因为这样看起来更加美观'"。约瑟夫·藤川也曾为此感到困扰："密斯一直在努力追求的就是客观，也就是做每件事都要有理由。但是在柱子上加焊直棂又是为了什么呢？除了审美或感性的需求之外，你其实并不需要它。" 1952 年 11 月号的《建筑论坛》中曾经进行了一次密斯最近作品的赏析回顾文章，而密斯也在其中解释了他的这个决定：

> 我首先会告诉你这么做的真正原因，然后我会告诉你它本身就是一个好理由。保留并延伸直棂在建筑物其他地方所建立起来的韵律是非常重要的。我们观察了角柱没有附加型钢（"直棂"）部分的模型，它看起来很不对劲。另一个原因是加强角柱的覆盖板，需要用到这种型钢，这样它便不会起皱；而当这些型钢吊装到位时，我们也需要它来增加强度。当然这是一个很好的理由，但是另一个理由才是真正的原因。

这种建筑上的宽翼缘直梃和它们所建立起的韵律感，除了钢覆面本身，都是 860 项目中创造出的标志性的密斯式元素。它们投射出深邃、清晰，以及不断变化的阴影，并且会随着观者改变位置而打开或者关闭墙壁。因为柱盖和转角角落的外壳都处于外墙的平面上，而直梃的间距却是始终不变的，因此靠近立柱的窗户必须窄于每个隔间中央的两扇窗户。而这在结构的丰富性上又建立了另一个层次。这里还存在一个明显的悖论：这些或许是最早的"玻璃屋"，但外皮上玻璃的实际面积略低于一半。这些建筑物是平面和分层钢细部设计的一次练习，但并未最大限度的使用玻璃；这又一次证明密斯不是一名极简主义者，而是一个寻求当代技术的合适表达的结构艺术家。

为了让 860 项目的外墙拥有出色的比例，密斯做了很多工作，尽管一些观察者——包括那些从事了项目设计工作的人——认为这是平面（布置）、楼层高度和结构解决方案的产物。密斯对外墙进行了极其细致地研究，并要求路德维希·希尔伯塞默和瓦尔特·彼得汉斯给他提些建议。彼得汉斯进行了色彩研究，测试了一种亚黑色的"底特律石墨"涂料的替代颜色，而前者之前一直受到密斯的青睐；甚至一个采用黄色（涂料）的方案也曾被讨论过，不过后来被驳回了。密斯在他拥挤的办公室中一层的一角搭建了一个全尺寸木制模型，而这个模型就横跨在制图桌上。紧实的钢表皮包裹着柱廊列（其宽翼缘处最为厚重），能使它们显得尽量纤细一些，同时最大限度的减少它们对公寓的侵扰。的确，这种朴素的钢覆面还起到了另外一个象征的作用，即我们很容易会把矗立在我们面前的这些柱子想象为坚固的钢铁，尽管如此，密斯却选择了不去在较高的楼层中缩减柱子盖面的宽度，尽管这些地方的型钢相对较小；同时他也没有表示过位于角落和周边的其他柱子要比室内的柱子重量更轻。他的兴趣在于对理想化的简单结构框架进行表达。

密斯对公寓的布置也有着浓厚的兴趣。他在海角公寓的平面中并没有取得多大成就，但是他意识到了 860 项目中名义上的全玻璃外观和其 3×5 间隔的建筑平面为室内设计提供了重要的机会。有许多迹象表明，放贷人和房地产专业人士——更不要说公众购买人——并没有做好接受落地玻璃的准备；老罗伯特·麦考密克对此尤为谨慎。事实上，展示用模型和销售手册都显示位于底部的可开合半透明玻璃窗包裹住了建筑物的较短侧。对卧室私密性的担心尤其成为了争论的焦点。值得注意的是，全透明玻璃直到项目施工时才最终确定下来。

开发商们基于两栋大楼的情况决定把市场加以分割。880 号大楼专为"单身人士"设计，每层有 8 个一居室的单元；而 860 号大楼则是为家庭而设计，每层楼有四个三居室的单元。密斯推崇开敞平面设计，藤川进而完成了 880 号大楼的单元设计。除浴室外，室内都没有门；而且可以预见的是，开放式的平面可以让一居室的单元显得更加宽敞。一张被大量复制的 880 号大楼整层单元平面示意图常被错误地当做反映了建造情况的图纸。事实上，头脑冷静而且对待密斯不置可否的老罗伯特·麦考密克先生甚至在密斯完成类似的对 860 的研究之前就推翻了 880 的开放式平面设计。这件事还引发了一场几乎导致密斯辞职的危机。因为项目的建筑体与建筑表皮结合地很好，于是密斯决定坚持下去；他还解释道，室内的布局总是可以更改的。无论如何，在三居室中运用敞开平面都会遇到很大的困难。尝试过的布置就多达数十种。留存下来的草图都显示出了这种混乱，卧室像风车般环绕在角落，这种布局与海角公寓如出一辙。最终被接受的单元平面方案仍然是传统式的，只要条件允许，起居室都被设置在了角落处（860 所有的单元都是如此；880 中除了不在角落的单元，其他的单元也都是如此）。双窗帘滑轨在室外营造出了外部视觉上的秩序感；外侧滑轨上挂载的是大楼标准的浅灰色窗帘。在使用的时候，单元业主也可以凭个人意愿选择。密斯已经考虑并推荐过空调措施，但是由于费用方面的原因被否决了。

密斯把大量的注意力集中在前厅和入口的檐篷，以及连接两座大楼的广场和顶篷上。前厅的墙壁和地面分别覆盖和铺设着磨光的罗马石灰华；与店面下的前厅楼层连接的广场也铺设着在当时称得上十分奢侈的石灰华。杰拉尔德·格里菲斯为两个前厅都制作了巴塞罗那椅，软垫凳子以及 X 型桌。由阿尔弗雷德·考德威尔所做的景观规划只有部分被实施——考德威尔开玩笑地说预算只够种一棵树——尽管大概 40 年后他还是拿到了足够的资金重新进行种植。在两个入口处的钢檐篷以及连接两楼的较长钢顶篷在内部均为加固的箱式钢结构；入口处的顶篷略微偏离了建筑，由漂亮的外露钢托架进行支撑——这种结构更多用在桥上而不是大楼上。

密斯能把停车场设置在地下是另一件幸运的事。"喧闹的"地上停车场（这是芝加哥大型公寓楼的典型做法）会对设计构图造成破坏。仅仅 5 年后，在街对面的 900-910 号，格林沃尔德却没能拒绝在其"前院"修建一个单层停车场——这个问题他在 860 也曾经遇到过。860-880 的草坪直到今天还保留着，成为芝加哥湖滨大道现今唯一的抽象平面景观。

格林沃尔德在 860 生活过一段时间，密斯工作室的登记建筑师查理斯·根特也在这里住过。密斯工作室为他们两个以及其他十几位买家量身定制了单元。密斯本人也考虑过购买一间公寓——并为 21AB 单元勾勒过一份平面草图；该公寓位于 880 号大楼东北角的湖畔位置，由两个一居室的单元组合而成。然而，由于建筑物和业主在短期内面临诸多困难，所以他还是保持距离为妙。无论是难挨的酷热，或是在暴雨期间业主只能不满地舀走漏水，核心问题都在玻璃上。或许这些可以被理解为先锋者们所要付出的代价，但在几年内业主们还是提起了诉讼，而小罗伯特·麦考密克之前一直担任的经理人职务也被免除。公寓单元开始出现空调——很多都穿过了外墙——一定程度上解决了温度的问题；但是直到现代密封剂和永久凝固技术使本来可开合的上部玻璃和雨水能够和平共处才改善了建筑中窗户的问题。事实上，外墙上普遍存在的系统性漏水——后来被藤川描述为"幕墙设计的婴儿阶段"——必定会被认定为一种困窘。

尽管存在缺陷——这些缺陷被尽可能地解决或转移了，860 仍然取得了巨大的成功——首先对密斯而言，它的创造来自于他自己的智慧资源；而对于格林沃尔德来说，这一项目也让他与密斯继续在未来十年中共同进行有益的适应、改善和模仿。评论家们和其他知情的观察者们都认为 860 是一件原创的，精湛的建筑作品。在被问到密斯当时是否知道自己创造出的是一件独一无二的重要作品时，曾经在现场但并未参与过 860-880 工作的戈德史密斯这样回答道：

> 我认为是这样。尽管他没有四处声张，但我认为密斯对自己有一个很平静的理念；他所做的一切都是为了这个理念。他做了一切（专业上的事情），他的生命都是靠它们来维持，仿佛一切都是生死攸关的事情。他知道自己的声誉有多重要，我确定他是知道的。这可以从他看这些大楼模型时的满意之情中看出来，他还邀请人们一起来观赏。

这些建筑也是战后芝加哥房地产的一个里程碑。格林沃尔德证明，现代主义住宅建筑能够吸引买家，并获得利润。这个项目没有因为其在建筑上的卓越不凡而以更高的价格售卖（实际上，小罗伯特·麦考密克认为售出的价格过低了）；而格林沃尔德很快意识到，一个好的场地、密斯的首肯，一个有效的，不过于现代的平面共同构成了一个值得重复的经典模式。

⋯

密斯—格林沃尔德组成的团队继续在湖畔的上下游进行了场地研究。经过几次错误的起步之后，格林沃尔德和他的合伙人萨缪尔·卡津（Samuel Katzin）获得了位于 860-880 号公寓北边的地块，他们的出价在当时也成为有史以来芝加哥住宅用地的最高价格。格林沃尔德的教育水平在 860 时期及之后都有长足的进步，这些经验也在后期造就了滨海广场公寓（Esplanade Apartment）（后来以 900-910 号湖滨大道公寓为世人所知），这座建筑物的建成更应归功于格林沃尔德，密斯在其中参与得并不多（图 11.10）。

于 1957 年完工的滨海广场公寓，是密斯工作室首次提供了完整的设计与施工图文件的大型项目。在此之前，密斯总是和其他建筑师一起合作，并对工程费用标准的百分之六进行分配，其中的三分之一付给密斯，三分之二付给和他合作的"登记建筑师"（architect-of-record）和咨询工程师。建筑设计师对这个项目进行了控制，但是通常有着更大规模以及更好的人员配备的登记建筑师则负责准备施工图纸和规范这样的劳动密集型工作。密斯从不在乎（占用）自己或者其他员工的时间；他会一直工作到满意为止，由格林沃尔德的工作所带来的收入增长都被密斯挥霍掉了，此时恰逢 860 项目结束，密斯便与藤川签订了一份合作协议。此时的藤川已为密斯工作了将近十年，他觉得是时候成立自己的公司了。密斯说服他留下来，并且承诺他可以独立地掌控格林沃尔德这部分的工作。在滨海广场公寓的工作不期而至时，密斯已经深陷于西格拉姆大厦项目中。藤川便接手了芝加哥的项目，负责带领工作室团队以及与客户们进行日常联系。

无论是从规划、体量还是大量细部的呈现上看，西格拉姆大厦都是 860 项目的翻版。但是它设计于 5 年后，在这期间，建筑技术更加先进，而市场的需求也有了变化。密斯和格林沃尔德都渴望在项目中应用最新的技术。因此，滨海广场公寓成为了芝加哥当时最高的混凝土建筑物，也是首次使用了无梁板的混凝土框架的建筑物。它还是这座城市中第一个应用中央空调的住宅高层；第一批应用统一的阳极氧化铝幕墙的建筑之一；以及在芝加哥第一次大规模使用有色吸热玻璃的建筑物。

高昂的土地成本以及格林沃尔德更为丰富的经验，都使得滨海广场公寓相对于 860 更要去寻求新的建筑能效。通过混凝土框架的运用楼层间的高度降低了。因此，即使总高度略有减少，但建筑却额外增加了三个楼层。单间公寓房被插入到 900 号大楼平面末端，为每层增加了两个"额外奖励"

图 11.10
滨海公寓（Esplanade Apartments），位于芝加哥北湖滨大道 900-910 号（900-910 North Lake Shore Drive）（1957）。此处为西南方向视图。我们能从照片的底端看到单层的车库结构。地下还有两层停车场。图的左边是较长的 900 号平板式大楼。

的单元，但却影响到了位于角落里的两居室单元。机械立管被放置在柱子外部，这样它们就不会打断混凝土板或者占用公寓单元的空间，而外墙也被建在了柱子的外侧。具有深色玻璃的建筑外部就像是一个连续的平面，这也与 860 建筑的立面效果截然不同；而后者的透明玻璃外表皮和柱－拱肩网格强调出了建筑具有的笼式结构。滨海广场公寓外部的细节处理与简单相去甚远，尤其是那些具有多层铝包层的柱廊更是体现了这点，外墙采用了概念上与市场现成的钢制宽翼缘相似的挤压铝框窗棂。当密斯从纽约的西格拉姆大厦工作出差归来时，他第一次看到了已经部分安装的幕墙，他反对每层直棂间留出的空隙。然而这种做法却基于非常合理的原因，即铝在相同温度下的膨胀系数是钢铁的三倍；而藤川担心如果采用 860 那样的连续连接，直棂可能会弯曲变形。但是它们的确没能给人连续不断的视觉效果，因此在密斯眼中它们"很不美观"。

与 860 的地块一样，滨海广场公寓所在的地块也呈梯形；由于它覆盖了东西方向上一个完整的街区，因此地块范围更深更广。在最早研究的方案中是三座 3×5 个间隔的大楼；但是由于视线过于拥挤，密斯提议连接两座塔楼的短边处。而剩下的那座 3×5 个间隔的大楼（即 910 号大楼），便位于与 900 的长边相垂直的位置上，并将结构修改为 3×10 间隔。这样做的效果并不像 860-880 的直角镜像的布置那样令人满意。如前所述，在滨海广场公寓的前院增建的一个封闭停车场也使得 860 中令人印象深刻的地面景观也被封闭了起来。而作为弥补，便在停车场上方修建了一个私人日光浴平台。

和 860 一样，滨海广场公寓也基于 21 英尺的柱网进行建造。900-910 号的大楼坐落在 880 滨海广场公寓西侧柱子中心线向西 21 英尺处——这并非巧合——也像 860 一样底层为柱廊，但是考虑到当时的混凝土技术现状，混凝土柱廊所需的截面面积实在太大，因此项目最终决定采用钢柱廊建造。到了两层楼以上时，这些钢柱就都被换成了混凝土柱。和 860 相比，滨海广场公寓其他的细节令人失望：入口处没有标志性的顶篷；在 860 项目中两座楼之间的广场曾是可以举行庆典的开敞空间，而在（滨海广场公寓）这里被简化成了一个服务性的车道；900 的前厅很狭窄，搭配水磨石地板和大理石墙壁，两座大楼的前厅都缺乏 860 项目中室内外由石灰华材质营造出的宁静氛围。最严重的是，900 的长板和底层封闭空间内的 8 个间隔基本否定了 860-880 中应用的那套体系，但后者正是让高耸的 860-880 这对大楼如此非同凡响的关键因素。

这些缺点大多都没有引起买家们注意。990-910 在房地产上的价值要远高于 860-880。而市场也回馈了在这些新建筑中技术上的改善，其中中央空调最为重要，以及视觉上更一致的外墙、更好的电梯，甚至还包括著名的在 860 中被忽略的垃圾槽（本来打算使用，但被密斯省略掉了；据说他当时认为垃圾槽是"不卫生的"）。市场也同样没有被 860-880 和 900-910 之间无数钢和混凝土框架的晦涩对比或其它各种微小的视觉差异所打搅。事实上，这两个开发项目在建筑书籍中也总是被混淆，甚至是那些专注讲述密斯的书籍中也是如此。

...

滨海广场公寓是格林沃尔德所规划的位于湖岸边北部更远处的国民广场公寓（Commonwealth Promenade Apartments）——它是一个更大的包含四座塔楼项目的姊妹建筑。国民广场公寓只有南边的两座大楼最终完工了（现在被称作西迪维斯大道330和340号大楼）。除了清晰的阳极氧化铝外皮和建筑整体尺寸之外，国民广场公寓建筑几乎和滨海广场公寓一模一样。最初的场地是一个长方形，面积粗略为3英亩；4座建筑物相互平行，长边一侧与湖泊成直角。南北两端的两座大楼向东侧挪移4个间隔，从而为中间的两座大楼打开视野。大楼中间的矩形广场将被建成一座单层的地上停车场，而4座塔楼也由从南到北的一条长廊相互连接，设计中还曾有在场地的东边建4座同样的大楼的研究，这样，8座塔楼之间就可以形成一个很大的庭院，但最终东部的场地没有被收购成功。平行的建筑格局不如860公寓和湖滨大道公寓的布局——尽管密斯一直都喜欢这样平行的塔楼——但对于房地产商来说平行的建筑布局是有好处的。也许4座公寓楼都建成了就比较有说服力，但是两座大楼的未能完成却成为一个遗憾。

作为一个商人，格林沃尔德可能会强迫他的建筑师做一些事情，但是当涉及到建筑美感方面时，他却会按原则行事。密斯曾经自豪地说格林沃尔德"拒绝了国民广场公寓和湖滨大道公寓的1200万美元的抵押贷款，因为贷方提出了要建造石拱肩以及一些其他方面的修改……"。密斯说，"这是需要很大的勇气的。"尽管如此，另一个展示模型反映出了人们对全玻璃结构的忧心。这一模型中呈现了长长的立面上的大理石拱肩，以及立面南北末端间隔处的通高大理石镶板，只有中间部分尽端的间隔才是落地玻璃。最后的效果也是混乱的，这个被拒绝的设计方案反映了密斯长期以来对于矩形棱柱短立面的特殊处理都没有十足的把握。

· · ·

到了20世纪50年代末，格林沃尔德开始启用其他建筑师。密斯也同样将其业务扩展到了其他大客户和其他国家。格林沃尔德曾为不同的公司效力，芝加哥的SOM建筑设计事务所便是其中之一。1958年，他委托SOM设计一家酒店，酒店选址位于芝加哥南密歇根大街。为了筹集资金，他于1959年2月3日飞往纽约。

虽然L-188A洛克希德·伊莱克特拉飞机刚刚服役，而拉瓜迪亚（LaGuardia）机场使用的仪器也算常规，但美国航空公司的涡轮螺旋桨飞机却在冲出跑道近1.6公里的东部河流处坠落。飞行员也因失误而难辞其咎。机上共载有73人，当时43岁的格林沃尔德，他的秘书以及其他63名乘客遇难。密斯在格林沃尔德的葬礼上讲话。格林沃尔德的离世也使得由他赞助的项目不得不停工，国民广场公寓北面的两栋公寓就受到了直接的影响，密斯也被迫裁掉了一半的员工。

...

格林沃尔德去世时，他唯一的一个主要城市复兴项目——位于底特律的拉斐特公园基本上是不完整的。78英亩的重建面积也再也没能实现其原本在1955~1956年的形式。它的设计师密斯，规划师路德维希·希尔伯塞默和景观设计师阿尔弗雷德·考德威尔也再也没有在如此大规模的项目上共同工作过。从某种意义上来说，这是个巨大的不幸，因为该项目相比于密斯曾经为了把他的现代主义建筑运用于美国的城市所做的实践都更接近于成功。不过这一项目已经完成的部分足以表明密斯的意图，而实现的部分也被继续判定为是成功的。

从概念上来看，拉斐特公园正是20世纪50年代和60年代（图11.11和图11.12）典型的由联邦政府资助——但通常由私人开发商进行规划和建造的城市复兴项目，而这些项目总是看起来颇有希望但最终却会成为徒劳。这些项目来自于这样的设想：通过更换大面积"过时"的区域——通常都是一些19世纪密度较低的公园所构成的城市肌理——来改造大多数内部城市那些拥挤、危险、破旧的社区。于是，空气清新、阳光明媚的草地上的高层

图11.11
底特律的拉斐特公园（Lafayette Park）（1956）。此处为规划的高层和低层建筑物模型和景观。20世纪50年代，大多数的城市改造项目均告失败，而拉斐特公园却不在此列。该方案由赫伯特·格林沃尔德组织，并由规划师路德维希·希尔伯塞默、景观设计师阿尔弗雷德·考德威尔和密斯共同完成。照片来源：Hedrich-Blessing的比尔·恩达尔（Bill Engdahl）。

图 11.12
底特律拉斐特公园的联排住宅和高层公寓楼（1956）。考德威尔设计的景观（植物）在当时还只是刚刚栽种，如今从同样的视角看去，它们已经填满了整个视野。照片来源：Balthazar Korab, Ltd.

公寓楼、联排住宅、学校和社区中心都会出现，这些区域的机动车辆将在环绕公园的道路或者较低等级的路线中通行。拉斐特公园使得路德维希·希尔伯塞默所设想的新城市方案变为了现实，这也是他和密斯在专业领域合作的一个重要建筑作品。希尔伯塞默应当感谢勒·柯布西耶，他在 20 世纪 20 年代提出的城市规划理论便是部分基于第一次世界大战之后，彻底的变革情绪催生了欧洲现代主义建筑。

尽管有一个新的大都市作为新建筑的愿景，但是城市复兴计划在美国还是以失败告终了，主要的原因便是社会规划者享有掌控私人开发商的政治权利，然而私人开发商的商业利益却与社会规划者的期望和规定是相互抵触的。科布森（Corbusian）公园消除了社区和社区贫民窟这种住宅形式。在风中被草坪遮盖的街道便是社区的自然结果，这就使得人们很难控制公共设施间的距离，这个问题在低收入阶层的住房中就变得至关重要，通常是种族隔离的区域最终便演变成为了无人区。由于富有的人群可以选择自由出行以及选择公共设施和福利设施的环境，因此城市复兴项目便确定是为穷人提供住所。

拉斐特公园距底特律市中心有 0.8 公里远，主要是为了吸引中产阶级的购房者，这其中包括想住在市中心的人们。园区共有三种建筑类型，它们分布在场地的边缘，围绕在 19 英亩的空地周围，让人联想到大草原的景色。其他住房类型也曾被考虑过，但都被一一否决了，这其中包括带院子的 6 个单元住宅和二层无电梯公寓。单层联排式住宅在建成后将会拥有四周由砖墙围合的单独的庭院。二层住宅暴露在外由钢框架和全玻璃构成的正面和背面联排设置，建筑末端则是砖墙。低层的单位停车场设置在室外，不过希尔伯塞默还将停车场降低了 3 英尺，使得车辆看起来几乎消失了一般。住宅区中主导发展的是三栋 21 层的塔式高层公寓式住宅，而其中最后两栋塔楼也在 1963 年竣工（原本规划建设 6 栋或 8 栋塔式高层公寓，这取决于最终采纳了哪个版本。其他那些或高或低的建筑物，后来都由其他建筑师设计完成）。就密斯的性格而言，这三种住宅的布置都彼此松散相依。住宅区采用了封闭式街道，并且为每一栋建筑都提供了车辆通道。

拉斐特公园融合了希尔伯塞默在德国和美国所提倡的"生态单元"。园区混合了不同类型的建筑，每栋建筑都以最佳日光照射为设计目标进行建造，包括适合住宅居住者的教育、娱乐和文化设施。（目标人群因环境，地区和一些其他因素而改变。）园区内的车辆和行人是分开的。希尔伯塞默研究并描述他的园区单元既可以作为大城市的替代物，也可以在现有的城市结构中进行运用。自 1940 年以来，考德威尔主要以主绘图员的身份协助希尔伯塞默出版和宣传他的观点。

尽管希尔伯塞默的规划观点受到了普遍的好评，但他最为珍视的原则之一——"适当的"日照方向却被完全地忽视了，即使是对于底层单位也是如此，这正是由于密斯的拒绝（密斯在滨湖路 860-880 号公寓采用了此理论）。考虑到格林沃尔德所实行的严格预算，即使对于如今公认是拉斐特公园辉煌之一的考德威尔的景观设计，也在当时牺牲了几千美元的预算。尽管在当时这个地方已经被清除时住宅区还保留了一小部分的园景树，但格林沃尔德最后还是从附近一家已经破产的苗圃中弄到了一些树苗和植物碎屑来勉强应付。格林沃尔德和他的员工同样都严格把控着工程预算：就以塔式公寓为例子，底层柱子和暴露的墙角都在一直攀升。尽管规划建设还没有完成就被迫中断了，但由于多样的建筑类型，良好的施工质量和底层建筑的永久地产权，密斯-希尔伯塞默的设计至今仍作为城市重建的成功典范。如果没有其他开发商和建筑师完成这一项目，拉斐特公园最终就会被接管和填充。密斯随后的城市规划也都仅限于商业或者政治的超级街区，然而希尔伯塞默的单元设计却与这种地块并不相关。

...

  1951~1952年间，密斯的工作室为小罗伯特·麦考密克设计了一栋2100平方英尺的住宅，麦考密克曾在位于伊利诺伊州埃尔姆赫斯特市的860号公寓项目中是格林沃尔德的搭档。约瑟夫·藤川为该项目的建筑师。住宅由两个矩形体块组成，每一体块都深26英尺：其中的一个是7个5英尺6英寸模块宽，另一个为8个同样尺寸模块宽。两个单元重叠部分为一个模块。住宅的南面为起居室和主卧，北面为厨房，餐厅和3间次卧。宽缘梁支撑着预制混凝土屋面板，平面尺寸为26英尺。车库则隐藏在中间的墙壁后方。

  每个单元平面的末端墙墙壁都是黄色抛光砖，两侧的立面为落地的钢结构和玻璃幕墙，该住宅的窗棂和860号公寓中的也很相似（但人们又常说它们实际上和860号公寓的墙体不同，麦考密克住宅的窗棂比860号公寓的要略宽一些，而且模块也大3英寸）。结构与承重框架之间的关系也很模糊。只有起居室和主卧旁的书房采用了开敞式平面布置，其余的都是传统布局的房间。麦考密克这时候是一个密斯式的现代主义者——他为860号公寓感到非常的自豪——但他还是不能接受藤川提出的主卧不安装门这个建议。他说他不得不去找密斯要一扇门，密斯很爽快地答应了。

  尽管麦考密克住宅是定制的，但看起来却像是预制装配式住宅，格林沃尔德和麦考密克设想这一项目可以成为预制住房的模型。格林沃尔德要求密斯进行研究。一个设计逐渐形成了，施工图也已经准备好。最后形成的麦考密克方案面积为1200平方英尺，含10个模块矩形：55英尺宽，同样也是26英尺深。位置选定的同时也完成了4栋建筑的场地设计，每栋建筑物都在常规地段上。项目已经准备好了销售传单，但却无人问津，随后这块土地便被收购用于发展奥黑尔国际机场。很难想象一所由密斯设计的——不是定制的钢结构住宅的一部分，但看起来也很不像样的房地产——成本不高的建筑竟然是现成的。

．．．

　　50×50方形住宅（Fifty by Fifty House）是钢结构独户住宅的进一步探索，也是适用于一般市场的一种形式。密斯同迈伦·戈德史密斯一同致力于全玻璃单层结构，而戈德史密斯回忆道类似这种结构已经在伊利诺伊理工大学研究过。50×50方形住宅是因为其平面尺寸（40和60平方英尺这个版本也曾被研究过）而得名。密斯绘制的概念草图将这一住宅记载了下来，而它的数量也不少于由戈德史密斯制作的20张幸存下来的展示平面图，以及爱德华·达克特建造的模型的照片。住宅内部的多种组合——厨房，两间浴室，杂物间和壁炉——都是围绕着一个场外进行组织的。一张双人床垂直于毗邻右侧核心墙而布置。两张单人床则共享左边的空间。起居室、餐厅外加一个壁橱呈扇形布置（奇怪的是，规划的网格是3英尺，并没有完全按照50的模式进行划分）。模型显示出屋顶上有一个白色的招牌。在范斯沃斯和麦考密克住宅都用过的15英尺的槽也出现了。屋顶则采用外露的交叉梁结构。

　　从密斯的草图可以看出来当时考虑了两种支撑方案，第一种方案是分别在四面墙的正中央安装一个柱子，另一种方案是在两个相对的墙上安装一对柱子。戈德史密斯以墙体的有无以及墙体的移动来试验这两种方案。他也考虑了居住者人数的多种可能性，建议最多有四个孩子，他也考虑到可能会有"一个人生病"，来客人后的住宿问题，甚至是"父母可能还没有起床，而孩子们都已经起来的可能性。"

　　50×50方形住宅永远不可能成为一个切实可行的住宅模型。仅全焊双向屋顶结构的价格就高得离谱，而且内部空间过于宽敞（但是为了可以采用开敞式平面布置，住宅的面积必须足够大）。美国有孩子的家庭永远不可能接受没有私人空间这件事，而这是密斯所设计的住宅内部普遍存在的问题。戈德史密斯认为："若想使一个家庭接受这种住宅模式需要跨越巨大的一步，所以有一天，我曾经怀疑地对密斯说道，你的意思是仅仅通过调整一些墙壁，你能让这个家庭的孩子和父母都生活在这个开敞空间里吗……？'是的'，密斯答道，'这确实离我所设想的有些距离，但它使我想起了滑雪旅馆、游艇或者是帆船上的旅馆。'密斯认为只要有大胆的客户，一切就都可以实现。"

　　"50×50方形住宅仅是一个抽象概念"，戈德史密斯在1986年的一次采访中这样说道。

当时，密斯对于将建筑作为人的背景，而把建筑本身的存在感削减到最低很感兴趣……他说过他曾去一家美国胶合板公司挑选一些胶合板，很快便喜欢上这座空旷的大仓库。他感叹道：这要是栋住宅将会是多么的美妙啊。所有的问题将会迎刃而解，他从一些正在施工的阁楼上已经可以看到一丝这种建筑模式的微光——统一的，高大的空间，可以最低限度的解决如睡眠等等的所有问题——密斯也曾有过同样的想法。从 50×50 方形住宅的理念中便可以看出来，在一个统一的空间里你可以走多远，你可以怎样在其中居住生活。

值得一提的是，住宅许可证上显示住宅的外部，包括巨大的玻璃窗（不含窗棂），是归戈德史密斯所有。而戈德史密斯认为密斯不会喜欢这样。

第12章
在美国的事业巅峰：商业与机构设计 1950~1959 年

> 我们所做的最清晰的结构，最能表达我们的理念。
> ——密斯对克朗楼的评价

> 你成就了他们，你成就了他们的公司，他们却窃取你的工作来回报你。
> ——1959 年，路德维希·希尔伯塞默向密斯谴责 SOM 的员工

> 他是个满腹牢骚的人。
> ——菲利普·约翰逊对密斯的评价

到了 2006 年，密斯设计的克朗楼已有 50 年的历史；它仍然供伊利诺伊理工大学的建筑学院使用，并曾三次荣获官方地标称号。克朗楼在 1996 年就被列为受法律重点保护的芝加哥地标建筑之一，这比它正式获得官方认证还要早 10 年。克朗楼于 2001 年被列入国家历史遗迹名录中，成为了国家级历史地标建筑。这些称号将确保这座 20 世纪最重要的建筑之一以它最初始的形态被保存下去，留给后代。

位于该州西北角、原为第 34 街的这块场地早已被保留为密斯的校园规划中的"建筑学院"用地，然而直到 1950 年伊利诺伊理工大学才开始为这座建筑筹措资金。较长的准备期也与这块场地的历史有关——场地不仅涉及社会和城市历史的关键问题，还和占据这块场地的另一个传奇建筑有关。这座传奇建筑名为麦加公寓，由芝加哥的埃德布鲁克（J. Edbrooke）和富兰克林·皮尔斯·伯纳姆（Franklin Pierce Burnham）设计，并于 1892 年完工。这座豪华公寓在其建造阶段便开始挑战当时主流的独户家庭住宅——后者在建筑身处的芝加哥近南区尤其突出。建造麦加公寓耗资达到了 80 万美元之巨——而 60 年后建造的克朗楼的花费也不过如此。麦加公寓最初规划为 98 套公寓和 12 个零售商店。它的 U 形平面位于面向第 34 街的园景庭院中央。这座建筑的两个侧翼均为四层，以带有天窗、被连廊环绕的前庭为特色，这在芝加哥同类型的公寓建筑中尚属首次。

20 世纪之交的人口发展也为麦加公寓带来了厄运。如上所述，南部人

图 12.1（对面图）
新的 3410 南州大厦（3410 South State Building）（即原来的气体工艺技术学院——北方大楼）（Institute of Gas Technology—North Building），位于芝加哥的伊利诺伊理工大学，拍摄于 1951 年。此处为北向视图，远处是城市的环线。北侧第 34 街的对面，是一座多层的麦加公寓楼；为了给克朗楼腾出位置，这座公寓楼在此后不久被拆除了。我们可以看出，这个地区的周边环境十分破旧。华莱士·柯克兰（Wallace Kirkland）/时代与生活图片/盖蒂图片社。

口迁徙导致了芝加哥的非裔美国人口迅速增长，加剧了种族之间的紧张关系和社区环境的恶化。到 20 世纪 40 年代中期，麦加公寓已经容纳了超过 1500 人，这里常常被人称为"美国最臭名昭著的贫民窟"。鉴于麦加公寓的地理位置，阿默学院介入了进来，尤斯蒂斯（Alfred L. Eustice）受托在 1938 年以个人名义购买了这座建筑物，并在 3 年后将它交给了发起拆迁计划的伊利诺伊理工大学。

伊利诺伊理工大学很快就遭到了公寓的租户及其同情者们的反对。这场拆迁的斗争持续了十几年，直到 1952 年，大学才成功拆掉了旧建筑物。那时，许多密斯的设计都已建造完成，其中就包括在第 34 街对面的南州大厦 3410 号（图 12.1）。1954 年 12 月，新的建筑破土动工。

麦加公寓在被拆除前就早已是一个传奇。密斯的学生雷金纳德·马尔科姆森——后来也是一位重要的教职人员——回忆道：

> 克朗楼所在的场地曾经是一座巨大的公寓楼……确切来说是个巨大的贫民窟。它充满了戏剧性。如果你走进内部的中庭，你会发现它就像是田纳西·威廉姆斯戏剧中的场景……它采用了在沙利文时代常见的罗马平砖，和埃尔姆斯利的风格几乎完全一样，而这种砖沙利文本人也曾使用过……它曾经是一座伟大的建筑，而后又走向了堕落与衰败……它有一种让人感到敬畏的宏伟感。

在之前漫长的职业生涯中，密斯还从没有为建筑学院做过设计。他曾经运营过德绍包豪斯的格罗皮乌斯大楼以及我们之前提及的柏林包豪斯的仓库改造。他在阿默学院的首件作品是芝加哥艺术学院的阁楼。后来，他将伊利诺伊理工大学建筑学院搬到了由他设计但并不是特意为建筑学研究而建的校友纪念馆中。因此，作为一个能够反映他的理念——在建筑、教育，以及精神上的理念——的新建筑，克朗楼是他梦寐以求的项目。

"建筑设计和规划大楼"的相关工作始于 1950 年。在密斯的指导下，同年初约瑟夫·藤川首先准备了以"筹款"为目的的研究和图纸。几个初步方案中的立面图和透视图呈现出了一个与其他校园建筑风格一致的建筑：钢结构框架下方的砖填充板以及大面积的玻璃幕墙元素，这些都早已运用在了先前的图书馆与行政大楼中。建筑内部是由柱子划定的空间，跨度大约有 60 英尺。方案中也出现了类似图书馆项目中的夹层与地下室。这一设计概念一直保留到 1952 年的夏天，此时（伊利诺伊理工）大学选择推迟另一个项目——学生会大楼，从而"保证 ID 建筑的资金"。"ID"即伊利诺伊理工大学设计学院，未来建成的克朗楼将不单单满足它的设施要求，还会容纳另外一个院系。

在 1952 年的夏天和秋天，密斯迅速投入了设计工作，确保项目的正常进行和方案的顺利诞生。他的主要助手是藤川、戈德史密斯，以及大卫·海德。海德和唐纳德·西克勒将监督这一项目的施工。同年 11 月，密斯的团队已经准备好了一个用于向学院官员汇报的精致模型。从一张著名的、被大量复制的照片中我们可以看到，穿戴严肃而又优雅的密斯站在模型背后，像是把模型放在了大托盘中。马尔科姆森陪密斯一起参加了向伊利诺伊理工大学董事的汇报："密斯被请了进来。他解释了模型、图纸以及其他的问题，然后董事们要求密斯暂时离开房间好让他们可以进行讨论。之后他们再次要

图 12.2
克朗楼,位于芝加哥的伊利诺伊理工大学(1956)。此处为北向视图。克朗楼是密斯为 IIT 设计的 22 栋建筑中最杰出的作品;它是密斯设计的第一个大净跨构筑物——拥有一个实际尺寸为 120×220(英尺)的单间。屋面由横跨短边方向的四根板梁支撑(本图可以看到中间的两根)。这是一张经典的由 Hedrich-Blessing 拍摄的照片,上有一个单独的人像(正在开门)来展示建筑物的尺寸。楼内——不同寻常地——空无一人。照片来源:Hedrich-Blessing Bill Engdahl。

求密斯回来做更多的解释。密斯对我说,'就好像有什么问题一样!'"密斯那自信、强硬——即使不能说是轻蔑的态度是一回事;大学的受托责任则是另一回事。尽管理事会的记录中也承认这是"先进的设计",但他们也表示这一方案"过于极端,而成本又远远超出计划的资金数额,应该暂时搁置该项目。"直到将近两年之后,得益于阿里与艾达·克朗基金会提供的最终建造预算(75 万美元)的三分之一,这个建筑方案才最终获批,同时建筑的命名权归属为索尔·克朗家族的后代。另一个推进项目实施的重要贡献来自密斯过去的学生查尔斯·金瑟,他同时也是佩斯联合公司的主管,该公司无偿为项目提供了施工文件。

于 1956 年竣工的克朗楼虽然在官方资料上认证为单层建筑,但它不仅功能丰富,还另外拥有半地下的一层空间(图 12.2)。两层的面积共计 52800 平方英尺。主层是一个由玻璃幕墙围合而成的长方形空间,南北方向长 120 英尺,东西方向长 220 英尺。顶棚高度为 18 英尺。四根宽翼缘立柱相距 60 英尺,沿建筑的两个长边排列,支撑着跨越屋面南北方向 6 英尺厚的钢板梁的两端。屋面隔板则悬挂在这些梁的底部。建筑以 10 英尺为模数进行空间组织,它所采用的玻璃窗单元由下部的成对半透明玻璃和上部的单块透明玻璃组成,并由带钢条挡块的宽翼缘钢直棂固定(图 12.3)。由于柱子和直棂在视觉上有着大致相同的尺寸——柱子为 W14 截面,直棂则为 W8 截面——而且柱子和直棂位于在玻璃界限之外,整栋建筑,尤其是建

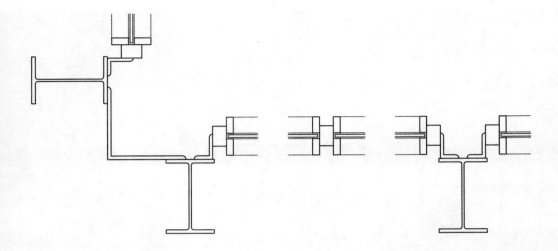

图12.3
克朗楼外墙一角的平截面图,该建筑物位于芝加哥的伊利诺伊理工大学(1956)。此处运用的技术本质来自于5年前建成的范斯沃斯住宅(对比图10.3)。钢制挡块固定住平板玻璃,整个封包结构采用焊接的标准轧制型钢制成。

筑内部,似乎除了透明玻璃墙之外再无其他支撑。在建筑内部,吸声砖天花板的边缘相比建筑外边缘向内缩回1英尺,看起来就像漂浮在半空一样。

克朗楼的净跨结构实现了一种精神上的追求。尽管它缺乏规划上的合理性,却展现了密斯式的钢与玻璃建筑的潜力,几近理想中的完美状态。到20世纪50年代中期,密斯已耗费十年去尝试建造一个以净跨结构为主的建筑。他曾经在坎托尔汽车餐厅、50×50方形住宅,以及与克朗楼同期开发的大型建筑芝加哥会议厅与曼海姆剧院设计竞标中都提出了类似方案,这些我们随后都会加以讨论。在ID设计学院的要求下,密斯设计了巨大的楼面板并使其布局合情合理——建筑学院占用的面积为26400平方英尺——而设计学院在二层则享有同样宽敞的空间。较低楼层还容纳了两个学院的后勤功能,包括卫生间、机械设备间和进线通道。

较低层是个传统的、由混凝土墙壁围成的盒子空间,高出地面6英尺。这一层的混凝土墩呈网格状分布[尺寸为20×30(英尺)],用于支撑主楼层的混凝土地板。后勤设施均分布在中心位置,四周是交通空间和出口,外围则是标准教室和工作间。4英尺高、半透明的玻璃天窗环绕着整个较低楼层,日光被天窗过滤后变成柔和的自然光,进而倾泻在整个空间之中。从较低层到较高层的交通流线靠中央的"楼梯厅"实现,后者由两个密斯式的精致楼梯构成。几十年来,较低层的布局已经发生了变化,尤其是1989年在设计学院从大学中分离出去之后,建筑学院接管了整座建筑。在过去的这些年中,建筑物内的空间已多次被成功地重塑,这表明净跨结构在适应建筑未来规划的灵活性上的优势——这也是密斯坚持开放空间原则的理由之一——被夸大了。

建筑的主楼层如同讲台一样升起,很多人认为这种手法在古希腊和罗马建筑中早有先例。的确,密斯的其他校园建筑基本都直接建在地坪上,入口也不像克朗楼这样复杂。密斯利用升高的入口安装了一个奢华的门廊,宽60英尺,深30英尺。门廊采用了钢框架,并由罗马石灰华铺砌而成。与地坪相接的是第一组由5个30英尺宽的浮动石灰华踏板组成,之后在通过第二组的6个踏板来到门廊,再向上便可抵达正门。门廊和楼梯是纯粹的美学设计——它们仿照了范斯沃斯住宅中已有的设计——这在密斯为伊利诺伊理工大学所做的设计中也是独一无二的。对于北部的楼梯——过去通常被用作"后门"——密斯则设计成了两个方向相反的室外单跑钢筋混凝土楼梯。

建筑的主入口朝南似乎让人疑惑,因为克朗楼的北侧是一个开放的草地,而第34街也在很久之前就已腾挪清空了。然而在这之前,距克朗楼北边仅60英尺处要规划建造一座"机械工程大楼",就在如今的服务车道对面,而第34街前面自然就会成为落客点。计划建在附近的另一座教学楼可能也促使密斯为克朗楼主楼层的玻璃窗靠下的8英尺部分选择了半透明玻璃。

克朗楼的初步规划本来采用了标准的校园建筑语汇和大小为24英尺的模数,而竣工时它却成了密斯在校园规划中的一个特例。基恩·萨默斯在1987年的一次采访中谈到了这个问题:

> 当密斯在设计这座建筑物时,他跳出了最初的校园规划。他将艺术与建筑大楼设计成了一座由砖块填充的钢结构建筑,这与校园内的首批建筑物保持了一致。密斯采用他曾经使用过的钢结构系统建造了这座钢与玻璃的建筑……我个人认为这么做不对……[校园]应该是更加统一的。讽刺的……[是]他还是把它建起来了,而克朗楼也的确是他最好的建筑作品之一……我认为校园的整体概念以及应用在规划和建筑单体结构中的模数系统正是整个方案的核心,但是随后密斯为了这座建筑改变了初衷。伟大的艺术家有时就是如此。

萨默斯的观点反映出了他对于项目后来发展的了解;而由其他设计师设计的校园建筑则更加偏离了密斯所制定的标准。关键是:密斯这位"艺术家"在克朗楼中为了实现自己所坚信的那些伟大目标而采用了一些全新而不受约束的尝试。其中某些自由的尝试——比如采用10英尺模数代替标准的12/24模数——这种考量可能是基于实际情况,比如限制每个玻璃窗的尺寸。而其他的自由尝试，包括结构方案在内，都代表着即便对于客观主义者来说也无法抗拒的前景。

建筑主楼层的空间在表面上看是自由组织的。在初步规划中，楼层的中心有三个主要功能：一个展览空间，由东西两侧独立的木制隔断和两个楼梯开口组成；一个位于展览空间北部的行政区域，由三面相似的隔板围合封闭；北面入口的对面则是一个由三面独立木制隔墙围合而成的图书馆。夹在图书馆与行政区域之间的是门卫的壁橱和衣帽间。随着时间的推移，学校的行政机构大幅缩减，这些一度分化的功能也已经融入到了广义的展览空间之中。白色的存储柜在早期就已经布置在主楼层上。主楼层空间内的其他主要的垂直功能则是一对从地面到顶棚的竖井，其平面尺寸为 3×13（英尺），主要用于容纳通风管道、屋顶排水管道以及与屋面相连的其他机械系统。

主楼层的其余部分起初被密斯事务所设计的钢制和木制制图桌占据。在早期的照片中，这些排列整齐的桌子如同漂浮在广阔的空间海洋中一样。这座建筑原本并没有安装空调，在温度控制上有缺陷，主要控制日光照射的是白色的活动百叶窗。在每个低层窗户底部的窄小通风口——沿着打开的门布置——是新鲜空气的唯一来源。建筑的音响效果也很好。"我喜欢在这栋楼里工作。"密斯说道，"[除了]教授控制不住自己情绪的时候，这里没有任何音响干扰。他不应该那么做，我们唯一的干扰就来源于他。"

关于克朗楼的外墙，下部成对的窗户原本由 1/4 英寸厚的喷砂平板玻璃构成，只有主入口两侧的窗户由透明的抛光平板玻璃构成，人们只能通过后者直接看到外面的风景。上部的窗户由单个的抛光平板玻璃构成，宽约 9 英尺，高 10 英尺。通过把建筑物的高度减低 2 英尺（根据模型展示，顶棚最初的规划高度为 20 英尺），密斯甚至在上部的窗户中也使用了 1/4 英寸厚的玻璃，由此避免了原设计中所必需的厚玻璃。就像范斯沃斯住宅一样，这些玻璃通过钢挡块被固定在适当的位置，从而呈现出密斯所珍视的纤长的框架与明快的阴影。但是这样的系统在热力学上的效率却很低，维护繁琐而且破损修复十分麻烦。根据《芝加哥建筑规范》修订版的要求，这座建筑的上部窗户需要采用更厚的玻璃来完成改造，先是（在 20 世纪 70 年代）采用 3/8 英寸厚的玻璃，后来（2005 年）更是增加到了 1/2 英寸厚。在 2005 年的重大改造中，下部的窗户也被替换了。

关于克朗楼，密斯曾说过一句名言："[这是]我们所做过的最清晰的结构，最能表达我们的理念。"雅克·布朗森在 1994 年陈述了他的见解："每一个[结构]部件就像一棵树……这棵树是个连续性的结构。克朗楼就是[如此］，实际上这座建筑内的所有部件都在传递着力量。当你开始把它们一个一个分开时，每个单独存在的部件就会变得相对无力。但是一旦你把它们结合在一起，就会变成一个强大的……统一的结构。"路德维希·希尔伯塞默在 1956 年写过有关图书馆与行政大楼而非克朗楼的文章，他在文中主要从美学角度阐述了自己的观点："[因为]密斯·凡·德·罗[在美国]的建筑基于构件本身而非结构的叠加完成，因此每个部分、每个细微处都有自己的重要性，而对于整个钢结构来说它们亦是如此……钢材则由轧机制成固定的形状。不同的部件连接在一起，没有任何多余的东西。最佳的效果，以及丰富的建筑细节，却源自看似最微不足道的努力，这一切都蕴藏在细部中。"

布朗森在技术上的分析与希尔伯塞默在艺术上的见解达成了巧妙的平衡，也都有助于我们理解这一作品。尽管如此，克朗楼的实际结构却完全算不上清晰。密斯最初构想了一个视觉效果极佳的结构模型；杰出的工程师弗兰克·科纳克用尽办法，才把这个想法变成了一座安全的建筑。正如布朗森指出的那样，这座建筑的确存在着很多结构性的冗余部件，尽管他说服我们这些系统必须结合起来才能形成一个安全的设计，但是事实并非如此。与外观相反，科纳克的结构方案正如下文所分析的那样非常保守。

让我们先从主要的柱子开始分析，每根柱子都牢牢地固定在基础结构件的两个关键点上：一是有基础墙出现的钢挑口板处，另一个是再向上 6 英尺的主层混凝土楼板与建筑外墙相接处。这两处连接固定了柱基，形成了纯悬臂结构。虽然柱子显露出来的部分为 24 英尺高（建筑外部的高度），但是悬臂部分只有 18 英尺长。悬臂越长，所需的结构构件越大。分析表明柱子可以抵抗建筑物外部所有横向（风）载荷，既不需要加强墙体的框架作用，也无需板梁构成的门式钢架的帮助。这对横向荷载集聚的狭窄立面处来说也同样适用，虽然这里恰是柱子的弱轴方向。

宽翼缘直棂也是 24 英尺高，但只有 18 英尺高的部分是独立的悬臂梁。它们也同样被牢牢地固定在地下室窗户以上和以下的钢挑口板处，从而在墙体的平面中起到刚性框架的作用。直棂也可以单独抵抗作用在建筑物上的所有横向力。

跨越屋面的板梁是克朗楼的结构特征。它们与其支柱的顶部相焊接，实际上起到了门式刚架的作用。这些门式刚架是侧向刚性的，在克朗楼中从南北方向上抵抗着横向负荷（它们从东西方向上并未起到过刚架作用）。从上述讨论中我们可以得出门式刚架对于建筑物的横向系统并非至关重要的结论。板梁的端部也可以采用销轴连接，这样它们就成为了建筑中的简支跨。在这个项目中,密斯显然认为比"结构的清晰"更重要的是固定门架的视觉效果。

从工程的角度来看,克朗楼的结构中只有上翘板梁的应用可以称得上大胆;梁顶的翘曲翼缘控制着结构的设计;科纳克采用的刚性端部连接,以及所有主屋面檩条和梁底翼缘的焊接抵消了可能存在的旋转力。板梁的高跨比为保守的1:20。密斯也考虑过在克朗楼上应用桁架结构,但是跨度为120英尺的桁架在成本和结构深度上都无法媲美板梁。

尽管在通常的描述中,屋面的每端都运用了20英尺长的悬臂(板梁在东西两个立面都回撤了这么长的距离),但梁实际是靠承重墙来实现其功用;虽然檩条均连续焊接在每根板梁下面,但是它们的远端仍然和端墙的顶部固定在一起。20英尺的跨度从建筑外部来看显得很大胆,但实际上对于钢材来说这个尺寸并不长。

即便如此,半个多世纪之后的克朗楼仍然让人感到不可思议。垂直支撑看似轻松而毫不费力,当从室内透过透明玻璃望去时这样的感觉尤为深刻。室内的顶棚似乎飘浮在头顶,时而又像是消失了一般;在有日光照射时尤为如此。从室内看去,下部窗户满溢的雪白光芒使得建筑物仿佛脱离了地面,同时人们透过上部的透明窗能够看到树梢和天空,让他们无法分辨自己身处何地。在夜晚从室外望去,建筑物的较低层内灯火通明,将整座闪烁发光的建筑物同地面分离,如同浮在半空。

克朗楼所拥有的正是密斯在当时能够实现的最大的建筑内部空间,而他也一如既往地对这个空间进行了合理化布置。也就是说,它具有无论用途如何改变,都能随之相适应的普遍性——密斯早已考虑到了这点。这座建筑物就像是一座现代形式的建筑工棚,几个世纪以来,建筑大师、工人,以及学徒都在类似的地方一起集会、规划、教学和学习。作为一个共享空间,它意味着使用者拥有共同的目标和生活方式——简而言之,就是具有共同的价值观。密斯在1938年写给卡尔·辛维林德的信中哀叹现代世界在"方向上的混乱",认为这里的成形、清晰的思想,以及协同、客观且理性的工作能够使一切回归正途。

· · ·

在美国,密斯很少主动寻找项目。他和他的主要员工总是在回复咨询以及热衷于重复的业务,密斯很留意新闻报道,虽然态度算不上积极。不过凡事皆有例外:研究生保罗·皮平(Paul Pippin)曾经回忆道"有一天，密斯的秘书走进设计室，说有个报社记者在外面等着采访他。密斯回答道：'你知道应该怎么回答他，就说我不在。'"在他的操控下，密斯的作品展便成为他的主要宣传工具。他甚至完全反对参与专业竞标，正如戈德史密斯所言："我不知道他会在什么情况下去竞标项目，如果客户说'我正在向你咨询，密斯，但是我也同时在和 SOM 洽谈……'我认为在 [我为他工作的] 那些年中，如果有人说他们也在考虑其他人，他很可能就会退出那个项目。"关于招揽客户的问题，约瑟夫·藤川也证实密斯是"一个真正 [旧式欧洲] 的专业人士……我记得曾经我们有个潜在的客户，但是密斯有些拿不准对方的想法，我建议密斯说最简单的办法就是问问他是否有委托工作的需求……密斯狠狠批评了我！'我们从来不这么做！'"

对于手下员工有时提出的参与竞标的建议，密斯也同样坚定："他们清楚我们的实力。"唯一的例外发生在 1952 年底，密斯决定受邀参加由德国曼海姆市赞助的德国新国家剧院的设计竞标，这一剧院将会替代二战时期被毁的建于 19 世纪的剧院建筑。密斯参加这次竞标离不开他在战前时期的雇员赫伯特·赫尔奇的激励。当时已是曼海姆市市长顾问的赫尔奇推荐了密斯——唯一的一位来自德国之外的参赛者，有四家当地公司和五家国家级公司也参与了进来，其中就包括密斯的朋友鲁道夫·施瓦茨的公司。密斯一定很高兴有了解内情的赫尔奇参与到这个项目中。

就在即将完成克朗楼的方案设计时，密斯开始着手曼海姆项目。戈德史密斯是项目建筑师和结构工程师，戴维·海德和爱德华·达科特则担任他的助手。丹尼尔·布伦纳与密斯共同负责建筑的内部设计。项目的场地位于曼海姆的歌德广场——而并非位于被毁的剧院原址——大约占地 90 米 × 200 米，四面被公路环绕。

该项目要求建造两个分别容纳 1300 个座位以及 500 个座位的剧场，每个剧场都要有自己的入口；同时剧场的辅助设施还应包括国家剧院的行政办公室和一家大型餐厅。密斯提出了一个平面尺寸为 160 米 × 80 米的方案，几乎占满了整个场地。两个背靠背的剧场的入口设在相反的建筑物两端，巨大的后台区域则布置在了两个剧场之间。项目的设计属于典型的 20 世纪 50 年代风格，并没有停车位的要求。

密斯选择将克朗楼方案的规模扩大并改为两层，用于布置这个项目要求的各项功能。"我的结论是，"他说，"选用一个巨大的由钢与彩色玻璃构成的无柱大厅将这个复杂的有机空间围合起来是最好的方式。"（图 12.4）方案的模数也从克朗楼采用的 10 英尺增加到了 4 米；7 个空腹桁架代替了板

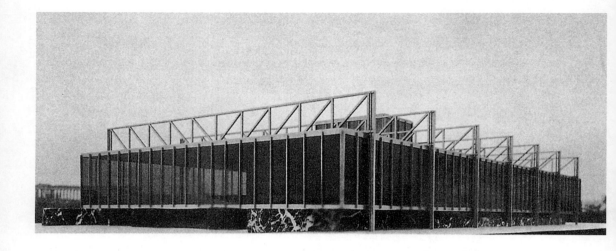

图 12.4
国家剧院（National Theater）项目，位于西德的曼海姆；此处为模型（1953）。曼海姆剧院（Mannheim Theater）这件竞标作品是密斯在 15 年前移民美国之后首次参与欧洲项目的竞标。在 20 世纪 50 年代，密斯创作了他最宏大的净跨作品，其中只有克朗楼得以建成。曼海姆剧院拟采用 7 个空腹桁架支撑屋面，后者可以覆盖两间剧院。这座拟建剧院的面积比克朗楼大 5 倍以上。照片来源：Hedrich-Blessing Bill Engdahl。

梁，跨越在 80 米的窄长型平面上——这已经超过了克朗楼的长度。一楼的高度是 4 米，而二层的高度则是惊人的 12 米。剧场的座位安置在两层楼之间，靠上的座位延伸到大厅中，而大厅在座位区的两端向下开放。二层是一个被北部的餐厅隔断的宽 10 米、高 12 米的长廊。

建筑竞标的目的是赢得项目，所以过度的设计就成了习惯的做法。而经济与技术上不可避免的挑战则可以而且也必须在稍后的实践中予以解决。由于密斯的方案并没有被真正建成，所以它的某些夸张之处也是可以原谅的。因此，在一层的两个长边侧，密斯要求分别建造一个不断延伸且远超建筑物两端的 3 米和 4 米高的天宁大理石贴面基座。巨型桁架则是全焊接的不锈钢材质，其规模之大前所未见。或许方案最极致的正是封闭空间的体量，在这一空间中，包含多个剧场和所有的后台元素，同时却又井然有序。在二层，仅长廊就占据了这一巨大楼层的四分之一的面积。主剧场的后面根本没有任何围挡；它大胆的以悬臂的方式安置在 18 米高的大厅之中，座位的实际占用面积不会超过拟建楼层面积的 5%。

音响效果肯定是个问题；巨大的体量，坚硬的建筑表面，较大剧场中上下开放的空间形式，每一个都带来了特殊的问题。全玻璃的建筑表皮虽然宏伟壮丽，却导致剧院二层的专业区域没有任何遮挡——没有任何一个剧院会需要或者欢迎外来的自然光线。最大的问题则是净跨结构存在的合理性。无论是项目本身还是密斯的设计方案都并不需要这种结构。而密斯的方案中需求的最大净跨结构位于较大剧场的上层，约 32 米。较小剧场中的跨度则是 24 米。尽管如此，密斯还是选择了整个 80 米宽的建筑体量范围都使用了净跨结构——这几乎无法算作是个客观的解决方案。方案中本可以设计一些隐藏在墙中的柱子来承载屋面。

　　根据密斯的员工回忆，密斯对于自己的方案非常满意。他甚至通宵工作以期赶上竞标的截止日期。1953 年 6 月，曼海姆市宣布密斯和鲁道夫·施瓦兹入围，但是评判委员会又提出要举行第二轮竞标。他们在这一轮邀请了没有参加第一轮的法兰克福建筑师格哈德·韦伯（Gerhard Weber），委员会也并没有要求密斯修改他的方案。然而，在接下来的那个月，即密斯访问欧洲的旅行之际，他为游说自己的项目方案作出了非凡的努力，并且会见了曼海姆市长，然而市长要求密斯对设计做一些修改。经过三个月的思考之后，密斯静静地选择了退出。戈德史密斯这样说道，"他的想法是这样的：'我已经做完了我的设计，他们也知道了我能做到什么，但是为了些许改变而再进行一轮竞标是很愚蠢的。'"这一项目最终由格哈德·韦伯获得，他的建筑则是在完全了解密斯的方案的基础上进行设计的，最终于 1957 年完工，如今仍矗立在歌德广场上。与密斯的愿景相比，这一方案显得中规中矩。

· · ·

　　1953 年秋天，芝加哥南区规划委员会（简称 SSPB）邀请密斯设计位于湖滨大道以西、卢普区与伊利诺伊理工大学之间的一座容纳 5 万个座位的会议厅。这份邀请来自该委员会的主席兼伊利诺伊理工大学副校长雷蒙德·施佩特。虽然 SSPB 并未得到授权去委托他人建造这座建筑，但是仍希望找到或许能让这个城市和州都欣然接受的可靠提议。

　　芝加哥迫切需要一个新的建筑设施来容纳每年数以百计的大型会议、博览会以及其他城市活动，伊利诺伊立法机构在 1953 年的夏天首次投票赞成建造这样一座建筑。SSPB 在预期中要求在市中心附近的建造一个大型的柔性结构建筑。被选中的区域混杂着商业和工业建筑物，以及零散的、大部分破烂的房屋，按照当时的规划标准来看，把它作为开发区域是非常合适的。

　　密斯并没有将让自己的事务所承揽这个项目，而是在伊利诺伊理工大学展开了设计工作。他挑选了三名研究生，三宅裕次郎、亨利·金泽以及张宝池，共同完成了一份建筑学研究生论文。对于场地设计、停车场，以及与公共交通的对接这些在如今的大型项目中至关重要的问题，这篇论文中未做过多研究。有些功能被分流到了一些无足轻重的附属建筑物中。对于大厅来说——总是有且只有一个大厅——密斯似乎只想设计一个净跨结构的方案。方案最早考虑采用圆屋顶和三铰拱门系统，但之后改为了笼罩面积为 52 万

图 12.5
芝加哥会议厅（Chicago Convention Hall）项目（1953）。此处为玻璃和金属板外墙的版本。关于本项目的尺寸，请注意左边第二根柱子旁的人像。照片来源：Hedrich-Blessing。

平方英尺的双向桁架构成的方形屋顶（图 12.5）。建筑的体量也非常庞大，是个边长为 720 英尺的方形盒子空间，内部净高为 85 英尺。这样的设计从功用的角度来看似乎并不合理。

建筑的屋顶由双向网格式的、30 英尺深的全焊接钢桁架构成，中心距亦为 30 英尺（图 12.6）。每个桁架均由 W14 宽翼缘弦杆和腹板组成。如预期的一样，构件尺寸和桁架深度都随着向中心位置的靠拢而逐渐加大，但在视觉上整个系统均匀同质。这个方案让人想起了密斯在 1942 年的音乐厅拼贴设计中喜爱并使用过的马丁轰炸机厂，但是这次的双向桁架比巴尔的摩的半长单向系统要复杂得多。屋顶是一个横隔层，由建在各墙面内的、沿屋顶周边布置的巨大桁架提供点支撑。建筑物每侧分隔成五个单元，均为 60 英尺深，它们内外合一，在巨大的锥形支撑之间形成了长达 120 英尺的跨度。

在转角处，桁架墙朝着与其相匹配的 60 英尺的悬臂向下倾斜。填充板设置在暴露的结构构件之间，形成了内外相同的墙立面。密斯研究采用大理石和铝板的墙柜。在对称的平面图中，可以通过向内收缩的落地玻璃隔墙从各个方向抵达建筑的出入口。主楼层自地面向下延伸 10 英尺，因此整个空间都是清晰可见的。为了能够放置重物或进行内部施工，这座建筑没有地下室。在广阔的内部空间周边有 17000 个分层布置的座位。主楼层的座位可以活动，并可以增加至容纳 50000 人。

设计的实际工作是反复研究具体的问题——屋顶的尺寸和部件变化、墙内的对角线如何表达，以及表皮的材质等。无论在事务所还是在学校，密斯都遵循着这种标准的工作方法。他的三个学生尽职尽责地制作出精湛的模型

图12.6
密斯在研究芝加哥会议厅的双向屋面模型,该模型由学生制作,拍摄于1953年。在远处,即图中的密斯头顶上方,我们可以看到整座建筑的模型。

和透视图,抓住了这个项目规模巨大的特性。密斯当然认为他的概念非常实用,正是基于它的无差别特性,这样的体量可以容纳任何适宜在这里举办的活动,从会议到贸易,甚至是体育赛事等皆如此。他断言,建筑的各种功能可以通过独立或悬挂的隔墙来实现。

密斯此前所做的任何项目都不像未建成的会议厅这样在学术上如此冒险,构造上如此大胆。从内部看去,高耸的屋顶会让人感到敬畏。从建筑外部看去,桁架墙体结构则清晰可见。密斯用看似最不妥协的理性手段来创造建筑艺术的能力从未如此显著。相比之下,德意志帝国银行这样的大型项目则显得呆滞而又平凡无奇。

随着会议厅设计的公开,作为现代建筑伟大理性主义者的密斯的声誉得到了极大的提升。然而(理性主义)在这个项目的巨大应用范围内却存在一个悖论:除了一些奇怪的室内运动赛事——在任何情况下,会议厅的真正用途都并非如此——密斯提出的净跨结构都并不合理。他本可以在大厅内放置一个柱网,采用大而合理的跨度来实现他所珍视的空间灵活性。然而他却没有依靠理性和逻辑,而是出于激情和意愿选择了净跨结构。诚然,他的建筑植根于理性,但是他却把它推到了非理性的极端。密斯很可能也没有其他的方法来创造这个如此大胆的空间。

第 12 章　在美国的事业巅峰:商业与机构设计 1950~1959 年　321

密斯总是把他的任务描述为根据需要来解决问题。"规则是一定的,"他说:"那些伟大的历史时代都将自身置于明确的规则限制之下,它们当然也能无视任何规则,但只有遵守这些规则你才可以做出重要的建筑。"作为现代建筑革命中的重要人物,密斯的这番话听起来既不现代也不具有革命性。1951年,密斯自己也承认道:"我不是改革者,我也不想改变世界,我只想表达自己的想法而已。"身处于一个怀疑体系的时代中的密斯却是体系的建造者,他才华的一部分也包含他调和对立立场的能力。他的体系不是一套规则,而是一套寻求与现代社会和谐相融的建筑方法。他坚定而果决的意志使得整个20世纪50年代的世界都相信他是个理性的人。然而如果没有他那简洁而优秀的建筑,只凭他的意志和散发出的魅力是不足以为他赢得如此赞誉的。人们通常认为密斯的建筑兼具合理性和系统性,因此也是最适于教授的。然而,那些改变了20世纪50年代和60年代美国城市景观的密斯式的失败设计却表明,事实并非如此。

...

密斯在1951年为芝加哥艺术俱乐部所做的设计有些特别——这是唯一的一件在他没有设计的建筑中完成的美国作品,同时也是他在本案例中使用传统家具——重复使用的唯一实例。截至本书写作时,它也是密斯在美国唯一被拆除的作品。这一举动引起了建筑界的关注,并导致了在这里简要记述的意见交流。

艺术俱乐部成立于1916年,是一所用于展览、音乐会、演讲,以及类似艺术目的的私人机构。它已在芝加哥市中心的几个地方开始运营。1947年俱乐部在租约结束时被迫离开了箭牌大厦。同年,俱乐部主席鲁·肖邀请密斯为俱乐部在安大略东街109号的建筑中设计一个全新的空间。后者从1948年初开始工作,没有收取任何费用。在他们达成的协议中,密斯能够在设计两层的俱乐部空间时对街道的入口和窗口进行修改。项目的设计历时两年多,俱乐部在1951年秋季开始投入使用。

一层的小型大堂包括一部电梯和一道通往楼上主要房间的新楼梯,楼上有一个画廊,一个用餐区,以及一个兼作礼堂的休息室。项目使用的建筑材料都很简单:除了画廊的木工品墙面,其他房间的墙壁都刷着白漆;黑色的木地板,以及黑色、烟灰色、象牙色和藏红花黄色的生丝落地窗帘。标志的元素是楼梯,它由充满灵性和抽象感的对角线、垂直线、水平线和两个悬浮

图 12.7
芝加哥艺术俱乐部（Arts Club of Chicago）的楼梯（1951），现已被拆除（并于1998年在另一处重建）——这是密斯唯一一件非他本人设计的美国建筑。楼梯从一个临街楼层的大厅通往俱乐部的二楼。楼梯采用焊接钢材制成，四周是由罗马石灰华板砌成的墙壁。

平台共同构成（图12.7）。钢桁条和栏杆与密斯设计的伊利诺伊理工大学的教学楼相似，但是被漆成白色。踏步上铺着密实的地毯，周围的墙壁上铺着石灰华，建筑元素的组成彰显出了极大的自信。

安大略东街109号的租赁空间并不是密斯设计的唯一一家艺术俱乐部。1989年，人们在纽约现代艺术博物馆的收藏中发现了一家单层艺术俱乐部的若干平面图。这些平面图的标注日期是1949年8月到11月——这刚好和安大略的空间设计存在时间上的重合——它们可能代表了一个形式为独立建筑的替代方案，而该方案彼时仍是可能实现的（图12.8）根据总平面图显示，拟建的建筑物位于一个角落，两侧均与已有建筑紧邻，但是并未标注街道名称。

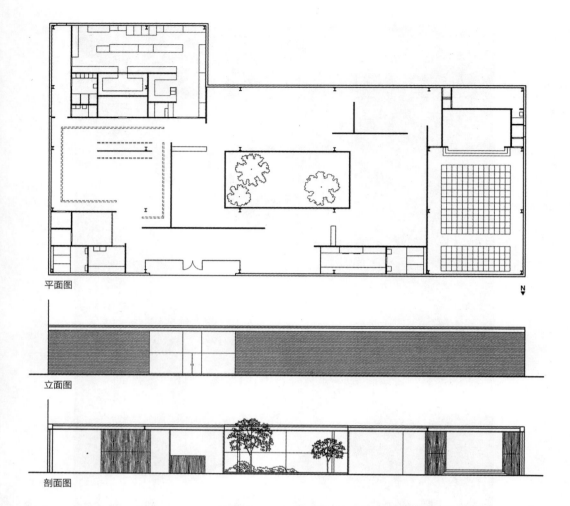

平面图

立面图

剖面图

图12.8
芝加哥艺术俱乐部项目（约1950）：此处展示的是项目的备选方案，即一座独立建筑的平面图、立面图和剖面图，但这一方案最终未能付诸实践。立面图非常简单。在建筑物的内部，开放的平面内建起了一个四周为砖砌的、居于中心的内部庭院。建筑物的内部空间则在密斯于欧洲形成的成熟手法下依次流动。

除了玻璃的入口，两个外露的立面则是由连绵的砖块构成。这个占地1万平方英尺的建筑采用了钢结构和3×5开间的矩形网络。每个开间为30×25（英尺），内部裸露的柱子略微与外墙的内壁相接。屋顶的边缘采用了槽钢。建筑内部是像巴塞罗那馆一样的开放平面。内部的功能区间相互流动——仅靠分散的半高或全高的独立墙壁加以分隔。每个门厅、休息室、餐厅和会议区都向由玻璃围合而成的内部庭院开放。一间画廊和演讲厅设置在了平面窄端的加宽区域。材料均已指定：地面采用水磨石，内墙采用石膏和木工品，外墙的内部则采用连续的面砖。

1990年，艺术俱乐部被迫承认其陷入了资金来源日益减少以及与安大略大街的租约即将到期的窘况。接管这份资产的新业主打算把俱乐部的大楼和位于同一街区的另外三栋建筑物夷为平地——因此俱乐部需要寻找一座属于自己的建筑，这样还能省下不少费用。为了资助这一计划——当时的艺术市场处于繁荣期——俱乐部的高层决定出售康斯坦丁·布朗库西的《金鸟》——这是该俱乐部在 1927 年以 1200 美元的价格购买的一件雕塑。芝加哥艺术学院就此达成了一笔含售价和部分馈赠的高达 1200 万美元的交易。艺术俱乐部因此拥有了获取新建筑的实力，而芝加哥的主要艺术收藏中也多了一件享誉国际的艺术品。

于是，保护主义者们自发地行动起来。1994 年 5 月 9 日，特伦斯·赖利，即现代艺术博物馆的建筑与设计部门的首席策展人给艺术俱乐部写信建议道："要寻找（密斯）的空间得以在原址保存的方法。"他补充说，"把这一空间纳入到开发商拟建的新建筑中，实际上并不会造成严重的结构或设计问题。"赖利的信促使了俱乐部及其朋友向国际建筑界发送函件。这些信件呼吁和敦促保存密斯设计的空间，希望说服芝加哥地标委员会和市议会可以将这一空间指定为地标性建筑。

到了 1994 年秋天，保护主义者把矛头集中在了拥有此处资产权的芝加哥开发商约翰·巴克身上。手持几个月前获得的拆迁许可证的巴克无意改变主意。在一场戏剧性的听证会上，他扮演了被压迫者，地标委员会投票反对将密斯设计的室内空间作为地标，整个街区于 1996 年被拆除。此时，艺术俱乐部已经在安大略东街 201 号附近收购了一块很有价值的地皮。俱乐部委员会选中了芝加哥建筑师约翰·芬奇。芬奇设计了一个新的双层建筑，其中有部分遵循密斯的平面——包括著名的楼梯以及重新布置的家具。

⋯

密斯在伊利诺伊理工大学设计的建筑预算都不高，大部分的设计都被修改过，有时还会按照大学管理层的命令进行重新设计。密斯在伊利诺伊理工大学的作品均十分朴素，这和经费的不足密切相关。在这些限制条件下，建筑师取得的成就越发显得卓越不凡。而校园里的罗伯特·卡尔圣救世主纪念教堂最能够体现这些冲突。这座建筑物于 1952 年完工，也是密斯唯一一件为宗教服务的建筑作品（图 12.9）。

这个项目的规划于 1949 年开始，拟建两座建筑物：一座教堂，以及一座包含牧师宿舍、一间会议室以及行政空间的教区住宅。初期的研究基于 24 英尺校园建筑模块进行，相应设计了一个长度为 4 个开间、宽度为 1.5 个开间的面积为 3000 平方英尺的教堂。面积为 2300 平方英尺的教区住宅的各边长度皆为 2 个开间，是座呈方形的建筑。这两座建筑共用一个部分由

图 12.9
罗伯特·卡尔圣救世主纪念教堂（Robert F. Carr Memorial Chapel of Saint Savior），位于芝加哥的伊利诺伊理工大学（1952）。是密斯唯一的一座为宗教服务而设计的建筑。早期的规划打算建两座建筑：一座教堂和一座相连的教区住宅。后因预算削减，建成的方案缩减为单一建筑，也有些人认为它过于朴素了。照片来源：Hedrich-Blessing。

图 12.10（对面图）
卡尔纪念教堂（Carr Memorial Chapel）的三个备选概念设计，项目位于芝加哥的伊利诺伊理工大学。每个概念设计均包含两座建筑（1952）。其中两个方案被划分为庭园类。这些图纸中所有的教堂建筑都是钢结构的，而实际的建造方案则为承重砖结构。这是密斯为几乎每个委托都探索各种可能性的极好案例。

围墙围合的区域（图 12.10）。密斯绘制的教堂内部透视草图显示了由不透明侧壁支撑的上层钢结构，屋顶的横梁布置在侧廊上方，同时柱子布置在墙壁上下，一个低矮的平台支撑着一个桌子般的圣坛，后面有一堵仅陈列了一个十字架的平坦墙壁。

预算与功能的削减导致教区住宅从规划中消失了。教堂的中殿也从四个开间缩减为 3 个开间长。修改中保留了如今跨越 2 个开间，即 48 英尺的钢结构框架，也使面积增加到了 3400 平方英尺。这一方案同样采用了密斯式的标准建筑语言，即由浅黄砖填充的钢结构。原本这一方案已经顺利进入施工图阶段，但后来它的成本同样被认为过于高昂。于是密斯重新进行了设计，这一次几乎是从零开始。他放弃了 24 英尺的模数，创造了一个平面尺寸为 37 英尺×60 英尺、面积为 2200 平方英尺的建筑物。这座建筑物采用承重砖墙支撑钢梁，进而支撑着预制混凝土的屋面。

竣工的纪念教堂是个非常简单的——有些人认为它过于平淡——矩形砖砌棱柱体，被侧壁包裹的两端和通高的钢框架玻璃相接。墙高 18 英尺——对于无支撑的承重砖墙来说这是在舒适范围内的最大高度——但这使低矮的中殿缺乏来自侧面或上方的室外光线，而平直的屋顶结构也把垂直方向的体验消磨殆尽了。建筑采用的材料均经过精心挑选，以期达到最佳的效果。圣坛是一整块未填充的罗马石灰华，放置在一个 6 英寸厚、由三块与圣坛相同的材料组成的平台上。圣坛后面悬挂着山东生绸制成的幕帘，上衬一个抛光

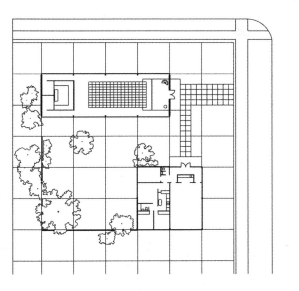
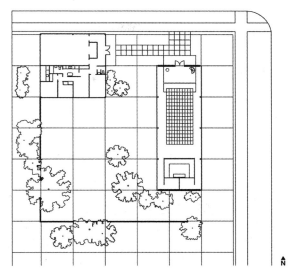
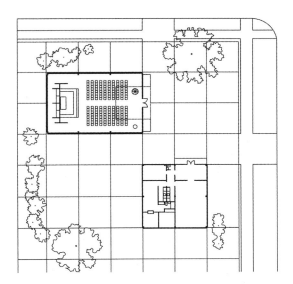

过的实心不锈钢十字架。侧壁的内外均完美地运用了英式砌合法，而室内简单的照明不足以将侧壁完全照亮。地面是深色的水磨石。在许多留存至今的研究中，前方矮墙的顶部有一个小型的十字架——这是建筑外部唯一的一个具有宗教意味的标志——但它没有出现在最终的设计中。

密斯和他的员工一般都很注重细部的设计：他们设计了一对与不锈钢十字架相配的三叉烛台（只是未能实现），设计了直纹白橡木材质的方背长椅（也没有制造出来），还设计了两个轻松地悬挂在砖砌侧墙上的座椅（制成、安装完毕，并一直保存到了现在）（图 14.6）。

图 12.11
食堂楼（Commons Building），位于芝加哥的伊利诺伊理工大学（1953）。此处为西向视图。低矮的砖砌填充墙把楼内的"租赁"零售空间隐藏了起来，中央餐厅位于它的侧面，完全由玻璃构成。照片来源：Hedrich-Blessing；芝加哥历史博物馆，HB-17346-J。经芝加哥历史博物馆许可使用。

密斯设计的这座教堂时运不济，还引发了不少争议。在 20 世纪 90 年代中期，砖砌侧墙的顶部和转角处有重要部分已经破损，并且多年以来一直都没有修复。虽然建筑所采用的特殊材料和装饰都非常漂亮，但是并不符合传统的教会艺术。这座建筑规模较小，昼夜照明不足，家具也很简陋。即便如此，在这样一个几乎没有其他建筑师（或风格）能接受的预算下，密斯创造出了一件他所认为的客观的示范性建筑作品，仿佛在宣告特殊建筑——即使是宗教建筑——不需要依赖代表性艺术或是传统的装饰方法。

......

同一时期的另一个小而重要的建筑是伊利诺伊理工大学的食堂楼，它于 1953 年建成，作为校园中心和餐厅（图 12.11）。在密斯的时代，伊利诺伊理工大学一直未能为其学生会大楼筹集到资金，而这座大楼本应与图书馆和行政大楼一起成为校园的两大中心。按照原计划，食堂楼会在更大的建筑物建成前承载这项功能。20 世纪 60 年代初，由 SOM 设计的包含一个主礼堂的格罗弗·赫尔曼礼堂最终得以建成。此后，食堂楼负责为伊利诺伊理工大学提供多种服务，其中包括书店、便利店以及校园邮局。

食堂楼是一个单层的、带地下室的结构钢厅堂。它的四壁下缘采用浅黄色砖填充，上方则采用了玻璃。建筑的结构网络尺寸是 24 英尺 ×32 英尺，有七个窄开间宽，以及三个宽开间深。同样大小的空间也可以通过"标准的"、24 英尺见方的开间（7 个开间宽和 4 个开间深）来实现，但是密斯在狭窄的侧立面上把模数拉长，使得建筑每侧的开间数量均为他偏爱的奇数，并提供更宽阔的"可租用"空间。

建筑的结构看起来非常简单：宽翼缘柱向上伸到具有相同尺寸的宽翼缘屋顶梁的网格中，构件相交处采用了漂亮的现场焊接。屋顶为预制混凝土板。由于建筑为单层，其钢结构无须做防火措施。外柱在填充砖围墙的两侧均清晰可见。与波尔斯坦大厅采用了多部件的转角不同，食堂楼的转角仅使用一根宽翼缘柱就已足够。

食堂楼坐落在芝加哥运输局的绿线高架铁路的阴影中。对这座建筑来说，尽管玻璃覆盖的部分不足 50%，但其透明度极高；而其开放的平面在经历了半个世纪以来无数次的修改和重度的使用后也得以留存到了现在。尽管食堂楼已经和雷姆·库哈斯于 2004 年建成的麦考密克论坛中心完成了有争议的合并，但这件朴素杰作的完整性几乎没有受到影响。

· · ·

密斯于 1958 年自愿从伊利诺伊理工大学正式退休，时年 72 岁，不过他早在多年前就已放弃了大部分的学术职责。密斯的业务在 20 世纪 50 年代的发展和在地理范围上的扩张、他在全世界享有的声誉，以及他所患的关节炎，都是他决定退休的原因。长久以来，校方一直认为身为伊利诺伊理工大学建筑师的密斯对于校园事务不够专注，并对此感到十分恼火。毫无疑问，亨利·希尔德校长的继任者约翰·雷特塔利塔既不理解也不欣赏这位杰出的建筑师。就在密斯于 1958 年退休后不久，雷特塔利塔在未做通知的情况下便将他负责的校园工作转交给了 SOM 事务所；而这家事务所在当时正是密斯式公司中的佼佼者。

相关记录提供了学校管理层在和密斯做切割时所处立场的特殊内部视角。由国会图书馆收藏的密斯事务所文件中有一份据实备忘录；在这份备忘录中，约瑟夫·藤川记叙了他和此前提到的负责伊利诺伊理工大学设施的副校长雷蒙德·J·施佩特的一次会晤：

1958年8月5日的午餐会备忘录。笔者与雷蒙德·施佩特在会上讨论了伊利诺伊理工大学管理层转寻其他建筑师设计新校园建筑的事宜，即由SOM设计学生会大楼。

施佩特给出的理由如下：
1. 我们事务所的工作进展不够快。
2. 感到我们对校园（建筑）的兴趣不再像先前那样强烈：
   a. 密斯对于校园工作的关注有限；
   b. 觉得他们不得不和一个"初级建筑师"而不是在和一个资深建筑师工作。
3. 不喜欢校园建筑中的副建筑师这一理念，以及与此相应的"责任划分"。
4. 在我们的建筑中遇到了一些机械问题、渗漏等。
5. "总得用一场战斗"才能获得他们认为实用的功能设计。

他说管理层"迟早"会觉得他们得其他建筑师参与到校园设计中，并认为"现在是最好的时机"。

我问施佩特密斯从系主任的职务上退休这件事是否影响了他们的想法，他认为并非如此。

他说，他试图向建筑委员会指出其他公司参与校园工作的影响，但并没有给委员会留下深刻的印象，也未获得他们的支持。而董事会的态度则是：他们不是在校园里"为密斯建造纪念碑"。

施佩特认为建筑大楼的开放空间理念与伊利诺伊理工大学的需求并不相符。"管理层是非常保守的。"他们担心密斯为学生会大楼做的设计将会太过激进（据说建筑委员会确实已讨论过密斯所做的学生会建筑的初步设计）。他们担心这样的概念过于激进。管理层想要的是一系列封闭的空间，同时这些空间又应能够承载多种互不关联的功能。

他还说，图书馆的大型阅览室不受青睐，反而是较小的读书室更加受欢迎。

他喜欢建筑物中有更多的"色彩"。

施佩特说，他个人可以、也愿意和我们合作，但是认定这需要付出巨大的努力，经历"不断的战斗"，而学校最终得到的还是一些他们觉得不能完全满足自己需求的结果。"建筑大楼的行政办公室直接暴露在进入建筑物的人们眼前。"

  他承认在这么做之前没有咨询密斯是个错误。并收到了许多令管理层很不舒服的批评信件。

  他说，如果密斯可以和雷特塔利塔"在见面时共同解决这些问题"，那么密斯仍能得到图书馆大楼的项目。

  约瑟夫·藤川

  上述内容中的很多主题都可归为人们对建筑现代主义所普遍抱有的负面反应，而这种负面反应在 20 世纪 60 年代末的美国达到了顶峰。当涉及伊利诺伊理工大学这个密斯最重要的客户时，这些问题就不仅仅存在于理论中了。雷特塔利塔觉得他没有获得足够的关注和服务，他必须"不断的战斗"才能有所收获。最糟糕的是，从满足伊利诺伊理工大学需求的角度来看，最终的作品在概念上也存在着缺陷。

  令人震惊的是，伊利诺伊理工大学的管理层中至少有一部分人对克朗楼的想法嗤之以鼻，但是不论在当时还是现在，这座建筑都一直被视为杰作。所以他们对"要为密斯建造一座纪念碑"满腹抱怨的做法也就不足为奇了，然而，无论是作为建筑师还是作为教育工作者，密斯所代表的一切都和他们的这种观念背道而驰。

  即使密斯能继续控制校园（项目），可他是否会为校园增添更多的重大意义这点是值得怀疑的。图书馆和行政大楼仍然没有建成，如果密斯能够和雷特塔利塔一起"解决问题"，它可能既不会依照原始的方案，也不会依照另一个原始的方案出现在世人面前。毫无疑问，密斯感觉到了他使之成名的机构对他的排斥与羞辱。根据劳拉·马克思所言，密斯对于 SOM 在此事中扮演的角色"不屑一顾"。在密斯的心里，做决定的人是他自己——雷特塔利塔此前并未参加新校园构想这一点让他更加这样认为。

  SOM 的人对于他们要接手的工作感到很不安。时任 SOM 芝加哥分部合伙人的威廉·哈特曼——他同时也是密斯的朋友，十分尊重密斯——在 1991 年口述了这段历史，并讲述了在其事务所中发生了什么：

  不管出于什么原因，我也不知道是什么原因，[雷特塔利塔]告诉我他们打算更换负责校园项目的建筑师。我对此深表遗憾，然后他们就让我们担任这个项目的建筑师。我强烈反对他们这么做，但是校方坚持他们的决定，而如果我们不接手这项工作，其他人也会一样会接手……坦率地说，这根本不是 SOM 想要的……

但是……我觉得我们中的密斯门徒比别处都要多。如果任何一个团队能够像 SOM 那样践行密斯的设计理念，那么由我们来做这项工作就是为了实现校园规划的最大利益。我不仅和密斯讨论过这个问题，也和我所有的合作伙伴讨论过……实际上，我记得，我们提议做一件我们过去没有尝试过的事情，即与他人合力完成项目。我们提议按照密斯的设计编制施工图。但是密斯否定了我们的这一提议，他认为自己最好不要再参与进来。在整个项目中我们之间完全没有任何分歧……我认为他很感激我们对于项目的接管——我真的认为我们能够做出更好的密斯式的建筑，并且也比其他任何人都能更好的遵循密斯的准则、理念以及目标。

代表 SOM 发声的戈登·邦沙夫特在给密斯的信中说明了哈特曼的立场。密斯以其特有的简洁语言回复道："仔细考虑了整个 IIT 的项目后，我认为接受你的友好提议是个错误。校园的建设应按照规划完成。但如果不这么做，我也只好接受它的不完整。"

此后不久，乔治·丹福思在芝加哥俱乐部举办了一场庆祝密斯生日的晚宴。正如阿尔弗雷德·考德威尔所述：

我在密斯身边坐了一会儿才离开，因为他才是派对的主角……之后希尔伯塞默与三四个 SOM（Skidmore）的人争吵了起来……里面有（曾经为密斯工作过的）威利·邓拉普和另一个地位较高的家伙，布鲁斯·格雷厄姆。"你们怎么会在这儿，你、你，还有你？——他指着那三个 SOM 的人——你们是他的敌人，你们把他的校园项目抢走了"……希尔伯塞默一边重复这这句话，一边用他的烟斗指着对方。密斯很尴尬地说，"嗨，希伯，别再说了。"希尔伯塞默说，"我就是要说，密斯，他们窃取了你的工作。你成就了他们，成就了他们的公司，他们却窃取你的工作来回报你。"威利·邓拉普变得对希尔伯塞默非常敌视，并说出"还是老样子，又给别人加了一项罪名"这一类的话。于是我介入了进来，因为我不能看着老人（密斯）受人侮辱……我说，你们如愿以偿了。你们得到了他一生中最珍视的项目。他们说，"我们对此感到非常抱歉。"我说，如果你们真的觉得抱歉，就做点什么，比如用辞职来抗议。他们问我，"你会那么做吗？"我说，我当然会。布鲁斯·格雷厄姆说。"去啊，做给我看。"我说，好的，我会做的。我今晚就会这么做，去表达我的抗议。我回到了家中，给 Rettaliata 写了一封非常友好的信。信中写道："很遗憾，我不得不辞职，因为您将担任校园规划建筑师的密斯·凡德罗解雇了。"

就这样，密斯在 IIT 的职业生涯结束了。在接下来的 20 年中，考德威尔也同样和 IIT 分道扬镳。SOM 继续进行着校园规划工作，一直到 20 世纪 70 年代初——经历了一代人的时间——新建工程结束时才停止这项工作。由 SOM 兴建的首批教学楼或多或少仍将克朗楼当成了蓝本。赫尔曼礼堂和约翰·柯瑞拉图书馆（1985 年更名为保罗·加尔文图书馆）这两座大型的展馆式建筑，都采用了由内部混凝土雕刻柱支撑的架空板梁。外墙和其他细部也多少受到了密斯的影响。但正如哈特曼后来所说，"这没什么好处，因为我们知道无论怎么做，它都会受到严厉的批判。"

...

正如前文所述，在美国，密斯采取了一种舒适的、老派的专业精神，他十分有耐心，坚信工作会自己找上门来。后来被公认为他在美国设计的最著名建筑——为约瑟夫·西格拉姆父子公司设计的纽约总部大楼——理想地实践了他的这种策略。密斯从未主动去争取过这个项目，如果离开两位固执己见的人的支持，他也无法赢得这个项目——其中一位与他首次见面还是在午餐时。

这一切都开始于 1954 年。在经历了与比利时银行家让·兰伯特的短暂婚姻之后，菲利斯·布朗夫曼·兰伯特便搬到了巴黎，开始了新的生活。身为西格拉姆公司总裁塞缪尔·布朗夫曼的女儿，她偶然在一篇报纸上看到了一篇在曼哈顿中心的公园大道上计划建造一座办公大楼的文章。文章的配图是这座办公楼的模型，该模型由经验丰富、业务繁忙的大型洛杉矶事务所——Pereira Luckman 事务所制作。项目的业主正是她的父亲。新的西格拉姆总部大楼将在 1958 年，即这家公司成立 100 周年时竣工。

兰伯特惊呆了，她的父亲公开宣称将以最高的品质来打造这座建筑。她随即回到纽约，向父亲表达了自己的意见。布朗夫曼与意志坚定的女儿见面之后，既未与她探讨设计，也未与她进行争论。相反地，他建议女儿去寻找她坚持想要找到的那位建筑师——一个能够创造具有历史意义的作品的建筑师。她接受了这项任务，并承诺在六周内进行必要的研究并给出自己的建议。

作为布朗夫曼家族的一员，此时的兰伯特已经可以接触到一些重要人物。首先她找到了现代艺术博物馆的阿尔弗雷德·巴尔寻求帮助，巴尔建议她与菲利普·约翰逊讨论这个问题，而约翰逊当时正要离开博物馆去继续他的建筑实践。约翰逊被兰伯特带来的这个想法迷住了，西格拉姆家族的财力、周年纪念活动以及公园大道选址的组合简直令人无法抗拒，而在当时那个催生了大量劣质工程的建筑热潮的背景下，这个项目就显得愈发可贵。碰巧，在第53街和公园大道的转角处，即西格拉姆项目选址的斜对面，坐落着于1952年新建成的高质量建筑——由SOM设计的利华大厦，这更增加了西格拉姆项目的挑战性。

很快，兰伯特和约翰逊组成了一个团队，并开始甄别和评估最好的建筑师人选。"我们列了一个名单，"她回忆道，"适合、但又无法胜任这个项目的人选有保罗·鲁道夫、埃罗·沙里宁，马塞尔·布鲁尔、路易斯·卡恩——他们都是不错的选择，只是经验不足，然后是能力出色，却不适合这个项目的人选，这之中还包括了SOM在内的一些大公司，它们确实都足以胜任这个项目，但却又无法赋予它更多的独创性。最后，名单上列出的有能力，同时又适合这个项目的人，就只剩下了赖特、勒·柯布西耶，以及密斯。"

据兰伯特说，约翰逊从未在一个项目中如此投入过。他安排兰伯特与萨里宁、布鲁尔、皮佩、沃尔特·格罗皮乌斯，以及密斯见面。选择范围很快就缩小到了密斯和勒·柯布西耶之间——此时她还没有见过柯布西耶。在这两者中，约翰逊一直都更加欣赏密斯，他的意见或许有，也或许没有影响到兰伯特。但此事最终在兰伯特去往芝加哥的一次旅行中得到了解决。在芝加哥，兰伯特先去参观了北湖滨大道的860-880号建筑物，然后与密斯共进了午餐。她在2005年的一次访谈中回忆道：

> 我来到芝加哥，在皮尔森酒店见到了密斯，并在那里共进了午餐。我先去看了860号的建筑物……它卓越不凡、令人惊叹。我认为它绝对是个奇迹……我在和每个人见面时，都从来不会问他们（关于西格拉姆项目）"你愿意做这个建筑吗？"——因为这是个非常愚蠢的问题——我会问"你认为应该让谁来做这个建筑？"被问到的人会回答说：嗯，勒·柯布西耶，你知道的，他是一位举足轻重的建筑师，但是在美国做建筑——当然他已经做过一个——他无法处理一应复杂的问题以及类似的事务。而密斯却说，"这显然是无稽之谈，勒·柯布西耶是一位伟大的

建筑师,这些对他而言根本不是问题。"所以说[密斯]是唯一一位真正宽厚大方的人。密斯不愧是密斯,他就是这样的人——现在我可以这么说。正如你能想象到的那样,他非常有魅力,也非常有趣……860号建筑给我留下了深刻的印象,也引起了我的兴趣,因为每个和我交谈过的人,山崎、皮佩,所有人,还有埃罗·沙里宁,都会提到密斯。他们通常会说"我和密斯在这方面做的不一样,在那方面的做法不一样……"

我很清楚,我们要做的工作是在公园大道上建造一座高楼。所以,如果选中的建筑师从没有做过[高楼],又或是[密斯]只做过海角公寓,我不知道我会作何反应,但我一定不会像见到860号建筑那样倍感惊艳。

兰伯特宣布了她的选择——一个不习惯出现在报纸头版的侨居在芝加哥的德国人——并准备返回巴黎。富勒公司是老布朗夫曼最喜欢的建筑公司,其董事长卢·克兰德尔在得知这一消息后,提出了他对密斯关节炎的担忧。克兰德尔认为,由于密斯可能无法亲自完成所有的工作,所以现场应该有人负责监督相关的设计作业,从而确保项目能够持续地推进下去。卡恩和雅各布斯建筑事务所在这之前就已经被选为项目的记录建筑师——事实上,建筑工程团队过去在纽约的多个项目上都和建筑师有过合作——因此,克兰德尔也很乐意为密斯推荐合作伙伴。

密斯巧妙地通过与菲利普·约翰逊成立合资公司解决了这个问题。由此他获得了约翰逊的帮助——后者不仅是纽约艺术界的知名人士,同时也是密斯忠实的追随者。1954年10月18日,两人一同与西格拉姆公司签订了合同。然而,密斯并没有预见到约翰逊甚至会在西格拉姆项目结束之前就开始拒绝他的门徒身份。但就目前而言,约翰逊已经做好了接手项目的准备,兰伯特断定自己仍需要留在项目中。密斯和约翰逊现在是她的建筑师,而这个项目是属于她的。她需要保护他们免受妥协的压力,并且偶尔也要去激励她的父亲。到了1954年底,兰伯特担任了规划总监,并和另外两人一起接管了位于东44街219号的一间办公室,准备好了要继续推进项目(图12-12)。

自20世纪20年代以来,20世纪50年代中期纽约的建筑热潮已经达到了空前的规模。在经历了经济大萧条和二战之后,曾经被压抑的对新办公空间的巨大需求已然形成,而经济的再次繁荣加剧了这种压力。摩天大楼如同热带丛林一样遍布曼哈顿,甚至连一度曾属于住宅区的公园大道也受到了波及。大多数的新大楼都属于传统的纽约金字塔式建筑,并按照1916年制

图 12.12
菲利普·约翰逊（Philip Johnson），密斯和菲利斯·兰伯特，拍摄于 20 世纪 50 年代中期。在他们身后的是一张西格拉姆大厦展示模型的照片。照片由纽约现代艺术博物馆的密斯·凡·德·罗档案提供。

定的区划法规建成。尽管随着人们对利华大厦的喜爱，塔板式建筑变得流行起来，但即使是最新的建筑在创新或质量上也都比不上利华大厦。

西格拉姆委员会在这个项目上有着远大的目标，尤其是在充裕的预算下，他们已经准备收到丰厚的回报。密斯获得了当时其他摩天大楼设计师所没有的财务自由；该项目的预算是一级商务写字楼的每平方英尺建造预算的两倍，其成本也达到了 860-880 号建筑物的每平方英尺建造成本的四倍。当受到业主的善待时，密斯会以他全部的创造力来回报。

这座建筑物的选址和体量尤其值得肯定，因为密斯和少数其他的现代主义者一样，经常被诟病其把建筑物设计成了我行我素的"物体"，独立于甚至远远超脱于它们所处的环境。就密斯在这之后的项目而言，这种批评很可能是准确的。但西格拉姆大厦显然不在此列。

1951 年，西格拉姆购买了公园大道东侧位于第 52 街和第 53 街之间的地块。为了给新的塔楼腾出空间，作为公园大道临街住宅建筑一部分的 12 层的蒙大拿公寓（1914 年）被夷为了平地。按照纽约的区划规定，如果建筑物未能做到在规定高度以上向内部缩进，则禁止这样的建筑物从人行道的位置起建——这正是金字塔式建筑的由来——同时有一个例外，即在 25% 的分区用地上，塔楼的建造高度可以不受任何限制。最初的西格拉姆项目地块的塔楼面积只能达到 8000 平方英尺，这对于现代化的办公大楼来说太小了。在研究之后，公司决定收购并拆除位于东第 53 街的一座与项目东部相连的公寓大楼，这样不仅增加了分区地块的大小，还恰到好处地增加大楼的楼板面积。

兰伯特在 1951 年的 12 月时写道：

> [密斯]搭建了一个位于第 46 街和第 57 街之间的公园大道的纸板模型，上面有公园大道上所有的建筑物和一些在街区中正处于开发的建筑，然后他为塔楼推敲了多个不同的解决方案——将其放置在原 375 号（公园大道地址）的空地上。他把这个模型放在一张高桌上，这样当他坐在椅子上时，眼睛就能与桌面和模型中的街道齐平——在连续凝视着模型的几个小时中，他在公园大道上尝试了多种塔楼的方案。

密斯本能地拒绝了金字塔形式以及另外两个概念：采用方形平面的大楼，或像利华大厦一样垂直于公园大道的板式建筑。他选定矩形平面为轴，东西方向的尺寸为三个结构开间，南北方向的尺寸则为五个开间，长边平行于公园大道（图 12.13）。大楼在其正面向内缩进，为街道让出了 90 英尺的可观距离。建筑的南北立面也回退到了距离边道 30 英尺的地方。这一规划使得此处可以放置一座以 860-880 号建筑物之一为蓝本的、高度却是 860-880 号建筑物两倍的棱柱形塔楼。但是这个 3×5 个开间的平面是以大量建筑面积的闲置为代价的。

在塔楼向内缩进和面积几乎充足的条件下，密斯巧妙地重塑了这个在纽约称得上极度奢华的空间，进而改变了建筑物临街的这片土地。在构想西格拉姆广场时，除了洛克菲勒中心商场以及联合国（大厦）的特殊情况之外，在曼哈顿中城的任何地方都没有类似的、由私人所有的开放城市空间。密斯意识到，由于公园大道边上临街建筑的存在，除非站在街道对面，否则人们几乎不可能看到任何一座单体建筑。但是广场的出现却能够缓解人们在视觉和空间上的这种不适感。

纽约网球私人会所矗立在公园大道的对面，这是一座新佛罗伦萨风格的宫殿式建筑，由麦金、米德和怀特公司（Mckim, Mead & White）设计，并于 1918 年建成。在创作广场的过程中，密斯降低了大楼周边的总体密度，同时还与网球私人会所建立起了联系。会所以实心砌体建造；而西格拉姆大厦采用的则是玻璃。前者是一座四层楼高的建筑，紧贴人行道的边缘建造；后者则是一座 39 层的宏伟高楼，沿街向内缩进。两座建筑物均沿同一

图12.13 西格拉姆大厦位于纽约（1958），此处为东向视图。虽然这座大厦在平面图上看是座T型建筑，但从图示上的这个有利位置看去，它则是一个高耸的棱柱体。50年后，西格拉姆大厦几乎消失在了邻近的众多高楼中。照片由 Ezra Stoller 拍摄。

条轴线对称放置。因此，基于这两座建筑在规划上的相似性，以及在质量、体积、高度和空间位移上的对比，它们成为了这场建筑上最引人注目的对话之一的参与者。

塔楼和项目的场地产生了更加协同的效果。由于第 52 街和第 53 街的地势向东下沉，密斯选择将广场布置在一个低矮的平台上，由公园大道登上三步阶梯即可到达。广场上除了旗杆——这是唯一不对称的地方——和左右对称的浅水池外，均铺满了粉红色的花岗石（90 英尺 × 150 英尺）。天宁大理石制成的长凳将广场的边道一侧封闭，连同平台把广场和周围的交通微妙地隔绝开来，而广场上巨大的开口却又把广场和周围大量的建筑统合在了一起。

拔地而起的西格拉姆大厦采用的规划模数是 4 英尺 $7\frac{1}{2}$ 英寸，其中六个单元的钢结构组成了一个长度为 27 英尺 9 英寸的有效跨。玻璃外皮的一层高 28 英尺，而位于这一楼层上方的青铜和玻璃幕墙被布置在了钢骨架的前方。青铜材质的窗间板将楼板的边缘以及楼板到顶棚间的夹层包围了起来。直棂为 T 型挤压件；虽然它仿照 860 号建筑中的宽翼缘钢直棂制成，但是挤压后的青铜材质更加的精致典雅。自外立面开始布置的柱子增强了墙体的垂直推力，而呈粉灰的有色玻璃使建筑表面的各种冲突元素形成了统一。整座建筑如同珍贵的雕像般闪耀着宁静而柔和的光泽。

除了在建筑的两个短边侧面种上银杏树之外，密斯还在塔楼的东面延伸出了一根贯通塔楼上下的"脊柱"；这个脊柱部分有一开间深、三开间宽，并和塔楼一样为 39 层高。他还为塔楼加盖了一个三开间深、10 层高的裙楼，两侧则建造了一对三开间深、四层高的翼楼。翼楼和塔楼之间的间隙和脊柱部分等宽，间隙两侧的空间被加以利用，成为了建筑的侧面入口。脊柱部分、裙楼和翼楼在增加了建筑面积的同时，并没有影响到塔楼自身的棱柱形态——从广场的角度看向建筑时尤其如此。因此，尽管西格拉姆大厦被"削减"的建筑面积没有完全恢复，但大部分已经由此被补偿了。这些附属建筑的优点还不止于此。西格拉姆项目要求一楼要提供一个主要的公共空间。密斯在相对的两个翼楼中各设计了一个这样的巨大空间：南面是酒吧，北面是餐厅。净跨房间 [55 × 55 × 24（英尺）] 通过隐藏的转换梁最终得以实现，而如果采用的是柱状网格结构，这样的房间在摩天大楼的最底层几乎是不可能实现的。

这座建筑的主入口位于公园大道一侧的中心位置，入口上方有一个醒目的悬挑式天篷。大厅所采用的玻璃墙使室内的人们可以把整个广场尽收眼底，而这样的室内外过渡手法和 860 号项目十分相似，并做了进一步的完

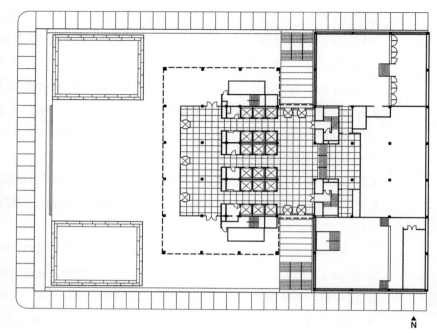

图 12.14
西格拉姆大厦，位于纽约（1958）；此处为大厦的底层平面图。右边是"喧嚣区"；中心是带电梯的塔楼（虚线部分）；左边则是广场和它的两个游泳池。这座建筑只占据了这个宝贵地块的 52%。

图 12.15（对面图）
西格拉姆大厦，位于纽约（1958）。此图展示的是典型大厦角柱的截面（左下）、T 型平面中的内凹角的截面（右上），以及填充着弯曲薄板的青铜幕墙。我们可以将西格拉姆大厦的角和相对简单得多的单层克朗楼的角（图 12.3）进行对比。

善。与 860-880 号双塔建筑的不对称布局相比，西格拉姆项目中强有力的轴向建筑和广场提供了一个单一的、心理层面上的正式入口，仿佛让这座建筑成为了一座经典的大厦（.图 12.14）。建筑的轴线由 4 个电梯核心加强，这些核心均匀分布并垂直于入口的通道。在中部的电梯之间，有一条可以通向后方楼梯的通道，而从这部楼梯所抵达的平台处，有一对低矮的通道突兀地汇入到了北面和南面的公共空间中。大厅的墙壁由纹理对称的石灰华覆盖，顶棚采用了灰色的嵌片——即一种玻璃马赛克——作为饰面，地面则由花岗石铺就而成。

西格拉姆大厦和它的广场是密斯在美国设计的最接近古典建筑的作品；事实也的确如此，它的流线组织几乎完全属于学院派风格。基恩·萨默斯曾提出电梯的容量应能够满足 39 层大厦的需求，因此他说服了密斯打破结构网格，并将电梯的位置向前移动了半个开间。尽管早已知悉密斯对清晰结构的一贯渴望，菲利普·约翰逊仍然惊叹于他对转换梁的使用和巧妙隐藏。为了获得足够的横向支撑，工程师们在塔楼脊柱部分的南北两个立面均建造了混凝土剪力墙。密斯选用了蛇纹石屏，并将它们设置在仿照玻璃立面打造的直梃和窗间板的网格后面，用于遮挡这些剪力墙（图 12.15）。

在这座塔楼的细部处理上，密斯表现出了他著名的细心与专注：据约翰逊回忆，密斯在设计青铜直梃的前翼缘末端时费了很大的力气，最终特意增

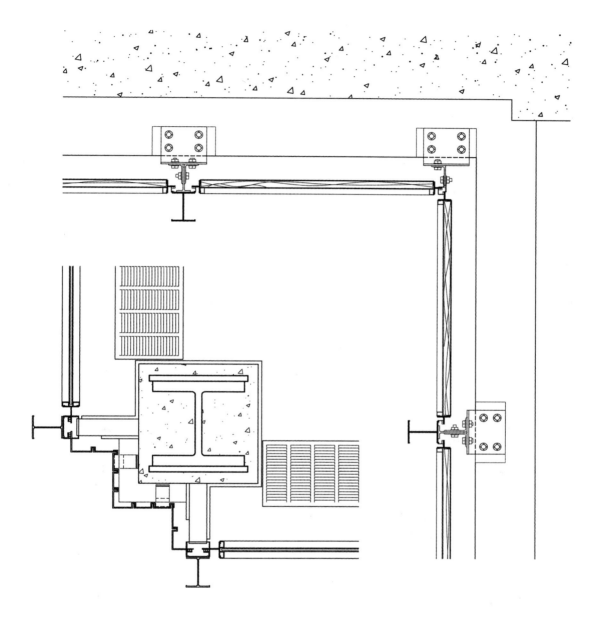

加了一个小的凸缘用于加固翼缘。事实上,在细部和材料的丰富程度方面,西格拉姆大厦的精致已经远远超过了 860 号项目。在建造西格拉姆大厦的青铜墙壁时,密斯在某种程度上像是回到了他在欧洲的时光,仿佛是在用手工艺法来选取和处理贵重的材料。西格拉姆大厦的直棂看起来是宽翼缘的形状,但它们原本可以被挤压为任意形状,限制它们的仅仅是想象力,以及允许的截面尺寸而已。密斯还选择将青铜挤压件斜接在转角处,用作每块窗间板的框架;与 860 号项目的钢制窗间板相比,他用更高昂的成本使西格拉姆项目的窗间板在深度、纹理和刚度上均达到了更高的水准。密斯当然有权去改进甚至是重复自己的作品。他这样做所树立起来的榜样最终是否能产生积极的影响——西格拉姆大厦将如同 860 号项目一样，会被平庸亦或贪婪之人抨击——仍然是有争议的。

密斯为了西格拉姆项目特意在芝加哥以外的地方成立了一间办公室，是他在成熟的职业生涯中唯一一次这么做。密斯不但聘请约翰逊担任他名义上平等的合伙人（这对他来说既是第一次，也是唯一的一次），而且还找到了巴克莱酒店作为他在纽约的住所。来自芝加哥的萨默斯在大部分时间里担任他的主要助手。专业团队中的其他成员均来自卡恩和雅各布斯建筑事务所以及塞弗路德联合公司，他们在约翰逊和萨默斯的主导下提供了必要的技术支持。密斯依旧严苛和强势，而且能以信徒般的忠诚去恪守自己的原则，但他勇于开拓另一地域的业务的做法却打破了我们对他的刻板印象。即使在他的尊严和这个他投入了无数心血的项目之间出现了冲突时——这场冲突至少持续了一段时间，他也没有做出妥协。在西格拉姆大厦已经开始施工后，密斯收到了一封纽约教育部的来信，提醒他没有在纽约州开展建筑业务的执业许可；除非他能够出具与高中同等学历的各类证明文件，然后再参加相关考试，否则他将无法获得一份这样的许可。

听到这个消息后，密斯表现出了无声的愤怒。据萨默斯说，密斯很快就收拾好了酒店的套房，接着返回了芝加哥。在这之后的几个星期里，他和约翰逊之间几乎没有什么交流，只是在离开前简单的交代约翰逊继续工作。在有影响力的人出面说情时，他也保持着无动于衷的态度。与此同时，萨默斯写信给亚琛的教堂学校，希望其提供密斯的学业记录。这个简单的步骤最终被证明是非常必要的，它不仅说服纽约注册局放弃了让密斯考试的想法，还给密斯颁发了建筑执业许可，尽管在密斯眼中没有这些也无所谓。无论如何，密斯不是这个项目的记录建筑师，所以他可能并不需要在纽约注册——或是需要任何的专业执业许可。

已是 70 岁的密斯阅历丰富、功成名就，如果他愿意放纵自己的骄傲，他本可以放任自己、凭意气行事，特别是在涉及人际交往时更是如此。然而他却变得更有耐心了，例如，和他与助手约翰逊间的相处对比，他对待自己的客户山姆·布朗夫曼更加有耐心，更注意后者的感受（据兰伯特回忆，密斯和她的父亲第一次见面时，"像动物一样彼此嗅探"，仿佛在通过这样一种仪式化的做法来建立两人之间的深厚敬意）。当布朗夫曼研究西格拉姆大厦的模型时，烦躁地询问为什么"柱子都露在外面"，密斯礼貌地请他弯下身子,以便能够看到"通过灯火通明的大厅望去,这些柱子是多么美妙。"密斯甚至专程赶到布朗夫曼在塔里镇的家中,并在那里温和而成功地说服布朗夫曼放弃了一项在最后一刻提出的方案,即把广场的一部分封闭起来,用于建造银行。密斯对约翰逊就没那么尊重了。在为西格拉姆项目工作的那段时期,约翰逊已经开始从事自己的工作,并逐渐放弃了密斯的信条,转而支持一种雕塑化、流线型的新古典主义。密斯对此不屑一顾,相比此事,他认为约翰逊的行为没有原则,是一种背叛,并感到自己被深深冒犯了。

在1954~1955年冬天的一个晚上,约翰逊邀请兰伯特和密斯到他位于康涅狄格州的住所共进晚餐。他们在那座玻璃住宅里待了几个小时。随着夜晚的流逝,酒越喝越多,密斯也变得随意起来。他毫不含糊地告诉晚宴的主人,这座住宅的细部非常糟糕。约翰逊显然并未对此进行回击,但是他随后说的话却起到了同样的效果:"密斯,我对贝伦斯的看法和你一致,但是我不明白你为什么对贝尔拉格那么感兴趣。"

密斯对这种亵渎的言论感到十分震惊。"当密斯真的生起气来,他讲话的语气就变得会很平静,"约翰逊如此回忆道。"大约在十点半时,他站起来后说道,'我今晚不在这里住了,给我再找个地方吧。'我当时就笑了。大约十分钟后,他说:'我想你还不明白,我一分钟都不想再待在这儿了。'"但有一点是很清楚的:"我觉得他对我模仿他的作品感到十分不快。而我的好奇态度也让他感到深恶痛绝,并出言不逊。他是个满腹牢骚的人。"密斯之后去了这条路上的罗伯特·威利家过夜,从此再也没有回到过新迦南。

在这之后的很短一段时期内,密斯和约翰逊仍然能够和睦相处。"他直接返回了纽约,我们就像什么都没有发生过一样继续工作,"兰伯特如是说道。但是密斯对于约翰逊的不满再也没有消失。德克·罗汉在1968年的采访中询问了密斯对约翰逊的看法,两人在20世纪30年代早期结识对方,并开始往来。

罗汉:他是艺术史学家,还是建筑师?

密斯:都不是,完全不沾边。他只是在哈佛读过书,后来与现代艺术博物馆有了联系罢了。所以当他想强调某个观点时,有时就会称自己是历史学家。

罗汉:他为什么要和格罗皮乌斯学习,而不是在芝加哥学习呢?

密斯的回答带着浓重的讽刺意味,仿佛这样他回忆起了过去的种种不满:

哈佛是所非常特殊的学校，只有优秀的人才会去那儿读书，是吧？（那些所谓优秀的人才，却只知道罢课！）[密斯指的是在20世纪60年代后期的某次学生暴动。] 嗯，他（约翰逊）当初在哈佛读书时，还是个穷学生。而格罗皮乌斯毕竟也没有糟糕到让菲利普想要放弃他的母校！

罗汉：我的意思是他过去常和你一起待在柏林。

密斯：他其实会时不时地过来（来芝加哥）。他会把所有的细部窥探个遍，然后再把它们复制出来。他在细部上所犯的错误都是因为他根本没有把它们琢磨透彻，而仅仅是敷衍了事、拙劣模仿而已。

总之，密斯后来对于他前合伙人的评价比较苛刻，而他也不是那种会轻易改变自己看法的人。但不论如何，约翰逊都对西格拉姆大厦做出了实际的贡献。他完成了某些最好的室内布置，其中最有名的是四季酒吧和餐厅，它们都摆放着由密斯设计的家具。四季酒吧的装饰，连同玛丽·尼科尔斯优雅的金属窗帘和约翰逊亲自完成的中央泳池，巧妙地共同构成了一个高贵不群的空间。约翰逊还设计了通往侧门的电梯和采用了玻璃屋顶的天篷。他不只给酒吧弄到了理查德·利波尔德的雕塑作品，还在通往酒吧和餐厅的平台上布置了毕加索的壁毯作品《游行》。就西格拉姆项目而言，约翰逊用他优秀的才能为密斯提供了帮助。而对于约翰逊初露头角的事业来说，他得以从大师的影子中走了出来，也是个不错的选择。

第 13 章
世界范围的实践：20 世纪 60 年代

少令人厌烦。

——出自罗伯特·文丘里的著作，《建筑的复杂性与矛盾性》(1966)

你只能这么形容德国空军（比喻德国人）：在击毁我们的建筑物时，留给我们的只有令人厌恶的碎石和瓦砾。

——查尔斯王子，谈及英国的现代建筑

尽管身体状况不佳，但密斯在 20 世纪五六十年代仍然四处旅行。他的专业任务仍然需要他在场，偶尔他也会在美国和国外进行短暂的度假。1957 年，密斯和劳拉、瓦尔特劳特，以及他 80 岁的哥哥埃瓦尔德一起在游览密西西比河上游乡村的时，偶然发现了一个叫做密斯维尔（Miesville）的明尼苏达小村庄（村庄由约翰·密斯于 1874 年建立，与密斯家族并无关系）。在 1959 年的春天和夏天，劳拉也加入了密斯在战后进行的第二次欧洲之旅和第一次希腊之旅。陪同他们的还有詹姆斯·施派尔（A. James Speyer）——他是密斯的首个研究生，也曾长期在 IIT 担任教员。在雅典，密斯给予了帕台农神庙最崇高的赞誉——为了给参观神庙和卫城充足的时间，他早早就起床去参观。在劳拉眼中，密斯在研究这些神圣的圣地时好像有一个世纪那么久，之后密斯回到了他住的酒店，在阳台上思考着它们。之后（他们）又去了特尔斐和埃皮达鲁斯（图 13.1 和图 13.2）。密斯和约瑟夫·波普曾在半个世纪之前一起去往意大利旅行，地中海的光线曾经让密斯感到过困扰；不过现在同样的气候却似乎显得温和了。由于卡尔·弗里德里希·辛克尔和彼得·贝伦斯的贡献，希腊已经成为密斯世界观中"伟大的时代"之一，也成为对希腊建筑的辉煌至关重要的南部之光。他告诉劳拉——无论他多么喜欢一座哥特式教堂——"在这儿看起来也会像一个古老的蜘蛛网。"

密斯在 1959 年出访伦敦的公务目的是接受英国皇家建筑师协会颁发的金质奖章以及获取巴黎的建筑学院会员资格；这也是密斯在人生最后的岁月中所获众多奖项中的两个。三年前，他被选为美国艺术与科学院的会员；

图 13.1
密斯拿着手杖坐在公元前 4 世纪建造的剧院处，拍摄于 1959 年的希腊埃皮达鲁斯（Epidaurus）。照片由 A. James Speyer 提供。

图 13.2
密斯和劳拉·马克思在希腊的纳夫普利翁（Nafplion）；拍摄于 1959 年。即使在度假时，密斯也会穿夹克打领带。照片由 A. James Speyer 提供。

图 13.3
埃瓦尔德·密斯（Ewald Mies）和路德维希·密斯·凡·德·罗两兄弟在荷兰的居尔彭施洛斯酒店（Schloss-hotel Guelpen），拍摄于1961年。照片为私人收藏。

1957 年，密斯成为德意志联邦共和国艺术学院的名誉理事。

1959 年的旅行中，有一个特殊的机遇正等待着密斯。自从 1938 年后他第一次回到亚琛时，他被邀请在城市金册上留名，还有一条林荫大道也以密斯的名字命名。"继查理曼大帝之后，"一家德国报纸欢欣鼓舞地写道，密斯"也许是最让亚琛骄傲的孩子。"据劳拉描述，密斯和埃瓦尔德以及姐姐玛利亚、伊莉斯的重聚温暖而感人，为这次旅途画上了圆满的句号（图 13.3）。

尽管如此，对于密斯在美国 30 年的职业生涯而言，1959 年也是最为动荡的一年。伊利诺伊理工大学突然免去了密斯作为校园建筑师的职务；他的女儿瓦尔特劳特和忠诚客户赫伯特·格林沃尔德（Herbert Greenwald）也相继去世——这让密斯失去了在他生命中最重要的人之中的两位；正如我们之前提到的那样，在格林沃尔德的项目终止后，工作任务也跟着萎缩起来，那些经过精挑细选的 IIT 毕业生们所组成的曾经繁盛一时的密斯工作室也不得不减员一半之多。

· · ·

1959 年密斯休假期间，基恩·萨默斯被告知美国政府已经选择了由密斯和芝加哥其他三家大型公司共同设计新芝加哥联邦法院建筑群。萨默斯和约瑟夫·藤川在数月之前已经提交了例行的资格申请；现在，这笔就像毫无预兆冒出来的巨额委托佣金，及时地挽救了公司。虽然官方并未指定密斯为首席设计师，但是其他三名联合设计的建筑公司——施密特、加登和埃里克森，墨菲联合公司，以及爱泼斯坦父子公司——都彼此认同密斯应该成为主要建筑师。

萨默斯依照他惯常的主动性首先在密斯缺席的情况下开始工作；规划和（建筑）体块选择已经准备就绪，等待密斯回来后进行审核。事实证明，联邦中心的规划和细部设计都落到了萨默斯的身上。极其有耐心的布鲁诺·康特拉托作为密斯最信赖的一位高级职员，承担了这个后来项目的项目总监，而这一职务也持续了 15 年之久（图 13.4）。联邦中心三座建筑物中的两座直到密斯去世五年后才建造完工，此时距离萨默斯离开事务所也有十年了（图 13.5）。康特拉托是这个项目的无名英雄，他具有的高超的政治悟性和持续的管理才能都为这个项目的最终完成做出了贡献。

政府的地产包含当时由亨利·艾夫斯·科布（Henry Ives Cobb）使用的美国邮政大厦和法院的整个街区，以及在东面穿过迪尔伯恩大街的半个街区。项目规划中要在足够覆盖地界线以内 4.6 英亩的场地——场地内已有一座 15 层楼高的建筑物中建成包含 300 万平方英尺的办公面积的建筑物。因为科布法院必须保持持续运作，因此第一座新建建筑——法院大楼——将会坐落在迪尔伯恩街的东侧。新的法院大楼完工后，科布大楼便在 1965 年拆除；但是资金问题和越南战争又使得剩下的综合建筑部分推迟了将近十年才完工。

萨默斯确定了三个备用场地和体块策略，这也与密斯随后会向客户提供三个方案的标准程序是一致的。方案 A 是最大胆的一个——坐落在迪尔伯恩以东的半个街区内的一座 56 层单体摩天楼，大楼每层面积 44000 平方英尺，容纳了整个法庭以及规划目标所要达到的办公空间。除了一座单层的邮局之外，这座庞大的塔楼的西侧都向着一个全街区的广场开放。由于政府不大可能会选择方案 A，甚至是投入资金，于是方案 B 呈现出了一座位于迪尔伯恩以东最初为 30 层的大楼（21 层要求为法院），以及沿着约翰逊大道北侧以西的地块建造的，在未来可能会更高的一座行政办公塔楼。一座单层的邮局几乎把街区其他的空间都填满了，只给两个半连接的广场在地表留了一半区域。方案 C 和方案 B 相似，除了整个街区是被两座约 30 层的并排塔楼以及与它们相垂直的法院大楼占据之外。这三座相似的大楼组成的建筑群围合出一个完整街区内的广场，而邮局则被其中的一座塔楼包含在内。

无论是占据了整个街区的广场，还是单体摩天楼的大胆与朴素的设计都使得密斯更加青睐方案 A。藤川认为，仅仅出于政治原因，联邦政府就绝不

图 13.4（上页图）
芝加哥的联邦中心（1964～1975）。此处为西－西南方向视图。单层的邮局在图片的右下角。照片来源：Hedrch-Blessing；芝加哥历史博物馆，HB-39277-T。经芝加哥历史博物馆许可使用。

会建造这座将成为芝加哥最高建筑的项目。也有人认为政府绝不会同意修建一个奢侈到占据整个街区的广场。萨默斯则认为方案 B 最可能遇到反对意见，尤其是计划（可能）会有变化（正如他预测的，这种情况发生了）。方案 B 美观大方，可以看到由老式建筑的"墙"所构成的宏伟壮丽的室外空间。密斯也"一直很喜欢"方案 C 中"并排等高的建筑群"，但是这个方案后来却因为三座"同样的"塔楼不太可能满足会有变化的规划而被摒弃了。方案 B 是最接近竣工项目的——尽管它有一座 45 层高的第二座塔楼——但是方案 A 中的单体摩天楼却面向了具有巨大价值的开放式街区，这一设计在概念和艺术上都更加大胆，在当时没有任何其他建筑师能够构想和认真提出这样的方案。

对于联邦中心来说，内部规划便是其主要挑战。方案选择了一个 4 英尺 8 英寸的规划模数，并决定采用钢制表皮（而不使用铝材，据传密斯将不会用这种材料覆盖到钢结构）。与北湖滨大道 860-880 项目一样，联邦中心采用的直棍截面为标准的宽翼缘，覆盖在拱肩和柱子上的则是钢板（虽然和 860 项目不同，其中的玻璃为灰色）。规划中新颖的部分是高层建筑物内两层空间的审判室，萨默斯将其放在了大楼上部分的第 10 层，而这一部分楼层并没有安装低层区的电梯。萨默斯建议审判室使用朴素的外部连接结构——比如两层高的窗户——但是密斯决定沿用他当时一贯使用的标准外墙。无论如何，审判室都在规划的内部，没有窗户。

第一座塔楼，即现在的埃弗雷特·麦金利·迪克森美国法院（Everett McKinley Dirksen United States Courthouse），在南北方向上有 13 个 28 英尺的分隔，东西方向则是 4 个。近似正方形的立面 383 英尺高、368 英尺宽，后来成了跨越迪尔伯恩广场极具力量感的东"墙"。130 万平方英尺的塔楼与地面相接，具有典型的环绕式柱廊，而电梯核心筒则布置在建筑平面的南北两端；大厅周围的一层平面以及整个大厅都是惊人的开放空间。服务配套则隐藏在东侧，可以通过杰克逊大街的一个坡道进入其中的两层空间以及 1.5 层高的半地下室空间。

到了 20 世纪 60 年代，钢幕墙在技术上都过时了，而且比铝幕墙更贵；而密斯早已开创性地将后者运用在了滨海艺术中心（Esplanade）和市民广场公寓（Commonwealth）项目中。事实上，他的工作室最终也在芝加哥 IBM 大楼的立面设计中转向了青铜阳极电镀铝材料；这座大楼以钢框架结构建造，并于 1974 年完工。但是在得克森大楼中，以及整个联邦中心仍然沿用了钢材质表皮；而于 1974 年开放的 45 层高的克卢钦斯基大

图 13.5
建筑师布鲁诺·康特拉托（前景）、约瑟夫·藤川和密斯在芝加哥俄亥俄街的事务所中，拍摄于 1956 年。康特拉托和藤川都成为了密斯·凡·德·罗事务所及其继任事务所的合伙人。为了这次《生活》杂志的重要拍摄，密斯的阁楼办公室经过了精心准备；就拿桌子来说，它们均异常整洁。弗兰克·谢舍尔/时代与生活图片/盖蒂图片社。

楼便成为了密斯最后一座采用了全钢表皮的高层建筑。坐落在正方形基础上的这座建筑物与和它相似的 IBM 大楼相比，花费也要昂贵得多。密斯和他的追随者们所宣扬的"玻璃与钢铁的时代"，对于典型的高层建筑，仅仅不到 20 年。

1973 年建成的美国邮政大厦是一座应用外露钢框架的单层建筑；它最初是作为一个净跨的克朗楼类型支撑的建筑，后来又成为一个类似于柏林新国家美术馆的净跨结构的展馆。然而现场的土壤条件发现，对于集中荷载很少的结构，需要造价昂贵的地基；最终决定以传统的柱网形式建造这一建筑，不过建筑仍然具有 65 英尺的壮观跨度。据萨默斯报告，从净跨切换到柱网几乎不需要改变室内布置；而这也证明了密斯的净跨理念在实践中仍然是一种可行的观点。邮政大厦高大的直棂以中心间隔 9 英尺 4 英寸的距离进行排列（这一模数是塔楼建筑 4 英尺 8 英寸的模数以及广场花岗石铺面的两倍），与两座塔楼的地面层相协调，也进一步增强了建筑地面层的透明度。在密斯的作品中，这个表达的纯粹性是在其他任何地方都无法实现的。尽管方形平面的邮政大厦比克朗楼的长度略短一些（200：220英尺），但是它27英尺的室内净高却是克朗楼的1.5倍。邮政大厦的内部空间虽然被石材覆盖的核心以及侧边的木制品所打断，但仍然比克朗楼内部显得更强大。由于高度的增加，屋顶下的面积会更加广阔（38000：22000平方英尺相对比），四周则是若隐若现的高层建筑。

于1974年安装的由亚历山大·考尔德制作的火烈鸟雕塑选用了精良的钢材进行固定。建筑师卡特·曼尼（Carter Manny），即墨菲联合公司的负责人，是最早开始寻获考尔德作品的人。基恩·萨默斯当时也在墨菲公司工作，他负责（雕塑的）选址。（该处）广场已经成为了市中心各种公众集会和示威活动的首选地点（尤其是针对联邦政府的抗议活动），同时它也成为了音乐表演、每周农贸市场和一系列庆典的举办地。联邦中心是芝加哥市中心重要的组成部分，尤其是它那动人的通透边界和广阔延伸的柱廊。而黑色钢材和淡灰色玻璃相结合的高雅风格与大规模的厚重花岗石铺路网格交相辉映，清晰地传达出广场与自身特殊地位相衬的庄严感。这是密斯已经成熟的建筑语言；它在项目规划、建筑类型和城市环境上极度的灵活性使得这个强有力的代表性复合建筑群成为了可能。

...

从20世纪50年代末到整个60年代，密斯的建筑实践开始遍布全球。比如，早在1964年初，密斯就是加拿大另外两个超级街区开发项目的设计顾问。第一个是多伦多的道明中心（Dominion Centre），这是一个位于城市的老金融区由三座大楼组成的商业综合体。它的场地面积和规划方案都与联邦中心惊人地相似：占地5.5英亩大小的场地——不过未被街道所打断——将分阶段建造310万平方英尺的办公面积。两座塔楼在1968年时已经完工：56层的是多伦多道明银行大厦，另一座46层的则是皇家信托大厦。对于道明银行，密斯和萨默斯选择将小额银行业务功能安置在一个独立的单层馆内——这一空间在平面上为正方形，面积几乎和克朗楼完全一样。建筑综合体的大厅层将购物和服务空间连接在一起，地下两层则是停车场（芝加哥联邦中心也有地下停车场，但是并没有这样的公共大厅楼层）。

多伦多道明中心的建筑群均为钢结构，具有宽翼缘的钢直梁和钢拱肩。沿着高度灵活的（相对内部规划而言）30×40（英尺）的分隔，设计选择5英尺为模数。较高的塔楼（的尺寸）为3个宽的分隔×8个狭窄的分隔，以及3个较短的分隔×7个分隔——这一比例也优于在短边上为4个短分隔的联邦中心塔楼，而4这样的偶数也是密斯通常都避免使用的模数。多伦多的这些塔楼都在一个分隔上进行重复，正如芝加哥的860项目一样；它们超高的高度——731英尺和600英尺——生成了一对精致的长方棱柱体块。其他建筑师设计的另外三座塔楼后来也被划为道明中心建筑群中，它们与最早的几座建筑物相似，但是体量却要矮一些，也因此密斯所规划的建筑群最初的整体风貌现在已经很难被看出来了。

银行大厅的屋顶为井形钢结构，该结构由其四周的十字钢柱进行支撑，钢柱的中心间距为10英尺。最初为克朗楼开发的几个特色以更精细的材料被应用到了这一项目中。服务竖井的表面为希腊绿大理石，地面为圣约翰花岗石；顶棚照明则被集成到了结构中，因此，屋顶横隔板的底部看起来就像流入了支承外墙之中。

菲利斯·兰伯特向多伦多委员会推荐密斯，但是她并没有参与密斯在她家乡蒙特利尔的那几个最负盛名的项目之中。韦斯特蒙广场（Westmount Square）被委托给了属于私人企业的蒙特利尔开发公司；密斯担任了加拿大建筑实录（architect-of-record）的设计顾问。这一占地3.5英亩的场地是密斯设计的唯一一个商住两用的超级街区。项目包括3座21层高的塔楼——2座公寓楼、1座办公楼——以及一座两层的办公楼、一个购物中心以及地下停车场。塔楼均为铝幕墙的混凝土建筑。塔楼的核心墙、大堂层和整个广场都由罗马洞石（石灰华）覆盖。

1968年完工的韦斯特蒙广场在距离蒙特利尔中心3.2公里的时尚地段开创了密集混合地块开发的先河。但是和细节考究、近乎商业开发模板项目的道明中心不同，韦斯特蒙广场（诚然，它的施工预算要低得多）在今天看来几乎像是一件密斯作品的仿造品。这体现在它正在恶化的现状上，它看上去并没有得到谨慎的关注——或者说在资金上的缺乏——而且非常需要一次合格的外部修缮。

· · ·

1968年9月15日，开放的柏林新国家美术馆是最后一个密斯亲自参与的重要项目。虽然设计工作始于 1962 年，但是项目概念却源于五年前的一个未建项目，即位于古巴圣地亚哥的百加得公司行政大楼（Ron Bacardi Y Compania Administration Building）。在那之后不久，百加得成为另一个未建项目——德国施韦因福特的乔治·谢弗博物馆（Georg Schaefer Museum）的概念基础，而新国家美术馆是对百加得方案的第三次利用。

古巴的百加得办公大楼项目——有时它被称作"百加得圣地亚哥"，用以区分 1961 年在墨西哥城建成的百加得行政大楼——于 1957 年由巴卡第朗姆酒厂的董事长约瑟·博施委派给密斯。博施是通过 1957 年 3 月 18 日发行的《生活》杂志上的简介知道了密斯的存在。这篇题为《建筑大师的诞生》的文章长达 9 页，记录了即将完工的西格拉姆大厦；这也是密斯所收到的最慷慨的国家媒体报道。据萨默斯所述，"（博施）来到工作室，说他已经看过了《生活》上的文章……他说他看到了克朗楼的照片，还说'我想要一座就像它一样的建筑物，大空间，开敞的空间。'"他找对地方了。

在密斯和萨默斯抵达圣地亚哥哈瓦那建筑现场时，密斯已经在克朗楼的基础上选定了百加得大楼方案。根据萨默斯的说法，他们在古巴度过的第一个夜晚，密斯"在那美妙的含盐的海边空气中"观察到他居住的哈瓦那酒店那生锈的阳台栏杆时，他们对之前先入为主的想法开始变得不再那么有把握了。第二天，面对着灼热的加勒比日光，密斯"意识到这里的确不是芝加哥，在这里建筑物里几乎全年都要接受太阳的光照和热量。"而克朗楼，它的玻璃墙壁却是齐平于钢结构悬挑的屋面边缘的，这对圣地亚哥的项目来说是错误的出发点。

萨默斯还叙述了回程中在哈瓦那同一家酒店里密斯的另一个发现。在一处三边被木柱支撑的走廊所环绕着的庭院里休息时，密斯注意到大厅的围墙——

在离柱子 15 英尺内的地方……这是一个很好的比例，也是一个很好的空间，遮住了建筑物的墙体。密斯坐在椅子里，用他独特的动作向前倾身说道，"我们把它颠倒过来怎么样？让我们在玻璃界限之外的（百加得大楼）屋顶下面布置个步行区域。"他让我根据这个想法做一份草图，我立刻在酒巾的反面这么做了——那是个很大的正方形屋面，只在外面的边缘处由柱子支撑，柱子中心距离约为 10 英尺，而玻璃界线则从屋面界线向内退 30 英尺。我把草图递给了密斯，他抽着基督山牌雪茄，静静地看着它——然后他说，"不，它看起来像个领事馆——那是格罗皮乌斯的风格——柱子太多了——拿掉一些。"我们又回到酒巾上修改。这次每边只剩两个柱子了；密斯说，"就是它了。把它给我吧。"

在完成的设计中，百加得圣地亚哥成为一座每边均为 138 英尺长的拥有封闭区域的正方形馆空间——主楼层是一个面积为 19000 平方英尺的单一空间。屋面结构到地板的室内高度为 23 英尺。平屋面为 5 英尺厚，超出玻璃窗向外延伸 20 英尺（图 13.6）。8 根混凝土柱的剖面均为十字形，每侧两根；与全混凝土屋面在边缘进行销钉连接（图 13.7）。混凝土外建筑立面被设计为白色或灰色，玻璃幕墙框架则覆盖着由青铜压制包裹的钢筋板。屋面是一个后张整体，具有双向的现场浇筑混凝土梁，梁的截面在靠近中心处逐渐加大。这一做法的先例可以在芝加哥会议厅和 50×50 方形住宅中找到。用于遮光的嵌入式底层也是大部分密斯设计的塔楼作品中的常见特征。单一的巨大房间——即"通用空间"——在平面上是对称的，这也是密斯在美国期间的作品中典型的手法；这一空间以密斯在欧洲时期的设计手法，这一空间被两道独立的大理石墙壁、若干木制屏风、一个离网的木工包层的机械堆栈，和一组通往地下室的楼梯（图 13.8）被划分为办公空间。建筑物的一部分被砖制的"花园墙"遮蔽起来，让人想起了巴塞罗那德国馆；建筑物坐落在一个封闭的局部地下室的基座上，这个地下室除了具备后勤区域的功能，还容纳了一些额外的功能组成部分——这和克朗楼完全一样。

这一复杂的工程是由密斯工作室和博施的工程师们——由路易斯·萨恩斯（Luis Saenz）带领的萨恩斯 - 坎西奥 - 马丁（Saenz-Cancio-Martin）团队共同完成。项目的施工图已经完成，场地准备工作也已经开始，但是施工却在 1960 年 9 月菲德尔·卡斯特罗夺取古巴政权后突然停止了。博施之前是卡斯特罗的支持者，后来他却改变了主意并逃离了古巴，再也没有回来。萨默斯在 30 年后回忆起这个项目时，认为它是"密斯所有晚年的作品中……最重要的建筑物之一。它的结构可能是最清晰的，一切都与此有关。"确实如同密斯所说的，"古巴建筑物"太重要了，不能就这样留在"抽屉里"。

1959 年，密斯的外孙，当时是慕尼黑技术学院里的一名建筑系学生的德克·罗汉，娶了海德玛丽·谢弗（Heidemarie Schaefer）为妻；后者的

图 13.6 巴卡迪公司大楼（Ron Bacardi y Compania）项目（1958 年开工，在 1960 年的建设早期就停工了），位于古巴的圣地亚哥。此处为项目的模型。因为菲德尔·卡斯特罗（Fidel Castro）领导的古巴革命（Cuban Revolution）爆发，所以该项目被取消了。请注意与平台成直角的宽阔楼梯，这种布置手法和巴塞罗那（的建筑项目）及图根哈特住宅（Tugendhat House）尤其相似。

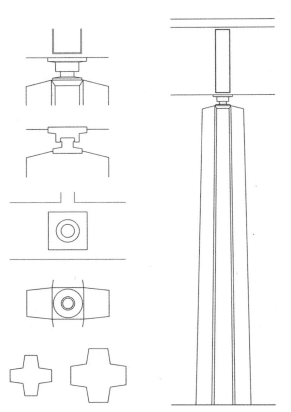

图 13.7
巴卡迪公司大楼项目，位于古巴的圣地亚哥。此处展示的是其中一根混凝土柱的立面和截面详图，以及柱与混凝土屋面的销轴连接（1958）。

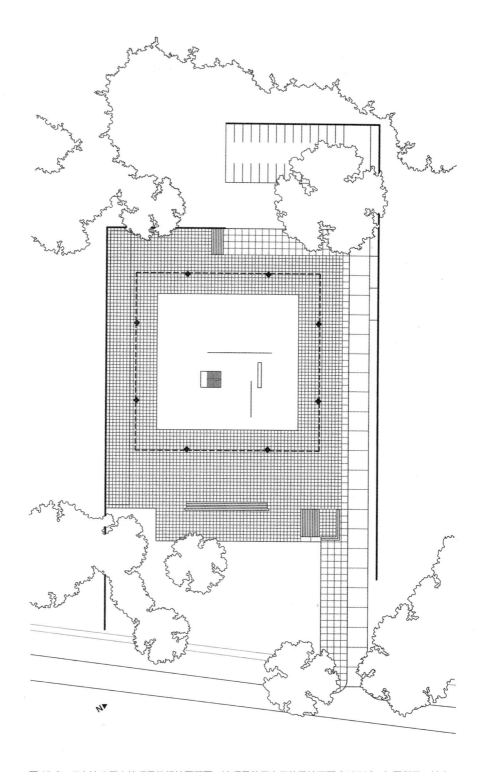

图 13.8 巴卡迪公司大楼项目的场地平面图,该项目位于古巴的圣地亚哥(1958)。如图所示,其内部是真正的"beinahe nichts(德语)",即几乎什么都没有。

父亲是乔治·谢弗，一位富有的巴伐利亚工业家以及 19 世纪德国艺术品中最重要的私人收藏品的所有者。谢弗把他的藏品都收藏在了一座靠近施韦因富特的城堡里，但是他一直想要在这座城市建一个现代博物馆，用以永久展示他的藏品。对于未来的乔治·谢弗博物馆来说，其建筑物和藏品最终都会捐赠给施韦因富特市。

密斯在美国的职业生涯中，这也是唯一的一个家庭关系起了重要作用的项目，罗汉说服了他的岳父把这个项目交给密斯。出人意料的是，密斯之前从未设计过独立的艺术博物馆；为休斯顿艺术博物馆（Huston Museum of Art）所做的库里南侧厅（Cullinan Wing）只是扩建的建筑部分，而他在欧洲为艺术品收藏家门设计的也都是住宅。然而 1961 年的大部分时间里，密斯的健康状况都不是太好，他已经很少去事务所了。因此，萨默斯于 1961 年 2 月与谢弗、罗汉在施韦因富特的会面，然后开始了相关的设计工作。在这一年里，他设计出了一个与 IIT 的公共大楼（这一项目在早年间由他和密斯共同所做）类似的方案——一座单层、柱子支撑的方形空间，一侧具有三个模数，每个模数的柱距为 65 英尺。中央广场在较低层的空间中放置雕塑，参照施韦因富特普遍使用的建筑材料，萨默斯设计了上部安装巨大照明灯的红砖墙裙。只有入口处的玻璃与地面相平。在完成了常规的周密研究之后，工作室做了一个模型出来；1961 年 12 月，在萨默斯要离开德国向谢弗展示这个方案之前，他先在密斯的公寓中展示了这一模型。据萨默斯说，密斯除了"好吧，祝你好运"之外没说别的什么。谢弗很喜欢这个方案，并向密斯发了一封电报表达他的满意之情。

萨默斯对接下来发生的事情做了详尽的描述："我回来之后的几个星期，也就是密斯觉得身体好些的时候，他来到工作室说，'基恩，让我们再看看施韦因富特的那个模型吧。'我们已经有了模型；那是个很好的模型，而密斯说，'你瞧，为什么我们不能把它设计成古巴的项目那样呢？'这把我难住了，结结巴巴说不出话来；但是如果他想做成古巴的项目，我们就会那么做。"尽管萨默斯感到苦恼，但他还是正式告知谢弗，密斯想要尝试另外一个方案。他还得和博施联系，这是因为尽管百加得大楼停工了，却仍然有动工的可能。博施慷慨地放弃了本属于他的方案。于是萨默斯设计了一座钢制的"百加得"——这是个适合钢铁工业高度发展国家的方案——这也是最终呈现给谢弗的方案。然而谢弗却更喜欢原来的方案（他这样告诉萨默斯，但是未对密斯这样说），项目又陷入了僵局（图 13.9）。

图 13.9
乔治·谢弗博物馆（Georg Schaefer Museum）项目，拟建于德国的施韦因富特（Schweinfurt）；此处为项目的模型（1961）。这次的设计可以说是钢结构版本的古巴巴卡迪大楼。谢弗博物馆项目（的设计）后来用于柏林的新国家美术馆（New National Gallery）。照片来源：Hedrich-Blessing, Hube Henry。

· · ·

尽管他对谢弗有承诺，但密斯还是可以听一下另外一个委托：柏林市政府于 1961 年联系密斯设计另一个更具雄心的博物馆项目。最初，柏林大楼计划安置本市拥有的所有艺术品，但是很快计划变了：这座博物馆还要放置普鲁士 19 世纪和 20 世纪那些令人惊叹的属于同类中的精品的艺术藏品——其中大部分自二战起就一直藏在库中。对密斯来说，在他第一个职业成熟期时设计这样一座会成为整个城市文化中心的建筑无疑是具有吸引力的。在项目考察结束并明确了空间要求后，现有的建造条件几乎是另一个百加得计划的理想呈现之地。（图 13.10）。意识到密斯的影响力和柏林在密斯事业中的地位之后，谢弗主动免除了密斯在施韦因富特项目上的所有义务。

1962 年夏天，经柏林参议院研究，密斯被正式指定为新国家美术馆以及一个灵活布展的当代艺术展馆的建筑师。两者属于同一座独立建筑物。密斯的工作在早期进展缓慢——他的关节炎突然加重，住院治疗了几周；在这之后他再一次长期的缺席工作室的工作，但他仍然决心完成这个项目。到了 1963 年，即使身处医院之中，密斯仍密切地控制着相关的设计工作。模型和图纸的方案研究依照惯例进行，而施工图的最后控制——这套施工图一如既往地漂亮，只是使用的是德语——但在芝加哥进行。在参加 1965 年的破土动工仪式时，密斯坚持从轮椅上站起来并挂着拐杖用锤子敲打了石碑，期望它能够成为"与高尚的努力相适应的架构。"

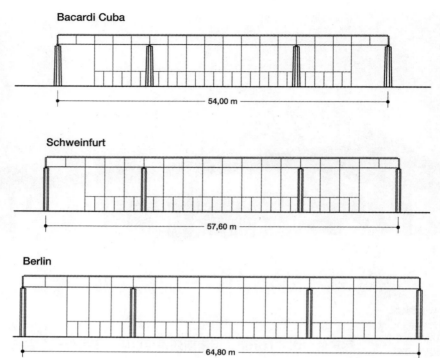

图 13.10
形成柏林新国家美术馆（New National Gallery）的两个项目的对比立面图，如下图所示。古巴圣地亚哥的巴卡迪大楼是混凝土建筑；德国施韦因富特（Schweinfurt）的格奥尔格·谢弗博物馆是钢结构建筑。巴卡迪大楼的方案在尺寸上略微加大了一些，以满足新国家美术馆的项目要求；后者于 1968 年在柏林建成。

新国家美术馆距离卡尔斯巴德 24 号密斯故居只有几百米（图 13.11）。它占据了柏林文化广场的一部分，柏林文化广场的开发计划原本包括建造新国家图书馆以及汉斯·夏隆爱乐厅。博物馆位于肯帕广场自西向东缓缓倾斜的地块之上。鉴于这样的现状，也为了满足项目要求，博物馆被确定为两层的建筑物。除了建筑物的各类公共和服务设施，建筑一层还有一系列用于放置永久藏品的封闭的画廊。二层则是一个用于短期展览的无柱空间，面积为 27000 平方英尺；166 英尺 4 英寸见方，高 27 英尺 9 英寸，四面均为玻璃，平屋面在围墙的基础上向外延伸了 20 英尺。屋面由 8 根哑光黑色十字形钢柱支撑，每侧两根；每根柱子向上呈锥形，便于在屋面的边缘进行销钉连接。

全焊接的屋面由未经防火处理的外露板梁形成的正交网格构成，板梁为 6 英尺厚，间距为 12 英尺（图 13.12）。板梁没有上翼缘，这样梁腹就可以直接和屋面连续的顶板焊接起来。由于板梁的底部是外露的——在百加得和谢弗项目中都设计了吊顶，用于隐藏较厚的中跨结构件——它们需要看起来及其平整；为了达到这样的效果，需要选择性地使用较厚的下翼缘和梁腹，以及在必要时使用较厚的格网和高强度的钢材。此外，这个巨大的屋面还在中心和角落处起拱，以此达到外观上的绝对水平。起拱幅度在综合了德国工

图 13.11 新国家美术馆，位于柏林（1968）。此处为建筑的局部立面。它既是密斯的最后一件作品，也是他于 1938 年移民美国后在柏林的首件作品；它的设计基于古巴的巴卡第大楼项目完成——白色的玻璃展柜改为了黑色。屋面是 6 英尺深、纵横间隔 12 英尺的钢梁网格组成。屋面为现场组装，并依靠柱中心布置的八个液压千斤顶将其整体抬起，照片来源：David L. Hirsch。

程师汉斯·丁斯特（Hans Dienst）的性能计算结果，以及通过密斯工作室对大尺寸模型的检验进一步视觉调整之后得以确定，而角落处的起拱是为了抵消悬挑角处下垂的平屋面——这是从大尺寸的百加得项目模型中学到的经验。这是基于芝加哥工作室中架设的比例为 1 : 5 的巨大的屋面边缘（42 英尺长）模型，密斯决定在角落处引入额外的 5 厘米起拱。其他的关键决策也是在多个模型的研究中得出的；举例来说，至少 6 个模型被用于研究柱子，还有用于推敲室内陈设和细节设计的 1 : 50 的建筑物整体模型。在新国家美术馆中，密斯将钢结构的细节——实际上，一个全钢结构建筑——达到了视觉上精美的极致。

关于场地的交通，虽然西北角和东南角有辅助楼梯可以进入花岗石铺砌的平台，但是主要入口位于东面立面中央的宽阔台阶。方形的平面与屋面网格状的方形镶板以及花岗石铺面相呼应。巨大的室内空间——仅仅被藏在大理石中的一对机械井、几道低矮的木工墙壁和通往下一层的楼梯打断——营造出了空间超越透明的墙壁向四面无限延伸的氛围。这种效果的成本——密斯并没有什么——就是楼下画廊的布置是一系列难以想象的人工照明空间。

图 13.12
新国家美术馆,位于柏林(1968)。此处为大厅入口。低矮的木墙和通往下层的楼梯位于大门内开放区域的侧面。照片来源:David L. Hirsch。

  这个巨大的空间就像是一个死板的,且荒凉的舞台,除了展示巨大的物体之外毫无内容。在开幕展览中,皮埃特·蒙德里安(Piet Mondrian)的画作悬挂在顶棚下的白色大嵌板上。从整体效果来看,这些嵌板本身就给人以失重的印象,画作像是被淹没在了周围空间的空间海洋之中。密斯几乎不屑于理顺这一方案的合理性。"就是这样大的展厅,"密斯称,"它当然意味着艺术品的展出会遇到很大的困难。我充分意识到了这点。但同时它所具有的无限潜力让我根本就不能把那些困难考虑在内。"从这些并非刻意的话语中可以看出密斯近乎固执地坚信,结构客观的净跨是这个时代的终极表达。

  人们仍然记得,1967 年,密斯出现在建筑工地,当时巨大的屋面由 8 个放置在四周最终由柱子支撑的点位上的液压起重器抬起,密斯严肃地观看了整个长达 9 小时的操作过程。起重器同步运作地非常精准,在抬升 1250 吨重的屋面时,水平方向的高差从未超过 2 毫米。这块巨大的屋面板升到足够的高度后,柱子便能够固定设置在它们的基础上,然后降低到销钉上。

密斯一生都在抵制那些令他分心的事物——道德、政治、浪漫，甚至是对话——但是他的一生没有哪一天会像他 82 岁那年的一个寒冷的四月清晨时那般专注。即便是在向他致敬和庆贺的香槟招待会上，他也只是处于烦躁不安之中——这些情绪在他被请求进行发言时表达了出来。那是纯粹的密斯式发言——带着对仪式的轻蔑，但却尊重劳动的态度，以及他青年时代形成的独特口音：

> 我们都同意讲话时间不应该超过五分钟。否则说的都是废话！我要感谢那些造出了钢构件和浇筑了混凝土的工人们。当这个巨大的屋面抬升起来时，无声无息。我却为之惊叹！

1968 年 9 月，密斯的身体情况已经变得非常差，他甚至无法回到柏林参加美术馆的正式开幕仪式。但是他又一次在这座城市留下了他存在的痕迹——这次是以他最看重的形式完成的。尽管他那为了加勒比的日光所设计的巨大白色玻璃橱窗已经变成了黑色，但是它与卡尔·弗里德里希·辛克尔遗产的关系仍然显而易见。坐落在附近的柏林老博物馆仍然屹立自己的平台之上，面朝着它自己的古典式柱廊；尽管它的地理位置此时处在东柏林的墙壁后面，但是它与新国家美术馆之间相隔的已不仅仅是几个城市街区，而是无比遥远的意识形态的鸿沟。密斯的设计已经和他 60 年前最早崇敬的传统和建筑大师之间建立起了一种无形却又牢不可破的联系。

...

1962 年，24 岁的罗汉刚刚从慕尼黑的学校毕业；他来到芝加哥，加入了密斯的工作室并很快在他外祖父的个人生活和职业生涯中占据了重要地位。无论基恩·萨默斯和密斯的关系有多密切，他在两个方面上永远都不及罗汉：罗汉是密斯的家人，同时他还说德语。他不是密斯唯一的外孙；乔治娅有两个儿子，弗兰克（Frank）和马克（Mark）。但是罗汉的专业和他的外祖父相同，而且在密斯晚年离群索居的生活中，他不由地将这个有教养的年轻的欧洲人看作了他不曾有过的继承人。密斯的卓越能力和内向寡言的态度长久以来都吸引着那些受他光热滋养的人们想要去照顾他。他也很乐意接受这些照顾，但是最多只能到埃达和莉莉·赖希那种程度而已，只有这两个人却都早已超出了他能接受的范围。罗汉却没有犯同样的错误；所以密斯发现他能从年轻的外孙那里轻易地感受到温暖，却又完全不需要承担令人窒息的爱所带来的痛苦。

不可避免地，罗汉和萨默斯之间产生了竞争。后者有丰富经验，在专业上也深得密斯的信赖；但是从个人层面上来说情况却越发不利。血缘最终获胜了。在新国家美术馆的工作进程中，萨默斯作为密斯最紧密伙伴的角色慢慢被罗汉代替了。萨默斯接受了这一处境并做出了冷静的决定。"当时我们的工作室正处于良好而稳健的财务状态之中，"他回忆道，"各种项目也都在进行之中。所以有一天我对密斯说我想离开了。"

"我希望你能多留几年，"密斯回答。

"但是那样的话我可能得在之后留更久。"

"好吧，"密斯说道，他的思绪回到了他和彼得·贝伦斯在 1912 年的最后时刻之中，"我理解。我也曾做过类似的决定。你想什么时候走？"

"两周之内。"

· · ·

1966 年 5 月，萨默斯成立了自己的工作室，距离密斯的工作室约一个街区；他还雇用了他的第一个员工——一名求学于 IIT 的年轻的德国人——赫尔穆特·扬（Helmut Jahn）。在萨默斯加入墨菲联合公司前，两人曾共同工作过不到一年的时间。墨菲公司被芝加哥市长理查德·戴利（Richard J. Daley）选中设计一座新的会议厅以取代在 1967 年 1 月的火灾中被毁坏的旧会议厅。这座曾在 1960 年开放的麦考密克会展中心（McCormick Place）曾经是这个城市中人们激烈论战的对象；这并不是因为它明显逊色于密斯之前设计却未能建成的会议厅，而是由于它占据了芝加哥传统上开放的湖滨地带。市政府决定在同一地点将其重建。

萨默斯要求墨菲联合公司让他成为"合伙人，负责（他们）所有项目、而不单单是麦考密克项目的设计"；令他惊讶的是公司同意了。他还要求让密斯"成为麦考密克项目的合伙人"，公司也没有异议。于是他找到了密斯。"我解释了我的境况，而我加入他们公司的条件之一就是由密斯来设计麦考密克项目。他说，'基恩，你应该加入他们的公司。你将会做一些大的项目，你应该去做麦考密克项目。谢谢你，但是我不会带着那些争议去做这个项目；它可能会成为帕特农神殿，但是也将广受争议。'"密斯清楚地知道他不能再去接手这样一个复杂而又充满争议的建筑项目。

密斯在和萨默斯在事业上分道扬镳后并没有特意再去见他。但是和往昔一样，工作才是重要的。"结构立起来了，"萨默斯回忆道，"他也病倒了。他让劳拉·马克思打电话来……她说，'密斯让我载他去了麦考密克项目。我们已经去过了，他只是想让我给你打个电话，告诉你他觉得那真是很好的建筑物。'对他来说这真是一种了不得的认可。他过去不会那样做，那不是他的风格。"

...

1966年，费城建筑师罗伯特·文丘里发表了《建筑的复杂性与矛盾性》（Complexity and Contradiction in Architecture）一书。他在书中宣称其理论立场与主要由密斯所代表的著名的现代主义观点并不相同："我喜欢基本要素混杂而不'纯粹'，折中而不'干净'，扭曲而不'直率'，含糊而不'分明'，既反常又无个性，既恼人又'有趣'，宁可平凡也不'造作'，宁可迁就也不排斥，宁可过多也不简单，既传统又创新，宁可不一致和不肯定也不直截了当。"毫无疑问，密斯正是这些情绪的首要目标，他的理论很快就被抹去了："多不是少"。以及后来的："少令人厌烦。"

文丘里的书是20世纪60年代的产物，反映了当时政治、经济、社会和审美重点的转变。越南战争、种族紧张局势、城市的不稳定，以及青年和大众流行文化的优势，这些都是文丘里反对现代主义那令人窒息的简单和清晰的价值的创作背景。这本书对这一行业产生了极大的冲击；在20世纪七八十年代成为了驱使包容建筑历史各个阶段风格元素的后现代主义运动的主要源头。许多名字，诸如里卡多·波菲尔（Ricardo Bofill）、迈克尔·格雷夫斯（Michael Graves）、查尔斯·摩尔（Charles Moore）、罗伯特·斯特恩（Robert A. M. Stern），以及文丘里和他的搭档丹尼斯·斯科特·布朗（Denise Scott Brown）开始频繁地出现在评论媒体上。菲利普·杰克逊本人也加入进来了；他最为人知的作品是纽约的AT&T大楼，一座基于齐本德尔式家具建造的三角墙封顶的高层建筑。凭借着他精准的语言天赋，杰克逊为后现代的观点盖棺定论："你不能对历史视而不见。"

...

1962年时，彼得·帕伦博还不认识伊迪丝·范斯沃斯，但是如前所述，他对密斯的崇敬之情使得他购买了那所著名的住宅。从很久之前，帕伦博家

族就获得了伦敦市的一处地皮,这一地皮正适合建一座办公大楼。以下出自帕伦博:

> 我写信(给密斯)告诉他我很仰慕他的作品,问他能否考虑接受一份伦敦的工作委托。我收到了一封电报回复,上面写着"乐意考虑伦敦的委托。请于下周一上午10点来芝加哥的工作室会面,密斯·凡·德·罗。"
>
> 我怀着忐忑不安的心情去了芝加哥,见到了密斯;我发现他非常好相处,一点儿也不可怕。他能看出我了解他的很多作品;我认为这也是他回应我的原因之一。
>
> 我告诉他,他必须从一开始就知道他所设计的作品不大可能在1986年前建造,这是由该地块的租借情况决定的。(这份长期租赁条款在该日期前是不会撤销的。)他马上就意识到这意味着我委托他的这份工作可能在他过世后才能建成。我认为这引起了他的兴趣,因为他还从没被请求做过这样的事情;于是他对我说,"好吧,你希望我把它做到什么程度?"我说"我希望你把它全部做完。"

英国出生的彼得·卡特担任了这一项目的建筑师,而密斯则在1964年下半年开始了这一项目的工作。他乘飞机去往伦敦,在那里对场地进行了细致的考查——这是个大致为长方形的地块,以家禽街(Poultry)和沃尔布鲁克街(Walbrook)为界,维多利亚女王街从中斜斜穿过,地块上还有若干著名的建筑物:老乔治·丹斯的豪华住宅(George Dance the Elder's Mansion House)(1739~1752),即伦敦市长的官邸;克里斯托弗·雷恩(Christopher Wren)和约翰·范布勒(John Vanbrugh)所做的圣斯蒂芬·沃尔布鲁克教堂(St. Stephen Walbrook)(1672);以及埃德温·鲁特恩斯的米德兰银行大楼。这里还有伦敦交通最繁忙的路口之一,以及一个可以通往五条地铁线的地铁线路交汇处。这些条件都使得这座建筑物不得不选址在新建的城市广场中,而修建这个广场则需要重新规划维多利亚女王街的路线,并拆除若干挡在它前面的普通建筑物。以下出自帕伦博:

> (密斯)马上就抓住的关键素材便是调研中所呈现的噩梦般复杂和混乱的地下空间:法规允许的业务、自动人行道、地铁系统、下水道、排水沟、邮政电缆、管道、隧道。密斯看了看后说道,"我想离这些越

远越好。我不想要那些会威胁到基础的东西。让我们把事情变得简单点。"地下的条件使得建筑物选址在地块的最西端，那里的地下没有什么复杂的东西。这样的选择使密斯在大楼的底部开辟了一片从建筑物一直延伸至市长府邸的空间，同时也露出了广场的其他侧边。我记得霍尔福德（伦敦建筑师威廉·霍尔福德，在决策中起到了辅助作用）在见到平面图时是这样说的："那真是神来之笔！"

《观察家》杂志的建筑评论家史蒂芬·加德纳（Stephen Gardiner）持相同观点："很突然地——又令人惊叹地——终于有些事情做对了，（城市）丛林被砍倒了；一个真正的城市规划完成了，且有着极好的机会能够执行。"

在豪宅广场项目（Mansion House Square）中，密斯得到了自西格拉姆大厦以来最充足的预算。他设想了一座 20 层、290 英尺高的棱柱形塔楼（图 13.13）。建筑物将采用钢框架，青铜和铜灰色的着色玻璃作为建筑物表皮；核心筒则覆盖石灰华，大厅及广场均铺设康沃尔花岗石（Cornish granite）。

施工图于 1967 年编制完毕，并呈交给了大伦敦市议会（the Greater London Council）的建筑师、城市建筑师和规划师（City Architect and Planning Officer）和劳埃德银行（Lloyds Bank）；劳埃德银行希望能将大楼作为其海外部门的总办事处。在帕伦博于 1968 年提交了规划许可的请求后，项目获得了批准。同年晚些时候，伦敦皇家交易所举办了一场展会，展会由办公大楼和新城市广场的模型、合成照片以及材料样本组成；吸引了 30000 人观展，其中 3325 人接受了展会的意见调查。大部分人都喜欢这个项目。其他的评论者们则意见不一。大楼是不是太靠近圣保罗大教堂了？替代了拥挤的邻里区域的广场其开阔空间是否有益？又或是从没有打算让人们正面可以看到的鲁特恩斯的米德兰银行是否应该由于这个重新规划的广场而变得开放？

从密斯设计的公开到租赁期满的将近 20 年间，产生了很多对其不利的影响。伦敦市政府和大伦敦市议会曾在 1968 年支持帕伦博的申请，却在 1981 年对它提出了反对。传统主义者的反现代主义观点如今有增无减，其中最广为人知的，是 1984 年在汉普顿宫，查尔斯王子在英国皇家建筑师协会成立 150 周年的活动上发表的演说。

王子毫不避讳的攻击了那些二战以来在英国建成的现代建筑，尤其是在伦敦的项目。密斯的豪宅广场项目并未被提及，但是毫无疑问它亦属于此

图 13.13
市长官邸广场（Mansion House Square）项目，位于伦敦（1967）。此处为模型。此项目由开发商彼得·帕伦博（Peter Palumbo）委托密斯设计，并为后者提供了一笔可观的预算。项目要等到20年的租赁期满后才可以开工。在此期间，后现代主义运动开始批判密斯和密斯式的现代主义。伦敦当局于1986年拒绝批准该项目。照片来源：John Donat。

类。下面这句话被广为引用："你只能这么形容德国空军（比喻德国人）：在击毁我们的建筑物时，留给我们的只有令人厌恶的碎石和瓦砾。"王子的思想与后现代主义相一致，后现代主义在20世纪80年代在国际上得到发展，而这正是源于人们相信现代主义对历史风格的装饰的漠视已经剥夺了建筑最有价值的遗产之一。我们无法估量这次演讲对豪宅广场项目的最终否决产生了多大影响——1985年5月由英国环境部长帕特里克·詹金斯（Patrick Jenkins）最终裁决停止项目。詹金斯承认了此次开发（方案）的胆量和魄力，但却认为它对其周围邻近区域的潜在影响是不可被接受的。

...

随着关节炎病症的长期发作，密斯的身体日渐衰弱；他可能会去世的阴影扰乱了身边的人们。事实上，早在1962年罗汉到来之前，密斯和萨默斯就已经就工作室的未来进行过讨论。当时萨默斯本身对继任的关注"已经酝

酿了好几年。"他接着口述了这件事情:

> 就乔·藤川（Joe Fujikawa）、布鲁诺·康特拉托和我成为合伙人这一话题，密斯之前已经在两三次不同的场合中和我谈论过。我真的对整个想法感到愤怒，而他也没有对其他人谈起……我说，"密斯，你不能那么做……那太荒唐了。我不能接受有什么人成为弗兰克·劳埃德·赖特的合伙人，我当然也不能接受在你身上发生这样的事情……我不认为这会对你有好处，而且这对我们也同样非常不利……如果你出了什么事，即使乔、布鲁诺或我是合伙人，能有什么意义呢？我们都是设计师（而已）……"我们相处得很好，也没有什么冲突，但是从另一方面来说我们并不需要对方。六个月或八个月后他再次提起这个话题，我说了同样的话。这次之后大概六或八个月后他又再次旧事重提。

萨默斯关于密斯"没有对其他人（藤川和康特拉托）谈起过"公司组织的未来计划这一叙述可以在藤川本人对于员工动荡不安的报告中得到佐证：

> 60 年代早期，我们要求更多的薪酬。我们说，"喔，密斯，靠薪水我们活不下去了。"密斯当时有个业务经理，所以我记得我们一起前往密斯在皮尔森街上的公寓，有人说出了很不明智的话，"好吧，如果我是合伙人……"当密斯听到这句话，他真的是给我们上了一课。他说，"如果我想要个合伙人，我会自己去外面找一个。我绝不会从你们里面挑一个出来。"

萨默斯离开（密斯的）工作室之后，罗汉也质疑过他外祖父对于工作室未来命运的考虑。鉴于密斯不断恶化的身体状况，罗汉最终于 1969 年拿出了一个解决方案，即组建密斯·凡·德·罗建筑事务所，合伙人包括密斯、约瑟夫·藤川、布鲁诺·康特拉托和罗汉本人。密斯于同年去世后，这家新公司一直运营到了 1975 年，之后公司名称改为了 FCL 联合事务所。1982 年，随着 FLC 事务所的项目增多，员工数量也增长到了百人规模；而藤川和杰拉德·约翰逊（Gerald Johnson）却希望公司的组织规模更小一些，所以他们离开并创办了藤川·约翰逊联合事务所。德克和康特拉托则创办了罗汉联合事务所。

第 14 章
少即是多？1959~1969 年

人们说，如果有人复制你，你会是什么样的感受……我说这对我来说并不是问题。我认为我们工作的原因正是我们创造了一些所有人都能使用的东西。我们只希望人们能够正确地使用它。

——密斯，1960 年

我会采取不同的方式，我正在尝试客观的方法。

——密斯

当然，每周一早上没有必要，也不可能发明出一种全新的建筑。

——密斯，1960 年时在美国旧金山建筑师协会的演讲中这样说道

密斯代表了准则，而这也是正在日渐遗失的建筑美德。

——ADA LOUISE HUXTABLE，纽约时报，1966 年 2 月

对于密斯的一个普遍性的批判是，10 年来他所做的大部分工作都是公式化且沉闷的。他的朋友同时也是他的崇拜者戈登·邦沙夫特（Gordon Bunshaft）这样说道：

> 我认为密斯是一位非常伟大的建筑师，他创造了三四个宏伟的建筑作品：图根哈特住宅、巴塞罗那馆和可以随时增添新的建筑空间的最大的办公建筑——他的西格拉姆大厦……多年来对于细部的细化（的结果），是他没有客户，没有建筑项目……我想他也在事后得到了太多的委托，他们有一些反复。

基恩·萨默斯和约瑟夫·藤川也谈到过这个问题。在 1966 年的一次采访中，藤川说："我认为在 860 之后，（密斯）认为他已经解决了高层住宅建筑的所有问题，因为（有了）所有后来的建筑之后，他对于所有发生的事情真的只是偶然的兴趣使然。"萨默斯是这样形容密斯在晚年时期的性格的：

（正是）此时（从联邦中心开始，在20世纪50年代后期）密斯对于所有这些建筑物的日常细节并没有过多地参与。我会走进建筑中，然后问他一些我觉得重要的具体细节，我也想知道他是否同意我的想法。此时的密斯刚刚步入老年，认为密斯在这一时期也在从事创作是一种误解……创作需要努力的工作，但此时的他却无能为力，虽然他此时还有能力做出方案的决策。

密斯开始他的美国之旅时，他已经52岁了；直到1951年他65岁时完成860-880湖滨大道项目时，密斯才声名显赫。他从纽约回来后就开始从事西格拉姆大厦的工作（1956年，大楼完工的两年前），虽然密斯保有了项目中巨大的权威性，但是他并没有积极地参与大多数项目。因此，西格拉姆大厦之后的高层项目以及所有的机构工作都从会议厅开始——除了柏林新国家美术馆之外——都被认作是他的建筑工作室内工作人员的集体作品，而非按照工作室名称来命名来暗示这是大师本人的作品，密斯·凡·德·罗——建筑师。

在美国期间，当密斯深入参与一个项目——就像他在欧洲从事小规模的现代主义作品——结果也是令人信服的。伊利诺伊理工大学校园规划和大学原型建筑、未建成的图书馆与行政大楼、范斯沃斯住宅，然后是860-880项目，直到克朗楼和西格拉姆大厦，这些作品也体现了他的建筑语言的重大发展。每一个作品都达到了最高标准的建筑细节，我们将在本章的最后一篇短文中讨论这一点。

密斯对于他认为是"做自己喜欢的事情所带来的危险"总是很直率，他认为这是肤浅的"玩弄形式"，并且因为自己的缘故而蔑视创新。在1960年的一次采访中的临时对话中，我们听到了他深沉的声音（此时仍然是口音不够完美的英语）：

> 我会告诉你一些事情。你知道你经常在书中发现它们其实与建筑毫无关系，这是非常重要的事情。你知道，比如物理学家薛定谔。他在这里谈论一般原则，他说"一般原则的创造性活力完全取决于其自身的一般性。"这正是我在谈到建筑结构时所想到的。它就是一个大概的概念。这是一个单一的解决方案，但并不意味着只是那样。你知道我不想变得有趣，我想要把事情做好……
>
> 有时候人们说，如果有人复制你，你会是什么样的感受……我说这

对我来说并不是问题。我认为我们工作的原因正是我们创造了一些所有人都能使用的东西。我们只希望人们能够正确地使用它。

（谈到像米开朗琪罗这样伟大的艺术家们时）我很肯定这是个人主义的方法，我不会这样。我会采取不同的方式。我正在尝试客观的方法。

关于密斯不断重复自己优势的这个问题的核心就是一个悖论。尽管他的言辞表明自己是一个至高无上的创新者，虽然也受到过其他人的影响，但主要是发展自己的建筑语言。这是其中一个——除了他卓越的艺术成就之外——我们欣赏他的作品并研究他的职业生涯。但是一旦密斯创造了一个原型解决方案，他就会将自己的经历和才能转到了下一个挑战；随着新委托的到来，他的工作人员就会将成功的原型应用于下一个委托之中。由于密斯工作室的建筑语言的创新空间很小，因此他手下的那些建筑师只需要调整原型形式来满足特定的程序和技术要求来满足所需要的技术参数。密斯既没有期望，也不会要求他的员工进行创新，但是他希望他们能够创造性地执行他的建筑原则。他自己创作过程中的自律最终也扼杀了他的工作室整体的创造力。其结果只会是重复，这也激发了其他建筑师的批判以及对于密斯建筑语言的取代。

本书中，我们的讨论主要按照时间顺序涵盖了密斯的主要建筑作品和项目。按照这种形式，我们接下来将讨论一些在密斯职业生涯中最后几年建造的不那么值得注意的项目——其中的项目是他的员工牵头完成。

...

柱廊和阁楼式公寓大楼，纽瓦克，新泽西州，1960 年
一个重要的城市更新项目和赫伯特·格林沃尔德（Herbert Greenwald）的另一个投资——布兰奇·克布鲁公园重建项目（文献中的"纽瓦克"，包括 3 栋 21 层的公寓楼组成）。柱廊是最大的，其直线棱镜具有三个结构间隔宽和 22 个间隔场（超过密斯设计的 900 湖滨大道大厦的两倍长）。它限定了距离垂直朝向，面积为 3×10 个间隔的展馆 I 和展馆 II 斜坡顶部的三个体块。格林沃尔德本来希望能够获得柱廊和两个展馆之间的一个公园和商业建筑的项目，但最终没能达成协议。建成的由其他建筑师设计的公寓楼全部由低层住宅取而代之。

纽瓦克大厦紧随着老佛爷公园（Lafayette Park）模式。他们使用了相同的平板混凝土结构、铝幕墙和透明玻璃，以及在拱肩处整体安装的空调。根据约瑟夫·藤川所说，老佛爷大厦的细部"被证明是一个实用经济的解决方案，密斯认为没有理由要改变它们。"换句话说，老佛爷公园的成本已经非常低廉，纽瓦克大厦不可能更便宜了。即使有了这些限制和纽瓦克的困难环境，柱廊和展馆仍然保证了自身的安全性，在完成后超过50年的时间内都是理想的住房。柱廊的设计尤其受到追捧，因为它提供了东面32公里处的曼哈顿中城天际线的视野。

问题依然存在，这种重复是好还是坏？或者是介于两者之间。由于政治和经济的原因，老佛爷和纽瓦克的项目都很难实现，但最终它们都已经建成了。它们提供了在两个内陆城市稀缺或者不存在的现代住宅的样板。这样的项目不仅仅是在建筑上获得成功，在经济和社会影响力上都非常成功。

密斯是对的："当然，每个星期一的早上没有必要也不可能就能发明出一种全新的建筑。"对于一个客观主义者来说，它也不是合理的。

联邦储蓄和贷款协会之家，得梅因，艾奥瓦，1963年

建成的联邦之家大楼并没有康托尔汽车餐厅那个戏剧性的初步规划的部分那么有趣。它有一个长方形的两层楼的体量，建筑上层的四面则是双层全玻璃幕墙。屋顶（如康托尔，是"错误的"）从建筑长边的外骨架上悬挂下来。银行大厅里有一个巨大的四面浮动的夹层。随后发表的演示模型呈现出白色的钢制外观和巨大的桁架，这也是密斯第一座商业建筑。

到了20世纪60年代，"康托尔计划"多次被"抽出抽屉"，尽管基恩·萨默斯证明了密斯"非常喜欢重新启用旧计划"但是在这种情况下，康托尔的解决方案对于得梅因的银行家们来说有点太过火了。为了增加租户的空间，宽敞的银行大厅方案被拒绝了，建筑的平面变成了方形，一边为3个40英尺的间隔的长度。该建筑物的地面为三层，一层是标准的柱廊，外立面类似于860-880项目时使用的外墙。

即使计划被削减了，银行高管仍对于成本保持着谨慎。这一点即使在一些小事上也有所反映。停车场服务员的候车亭——其平面为12×6（英尺）——以钢制的建筑细部和承重墙砖为设计点，这也是密斯的建筑语言中最小规模的一个成功的例子（图14.1）。但是这个计划被否决了，这一候车亭最终用木头建造。

密斯的工作室甚至为二线建筑也提供了极好的细部设计，例如德梅因项

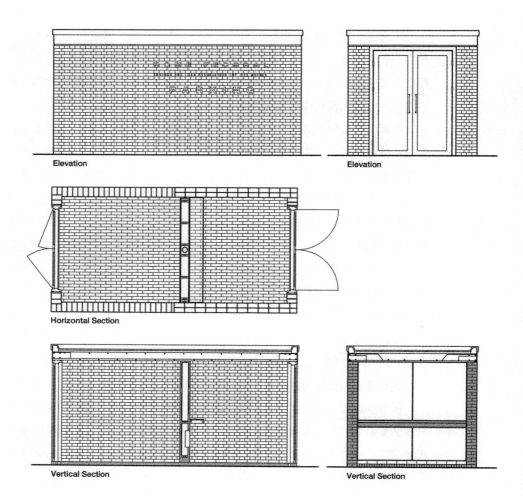

图 14.1
停车场服务员设施的未建版本,为住房联邦储蓄和贷款协会(Home Federal Savings and Loan Association)设计,项目位于爱荷华州的得梅因(Des Moines)(1963)。此处为立面图、平面图,以及纵向和横向剖面图。密斯的建筑语汇甚至可以使实用主义建筑也变得高贵。

目所展示的那样。他的工作人员不仅设计了出纳柜台和交易柜台等典型的银行空间室内设计,而且还设计了木制橱柜、独立分区、定制镶板,以及环绕型的文件柜、石制会议桌和餐桌,花岗石长凳,以及室内外定制标志,甚至是主楼的挂钟。密斯几乎没有参与联邦之家项目,这一项目主要归功于吉恩·萨默斯。

百加迪行政大楼,墨西哥城,1961 年

尽管打算在古巴圣地亚哥所造的公司总部大楼项目被取消了,但是第二个百加迪公司的项目于 1961 年在墨西哥完成了。这是一个两层的钢结构建筑,采用了密斯最喜欢的 3×5 个间隔的平面(再次仿照了 860 项目模式,具有相同的竖框)(图 14.2)。在一次 1964 年的采访中,密斯解释了这个二层的解决方案:"(在建筑物面前并靠近建筑的)的高速公路比场地要高,

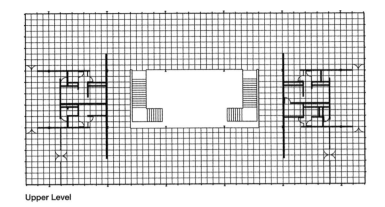

图 14.2
墨西哥城的巴卡迪办公楼（1961）。上图为建筑物的二层，是开放式的办公楼层；下图则为建筑物的一层。

如果我们在那里建造一个单层建筑，将只能看到屋顶，因此我们决定在那里建造两层楼。"

建筑内部设有一个宽敞的开放式天井，通过一对楼梯通往了开放式办公室的二层。楼梯和两层建筑平面都铺设有石灰华，楼梯踏板厚达 4 英寸。四面由玻璃幕墙环绕的门厅远离建筑的正立面。两个住房机械系统的核心从二层的外部下降直通一层的玻璃幕墙处。

在某些方面，结果是令人信服的。开放式天井创造出一个盛大的，具有三倍高度的空间，上层边界由交通空间带环绕，并有效扩张了天井。八个强有力的宽翼缘柱穿透了整个空间，中央的四根则上升至天井开口处，支撑着上层楼板。大多数开放式的办公室都是常规的密斯式空间，但他们必须完全满意，何塞·博世只要求"一个理想的办公室，没有分区，每个人，无论是官员还是雇员,都可以看到彼此。"

有缺点,主要在建筑外观上,高高的二层空间看起来并没有飘浮感。建筑的模块是 6 英尺(180 厘米),1~5 个间隔长。两个模块悬臂在每个长端,但是在视觉上悬臂却显得太短,或者根本毫无用处。没有悬臂的狭窄的立面令人满意。逐层玻璃窗高而宽阔,但是太阳能控制的帷幕仍然处于关闭中,这也剥夺了建筑中的透明度。建筑立面的研究仍然现货,并揭示了所有这些问题。

一号查尔斯中心,巴尔的摩,1962 年

1959 年,振兴巴尔的摩被遗弃的查尔斯中心区的计划导致了一批商业建筑的建设热潮以及包括保存几座历史建筑以及新建公寓楼的城市更新发展项目。在新建建筑中,最杰出的是密斯设计并于 1962 年完工的 25 层高的一号查尔斯中新。开发商是格林沃尔德的继任者——大都会结构公司(Metropolitan Stractures)。这座建筑是 20 世纪 60 年代密斯工作室设计的高层商业建筑的典型案例,它与西格拉姆大厦遥相呼应,但并没有使用青铜材质或者是具有像公园大道那样绝佳的地理位置。混凝土框架塔楼有一个粗糙的 T 型平面,其玻璃幕墙中采用的青铜阳极氧化铝制作的细节也与西格拉姆大厦类似。平面则有些奇异,因为在西格拉姆大厦中相同的形体是被用作增加一个小型地板并提供剪力墙的位置,而这两者在巴尔的摩都不是问题。这个倾斜的地方可以用来建造一座美丽的二层外部楼梯,但可惜在 1983 年大厦翻修期间被拆除了。20 世纪 90 年代的翻新工程则增加了不同于密斯式风格的场所家具和其他广场的功能用具。

一号查尔斯中心的幕墙是一个非常精致的细节,这在密斯的作品中也是独一无二的,也是密斯对于细部狂热注重的典型案例。在主板和突出的 T 形空间之间的折角处,引入了一个等同于典型柱段的"负空间"(图 14.3)。这一深空腔使得面板和竖框也被限制在了(折角)的角落中,否则就需要独立的墙壁部件来进行填充。与许多密斯最好的细部设计一样,这也是产生艺术的必然案例。根据项目设计师唐纳德·西克勒介绍,密斯在这一细部的上与他有着密切的合作。

海菲尔德之家,巴尔的摩,1963 年

海菲尔德之家是一座 14 层高的公寓楼,也是大都会结构公司另一个在巴尔的摩的项目。这一项目结构是密斯从不会偏爱的外露钢筋混凝土。为了

图 14.3
巴尔的摩的一号查尔斯中心（One Charles Center）(1962)。此处为内凹角视图，和西格拉姆大厦（图12.15）的情况类似，并有所改进。

节省成本，幕墙的方案被否决了。该建筑结构在周边采用了上翘的混凝土梁，但除此之外，阶梯状的柱子和砖填充物则是仿照了海角公寓。自海角公寓出现后的近 20 年来。混凝土技术稳步提高，其中的一个进步就体现在了海菲尔德之家那更长的间隔（海菲尔德之家间隔长为 23 英尺 6 英寸，海角公寓为 16 英尺 6 英寸）。海菲尔德之家还拥有高而宽的玻璃窗和矮砖填充的拱肩（只有 14 英寸高）。建筑的立面高度较高，水平方向也比较均匀。建筑被涂成了白色，或许正是为了与巴尔的摩无处不在的红砖建筑形成鲜明的对比。尽管海菲尔德之家作为房地产项目备受追捧，但作为建筑它也从本地文脉中跳脱了出来，独具特色。

芝加哥北湖景大道 2400 号，1964 年

被称为湖景 2400 的 28 层公寓楼是一座具有清晰的阳极氧化铝幕墙和灰色有机玻璃的平板式混凝土塔楼。这一建筑由约瑟夫·藤川主导设计。为了适应塔下停车场的需求，建筑由北向南设置了 4 个 25 英尺 10 英寸的间隔。这样的间隔恰好允许三辆汽车并排排列。在东西方向上的间隔则必须更短，因此需要 6 个 15 英尺 6 英寸的间隔。这也导致了近乎方形的平面——95×105（英尺）的尺寸对于最佳的单位布局来说也是一个较难配置的尺寸。狭窄的东西方向的柱间距也让房间的尺寸变得极为尴尬。深层的地板有利于在立面中部布置起居室，这里通常只有 3 个 5 英尺 2 英寸模块宽。在多数情况下，公寓的房间都太过于狭窄并且进深较深，厨房和用餐区都布置在远离窗户的区域。

这座块状的塔楼似乎在 270 英尺处被切断了。从视觉上来看，它应该比 10 层楼高。在藤川的回忆中，密斯尤其对于电梯顶层感到不满，他认为这里"太压抑。"建筑所在的空间被地面停车占满了，高高的砖墙在四周围合着场地，中断了地平面与空间之间的流通性。密斯的高层建筑都需要周围有充分的空间。那些最好的案例——860、西格拉姆、联邦中心、多伦多——都有这样的空间。在这一方面，2400 更倾向于滨海艺术中心，塔楼接触到地面的部分更多。

梅雷迪斯（Meredith）纪念馆，德雷克大学，得梅因，艾奥瓦，1965 年，以及理查德国王梅隆科学厅，杜肯大学，匹兹堡，1968 年

这两座建筑设计于 1961～1965 年间，它们共有相同的平面概念、结构系统，以及很多的细部。虽然它们在底层内部都有背靠背的礼堂——让人想起了密斯为伊利诺伊最初设计的礼堂平面——但是进程是不同的。梅雷迪斯是一个基于 22 英尺钢结构网格的教室建筑。共计两层的建筑面积为 4.4 万平方英尺。空间内没有柱廊，建筑内部有一个 5200 平方英尺的内部庭院。梅隆则是一个面积更大的实验室，其结构网格是 28 英尺，是一个典型的商业办公大楼。它的占地面积是梅雷迪斯总面积的两倍。梅隆没有内部庭院，但是和所有的大型建筑物一样，它有一个柱廊。还有另外一点值得注意的地方：梅雷迪斯没有发生事故，但是梅隆的四层钢框架并没有被安全地用

螺栓固定，在 1966 年 5 月的一场周末风暴中被吹倒了。

对于这两座建筑物来说，外墙也像 860 一样被漆成了黑色，但是没有安装照明设备。梅隆大厅的上三层是实验室，对于内部平面来说，实验室需要更少的窗户甚至是无窗。为了满足这个要求，标准的密斯式的玻璃幕墙区域通常是玻璃的底部三分之二处填充钢板。钢板并没有简单地用"玻璃"代替玻璃，而是放置在四周由 2 英寸宽 2 英寸深的绝缘板包裹的玻璃线。这也从视觉上分离了面板与其余被拱肩和柱子覆盖的部分，保持了立面的韵律和组织感。所有长边立面都采用了这种方式进行处理，但是在狭窄的一端中间的三个间隔则是全玻璃结构，外部的两个则由钢材质填充。面对这个特殊的要求，密斯的工作室没有理由回去重新思考标准的 860 型墙，尽管梅隆需要 90% 的不透明度，但却能够适应它。

可以肯定的是，梅雷迪斯和梅隆是一个公式化的产物，但是每一个都成功地将这一公式应用于不同的情景中解决了难题——正如密斯所说，如何创造一个好的建筑，赫克斯特布尔（Ada Louise Huxtable）在 1966 年关于密斯的一篇调查文章中——就像这些建筑物的形式一样，就像建筑"时尚"即将改变一样，这个问题也正在进行："密斯代表了准则，而这也是正在日渐遗失的建筑美德。他代表了逻辑，现在也是一个技巧。他代表着的风格，是特定历史时期标准和技术表达的最高和最有效的意义。"在 25 年前，梅雷迪斯或密斯的梅隆都将会是一种轰动。虽然它们的重要性经常因为审美疲劳和重复而大打折扣，但从赫克斯特布尔的感觉来看，它们仍然具有"风格"。

芝加哥大学社会服务管理学院，1965 年

在密斯的作品中，SSA 大厦是独一无二的，它在一个单层立面内包含了三个内部层面。两个入口导致了没有前厅高大、宽敞的休息室空间，从优雅的双楼梯向下通向教室通往英国地下室与教室和办公室，向上通向图书馆和一个额外的行政空间。SSA 大厦 120×200（英尺）的平面与克朗楼大致相同。建筑的模块也是一样的，但有 5×3 个结构间隔和在 40 英尺通风处的柱状网格（混凝土下层 20 英尺）。建筑临第 60 街，共有 4 个几乎相同的立面，距离校园的中心区向北的几个街区相对较远。以新哥特式庭院而闻名的校园的形态和风格上都是孤立的，并不如大学其他一些建筑走向本世纪中叶和后现代风格的建筑知名。

值得注意的是，SSA 中使用了十字形截面的钢柱作为内部支撑和外墙

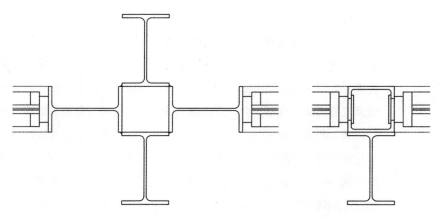

图14.4 芝加哥大学的社会服务管理学院大楼（Social Services Administration Building）(1965)。此处为外墙的剖面详图。左图是一根十字形柱，它由四个宽翼缘型材焊接成的方框构成，十字形柱的外侧宽翼缘则与右图中的典型竖梃十分匹配。

的一部分（图14.4）。密斯和基恩·萨默斯——后者主要负责SSA设计——一直在研究钢铁和混凝土的十字形截面，他们在20世纪50年代末和60年代初共同参与的几个净跨度项目。这样的形式对于SSA来说变得尤为珍贵，萨默斯设计了由四个宽翼缘部分焊接而成的一个十字形盒子。十字形的宽翼缘部件与墙体的竖框具有相同的截面，腹板构成十字形悬臂，以及外侧翼缘为哥特式窗间壁增添了优雅而纤细的气质。在建筑外部，十字形的四个宽翼缘悬臂之一位于玻璃线外，与常规竖框平齐。因此，外立面的柱子和其他所有的竖框在同一平面。建筑的解决方案在结构上并不合理，因为在墙平面上的一个柱列并不受到来自各个方向相同的侧向力作用（比如，原则上，一个在内部）。在这些位置，稍稍大一些的宽翼缘会显得更"客观"，这也是密斯惯常的做法。室内设计，尤其是大厅，采用了米色的砖墙，大量的定制木制品以及裸露结构的室内钢材质。萨默斯的解决方案的成熟和完善体现在每一个细部上。

马丁·路德·金纪念图书馆，华盛顿特区，1968年

马丁·路德·金纪念图书馆项目于1964年底进入了密斯的工作室，萨默斯与项目建筑师约翰·鲍曼（Jack）合作进行设计。密斯从来没有完成一个独立的图书馆建筑，而在这个时候已经距离他所钟爱的项目——未建立的伊利诺伊理工大学图书馆与行政大楼已经过去了20年，显然不适合再作为方案模型。相反，萨默斯采用（并改编）了工作室已经在几个低层的大型建筑物中成功使用的860类型外墙。

最初，名为华盛顿特区的新市区中央图书馆，马丁·路德·金纪念图书馆并不是联邦政府机构，也没有美国国会大厦的联邦项目中典型的慷慨预算。即使在他的美国作品中，密斯依靠丰富的材料来营造丰富的效果，或者说，其实质并不仅仅是一个因素，空间或者结构的要素，或者仅仅是美丽的细部。但在马丁·路德·金纪念图书馆中，并没有特殊的空间或者内部序列，其内外连接不足，也没有质感。

该建筑占地 65000 平方英尺，其结构间隔是 30 英尺的方形，在底层柱廊和 4 层高处只有三个带窗框的窗格，外墙既不垂直也不水平，而比例也不能满足建筑需求。超过街道的距离无法看到这一建筑，这也使得建筑看起来更加的黑暗。毫无疑问，为了提供地下停车场以及图书馆地板所需的装载力使得 30 英尺的跨度成为最具实用性的比例，但是更长的间隔将改善建筑比例，也会建立一个令人满意的水平线。由于地板很深以及内部空间的紧张，一个内部庭院也可能对于建筑有所帮助。

马丁·路德·金图书馆很少受到赞助人和评论家的喜爱，现在正面临着被替换的威胁。即使换了用途，建筑结构显然是可以被挽救的，所有相关方都可以肯定这座结构合理，适应性强的建筑可以有一个谨慎的复兴。

库里南厅，德克萨斯州休斯顿美术博物馆，1958 年和 1974 年

密斯为休斯顿美术博物馆设计的第一个项目就是库里南厅，该馆于 1954 年开始建造，1958 年完工。曾经与密斯一起为克朗楼项目工作过的大卫·海德是项目建筑师。项目最终方案是克朗楼主题占据主导地位的早期创意的混合体。现存的博物馆包括一个 1924 年建成的美术馆，具有长方形平面和一对不太匹配的翼楼，向广阔（北部）的一段扇形展开。密斯选择以一个较大的体量填充两个翼楼之间的区域，这一建筑体量北立面在平面上轻轻弯曲。中部为玻璃的墙两侧都有抛光砖，以隐藏连接到旧建筑的楼梯。新建的空间主要是画廊，其屋顶由 4 块外骨板梁承载，在平面上进行延伸。作为对新古典主义建筑的让步，建筑的钢结构被涂成了白色。

在 1965~1968 年间，密斯工作室设计了更大的布朗翼楼，在密斯死后的 1974 年完工。它拆除了库里南厅的墙，并将建筑物向更广的一端延伸。所有的钢铁都被涂上了熟悉的黑色。虽然因为布朗翼楼由柱状网格支撑，新的屋顶再次由板梁承载，博物馆内最宏伟的空间仍然是库里南厅的遗址。在博物馆馆长詹姆斯·约翰逊·斯维尼所举办的其中一个展览中，绘画作品被悬挂在顶棚上悬挂的电线板上。密斯设想了柏林新国家美术馆展出的一种变色技术。

IBM 办公大楼，芝加哥，1974 年

IBM 大楼于 1966 年开始建造，这是密斯在芝加哥中最大的建筑项目。该项目由布鲁诺（Bruno Conterato）主持设计。它坐落在芝加哥河密歇根大道以西的一个街区转向处的一个壮观的场地中，但其东立面已经被由 SOM 在 2009 年设计完工的 92 层高的特朗普国际酒店所封锁。IBM 大楼（现已 AMA 广场之名为人熟知）是密斯商业建筑中唯一的一个钢结构框架被封装在阳极氧化铝玻璃幕墙中的案例，在这种深青铜色之下，密斯一直都在哲学上反对建造钢结构塔楼体系。

业主对于改善环境性能的要求控制了幕墙的设计，密斯首先提出采用隔热绝缘玻璃。随着 1973 年首届 OPEC 是由禁运调零和之后能源成本的上涨，IBM 在这一先进的外墙上的投资便显得更为明智。在 IBM 大楼之前，密斯的建筑设计几乎不关注热效率问题。玻璃钢外墙会将冷空气引入室内，尽管从 20 世纪 50 年代初期开始就有隔热玻璃，但业主通常会因投资回报不佳而拒绝采纳，密斯工作室的设计中也没有采用这一技术。其校园建筑那坚实的砖墙也将建筑外部直接连接到了建筑内部，即使这些相对较厚的砖外墙也仅仅具有较小的绝缘纸。

由于另一个原因，决定继续使用 IBM 大楼的铝材幕墙是一个明智的选择。40 年来，这一建筑的外墙很少需要维护，而它的姐妹建筑（几乎相同的规模和高度）联邦中心的克鲁钦斯基大楼却已经进行了一次耗资巨大的全钢外观修复工程。位于 IBM 北部别致的车库则是在不久之后由密斯的一位临时雇员海乔治·席佩里特（George Schipporeit）设计完成，建筑包裹在视觉上具有同心的钢材质中。

修女岛（Nuns' Island）埃索服务站，蒙特利尔，1969 年

大都会结构公司在 20 世纪 60 年代晚期及之后在蒙特利尔开展了多个项目，包括修女岛全新开发规划中的公寓建筑。密斯工作室接受了修女岛的工作。作为这项任务的一部分的设计，除了与密斯·凡·德·罗之间存在的微弱关系之外，埃索服务站并不显著。密斯在此期间已经严重失去了主控力，他很可能对服务站知之甚少，甚至是一无所知。尽管如此，它在一部关于《密斯，普通或伟大》的电影中作为令人疑惑的主角而受到了一些关注。这一电影在 2000 年中期在美国和加拿大发行。从电影中围绕着它的那些特写中，很难对密斯本人会如何看待这座建筑得出结论。

密斯的细部设计

除了声明"少即是多"之外,"上帝在细部"这一说法也不能完全归为密斯所言,但在公众眼中,这些话语就是与密斯息息相关。这些细部指的是什么?神明是如何"在其中居住"?令人惊讶的是,在印刷品中,这一主题并没有被过多地讨论。在彼得·卡特 1974 年的《密斯·凡·德·罗在工作》一书中,他简要地描绘了密斯的细部,除了陈述了一些规则和引用的例子之外,书中几乎没有其他严肃的评论。

正如我们所看到的,密斯对工艺的终身奉献正是源于他家族的生意,源于他在建筑工作中的经验,以及与博物学者布鲁诺·保罗碰面之后形成的专业性。在密斯早期的职业生涯中,传统住宅——看起来有着充足的预算——细部是一种功能性的风格,它们决定这外部装饰的繁复成度,室内设计也至少应与外部风格有所协调,家具与饰面的结合对于两者来说也是如此。在复杂的形式中,密斯首先遇到了保罗这样的建筑形式,正如我们所看到的那样,而在里尔住宅中,20 岁的他已经几乎完全掌握了这样的形式。作为密斯学徒生涯的一部分,他也对绘画产生了深刻的敬畏之情,其中大部分都是细部的绘制工作。他的成就因对他的才华的认可而得到加强,当然,也得益于他真心喜欢做这些事。尽管他在后期开始依赖模型研究(模型总是由他的工作人员准备),但密斯的绘画和设计仍然称得上具有才华。

20 世纪 20 年代,他开始接受自我挑战,创建出了能够"表现出时代"的建筑,密斯的努力主要是概念性的,他的图解便是示意性的。20 世纪 20 年代初期开创了这个新世界的五个项目非常模糊;密斯原本会说细部在沃尔夫住宅,威森霍夫住宅博览会,Esters 和 Lange 住宅,他被迫——或者说强迫自己——创造出一种外部细部与内部设计的全新建筑语言。事实上,他的目的是将两者结合在一起。在 20 世纪 20 年代中后期与莉莉·赖希合作完成的四项重要活动彼此交织:展览设计、家具设计、木制品设计和天然石材中的新型细部设计。

密斯和赖希明白,展览是将他们的理论付诸实践的最佳捷径之一。德意志制造联盟就是一个主要的赞助商。20 世纪 20 年代,德国工业设计首次成熟,包括一系列特殊玻璃、赢家和消费产品在内的新产品刚刚问世。许多项目都可以是他们自己最好的广告,密斯和赖希意识到他们可以用小型装置来有效地展示它们。图示是必要的,但其清晰度和风格凌乱的图形可能会被大大减少,尽管密斯和赖希没有发明现代展览,但是他们却被认为是现代展览历史中最重要的先锋。

作为展览设计师,他们有着独特的优势:他们可以用自己设计的现代家具来装饰自己的设计作品。如前所述,密斯为威森霍夫住宅博览会制作的第一件自己的建筑和展品,便是受到了或者说合作产生了——马特·斯塔姆的启发而有了想法。密斯的第一把椅子,密斯椅只是一个和蔼可亲的名义上的副本。这些手段非常适合设计椅子的概念,因为它们看起来是最简单的:皮革隐藏在一个连续的钢管环上。整个是一个悬臂结构,没有什么结构比这更简单的了。但是直到密斯设计之前,都没人能够赋予这样的结构优雅的形式。随着密斯椅的完成是钢管状家具家族向前买进的一小步,这一家族还包括了扶手椅、边桌、床、长凳,以及后期的贵妃椅。对于巴塞罗那馆内陈设的家具,目标便更为明确。使用扁平钢筋和皮革都是传统(用于室内装潢)且超越自身的材质(可以用于带子,皮革带子)。密斯带给了焊接框架质的飞跃,尽管机械紧固件只是用于搭接角落。但很快,家具便有了各式各样的变化,比如图根哈特椅,扁平吧台,管状布尔诺,还有 X 型桌,另一篇文章中为交叉焊接扁钢桌。这种桌子已经无法变得更加完善了。

家具的设计几乎总是涉及到实验。我们不知道密斯是否自己做了很多超出了他能在工作室完成的能力的研究和发展。但有很多工匠可以做这项工作。密斯明白并且尊重这项悠久传统的继承人。典型地,"解决"了他的家具问题,密斯似乎只是付出了仅仅几年的努力——在他 45 岁之后。他再也没有创造出像他欧洲作品那样的作品了。但他之后几乎已经将家具作为了室内装饰的一个组成部分,不过细节上有所不同,例如他和赖希在为 Esters 和 Lange 住宅以及沃尔夫住宅打造精致的木制品,尽管我们对此知之甚少,因为建筑已经被销毁了。密斯的定制木制品包括定制的内置装饰品、桌子和写字台、独立的隔墙和墙板、门与框架。窗套、书柜和存储单元格,货架和长凳,甚至是木地板。家具硬件——从门把手到时钟——也总是定制的。Esters 住宅和 Lange 住宅,以及图根哈特住宅就是整体定制的范例。

密斯的木制品体块都是长方形的木制构件和饰面板,从墙壁、内置插件,以及杂项框架组装而成。这些零碎的部分通常通过体块或者是榫头或者是滴定器——所有的传统方法——连接在一起,而它们正是理解密斯那著名的侧口的关键。在重要的关节处或者不同材料相交的地方——通常是在墙壁或者是内置插件中,但也会围绕着门窗——密斯留下了一个缺口,也就是所谓的侧口,其实际原因是这样的缺口促进了咬合,并且突出了链接点的美学,连接点在此处略微变宽并且被置于阴影之中。侧口建立起了云麓

图 14.5
工程研究大楼（Engineering Research Building），位于芝加哥的伊利诺伊理工大学（1944）。此处为现浇混凝土柱与英式砖砌外墙交接处的立面图。注意门（窗）侧部位，它突出展示了在此相遇的不同材料。由于砖的砌式被中断，所以柱子处需要采用长度为四分之三块砖的错缝接合。

和规模，最重要的是它们阐明了创造密斯那最重要的秩序的组成部分（图14.5）。木制的侧口成为一个标签，而密斯以混杂的方式使用了它。就如同一座精致的砖墙，由其自然性质而产生人类尺度的纹理（因为它必然是由人手工建造而成的，比如"手工尺寸"砖），因此侧口调制和人性化了许多密斯所采用的材料，这不仅仅是一种效果，也是一种建筑的手段。对于密斯和他的追随者来说，这个侧口取代了传统的处理链接处的方式——利用模制或者"覆"条来隐藏他们。密斯那还原主义的侧口并不总是轻易地就能建立起来，但它的简单概念却的确令人信服。

矩形的木制部分——从未倾斜或者倒圆或者以任何特殊形状——保持了基本的表面。其边缘和阴影边缘以及其适用性都非常普遍。对于密斯来说，它和石材一样。密斯所采用的石材，尽管种类丰富，却在具有尖头接缝的承重墙上，以及面板中或有时作为体块（通常是为长凳）的构件中都不能像真正的砖石一样被砌筑，它更像是木材（它也会经过打磨和抛光，但并不是木头的做法）。价格昂贵也是它不能用作单板的部分原因。在当今时代，石结构已经成为了不合时宜的选择。对于密斯，石头是一种表皮，丰富，多样或者像个安静的贵族，随着需求和欲望的降低，它可以从传统中被解放出来，用现代方式重新组织起来，比如拼贴版，平面链接处或者侧口，在纤细的独立隔墙中，以及作为无缝、无尽和奢华的铺设材料。就表面而言，不同的石材甚至可以在同一次安装中被合理化。据我们所知，巴塞罗那馆内就使用了五种类型的石材。通常都是大尺寸的向前石成为模块化设计的单元。

　　密斯的大型欧洲项目没有一个建成，而他的外部建筑语言仍然与他用于住宅项目的砖砌或者灰泥砌块的墙壁相关。尽管他在20世纪30年代的竞赛中曾经多次提出玻璃外观的方案，但他从来不需要使其中的任何一个成为现实。他曾经见证过那些最著名的德绍包豪斯建筑中的大玻璃幕墙项目，他也一定知道技术还没有完善到可以完成设计任务。当他抵达美国并不得不为伊利诺伊理工大学建造建筑时，他面临着设计和详细的经济成本以及现代外观的问题。在某种程度上，他回归到他所熟知的东西上，那就是砖块和木材细节的建筑语言。对于后者，他现在则用热轧钢筋、角钢、通道以及即将成为其标志性的宽翼缘取代，所有这些在这个全新的国家都有着丰富的资源。对于图书馆和行政大楼的斗争发生在1944年，密斯首先实验了镶嵌在墙裙和通高砖墙上的巨大玻璃灯，他发现钢铁不需要被结构所局限。它可以被结合到墙壁的纹理之中，以列柱和梁的形式来表现，也可以制定窗户和玻璃幕墙，以及昔日旧建筑中的檐口。对于角落，大部分还是用钢板进行简单的包覆，每一块板材边缘都无缝地焊接在一起。所有这些建筑语言都源于密斯在欧洲时期内部装饰中所使用的模块化组件。

　　密斯致力于这样的想法，即有一套适合现代建筑的基础材料——在美国，正如他反复强调的那样，"建筑源于建筑结构。"他确定了这些材料——木材、混凝土和钢——以及其他一些重要但并非基础的材料，比如砖、玻璃，以及性能多样的战后新材料，铝等。最后，分类都是任意的。对于范斯沃斯住宅以及图书馆和行政大楼——他的真正突破——用钢代替了木材。范斯沃斯结构是一系列现成的钢铁与钢材料以变形技术在施工现场焊接装配在一起。这有些类似于进行木材工作，在商店和现场进行组装。真正的作品是手工制品，就像木头一样。是密斯操纵着钢铁做出了伟大的建筑，而不是它本身就是建设的"基本"组成部分。

　　在完成范斯沃斯住宅并扩建了860之后，密斯基本已经完成了自己的创造。他成功地让他在欧洲的建筑语言适应了美国新材料和全新制造方法的建筑语言。无论如何，对于较大型的建筑，材料和方法的选择主要由市场决定。他在美国的室内、企业和机构建筑仍然使用的是他和赖希之前开发一套家具时使用的室内设计模板。两个人也都获得了一定的更新，尤其是在像密斯一样疯狂着迷于细部（图纸以及家具）的爱德华·达克特的帮助下，以及

图 14.6
罗伯特·卡尔纪念教堂内的挂壁式悬挑椅的平面图和剖面图，教堂位于芝加哥的伊利诺伊理工大学（1952）。对于密斯来说，即使是"小"细节也被深情地解决了。

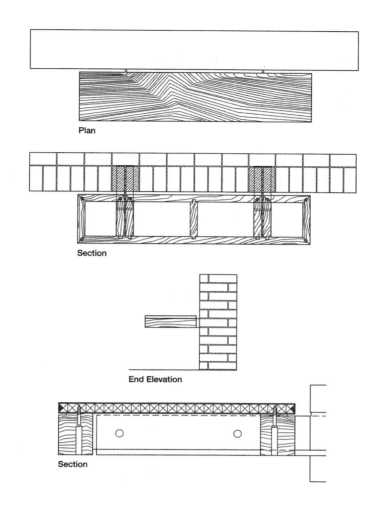

基恩·萨默斯和其他专职人员的帮助下。每一栋美国建筑，无论多么谦逊，在大大小小的事情上都分享着密斯这位建筑大师的建筑语言（图 14.6）每一个都是对细节问题美丽的、来之不易的解决方案的混合体。

第 15 章
退场：1962～1969 年

约翰逊声称我主要负责他的建筑中的其中一个，这让我很困扰。

　　　　密斯，听说菲利普·约翰逊因西格拉姆大厦而获得了好评。

我几乎没有时间去做某事。我绝对没有时间去反对任何事情。

——密斯

我必须等待，直到音乐消失。

　　　　密斯，独自熬夜时候这样说。

　　20 世纪 60 年代，密斯的家庭生活简单、安静，甚至可以称之为修道般的生活（图 15.1）。财务方面也较为顺利，除了一些物质乐趣之外，他的生活仍旧没什么趣味可言。一直以来都有一些关系亲近的人会拜访他，劳拉·马克思也忠实地陪伴着他。在他视力衰退之前，他和劳拉偶尔也会去看场电影，更不用说音乐会或者独奏会了——他最欣赏的歌手是玛丽安·安德森（Marian Anderson）——不过他从来没有去过剧院。除了 IIT 之外，密斯和劳拉也有自己的朋友圈子，他们和阿尔弗雷德以及鲁·肖相处甚欢，前者是一位建筑师——尽管作品不尽人意——密斯非常喜欢的他的陪伴，后者如前所述，是芝加哥艺术俱乐部的董事长。

　　他们也会有休假的时间，有几次他们在图森住，此时便倾向于选择亚利桑那州的快捷旅馆。除了必要的出差，密斯都把自己限制在公寓里面，忍受着关节炎的伤痛。无论是自己独处或者是有他人陪伴之时，密斯都可以几小时的坐着，沉浸在静默与思想的洪流之中。20 世纪 50 年代末和 60 年代初期，基恩·萨默斯是密斯家中晚餐的常客，他担任着密斯对于设计项目的审批对接以及偶尔在行政方面的决定，他还会向密斯汇报办公室的活动。密斯也与曾在 20 世纪 60 年代早期的 IIT 就读建筑学研究生学位的菲利斯·兰伯特度过了很多愉快的时光，她在北湖滨大道 860 号有自己的公寓，在 20 世纪 60 年代后半期距离密斯的公寓只有 2 个街区，德克·罗汉（图 15.2）也经常出现在这里，只比他的母亲玛丽安娜出现的频率少一点。

图 15.1（对面图）
密斯在他的公寓里，拍摄于 1956 年；公寓里放置着保罗·克利（Paul Klee）的画作和毕加索（Pablo Picasso）的雕塑作品。顶棚上的内凹在密斯看来"没有必要且拘泥不化"，但他并没有去改变它。

图15.2
建筑师德克·罗汉（Dirk Lohan），他是密斯的女儿玛丽安娜的儿子；拍摄于2005年。罗汉的事业十分成功，他先是在年轻时在密斯的事务所里担任建筑师，之后又成为这家事务所的继任公司的主要负责人。摄影师未知。照片经德克·罗汉许可使用。

当这些来访者在夜晚结束离开之后，密斯总会沉浸在独处和自己的思考之中。他像往常一样学习——很多时候是与之前相同的哲学方面的研究——同时对于物理学和宇宙学的兴趣也与日俱增。他一如既往地寻找着自己的路。劳拉向我们中的一个人描述密斯是"一个公然的无神论者"，虽然他对于精神分析学科方面并无好感，但他还是在劳拉的建议下读了西格蒙德·弗洛伊德（Sigmund Freud）所著对于宗教本身攻击的专著《幻想之未来》（The Future of an Illusion）。

...

在美国的职业生涯中，密斯的个人图书收藏非常丰富，现在大部分的书籍都保存在芝加哥伊利诺伊大学图书馆的珍贵图书保存室中。正如在纽约的西格拉姆大厦项目期间，萨默斯在一次与英国建筑系学生的交谈中所提到的，"密斯读过很多的书籍……他说，'你知道，我以前在柏林有3000册图书。当我来美国的时候，我却不能把它们都带来。我被限制在300册的数量。这300册中大约有30册？'是真的值得被保留，然后有人说，'那30本是什么呢？'（密斯）说，'你知道，你这样说其实是在犯懒。在你知道那30本是什么之前，你得把这3000册都读过才行。'"

马尔科姆森（Reginald Malcolmson）曾经做过几年密斯在IIT的首席

行政助理——他自己也是一个藏书家——他这样描述密斯读过的书:

> 年轻的时候（密斯）读了很多关于尼采和叔本华。后来，他还读过了薛定谔，怀特海德和瓜尔迪尼……
>
> 密斯在描述自己的工作目标时曾经多次对奥古斯丁和阿奎那进行引用，但是人们对于这两位哲学家并没有进行过关注，在我看来，创造性的思考者们对于密斯的工作有着更深刻的影响，甚至让他形成了自己的观念——比如柏拉图和歌德……柏拉图让密斯找到了在他工作中对自身达成的观点的确信和澄清。创意性的艺术家们往往都类似，但是歌德却让密斯意识到了自己不仅欣赏这位思想家对于生活的态度，还很喜欢引用他的话语。如果在柏拉图的语录中，密斯将理性的运作看作是一种分析工具和和谐的目标，那么在歌德的语录中，他则看到了对于和谐的重视——创造性的过程以及有机统一的感觉。

历史学家和批评家有时会对艺术作品的起源提出了广泛的评价。以密斯为例，拥有优秀资历的那些学者们认为，他设计的一些建筑的目的是以建筑的形式表达一种哲学的观点，他的建筑也正是他的思想从文字到形式的一种转化，例如，从瓜尔迪尼那里。

尤其是对于密斯，他的一生都是在阅读和引用哲学，而他所做的建筑设计也反映了他所阅读过的内容。但是，没有证据表明瓜尔迪尼或者鲁道夫·施瓦茨（Rudolf Schwarz）或者其他任何人的哲学思想是密斯任意一件作品设计的来源或者出发点；也没有任何合理的理由令人相信密斯的设计中含有他自身正式的设计意图"去解决建筑问题"之外的内容，就像他总是在描述他的工作，除非它们源于在某种程度上已被承认的其他建筑师的影响，例如辛克尔，或者保罗、贝伦斯，或是赖特。这也适用于圣托马斯阿奎那和圣奥古斯丁，这两位经常在讨论中被引用的哲学家也被推测其对于密斯的建筑产生了影响。

约瑟夫·藤川就像其他人一样非常了解密斯的专业性，他也阐述了自己对于密斯在哲学上的兴趣的看法："他确实对哲学家的话进行了引用……我敢肯定，尽管他本人没有大肆宣扬，但是他仍然在尽可能多地去阅读他们的作品。我的总体印象是，他一直试图证实自己的想法。我认为他相信的东西，他发现这些历史人物同样也在诠释着与之相同的东西。我认为这个发现加强了他对于自己信念的坚定性。而这也是他去阅读哲学的主要原因。"

···

二战期间，如上所述，重要的专业资料来自密斯在柏林工作室的由莉莉·赖希以及密斯在包豪斯的助手和学生爱德华·路德维希打包，并运送到了路德维希父母在图林根州的家中，图林根州后来被划分到德意志民主共和国的一个省份中。赖希在这一事件上可以说是全心全意，而路德维希也从未如此精力充沛和全情投入。战后，他开始了与密斯之间广泛的单向通信。他的信中包括了在德国首都访问的图片报道；对于包豪斯岁月的回忆；关于密斯的家人以及前同事的详细报告；而他在 20 世纪 50 年代所作的这些努力也让密斯毫无疑虑地重返了德国。那些岁月里，路德维希也仍旧坚持着自己在柏林的实践。他为 1957 年 Interbau 博览会制作了 5 个典雅的 "中庭住宅"，他在 1951 年为坦普尔霍夫（Tempelhof）机场设计的著名的柏林空运纪念碑——这是一座 65 英尺高的混凝土雕塑——则被柏林人称为 "饥饿之爪"。

早在 1951 年，以及随后的诸多书信之中，路德维希就提出过对于 Muhlhausen 材料回收的可能性。但是直到 1959 年，这件事依然毫无进展，当时的包豪斯研究员、艺术史学家以及 1960 年成为包豪斯档案馆［当时在达姆施塔特（Darmstadt），现在在柏林］创始人的汉斯·温勒（Hans Maria Wingler）以研究中世纪雕塑为由获得了去东德访问米尔豪森的机会。温勒去了路德维希的家中，在那里打开并检查了装载密斯资料的 5 个盒子。他把这些内容都报告给了密斯：图纸，照片，信函，项目文件，竞赛文件，期刊以及包豪斯时期的文件。这份材料的珍贵程度可见一斑。西德与东德之间的谈判拖了四年，在此期间的 1960 年 12 月，54 岁的路德维希在柏林高速公路中的一次车祸中发生意外。德克·罗汉从芝加哥来到这里继续申诉希望取回密斯财物的要求。在 1963 年末，西柏林艺术学院总部长布特拉尔（Freiherr von Buttlar）以及在东柏林艺术学院与他相对的管理者奥托·纳格尔（Otto Nagel）将箱子转移到了西柏林——而尽管东德并不是在将德绍包豪斯相关的所有资料删除后才声称它是 "国有财产"。最后，在 12 月份，这份资料到达了芝加哥，而此时密斯却正处于对他手下的工作人员的愤怒之中，于是这些资料在那里等待了几个星期都没有被开封。据工作人员说，那个标注 "莉莉·赖希" 的单独的盒子从来没有被密斯打开过。

这些内容在最后经过了正式而严谨的审查，此时正是密斯和现代艺术博物馆已经在讨论将 1947 年纽约展览中所使用的图纸进行捐赠的可能性的不久之后。在这些和随后的讨论过程中,密斯并不在乎能够看到他的作品是否经过编辑,而是希望能够让博物馆知道他能够提供更多自己的专业资料,包括在米尔豪森时的论文以及他在美国期间的职业档案。这些举动最终使得博物馆建筑与设计部正式成立了密斯·凡·德·罗档案馆。这间档案馆包含超过 20000 个项目,图纸和项目之间的通信是最为显著的资料。密斯在遗嘱中向美国国会图书馆遗赠了 22000 份其他的文件,主要是与具体建筑项目无关的个人和专业上的来往信件。

...

自从第一次世界大战之后,密斯在艺术品收集上已经跨越了 50 年的时光。在此之前,我们可以看到他在 1908 年意大利旅行期间对艺术的冷漠与 1911 年他决定购买康定斯基的一幅作品之间的对比。我们认为康定斯基可能是密斯在 20 世纪 20 年代之交转向前卫风格的第一个征兆。

然而,在欧洲的职业生涯期间,密斯几乎都算不上是严格意义上的收藏家。在他从柏林搬到芝加哥时,他唯一拥有的艺术品是康定斯基和 1934 年马克思·贝克曼的裸照作品:戴面具的阿尔菲(Alfi mit Maske)。贝克曼的作品是朋友和同事在密斯 50 岁生日时送的生日礼物(1936 年,3 月 27 日)。选择贝克曼的正是由莉莉·赖希派来的助手赫伯特·赫奇,他联系了很多画家,也从自己的工作室中选择了一些作品。正是贝克曼本人以呈现友谊为基础,不但做出了最终的选择,而且还降低了自己作品的价格,带着自己的作品参加了密斯的生日庆祝会。

因此,作为曾经为著名收藏家设计过住宅的建筑师,比如海伦·克勒·穆勒、埃里克·沃尔夫,爱德华·富克斯和赫尔曼·兰格,他本人却对艺术无动于衷,或者无法效仿他们——直到移民美国。到达美国后,他才开始偶尔进行一些艺术品采购,还得到了一些前柏林画廊主的建议,特别是都在纽约重新开业的卡尔·尼伦多夫(Karl Nierendorf)和柯特·瓦伦丁(Curt Valentin)(密斯在德国已经认识了他们)。1937~1938 年,密斯在纽约为 Resor 住宅项目进行工作。就在此时开始了与尼伦多夫、瓦伦丁和自 1923 年一直在美国的曾经是柏林艺术品经销商的诺曼(J.B. Neumann)的社交往来。密斯参观了尼伦多夫的展览,展览包含包豪斯的三位大师:康定斯基、里昂内尔·芬林格和克利的作品。在这次展览中他购买了 5 幅克利的画作,到了 1940 年底,他已经有了克利的 5 幅油画和 10

图 15.3
密斯正在和资深建筑师大卫·海德（David Haid）讨论他的某些艺术藏品；这张照片由《生活》杂志拍摄，并刊登在其 1957 年 3 月刊的密斯专题报道中。照片出自：弗兰克·谢舍尔 / 时代与生活图片 / 盖蒂图片社。

幅水彩画。后来数量又增加了至少 20 幅作品，克利的作品成为了密斯收藏艺术品中数量最多的。克利是密斯最喜欢的画家，尽管至少有一个例外，不仅仅是因为他把自己的作品视为高雅艺术。IIT 的研究生保罗·皮平回忆了对密斯公寓的一次课堂访问："我们来到了一个挂着克利的画的房间，密斯说'我买了这幅画是因为足够有勇气称之为画作。'"

到了 20 世纪 50 年代中期，库尔特·施维特斯（Kurt Schwitters）的拼贴画也开始出现在了密斯的藏品之中（图 15.3）。克利和施维特斯同样都有着想去尝试自由与幻想的风格，而这种风格也与密斯自己那具有秩序和理性的奉献精神是截然不同的。但是，密斯对于这两者的喜爱原因一定超出了这些顾虑。20 世纪 30 年代，在他对于乔治·丹佛斯的评论中，密斯回忆了他对于克利独特的钦佩，称他为"一位富有远见的画家"，克利与布拉克和毕加索"可能是当代三大画家。"友谊是密斯收藏的另一个因素，当密斯是学校的主管时，克利曾经是包豪斯的教员。然后，在他的巅峰时刻，克利正在创作出源源不断的创造性作品。他于1933年搬到伯尔尼，即使如此，密斯仍然和他一直保持着联系：

> 他们关闭包豪斯之后，他去拜访了克利，克利此时的处境并不好。他此时身居瑞士，密斯走进了他的住所——克利总是很爱猫的——他坐了下来，一只大猫便爬过来跳上他的膝盖。克利吓了一跳，克利随即说："我的上帝，这只猫从来不会靠近任何人……"克利认为这是一个预兆，此时坐在这里的是他一个特别的朋友。（密斯）简直爱死了这个（故事）。

密斯拥有施维特斯的14张拼贴画，这些拼贴画主要由各种纸制品碎片组合而成——门票、收据、信封，日历和同类的碎屑——而这些碎片都是艺术家在房子周围或者大街上寻找而来。这些素材被艺术家以建构主义对于几何形式的敏感性进行组织与重构，在密斯买下了他对于克利的收藏中的最后一件作品之后，密斯便开始了对于拼贴画收集，而这也是为什么在当时他与建筑师保罗·施维克在谈话时，被问及一个非正式的问题"你最喜欢的是什么……密斯？"时，他也随意地回答道"哦，这很简单：我的施维特斯，我的马蒂尼，还有我的雪茄烟。"尽管如此，所有其余的依据却都指明克利才是密斯由始至终最为尊重的艺术家。

在芝加哥，密斯与这座城市的艺术世界进行了认真的接触。正如我们之前注意到的，1938~1939年间，芝加哥艺术学院举办了由博物馆馆长丹尼尔·卡顿·里奇主办的展览。密斯是密歇根大道凯瑟琳·库赫画廊的常客，这里也是展示现代艺术的少数几个地方之一。密斯在这间画廊购买了克利的《一个忏悔女人的复活》（Ruckfall einer Bekehrten, Relapse of a Converted Woman）以及康定斯基的《秋季风景》，后来，他将这两幅画送给了劳拉·马克思。1952年，他协助纽约经销商西德尼·贾妮思为芝加哥艺术俱乐部组织了一场施维特斯展览。这次活动也促使他第一次购买了施维特斯的作品。

在西格拉姆项目时期，密斯重新开始接触纽约艺术世界。基恩·萨默斯回忆曼哈顿画廊之旅。密斯曾经邀请他代表芝加哥投资顾问寻找艺术品，在Saidenberg画廊里，萨默斯发现了一些毕加索、费尔南德·莱格，以及胡安·格里斯的作品。在萨默斯的建议下，密斯参观了这间画廊并购买了毕加索的《女人的胸》（Bust of a Woman）。当他拥有了这件作品之后，密斯高兴地发现，毕加索在画布的背面签了绘画完成的日期——"27 Ⅲ 1956"，这也是密斯 70 岁生日的那天。

　　密斯不愿意将购买的艺术品仅仅作为一种投资，他在 1956 年时从诺曼那里购买了 90 幅爱德华·蒙克的作品，但是这些作品从未挂在芝加哥的公寓里。1963 年，芝加哥经销商艾伦·弗拉金与芝加哥艺术学院进行了收藏克拉伦斯·白金汉藏品的合作谈判。

　　密斯受到了芝加哥年青一代画家、雕塑家和平面设计师的高度重视。1950 年，他与克莱门·格林伯格、莱斯特·郎曼和恩斯特·蒙特一起，密斯被邀请担任"动力展览"的评审，这是由芝加哥市艺术学院学生组织的一场集体表演，也是对于博物馆在一年一度的芝加哥与邻近地区艺术表演排除学生参加的一次抗议。这次经历使密斯接触到了一批战后芝加哥的艺术家们，尤其是其中一位叫做韦斯特曼的人，他是一个天才的雕塑师及蝴蝶雕刻家，密斯在 1957 年买下了韦斯特曼所作的精美的蝴蝶木质浮雕。现在继承了这些作品的德克·罗汉仍然记得密斯十分钟爱这些作品，正是这些让他意识到了克利的技术。韦斯特曼是密斯艺术收藏中唯一的美国人，也是唯一的雕塑家。几年后，密斯买下了瑞士人雨果·韦伯所作的密斯彩绘肖像，而这也成为他艺术收藏的终结。在密斯去世之后，他的收藏品被分给了两个仍然在世的女儿玛丽安娜将自己拥有的一部分收藏品交给了她的儿子德克·罗汉和女儿乌尔力克·施莱伯，而乔治娅则将她自己的部分随着时间的推移分别借给了几个博物馆作为展出。

· · ·

　　路德维希·密斯·凡·德·罗在本书出版前 40 年去世，而那些对密斯有过个人观察和记忆的人也相应地减少了。然而，我们仍然还是有足够的第一手回忆资料，能够呈现出密斯鲜明的个人形象，许多珍贵的资料都来自对于这本书的引用：芝加哥艺术学院建筑系的历史课程。这份资料是一个专业编辑从 1983 年开始的采访资料与芝加哥、意大利及其他地区的建筑师的意见整合而成。其中许多人都与密斯有过联系，或者受到过他的影响，而一些人也对他表达过反对。以下叙述来自这份材料，来自一些其他的个人采访和已出版的回忆录，从我们自己的采访以及密斯与芝加哥圈的私人和专业互动中。

几乎所有认识他的人都说密斯性格平和。密斯工作室的同事约瑟夫·藤川、爱德华·达克特以及唐纳德·西克勒说，在几十年间与密斯的交往中，他们很少看到密斯心情沮丧，高声指责或者是有什么粗鲁傲慢的行为。而一个早熟的 12 岁孩子也对密斯形成了相同的印象。现在担任芝加哥文化中心官方历史学家的蒂姆·萨缪尔森在 1962 年与在俄亥俄街办事处的密斯通过一次电话。一颗年轻的、怀揣着对于建筑的激情，萨缪尔森表达出他希望与密斯见面的心情，并想劝说密斯去阻止亨利·伊夫斯·科布 1905 年设计的联邦大厦即将被拆除的命运，这一大厦也是密斯在联邦中心项目工程中的一部分。这个男孩虽然遇到了预期中的阻碍，但最终还是来到了密斯的办公室。就像他回忆中的那样，他在那儿对密斯说："这座古老的建筑非常美妙……你不能把自己的建筑挪到另一个地方，这样，这件美丽的作品就不会受到损害了。"

密斯若有所思地听着。"我希望有一天你能看到新建筑的美，像喜欢旧建筑一样去欣赏它。"萨缪尔森已经意识到了自己已经尽力了，接下来他把注意力集中到了一座在玩具车和一些像是人物的小纸条旁边的建筑物模型上。"你是怎么做它的?"他问道。密斯拿起了一张纸，耐心地展示了制作模型的技巧。随着访问的结束，萨缪尔森承认在现在他确实"可以像欣赏旧建筑一样去欣赏新的现代建筑。"

密斯在 1952 年 11 月的《建筑论坛》上发表这样的描述时，他的身体仍然很健康：

> 他是……健壮的，但并不珍贵，他是一个 66 岁的腼腆的人，有着宽厚的肩膀，一个大胆的下巴，现在已经被很好地包裹在肉体上，表情严肃，这与勒·柯布西耶脸上紧张的肌肉活动很不相同，也与赖特脸上智慧优雅的气质不同。密斯的眼睛深陷在复杂的褶皱和丰润的皮肤之间，看起来非常深邃。在与密斯的会面之中，曾经有很多隐约而无望的寂静，当他的脸在一堆雪茄烟雾后面若隐若现，思想和形象在他心目中简化了。

虽然密斯已经使用英语长达 30 年，并且能够充分表达自己的意思，但他仍然在使用德语时才感到自在。几位同事也得出了同样的观察结果。尽管如此，布鲁斯·格雷厄姆发现他在用英文时语速很慢，但是使用德语时却没有这样的感觉。罗汉对这两种语言都很精通，认为密斯出名的沉默是他无法持续使用习惯的母语而感到不安的产物。在使用德语中时，罗汉回忆中的密斯"活泼，口齿伶俐"，而且从来都是知无不言。藤川则记得密斯在记忆人名时有障碍："他会向我介绍一个人时，说'这是藤-加哥先生！'他把我的名字和芝加哥混在了一起……多年来，他一直叫我藤加哥先生。"

雷金纳德·马尔科姆森对于密斯著名的沉默则有着不同理论：

（密斯）有一个习惯，希望人们能够说话……在相当长的一段时间里，你会听到很多有意义或者无意义的相互交流争吵的声音……但是他就能够坐在那里，似乎完全不受影响。然后，当他开始说话的时候，你会感觉他已经让人们把自己的想法都说出来了。因此，现在他可以通过自己来总结一些必须要说的问题或者之前没人注意到或提到的东西，以此来对一些事情产生某种影响。而且他曾经多次做过这样的举动，所以我倾向于认为这是他特意为之的举动。这是一项研究，他可以在适当的时机通过自己的举动来影响人们。

20世纪30年代的阿默学院中，德国人韦纳·布赫曾经跟随密斯一起学习，他回忆起密斯"讲德语的时候非常平静，非常口语化，但是当他说英语时，他的亚琛背景就显得非常清晰了，似乎他是在用低沉的德语口音讲英语。"布赫还指出，密斯使用的不是语言技巧而是他靠自身个性的力量进行一种最具说服力的说话方式：

他静静地站在那里，然后说了一句话，这当然是老生常谈，但是当他这么说的时候，车轮开始转动，这些简单的话本身是微不足道的，但很快就会与密斯的项目联系起来，他可能会说"你必须学习与工业建筑不同的教堂建筑……"每个人都理解性地点点头。令人吃惊的是，当密斯以他自己独特的说话方式说出这样的话，加上其他支持性的东西，我们都被他深深地迷住了。

长期以来担任IIT教授的彼得·勒斯则对密斯有着截然不同的回忆。作为一名最近从德国移民如今仍然挣扎着学习英语的人，他参加了密斯的讲座，但几乎没有听懂讲座的内容。最后，他向附近的一位美国学生求助，结果他回答道："但我并不能比你更好地理解他说讲的英文。"

然而密斯还有另外一种交流方式：权威的投射、部分是身体上的、部分

图 15.4
在学生和同事簇拥下的密斯,雪茄从不离手;拍摄于 20 世纪 60 年代中期。密斯身后以木墙为背景的是雨果·韦伯(Hugo Weber)于 1961 年创作的密斯的半身像。照片由德克·罗汉提供。

是口头表达。密斯的一名学生詹姆斯·哈蒙德后来成为一名著名的芝加哥建筑师,他这样说道:"(密斯)是个伟大而平易近人的人,人们会将他的话语挂在嘴边,记在脑海中,几乎是将那些字句刻在自己心中"(图 15.4)。对于基恩·萨默斯来说,这种影响力不仅仅是个人魅力:

> 更像是上帝就坐在桌子旁边。这话听起来有点傻……但是的确会有这种感觉。密斯就是有这样的存在感……他说的话无一不让人印象深刻。若非确实有问题被问及,密斯不会轻易说话。密斯总是穿一件漂亮的蓝色或是棕色的——主要是蓝色——西装,佩戴着金色的手表,手里拿着一支雪茄……让你知道那就是一位谈吐不凡的人物。

在此之前,萨默斯已经见证了密斯除了伟大之外的另一面:"即使(只有)六个人在密斯的工作室内工作,而且我已经工作了几年,但他却仍然不知道我的名字。"密斯也可能并不是伟大的:爱德华·达克特和约瑟夫·藤川都一致认为经过多年来为密斯工作,"有一件事(我们)从来没有真正地原谅过他。如果有人搞砸了,呈现出他不可靠的一面或者是某种品性方面的东西,无论这个人的一生做过些什么,密斯也绝不会再真正信任他们……(他)永远不会原谅他们,也永远不会忘记他们曾经做过的事。这只是一种

第 15 章 退场:1962~1969 年

心灵层面的东西，他只是不能自我消解。但这并不意味着他会苛待他人，只是在某种程度上这个人结束了他的机会或者未来。"

马尔科姆森认为密斯"是一个具有神秘感的人，可以用奥斯卡王尔德的诙谐的语言来例证：'简单是一个复杂的心灵最后的避难所。'而且密斯的思维非常复杂，他的直觉也非常强。"马尔科姆森同样也对路德维希·希尔伯塞默深深着迷，他说密斯和希尔伯塞默就像是导师：

> 毫无疑问，密斯和希尔伯塞默在某种程度上都是自己的榜样。密斯具有很多可以被称为德国传统美德的品质，他总是很守时。希尔伯塞默也是如此，或者说更是如此。你从来都不会看到希尔伯塞默或者密斯会很懒散地打扮。他们绝不会这么做。他们就像总是在各种舞台上，也有意识这样做……他们为那些热衷于严肃利益的人们树立了榜样。他们有自己与年轻人讨论事情的方式，以认真的态度进行非常简单而有效的讨论。

然而，正如前面所指出的，有充分的证据表明密斯既不是一个极具野心的管理人员，也不是一位天才的教师。在欧洲和美国的职业生涯期间，他把学校的日常运作交给下属，从而让自己能够专注于自己的专业和感兴趣的项目之上。藤川说：

> 我不认为密斯是一位领导者……他靠自己便会起到榜样的作用，赢得你的尊重，在某种意义上你会因为他的创造才能而感到敬畏……我不认为他会成为一个好的军队将领……（希尔伯塞默）比起密斯更像是一个天生的老师。密斯有很多可以教授他人的东西，但他首先还是一名建筑师。我想，自从他对建筑学已经有了太多想法以后，他开始成为了一个好老师。但是希尔伯塞默有一种教学上的天赋，就像有人对音乐或者语言有天赋一样。

密斯的确具有幽默感，偶尔也会伤害到人，尽管他更倾向于被他惯常的情绪中的中立掩盖这些。赫伯特·格林沃德在860-880湖滨大道项目开发中的合伙人罗伯特·麦考密克，曾经邀请密斯和沃尔特·格罗皮乌斯到伊利诺伊州埃尔姆赫斯特（Elmhurst），由密斯设计的家做客。在那个漫长的夜晚，格罗皮乌斯对建筑专业实践中的一个新兴的趋势赞不绝口：人们现在可以为许多不同的地方设计项目，并让当地的副建筑师来处理细节。"但是格罗皮乌斯、麦考密克回忆说，"如果你想要生一个孩子，你会打电话给邻居吗？"在范斯沃斯案件审判期间，助理律师威廉·墨菲还能回忆起极光乡村俱乐部时与密斯和几个俱乐部成员共进午餐。他们达成了一个关于最近完成的俱乐部建筑成本的共识："大约 100 万"，密斯注视着他的同伴，狡黠地笑着说："我可以做两个人"罗斯回忆了密斯的同事之一的报告中指出据说菲利普·约翰逊从西格拉姆大厦的设计中获得了赞誉："这是否对你造成了困扰，密斯？""也不是，约翰逊声称我主要负责他的一座建筑会给我带来什么困扰呢。"

我们声称密斯通常都有着临危不乱的个性。但是，也不会一直这样，有时他也会有一些胆怯的行为。劳拉·马克思回忆当密斯在"沉思某事的时候，突然间他会爆炸，谁在他面前便会首当其冲。他会大喊大叫，挥动他的手臂。而且他不会坦率说这个消息的来源，我等会儿再弄清楚。"正如已经报道的那样，他最著名的职业反感目标是莫霍利（Laszlo Moholy-Nagy），当追溯到包豪斯的岁月之时，莫霍利 1937 年在芝加哥开设"新包豪斯"后不断升级。密斯对于莫霍利开设的设计学院及后来的芝加哥学校的主任瑟奇（Serge Chermayeff）也很不满。

密斯对于这种敌意最终无用的认识，是因一位阿默学院毕业生理查德森（Ambrose Richardson）的回忆，理查德森说："正如密斯曾经说过的，'我几乎没有时间去做某事，我绝对没有时间去反对任何事情。'"在德国和芝加哥时，这一原则也同样适用于他的专业实践和终身对于政治的厌恶。这也表明了密斯"对任何一种有争议的情况的恐惧"，马尔科姆森也说"他是一个非常难以对抗的人"。

正如本文中多次描述的那样，密斯喜欢与同事和学生一起聊天。他喝酒的本领是巨大的，正如人们所记得的那样，他最喜欢的饮料便是马提尼，这是他在美国培养的激情。劳拉·马克思这样回忆道："对于密斯，晚餐时 4 杯马提尼是标准，然后他就会停下来，'记住'，他会说，'喝完 5 杯马提尼酒后，你就再也不会吃晚餐了'（这也意味着他不会喝到 5 杯）。"然而他在亚琛当学徒时期，第一次喝到的德国杜松子酒 Steinhager 依然是他的次爱。在被公司事务包围时，密斯会急切地熬到凌晨，以此抵制他的业主想要回家的尝试。他喝的越多，事情就会越顺，而他说英语也会变得越容易。事实是——不仅仅是——彼得·罗斯在高地公园晚会上的表演。他坐在壁炉旁的椅子上，大部分时间都很健谈——并且是用英语——同时罗斯的两个孩子则坐在他的膝上。黎明时分，带着关节炎等伤痛的密斯决定自己走路，他沿着陡峭山沟的斜坡向密歇根湖岸边观看日出。

午餐结束之前，密斯很少会出现在工作室。他会在不紧张的状态下集中精力研究目前的工作，并以同样的方式与工作人员进行讨论，然后在黄昏时回到公寓。"密斯喜欢画画"，马尔科姆森这样说道，"并且欣赏卓越的绘画能力，这样的技能对于他来说必不可少的，曾经在结束了与他工作室工作人员的一次不甚愉快的讨论之后。他大声地说道，'看在老天的份上，画一幅画吧；我们是建筑师，不是律师！'"

...

劳拉无条件地爱着密斯。她很少问及关于他的事情，而这也恰恰是让密斯能够亲近任何一个人的最好方法。她了解密斯对于独立和孤独状态的需求，因此劳拉从来没有和他一起生活过，而是始终在与密斯所在相同地区却保持着自己的家庭生活。对于她来说，密斯对她很体贴，而且很显然，会和她闲聊。相对的，她会很珍惜他的注意，并记录下来他随口的一些话语。她特别喜欢他用英语对话时的口音：

劳拉："是下雨了吗？"密斯："不，它只是在嘶嘶作响"
期待一次旅行时："明天晚上的这个时候，我会在墨西哥喝着一杯Kweela。"
在七月的芝加哥一个典型的周末："感觉好黏，这天气真是闷热。"
在车上安装了新的电池后："它跑得快吗？"
看到一辆鲜红色的跑车："这儿有一辆报警车。"

劳拉也会记录他的情感流露。曾有一次，当她弯腰系鞋带的时候，密斯说——或许只有一个建筑师才会这样说——"你从上面看起来也不错。上帝一定高兴看着你。"餐桌前的谈话片段也被保留了下来：

关于南美菜的讨论："我肚子不舒服两次了。"
观看密歇根湖的一场"狂野风暴"时："哦风暴！它们多锋利啊！"
在被利用时："如果我知道，我绝不会盛他们蔬菜汤里的胡萝卜。"

密斯在接听一个电话交谈时:"他非常兴奋,你可以听到他的大脑仿佛在不停被猛击。简直像打字机的金属声一样。"

刚刚在街上看到伊迪丝·范斯沃斯后:"她看起来像是田野里的一根对付鸟的棍子(拍手)。"

1964年总统大选之后的早晨:"他[戈德华特]看起来就像一只湿淋淋的猫。"

对于"收音机里糟糕的音乐":"当我听到这样的音乐时,就像我的鞋子要脱掉一样。"

在朋友那的午餐时间。"小小的日本李子树以及树基处的圆形花床。密斯:'这里的一切都是在桌布上。'"

最后,他还记录了密斯的一些反思:

"形容一个将房子租借给密斯的女孩(纳粹时期她30岁)。他在蒂罗尔州的索普拉博尔扎诺说:'她与这些山脉有着狂热而密切的联系。如果没有这些群山,她的整个创作都将毫无意义。'"

"关于名气:'它就像是我与社会的关系。我想要的不是这个,虽然我没有任何要反对人们的意思。我喜欢(想要)被认可,但我不喜欢被认可之后的结果。我讨厌这样的结果……'"

有关希尔伯塞默的病期:"很遗憾我们不能就这样关掉我们的生命之灯。"

在"独自一人熬夜的时候:'我必须等到音乐消失。'"

···

从1963年的关节炎发作中,密斯曾短暂的恢复过。但是他却就此失去了移动性,而痛苦却如影随形,以至于在1965年时他向劳拉表明了自己无法再集中注意力的境况。"关于疼痛最糟糕的事情,"他告诉她说,"那是非常无聊。"由于腰部肌肉组织的紧绷让他的不适感变得更强,密斯的医生决定采用外科手术让他的一部分肌肉被横向切开,然后通过加长而放松这些肌肉,这也使得密斯多年来第一次感到疼痛减轻了。虽然密斯再也没有单独行动过,但他终于能够恢复到按照适度的时间可以进行工作的程度。

勒·柯布西耶在1965年因在地中海游泳时心脏病突发而去世。赖特在1959年去世。从19世纪80年代起诞生的欧洲现代派的那些伟大一代只剩下密斯和格罗皮乌斯。随着这些年债务的增加,那些欠款也更加迫切地需要支付。20世纪60年代，密斯出现了分歧性斜视的症状，这种症状被称为壁眼。这种病痛也使得他无法在印刷品上长时间地集中注意力。他只能依靠劳拉尽职尽责地给他读书听。而这也使得他们之间的亲密关系日渐加深。有一天晚上，她将书放在一边，轻轻地问他："告诉我为什么你从来没有考虑和我结婚？"

密斯叹了一口气。"我想我可能是一个傻瓜，我害怕我会失去自由，我不想有这样无意义的担心，"然后他停顿了一下，接着问道："我们现在可以结婚吗？"

"不，"她回答道，其实她了解密斯远比他自己了解的还要多。"而且也太迟了；它只会破坏我们现有的关系。我只是想知道这个问题的答案。"劳拉总是尽可能地让密斯满意，来缓解他越加接近死亡时的痛苦时间。

食道癌的症状第一次出现在1966年，在这之后，密斯很快迎来了他热闹非凡的80岁生日。此时他的身体状况和年龄都已经不允许再进行手术。放射治疗减少了部分的身体阻碍，也给了密斯一定的舒适感。1968年，密斯和劳拉到圣塔芭芭拉进行了几周"最后一次愉快的旅行"，密斯在返程时看起来变黑了一些，也更健康了一些。在1968～1969年大约一年的时间内，密斯的医生乔治·艾伦通过定期扩张他的食道保证了他的身体机能，但这并不是一个愉快的过程，密斯在日常生活中还是忍受着胃痛的折磨。

大约在格罗皮乌斯去世六周之后，密斯于1969年8月17日去世。在去世前的两周，有一天，劳拉与密斯共进晚餐，劳拉注意到了密斯有点轻微的感冒，看起来面色苍白，她决定在他的公寓内过夜来照顾他。到了第二天的早晨，她发现密斯躺在床上，颤抖着，气喘吁吁，他的拳头在他的下巴下紧紧握着。密斯随即被救护车送往了卫斯理纪念医院。劳拉本以为这是心脏病发的症状，但最终密斯被确诊为是肺炎。两周之后，他开始意识模糊，乔治娅从纽约飞往了这里，而玛丽安娜此时已经在芝加哥了。在密斯呼吸停止的时刻，他显得苍白无力，两个女儿守在他的身边，此后不久，劳拉和德克也到了芝加哥。密斯的家人委托劳拉安排密斯葬礼的事务，她便选择了格雷斯兰公墓礼拜堂的短期服务。德克简单地说了几句话，风琴手吹奏了巴赫的《马太受难曲》中的"O Haupt voll Blut und Wunden"（受难圣咏）。密斯的遗体经过火化后，他的骨灰埋在了与丹尼尔伯纳姆和路易斯沙利文的同一个墓地中。

...

两个月后，世界各地都举办了各种纪念密斯的活动。1969 年 10 月 25 日，密斯的朋友、同事、学生以及仰慕者们都聚集在 IIT 的克朗楼中，这一次有杰诺斯·斯塔克（Janos Starker）用大提琴演奏了更多巴赫的曲目，前任休斯顿美术博物馆馆长兼密斯自 20 世纪 30 年代柏林时期交往的老友詹姆斯·约翰逊·斯维尼则进行了致辞。以惊人而恰当的表达，他赞颂了密斯就像是生活在日常生命中的一位哲学家：

> 空间、振幅以及各个部分的舒适关系——统一、秩序、形式——是他的基本要求，秩序中缺乏任何部分都会伤害到他……
>
> ……这是密斯给我们所有人的遗赠，特别是留给芝加哥的遗赠：他的重要性、个性，以及鼓舞人心的秩序模式留在了这个让他近年来遭受到了这种精神性原则被无视而痛苦的世界中。
>
> 今天，我们没有必要强调密斯曾经做出的卓越贡献，或者他身为艺术家的地位。就像后者一样，他有幸能够在活着时受到人们的普遍认可……对于这个世界而言，他是一位伟大的建筑师，一位谦逊、随和的人。对于他的内心，他将永远保持自身，他是一个美好的基石：一个温暖的朋友，以及一个完整的人。

...

就像斯维尼所说的那样，一场风暴正在肆虐，建筑现代主义正在专业和批判性的撤退。批评人士称，20 世纪 50 年代和 60 年代中，现代运动与企业合作已经成就了共同的事业，它的使命已经不仅仅是怂恿商业力量增强。城市更新的失败、中产阶级从美国城市中出逃，以及市中心拥挤的街区和郊区平庸的盒子建筑的扩张：这些都证明了官僚主义和房地产利益共同选择了现代主义的规划和设计。在理论层面上，摒除开始了。许多建筑师和评论家认为一个"客观的建筑"——在某种程度上，专业人士一直在追求和试图模仿密斯——产生的不只是纯粹的表达，还有多数时候的内容贫乏。

这些——或许并没有——所有的不满可以直接冲向密斯，但是他并不这么认为："很明显现在有人对我的建筑方法有了反应。毫无疑问，但我认为这只是一种反应。我不认为它会是一种新的方式……这种反应是一种时尚而已。"然而密斯的影响力仍然使他成为了建筑后现代主义的主要目标。他是那个时代最无私的一位理性主义者，一位专制的客观主义者，他甚至放弃了自己偶尔冲动想要"做一件事只是出于我自己喜欢"。在一个日益复杂的世界中，时间被急剧的变化而压缩了，空间也意味着达拉斯的扩张或者芝加哥的网格，密斯的"客观"方法看起来似乎不可能过时。

· · ·

随着20世纪70年代初的石油危机，建筑面临着新的挑战。例如，70年代中期美国经济的深度衰退，从1974年开始芝加哥几乎停止了大型商业建筑的建造，当时西尔斯大厦（Sears Tower）和标准石油大厦已经建成，随后进入了20世纪80年代。随着建筑的复兴，再次出现了密斯模式的新建筑；事实上，现代主义从来没有完全退出历史舞台。但是知识分子已经转移了。密斯——他的学生们开始风起云涌——现在看起来就像是一个历史人物。但是在经过20世纪80年代后期建筑业的低迷之后，后现代运动的出现又转变成为了90年代产生的新风尚。

然而在21世纪之交之前，一种新的现代主义——由不断推进的技术以及新兴人才所推动的无历史主义——再次进入了上升期。此时，密斯奖学金已初见成熟，密斯虽然不再被抄袭，但却在此时获得了再次的尊重。他的主要作品已经或者即将成为地标性的保护建筑，也得到了细致的修复，甚至是重塑。由此，密斯成为一种建筑学中的偶像象征。

密斯在建筑史上的地位并不是由于他在思想上的绝对正确而被奠定的，而是通过他在艺术上的精致和完善——现在我们认为矛盾的，是作为一个高度个性化的艺术却又完全以一个人的客观性为基础。如果他没有将那个时代神圣化，那么他便是亲自将个人的印记印刻在了最不人性化的艺术家们身上。

密斯以谦恭的习惯以及被其成功证实了他的信仰的人的自信，把建筑看作是勤恳的求道者和大师。"建筑艺术在现实中始终是精神决定的空间实行。""建筑是精神的真正战场"，他在1950年这样写道。"建筑写下了时代的历史，并赋予了它们的名字。"

致谢

在过去的半个世纪里,有3家美国文化机构在记录路德维希·密斯·凡·德·罗(Ludwig Mies van der Rohe)的生活和事业方面共同发挥了关键的作用。通过向纽约现代艺术博物馆(Museum of Modern Art,New York)捐赠自己的业务档案,以及数千幅图纸和画作,密斯本人成为了该博物馆的密斯·凡·德·罗档案(Mies van der Rohe Archive)的主要推动者。3年前的1965年早些时候,他向国会图书馆(Library of Congress)赠予了一批同等重要的资料,这些资料更偏重于私人而非专业性质。从1983年开始,芝加哥建筑师口述历史项目(Chicago Architects Oral History Project)在该艺术学院建筑系的赞助下,记录了近100名建筑师的职业生涯和观点,其中大多数都与密斯有关。

我们非常感激建筑师德克·罗汉能与我们进行探讨;作为密斯的外孙,他和其建筑师外祖父的关系十分密切。艺术学院口述历史节目的多位采访者亦是节目的塑造者,作为他们中的一员,贝蒂·布卢姆(Betty Blum)表现得十分杰出。我们还要感谢参与了访谈的密斯的学生和与他共事多年的同事,其中包括已故的雅克·布朗森(Jacques Brownson)、已故的爱德华·达克特(Edward Duckett)、已故的约瑟夫·藤川(Joseph Fujikawa)、已故的迈伦·戈德史密斯(Myron Goldsmith)、已故的菲利普·约翰逊(Philip Johnson)、已故的爱德华·奥林基(Edward Olencki)、彼得·勒施(Peter Roesch)、乔治·希波雷特(George Schipporeit)、大卫·夏普(David Sharpe)、唐纳德·李·西克勒(Donald Lee Sickler),以及已故的基恩·萨默斯(Gene Summers)。我们还从已故的乔治·丹福思(George Danforth)那里受益良多;他对密斯的了解十分全面。我们不仅要感谢菲利斯·兰伯特(Phyllis Lambert)接受我们的长时间访谈;也要感谢她让我们接触到了加拿大蒙特利尔建筑中心的那些无比重要的文档。

不论在美国还是在欧洲,我们都离不开那些熟识密斯,或是与熟识密斯的其他人的帮助,他们是:馆长约翰·祖科夫斯基(John Zukowsky)和已故的馆长凯瑟琳·库恩(Katharine Kuh);开发商彼得·帕伦博(Peter

Palumbo）；基金会主任及建筑师卡特·H·曼尼（Carter H. Manny）；历史学家蒂尔曼·白蒂斯格（Tilman Buddensieg）、迪特里希·冯·波韦兹（Dietrich von Beulwitz）、沃夫·特格特霍夫（Wolf Tegethoff）、大卫·冯·赞腾（David van Zanten）；戏剧导演玛吉特·克莱伯（Margit Kleber）；以及罗宾·戈德史密斯（Robin Goldsmith）。

感谢伊利诺伊理工大学（Illinois Institute of Technology）的档案保管人凯瑟琳·布鲁克（Catherine Bruck）。感谢森林湖学院（Lake Forest College）南希·博姆（Nancy Bohm）、苏珊·克劳德（Susan Cloud）、理查德·费舍尔（Richard Fisher）和阿瑟·米勒（Arthur H. Miller），以及范斯沃斯住宅的执行董事惠特尼·弗兰奇（Whitney French）。关于本书的编辑顾问，我们要向已故的戴维·马森（H. David Matson）致敬。

我们在此要特别感谢已故的劳拉·马克思，自 1940 年与密斯相识，直至 1969 年去世，她一直是密斯的伴侣。20 世纪 80 年代初，在与舒尔茨的若干次谈话中，她回忆起密斯性格中的一些方面，以及两人之间的关系，这些都对我们的记录至关重要。

我们要感谢马克·博格斯曼（Marc Boxerman）和建筑师基恩·萨默斯（再次感谢）、德克·罗汉（再次感谢）、唐纳德·李·西克勒（再次感谢），以及阿尔斯·诺克斯（尤其感谢）；他们都仔细阅读了本书的手稿。最后，我们还要感谢琼·索耶斯（June Sawyers），她为本书编写了索引；感谢芝加哥大学出版社（University of Chicago Press）的诸位编辑：执行编辑苏珊·比勒斯坦（Susan Bielstein）、安东尼·伯顿（Anthony Burton）和桑德拉·哈泽尔（Sandra Hazel）。

［除非另有说明，本书中的图纸均由我们中的一员（温德霍斯特）基于密斯·凡·德·罗档案中保存的图形素材绘制］

附录 A
（密斯的）门徒

> 还有什么不可能呢？不管你认为它有多糟糕，把它写在纸上。
> ——密斯在解决问题时如是说道

> 我真希望这是我做的。
> ——密斯对雅克·布朗森设计的市政中心的看法

到了 20 世纪 50 年代——特别是在完成了西格拉姆大厦之后，密斯被公认为是美国最具影响力的建筑师。

正如我们所指出的那样，密斯风格的建筑师和建筑的广泛运动很快就被称为第二芝加哥学派（the Second Chicago School）。自 1938 年以来，密斯和他在伊利诺伊理工大学（IIT）的教师业已培养出一代建筑师，而其中一些最优秀的现在已开始在芝加哥的主要公司任职。从 20 世纪 50 年代中期开始，密斯风格的杰出建筑物均临近完工——它们主要坐落在芝加哥，但纽约和其他美国城市也有一些。

密斯带来的最终影响远不止于这些最早的建筑，不过这已超出了本书的范围——它还在不停地延伸中。在本附录中，我们选择了密斯的芝加哥门徒的五部杰出作品，并讨论了它们与密斯间的直接联系。

. . .

如前所述，迈伦·戈德史密斯是密斯最重要的学生。他的杰作——麦克梅斯 - 皮尔斯太阳望远镜（图 A.1）——位于亚利桑那州图森附近的基特峰国家天文台，完成于 1962 年。戈德史密斯——即密斯及其工作人员口中的 "Goldy"（戈迪）——在本书中占有突出地位，这主要是因为他在 1946～1953 年间在密斯的事务所中工作。他 20 多岁时就开始为密斯工作，但他很喜爱作为建筑师、工程师和知识分子的高级地位。他离开密斯后跟随意大利建筑师兼工程师皮埃尔·路易吉·奈尔维（Pier Luigi Nervi）学习。戈德史密斯断言，在他为密斯工作的那段时间里，他们的关系并不密切——

图 A.1
麦克梅斯－皮尔斯太阳望远镜,基特峰,亚利桑那州(1962年)。由 SOM 的迈伦·戈德史密斯设计。其右侧三个带桅杆的较矮长方体是后来(由其他人)放置于此的仪器。

"我们那时肯定不是朋友"——但毫无疑问,戈德史密斯的离开对密斯的职业而言是个挫折。

1955 年,戈德史密斯搬到 SOM 建筑事务所(Skidmore, Owings & Merrill—SOM)在旧金山的事务所,并在那儿担任总结构工程师。1957 年,他搬到 SOM 在芝加哥的事务所,并担任设计师。接下来他在布鲁斯·格雷厄姆(Bruce Graham)手下工作了十年,并于 1967 年成为了后者的合伙人。从 1961 年开始直到 1996 年去世,他一直在 IIT 建筑学院担任教授,并成为了可能仅次于阿尔弗雷德·考德威尔(Alfred Caldwell)(以及密斯和希尔伯塞默)的学校最杰出人物。

戈德史密斯回忆起密斯对基特峰项目的影响:

> 当看到(密斯的)作品时,我会有种他已经对此探索了很长时间的感觉……为了一个问题而探索出多个解决方案的想法正是密斯式的风格。他会毫不犹豫地制作十几种模型或上千幅草图来进行探索……为望远镜项目……的各个方案制作了 10 或 15 种模型,其中的一些模型有更好的视觉效果……它们又引出了其他(更好)的模型,最后只能选中一个。令人高兴的是,它在我们所做的探索中也是成本最合理的那个。一切都完美组合在一起——这是典型的密斯式风格,即试图从事实、方案、规划的限制和正常结构的局限性出发来完成建筑,而不是单单寻求奇幻的结构。

这架望远镜位于亚利桑那州中南部一座 7000 英尺高的山顶上。在 1994 年的采访中，戈德史密斯是这样描述这个项目的：

> 来自密歇根大学的一个电话意外带来了这个项目。"来看看我们的望远镜。"他们之所以打这通电话，全是因为[SOM]的声誉。许多这样的科学项目都遇到了可怕的困难，它们往往只是由天文学家们拼凑而成。（望远镜）这个项目很复杂，其外皮必须采用均匀冷却以抵消大气带来的畸变，而且这还是个紧急的任务。
>
> 这套仪器用于研究太阳的表面。为了减少大气造成的畸变，我们必须尽量减少暴露在环境中的望远镜数量。但是镜子必须高出斜坡 100 英尺，并且我们也不能对它进行反复的小幅度移动，我们得做出大概 300 英尺的焦距。你可以折叠光路来达到目的，但每次反射都使质量降低。我们让粗直的光束从长长的地下隧道连续穿过，从而减少了若干反射。为了简化引导，我们让这道光束与阳光的轴线相平行。在该纬度，这是个很精确的角度。我们的想法是，如果镜筒以 45°角转动，将会出现流动的风。我们制作了一个模型并用电扇和烟雾进行了测试，烟雾果然是四处流动的，这就是我们如何塑造其形状的过程。这种优美的雕塑形式的出现，在一定程度上归功于运气。但是我们还有很多问题要解决，比如山上那个美妙而孤立的场地，以及巨大的尺寸。

戈德史密斯所说的"优美的雕塑形式"是一个 500 英尺长的桁架结构钢管，它的截面为方形，以倾斜的姿态将自身的三分之二埋在山中。暴露在外的一端由类似的方形截面的支柱支撑，高于斜坡的定日镜和直径 60 英寸的镜子置于一座与外部结构相隔离的混凝土塔上。上述仪器会将太阳的图像传输到下面的观察室中，外部是由双层铜皮覆盖的风挡，内壁和外壁之间有冷水循环。（建筑物的）整个外壳涂成白色，以减少阳光的吸收。由于麦克梅斯 – 皮尔斯太阳望远镜具有令人惊叹的规模和跨越山脉的巨大孤独感，它被广泛称赞为建筑极简主义的胜利，而彼时也恰好是极简主义作为艺术运动进入美国主流之时。但正如建筑评论家艾伦·特姆科（Allan Temko）所说："（戈德史密斯的作品）早已不局限于产生广泛影响的极简主义雕塑……在亚利桑那州的山顶，这个在印第安人看来与太阳息息相关的地方，基特峰的太阳观测天文台披露了宇宙的秘密，而更多的神秘面纱还有待揭示。它简朴的逻辑结构，与朗香（Ranchamp）山顶上的教堂实

图A.2
芝加哥的约翰·汉考克中心,由SOM建成(1968)。汉考克中心由布鲁斯·格雷厄姆和结构工程师法兹·勒汗设计,是世界上首座重要的混合用途建筑物。其外墙虽然采用了对角线(设计),但完全是属于密斯式风格的。

际上没有什么不同,都属于高境界的哲学探究。"

...

芝加哥的一百层建筑——约翰·汉考克中心(1968)并非是戈德史密斯的作品——又或从专业角度而言,也不是密斯学生的作品——尽管它深受密斯和戈德史密斯的影响,且戈德史密斯和这个项目的起源也脱不了干系(图A.2)。汉考克中心由SOM的布鲁斯·格雷厄姆及其同事结构工程师法兹·勒汗(Fazlur Khan)共同设计。格雷厄姆在他40年的职业生涯中,设计了数十座主要建筑物,而汉考克中心(Hancock)是对他说是最重要的,勒汗也由此闻名于世。

格雷厄姆在宾夕法尼亚大学（University of Pennsylvania）接受专业教育，但他的作品始于对密斯的学习，密斯在芝加哥和 SOM 的影响力在 20 世纪 50 年代末和 60 年代初达到了顶峰。1961 年，经验丰富的设计师娜塔莉·德·布洛伊斯（Natalie De Blois）从纽约来到芝加哥，在格雷厄姆手下工作。她见证了当时的情况："我发现除了密斯·凡·德·罗外，大家什么也不谈，一切都是关于密斯的。（在 SOM）有人曾在密斯的事务所里做过详图设计，有人曾在 IIT 和密斯一起学习过。我并不熟悉密斯……我也不了解密斯，我只是坐下来开始工作。"

法兹·勒汗是孟加拉人，曾在达卡大学（University of Dhaka）和伊利诺伊大学（University of Illinois）接受教育。戈德史密斯与格雷厄姆和勒汗的关系都很好，并于 1961 年聘请勒汗在 IIT 的研究生课程中与他一同任教。在整个 20 世纪 60 年代和 70 年代，两人都在不断地进行具有历史意义的研究。

1953 年，在密斯的指导下，戈德史密斯完成了题为《高层建筑：尺度的影响》的建筑学硕士论文。他假定，对于建筑物来说，给定的结构体系适用于一定范围的物理尺寸；当建筑物的尺寸超出给定范围时，其结构体系也必须改变。他将这一原则应用到了自己对超高层建筑的概念中——他提议建造一座 80 层的混凝土超级框架结构的摩天大楼——并断言，当该建筑物超出当时的典型高度时，必须采用新的结构体系。他还描述并说明了几种用于高层建筑横向支撑的管状系统，其中包括全钢和 X 型斜撑。

戈德史密斯和勒汗于 1962 年与 IIT 的研究生佐佐木干夫（Mikio Sasaki）一同工作，他们在后者的论文项目中对 X 型斜撑进行了测试——该项目（的内容）是一座位于地震活跃区东京的摩天大楼。众所周知，地震力主要对高层建筑产生横向作用，这与风产生的作用相似。通过理论和物理模型，勒汗证实了戈德史密斯的理论基础：外骨骼桁架管在抵抗横向载荷方面非常有效。在此之前，像纽约帝国大厦这样的高层建筑都由更大的刚性钢框架构成。虽然二战前的 30 层钢结构建筑的结构可能重达每平方英尺（建筑面积）25 磅，但帝国大厦的这一数字却跃升至 60 多磅。这样的体系不可能无限度地扩大，戈德史密斯将此称为"尺寸的问题"。

SOM 于 1962 年获得了汉考克（项目）的委托。格雷厄姆邀戈德史密斯与他一起完成该项目，但后者以其他工作为由拒绝了。戈德史密斯说"这是我犯过的最严重的错误"。汉考克项目几乎占据了芝加哥北密歇根大道对面的整个街区，该街区位于德雷克酒店（Drake Hotel）南边两个街区外。该项目预计建造两座大型塔楼，一座为办公楼，另一座为公寓楼。办公楼约为40层，公寓楼约为60层，但它们的高度大致相同，因为办公楼的楼层必须更高。就像在密斯的事务所中所作的工作一样，（他们）准备了大量的模型，并对选址、形状和高度的排列进行了试验。这块地并不能恰到好处的摆下这两座高楼；而如果想要保留这两座紧挨着的楼之间和其周围的视野，也明显是个难题。

据格雷厄姆说，客户提出了将模型堆叠起来的建议，并询问建造一座百层高的塔楼是否可行。于是勒汗拿出了他曾在 IIT 研究过的 X 型斜撑。为了将办公室所需的大租赁跨度与适用于公寓的小尺寸楼板结合起来，格雷厄姆设计了一个巨大的锥形管道。他采用了黑色的阳极氧化铝板覆盖钢结构，又在铝板间填上了青铜色的玻璃。

竖梃的间距仿照了北湖滨路 860-880 号的设计，同时平面模数仍然横跨柱和角的围护，有时为 5 英尺宽。由于这种结构的重量达到了每平方英尺 29 磅，因此这座楼的高度问题几乎只能靠智慧来解决。

...

格雷厄姆最早的作品仿照了密斯的模型设计，其中尤为突出的是伊利诺斯州五大湖海军训练中心的（Great Lakes Naval Training Center）枪炮军士长勤务学校（Gunner's Mate School）(1954)，以及此后不久建成的威斯康星州尼达姆的金佰利-克拉克总部（headquarters of Kimberly-Clark）(1956年)。他在汉考克中心之后设计的另一座伟大的密斯式建筑——虽然按时间来说更早——则是内陆钢铁大厦（Inland Steel）(1957)，这是在大萧条和二战后在芝加哥环线建造的首座商业大厦（图 A.3）。（格雷厄姆和）时任的首席设计师沃尔特·奈奇（Walter Netsch）共同设计了这座建筑。奈奇当时在科罗拉多斯普林斯的美国空军学院（United States Air Force Academy）担任首席设计师，而该学院也正是 SOM 在 20 世纪 50 年代完成的一个大型项目。

内陆钢铁大厦是创新规划和新钢铁技术的试验田。对于现代化的办公楼来说，其服务核心，顾名思义，通常位于中间位置；但是对于内陆钢铁大厦来说，它被移到了一座看似独立的塔楼中，并通过走廊与主楼相连。由于采用了大部分设在外墙之外的柱子和厚达 3 英尺的楼板梁，大厦提供了前所未有的 60 英尺宽的无立柱楼层。与密斯的涂漆钢材截然不同的是，建筑师明显地向业主致敬，使用不锈钢板覆盖了建筑物。细长的箱形截面不锈钢竖梃

图 A.3
芝加哥的内陆钢铁大厦，由 SOM 建成（1957）。它是大萧条和第二次世界大战后在芝加哥市中心建成的第一栋高层建筑，亦是业主当时正在推广的钢铁技术的示范性作品。

中安装有隔热绿色玻璃。25 层高的无窗服务塔楼被包裹在不锈钢板内，每段都和典型拱肩同高。巨大的跨度，悬挑的端部开间和闪亮的外墙相结合，构造出一座通透的建筑，令人感受到建筑现代主义的乐观和战后美国更加广泛的文化。

· · ·

格雷厄姆还参与了芝加哥市政中心（Chicago Civic Center）（现为理查德·达利中心）（Richard J. Daley Center）的创建。该中心由来自墨菲事务所（C. F. Murphy Associates）、SOM 事务所和勒波施洛斯曼班尼特及达特事务所（Loebl, Schlossman, Bennett & Dart）的建筑师们共同设计，并于 1966 年完成（图 A.4）。墨菲事务所的主设计师是雅克·布朗森（Jacques Brownson）。为了完成这座市政中心，布朗森领导着由三家公司共同设立的特别办公室来设计这个项目。毫无疑问，他几乎得负责项目的每个大小细节。但是在项目早期，格雷厄姆和其他 SOM 的建筑师——其中包括密斯的另一名学生阿瑟·竹内（Arthur Takeuchi），都曾深入参与到项目的规划和概念设计中；他们在决策建造一座而非两座建筑（按照政府官员的建议）来容纳复杂的内容时起到了重要的作用。

布朗森的专业学位得自 IIT。他自己在伊利诺伊州日内瓦的住宅是他于 1954 所写硕士论文的主题；该论文是在密斯和结构工程师弗兰克·科纳克尔（Frank Kornacker）的指导下完成的。布朗森自己建成了这座由钢、玻璃和砖填充的住宅，而工程开始时他完全没有焊接或安装结构钢的经验。虽然与范斯沃斯住宅存在于同一个时代，但布朗森的住宅绝非是后者的复制品。与范斯沃斯住宅相比较，它的四个钢制门框使之与克朗楼（Crown Hall）更为相似。虽然这座住宅在现如今没什么名气，但它是密斯的学生设计的众多房屋中最杰出的。

布朗森自 1948~1959 年在 IIT 任教。之后他加入了墨菲事务所并在那儿工作了六年。他设计了洲际中心大厦（Continental Center）；这是一座优雅的 23 层的大跨度塔楼，位于芝加哥环路的东杰克逊大道 55 号。之后他又设计了达利中心（Daley Center）。（这两座建筑物现在都是芝加哥的官方地标。）1966 年，布朗森开始担任密歇根大学建筑学院的系主任；之后又于 1968 年回到芝加哥，担任该市公共建筑委员会的总建筑师。在 20 世纪 70 年代，他还曾是科罗拉多州的规划官员。

达利中心是美国第二人口稠密县（仅次于洛杉矶县）的法院。该项目要求设立 7 种不同类型的法庭以及法官室、陪审团和会议设施。无窗的法庭居于平面方案的内部，公共通道分列于法庭的南北两侧。法官室向东西两侧的外立面开放，并通过私人走廊与法庭相连。考虑到复杂的空间需求和未来对灵活性的需求，建筑师决定采用极长的跨度来打造没有立柱的室内空间。格雷厄姆、戈德史密斯和布朗森均就长跨度进行了讨论。由于所需的沉箱数量有所减少，所以这个方案与采用传统柱间距的方案相比较，更合理也更有优势。在 87 英尺处，东西向的隔间需要 5 英尺 4 英寸深的华伦桁架作为楼板梁；甚至连 45 英尺处的南北向隔间也不能用简支梁来满足其跨度。深厚的楼板体系和高大的内部设计造就了一座 650 英尺高却只有 33 层的建筑——

图 A.4（上页图）

芝加哥市政中心（现为理查德·达利中心）(1966)，由密斯的学生和教师同事雅克·布朗森设计。密斯告诉布朗森，"我真希望这是我做的。"这座备受赞誉的大楼在 2002 年便被认定为芝加哥的标志性建筑，这比来自官方的认证要早了 14 年。长期担任密斯副手的约瑟夫·藤川认为市政中心是芝加哥最好的建筑。

它曾短暂地成为芝加哥最高的建筑。该结构和它的包覆层完全焊接在一起，从外面看起来像是无缝浇灌的一样。

项目中的所谓耐候钢，其商标名为考登钢（Cor-Ten），用于包覆柱子和墙壁。虽然楼板的结构在外观上呈现为十分巨大的板梁，但其实际上是由在模数上对齐的考登钢板和加劲件组成的外部覆盖层。12 根外围立柱（平面内部还有 4 根立柱）的截面均为巨大的十字型，并由重型钢板制成；立柱的考登钢表皮内则由混凝土填充。立柱在通往顶部的方向上后退了三次，使得静荷载有所减少，这和密斯在海角公寓中的风格如出一辙，窗户是古铜色的平板玻璃。

这座建筑的确十分巨大，无论从宏观还是从微观处着眼，它那采用了浓烈横向线条的外观都极富质感。从这些方面来看，它不同于密斯的任何作品。密斯的墙壁，尤其是在他设计的 860 号建筑之后的大型建筑中，趋向于平坦，并给人直上直下的感觉。相比之下，达利中心的大跨度要求墙壁具有一定深度，因为只有这样，才能使用更多的构件。虽然严格来说这样的呈现方式可能并无必要，但它不仅合理，也让布朗森得到了恰到好处的比例和阴影。十字型柱并不比标准的方形截面组合钢更有效率，反而成本更高。然而，它们在底层的柱廊上能给人留下更加深刻的印象，看起来它们轻松地举起了整座巨大的建筑，而柱表面的红色考登钢看起来仿佛触手可及。

每根柱子的底部都有优雅的排水沟围绕——防止流动的考登钢锈弄脏花岗石广场——这是布朗森独特细节所具有的典型特征。设备层上的考登钢百叶窗则提供了额外的质感和趣味。

达利中心那气派的规模和占据了半个街区的广场直到今天都可说是前所未有的。它们代表着芝加哥的设计、建筑和民众的支持，是芝加哥最具活力和对世界建筑最有影响力的时刻之一。密斯最终亲眼看到了这座建筑的完工，布朗森说密斯告诉他："我真希望这是我做的……"布朗森描述了当时的情形：

> 有一天他打电话给我，问我是否愿意带他去看看市政中心……我认为他真的很尊重（这样的）规模……以及（我们）解决建筑问题的方法。他能感觉到……几乎所有在项目中承担了重要职责的人都曾经是他的学生。当他看到大楼拔地而起，看到那些极长的跨度和……拱肩梁的细节时，他说这就是建筑。他说你可以就感觉到它。

当被问及密斯说这些话时他有什么感受时，布朗森回答说："我吃了一惊，说不出话来。除了（他）正在设计那些建筑，他从来没有过多地谈论过其他建筑物。"

. . .

达利中心很快便融入到了基恩·萨默斯在芝加哥的主要作品——1971年完工的麦考密克展览中心（McCormick Place）。该展览中心基于1967年被大火烧毁的原麦考密克展览中心建造，占地80万平方英尺（图A.5）。这座由萨默斯建造的展览中心至今已经扩建了三次，面积达到了约250万平方英尺，但萨默斯设计的部分仍然是该建筑群中唯一的与众不同之处。这既要归功于萨默斯的设计天赋，也要归功于密斯·凡·德·罗创建的丰富且具有高度适应性的（建筑）词汇；正因有了这样的词汇，萨默斯才能卓有成效地创造出这样的作品。

萨默斯于1949年从德克萨斯A＆M大学取得了他的第一个专业学位。在芝加哥的一次班级旅行和参观了IIT的校园后，他决定接下来攻读IIT的研究生课程。对密斯团队的介绍对他的选择来说具有决定性意义："他有一种我从未见过的严肃性和存在感，"萨默斯回忆道，这也是许多人第一次见到密斯时留下的印象。在IIT，萨默斯引起了爱德华·达克特的注意，后者曾在密斯的事务所工作，并在该校任教。随后萨默斯便得到了引荐，但密斯建议他在开始全职工作前先拿到研究生学位。1951年，萨默斯完成了硕士论文。刚到事务所，他就被委以重任：先是担任IIT的罗伯特·卡尔纪念教堂（Robert F. Carr Memorial Chapel）的施工管理人；然后又在25岁时成为了学校食堂实际上的项目建筑师（这两个项目均在1953年完工）。在韩国服完兵役后，萨默斯于1956年回到芝加哥。密斯让他参与了西格拉姆大厦的相关工作。这个项目把他们带到纽约，并变得亲密起来。在本书其他部分已经提到过，萨默斯后来为密斯设计的作品还包括圣地亚哥巴卡迪办公楼（Bacardi Santiago）（1960年）、格奥尔格·舍费尔博物馆项目（Georg Schaefer Museum）（1962年）、芝加哥联邦中心（Chicago Federal Center）（1964～1975年）、多伦多道明中心（Toronto Dominion Centre）（1968年）和柏林新国家美术馆（New National Gallery in Berlin）（1968年）。

1966年，萨默斯离开（密斯的事务所）开始了自己的职业生涯，但他

图A.5
芝加哥麦考密克展览中心（1971），由墨菲事务所的基恩·萨默斯设计。萨默斯曾为密斯工作了16年；而在墨菲事务所聘请他设计麦考密克展览中心之前，他还短暂地自己开过事务所。从图中的角度可以看到悬挑屋面的底部。

很快就被墨菲事务所聘用（墨菲事务所是当时芝加哥最多产的事务所，仅次于SOM）1974年，他与商业伙伴菲利斯·兰伯特成立了一家总部位于加利福尼亚州的开发公司。通过这家公司，他们率先在硅谷进行了两个项目开发，并在洛杉矶（1978年）修复和扩建了历史悠久的巴尔的摩酒店（Biltmore Hotel）。1984年，萨默斯移居法国，专注于雕塑和家具设计。之后他于1989年回到芝加哥，担任IIT建筑学院的院长。三年后，他在加利福尼亚州恢复了自己的个人事务所业务。

在密斯的美国核心圈子里，萨默斯很显然是密斯的自己人。在萨默斯漫长、富有影响力和令人难忘的职业生涯中，他始终充满活力和创造力。作为维尔纳·布雷泽（Werner Blaser）编著的《基恩·萨默斯：艺术/建筑》

（Gene Summers Art/Architecture）一书的主题，萨默斯的职业生涯证明了其对专业和密斯的忠诚。萨默斯完成的大型项目——大部分这样的项目都在1975年之前的10年内完成，体现了他对创新，尤其是对细节的个人追求，而这种追求在他采用的旋转至外部平面上的宽翼缘竖梃上体现地尤为突出。这种做法使得它形成了一种与密斯当时惯用的宽翼缘墙壁截然不同的纹理，萨默斯设计的芝加哥康复研究所（Rehabilitation Institute of Chicago）（1973年）就是个很好的例证。

对于新建的麦考密克展览中心，萨默斯先提出了两个完整的方案，之后第三个方案才得以通过。在这两个被否决的方案中，较好的一个方案将若干项目元素（主要是大厅本身和可容纳4350个座位的阿里皇冠剧院）合并设计在1200英尺长的屋面下，而这个屋面则由桥式塔楼之间的悬索支撑。

1971年完成的麦考密克展览中心主要利用了之前建筑物遗留的基础，且其竣工方案要优于任何初期方案。它将主要的项目组成部分置于一个屋面下的两个玻璃空间中，屋面由36根间隔150英尺的十字形柱子组成。主厅是一个30万平方英尺的单独空间，室内只有8根柱子。鉴于它的简单性、真实的（而非仅仅以"呈现"为目的）结构清晰性，以及经过验证的规划灵活性，它也许可看作终极的密斯式通用空间。1350×750（英尺）的空间框架屋面向四周悬挑出75英尺。外立柱不在玻璃平面，而是在25英尺之外——这是个可以追溯到巴塞罗那的密斯式图案。主空间采用的灰色玻璃和哑光黑色钢材由表面覆盖着银灰色砖块的平缓裙楼补充完整。

在结构细节方面，仿照密斯设计先例的地方无处不在，但其中学得最好的当属屋面的节点，即柱与空间框架的交汇处。此处的屋面框架——双向华伦式桁架——被逐渐变细的T型截面和相互交叉的宽翼缘对角线结构组成的"树"所替代，这棵树通过销钉连接到优雅的锥形十字形柱顶端。该方案与萨默斯在古巴使用混凝土建造的巴尔卡迪办公楼项目中的柱与屋面连接十分相近（见图13.7）。在开发麦考密克展览中心的三年里，萨默斯还获得了年轻的赫尔穆特·雅恩（Helmut Jahn）的协助。

也有对麦考密克展览中心持批评意见的人。这当中的大部分批评都集中在项目所在的位于密歇根湖畔的地块上，认为其既无必要，也无便利可言。在最早的那座展览中心烧毁时，市政府本可以考虑为这座建筑重新选址，但是出于经济方面的考量，它决定仍在原址上重建展览中心。

尽管主厅和阿里皇冠剧院之间保留了原本就存在的180英尺宽的开口，萨默斯设计的这座建筑却依然遮挡住了湖前的视线。由于这个开口已被一条封闭的人行道堵上——这条人行道还连接着湖滨大道以西的新建综合体，萨默斯当初保留的视线受到了极大的影响——而这对湖泊方向的视线也产生了更糟糕的影响。但建筑的完整性和威严得以留存，几乎没有其他建筑再达到这样的规模。

. . .

最后一个要说的重要建筑由密斯最忠实的追随者所设计的——芝加哥湖心大厦（1969）——在某些方面来看它是最特别的（图 A.6）。大厦创造了很多项纪录：它曾是世界上最高的混凝土建筑，并在之后的 30 年里保持着最高的纯住宅建筑的记录；它不但拥有第一面起伏状的幕墙，还是这座城市最早采用绿色屋面的建筑之一。大厦由密斯的两名学生乔治·斯基普赖特（George Schipporeit）和约翰·海因里希（John Heinrich）设计的，两人当时都才 30 多岁，在这之前从未独立设计过建筑。

斯基普赖特于 1955 年进入 IIT 读大二。他在那里学习了一年半，并十分崇拜阿尔弗雷德·考德威尔。但因为他没有钱了，所以被迫选择辍学。尽管如此，考德威尔还是把他推荐给了密斯——主要是因为他是名出色的绘图员——在其他项目中，他专注于底特律拉斐特公园（Lafayette Park）的幕墙和纽瓦克的柱廊公寓大厦（Pavilion and Colonnade Apartments）。斯基普赖特于 1960 年离职并开始为纽瓦克的幕墙制造商工作。两年后，他被开发商威廉·哈特尼特（William F. Hartnett Jr.）聘用。哈特尼特是赫伯特·格林沃尔德（Herbert Greenwald）在纽约市场的代理律师，他通过密斯在纽瓦克的项目认识了斯基普赖特。

1962 年，芝加哥码头和航道信托公司（Chicago Dock and Canal Trust）同哈特尼特取得了联系。这家拥有百年历史的公司控制着芝加哥河主干道北岸的湖滨地产。过去的工业区正逐渐成为商业区的一部分，而信托公司想要租用这块后来成为湖心大厦的场地。为了把这处地产推销出去，芝加哥的珀金斯和威尔建筑事务所（Perkins & Will）做了一个分阶段开发的 15~20 层塔楼的概念设计。哈特尼特认为，如此壮观的场地得有一个能配得上它的解决方案；于是他提出了独栋、含 1200 个单元（公寓）组的十字形塔楼方案。斯基普赖特很快接手了设计工作，并招募了约翰·海因里希来协助他。海因里希毕业于 IIT，当时正担任拉斐特公园项目的施工经理。他们几乎用了 1964 全年的时间，才完成了一个 70 层混凝土塔楼的设计方案。方案中的塔楼由密斯式的青铜阳极氧化铝幕墙包围，建在一个砖砌的、与街

图 A.6（上页图）
芝加哥的湖心大厦（1969），由斯基普赖特和海因里希建筑公司（Schipporeit-Heinrich, Inc.）设计。湖心大厦是这两位当时刚过 30 岁的设计师所参与的第一个独立项目。大厦前的景观中有一片槐树，由阿尔弗雷德·考德威尔设计。

区同长的裙楼上，能够容纳 700 个停车位。

哈特尼特和他的合伙人查尔斯·肖（Charles Shaw）无法为这座本应是有史以来最大的独栋公寓楼找到融资。如果不是团队中有人建议砍掉十字形中的某一翼来削减单元的数量，这个项目几乎就宣告破产了。也正因如此，才有了今天这座最初拥有 880 个单元的三翼塔楼。

基于与密斯之前的合作，斯基普赖特在拉斐特公园和纽瓦克幕墙上开发出一种复杂的变体。他将必需的开闭式通风口设计成全高的百叶式拱肩，并隐藏在了楼板的边缘处。墙内布置了一个连续柜，用于容纳电加热和冷却装置，或容纳顶部开口的新风通风口。因此也就没有必要设置独立的开闭式窗户了。外墙具有西格拉姆大厦一般优雅的贵族气息，而开闭式通风口的设计也使其保持了整洁——在住宅建筑规范有通风要求的前提下，这样的布置通常是无法完成的。

一直以来，文献资料都将密斯的弗里德里希大街和玻璃摩天大楼项目看作湖心大厦的灵感来源。斯基普赖特和海因里希当然也知道这两个项目。但是湖心大厦在最初的设想中是一座采用幕墙的十字型塔楼——从这点上来看它是相当沉闷的。通过对项目的调整，它才演变成后来的动态三翼式建筑。它确实与密斯的一系列作品很相似，但这绝非偶然。更不要说如果没有密斯的建筑语言，当时还是新手设计师的斯基普赖特和海因里希不可能设计出湖心大厦这样卓越的建筑。标准的竖棂墙和起伏的平面十分匹配；事实上，无角的三翼型平面让这一切变的更加简单。但三翼这种形态也确实带来了问题。斯基普赖特有一天就意识到柱子——在最初的设计中是正方和长方形的——可以而且应该是圆形的，这和密斯的作品完全不同。在项目的其他方面则随处都体现着密斯式的设计：石灰华覆盖着心墙；即使是建在基座上，塔楼也要有柱廊；主色调和西格拉姆大厦相同，只是其中添加了少量的大块绿色釉面砖；以及由斯基普赖特的导师阿尔弗雷德·考德威尔设计的绿色屋顶，它就如同草原公园般呈现出自然的诗意。

湖心大厦在一个关键点上不同于任何的密斯项目：它是一座"中心塔楼"，是在平面上对称并居于中心的高层建筑。密斯的那些摩天大楼以及所有的垂直棱柱型建筑总是以夺目的姿态插入街道网格和城市脉络中。但正是通过湖心大厦，斯基普赖特和海因里希才能——反勒·柯布西耶以来的陈旧城市设计：他们不单只是在公园里放下了一座巨型塔楼，而这座塔楼恰好坐落在若干英里之外都清晰可见的城市"湖心点"上。这件作品新颖、独特、完整地解决了问题，它的诞生可算是十分幸运。任何的闪失都有可能让它从一开始就失去出现在这个世界的机会。

附录 B
密斯的职业生涯，出版作品和展览

密斯的建筑、项目，以及职业生涯引发了大量的评论和批评。在本附录中，我们将回顾和评估关于本书主题（密斯）的最重要的学术成果，而这些内容我们之前还未讨论过。

在那些建筑之外，建筑师密斯的最原始资料来源于现代艺术博物馆（Museum of Modern Art）的密斯·凡·德·罗档案，该档案于1968年依照密斯与时任博物馆建筑与设计部主任的阿瑟·德雷克斯勒（Arthur Drexler）间的谈话建立。德雷克斯勒对其中某次谈话还有大致的印象：

> 在菲利普·约翰逊（Philip Johnson）1947年的密斯展结束后，我在一个废弃的储藏室里发现了密斯的一堆图纸，且均未登记在册。我让（阿尔弗雷德）巴尔写信给密斯，希望他能把这些资料送给现代艺术博物馆保存。（我不能问约翰逊，因为他已经离开了圈子，而且密斯对他很恼火。）这件事发生在1963年。密斯表示同意，甚至建议现代艺术博物馆可以收藏的更多。
>
> 我到芝加哥去看他给我的一堆图纸。我想要寻找的是项目的关键图纸，而不是各种各样的变更图纸。密斯并不喜欢我这么做。光是关于海角公寓，我就得经手50张图纸。我选出来的图纸很少，这让他很不高兴。"你看，"他说，"他们并不知道是我们发明了竖梃。"我说，"密斯，全世界都知道是你发明了竖梃。"
>
> 我根本不想把那些图纸全都带走，尽管密斯也没有这样建议过。因为他不喜欢我编选其作品，所以我很难做出选择。所有的图纸对他来说似乎都很重要。格莱泽（Ludwig Glaeser，1963年末被任命为建筑馆长）建议我们建立密斯档案。密斯在遗嘱中补充说，除了送往美国国会图书馆（Library of Congress）的私人信件和物品外，所有东西都交给现代艺术博物馆保存。

Garland出版社出版了一本密斯和其事务所的图纸全集，标题为《密斯·凡·德·罗档案》（The Mies van der Rohe Archive），此书现藏于现代艺术博物馆。最初出版的部分包括 7000 幅（密斯在）欧洲设计的图纸，德雷克斯勒于 1986 年将它们选编为四卷，并由他和本书作者之一（舒尔茨）撰写评论；而舒尔茨又单独选编了另外两卷，并于 1990 年面世。此后在 1992 年又有 13 卷出版，其中重现了 13000 张（密斯在）美国设计的图纸。这部分依然由舒尔茨选编，并附有他和乔治·丹福思（George E. Danforth）撰写的评论。整套书定价 5000 美元，针对的消费者是图书馆，目前已经绝版了。

我们已经评论过已知最早发表的密斯作品的文章，它评判里尔住宅是"来自艺术的产物"；安东·乔曼（Anton Jaumann）在达姆施塔特于 1910 年 7 月出版的《室内装修》（Innen-Dekoration）上发表了这篇文章。同年的另一篇文章《建筑师路德维希·密斯为里尔教授在新巴伯斯贝格设计的别墅》（Architekt Ludwig Mies: Villa des Herrn Geheime Regierungsrat Prof, Dr. Riehl In neue – babelsberg）中刊登了一套完整的里尔住宅的照片，但没有署名。文章出现在斯图加特出版的年刊《现代设计》（Moderne Bauformen）的第九年第一卷中。

上述文章发表的时候，密斯还只有 24 岁，也没有什么名气。因此，在一年后的 1911 年，一本美国专业杂志对他有所提及是很不寻常的。4 月份的《艺术与装饰》（Arts and Decoration）杂志刊登了一篇图文并茂的评论（没有署名），"新德国建筑的原型"的主题是里尔住宅。作者的评论基于乔曼的文章做出，他几乎逐字逐句地把之前的文章从德语翻译了过来，并附上了个人的结论："自相矛盾的地方就在于，它唯一的错误在于它的完美。从建筑的角度来说，它是如此的正确，以至于看起来有点冷、有些遥远。"建筑师的名字也拼错了——路德维希·梅斯（Ludwig Meis）。

密斯在美国被第二次提及，已是在他成为前卫建筑师之后。在 1923 年 9 月的《美国建筑师学会杂志》中，有文章对 20 世纪 20 年代初的两个摩天大楼项目进行了评判。德国评论家沃尔特·柯特·贝伦特（Walter Curt Behrendt）以《德国的摩天大楼》（Skyscrapers in Germany）为题，称赞了这两件作品；但有两名美国人持不同意见：乔治·尼蒙斯（George C. Nimmons）认为玻璃摩天大楼"华而不实"，威廉·斯坦利·帕克（William Stanley Parker）则称它们是"落入下乘的裸体建筑"。

首篇以密斯为主题的欧洲文章直到 1927 年才得以发表。当时保罗·韦斯特海姆（Paul Westheim）在《艺术杂志》（Das Kunstblatt）中以《密斯·凡·德·罗：建筑的发展》中评论了密斯的作品和卡尔·弗里德里希·辛克尔的关联。

密斯一开始认为辛克尔运用的是一种普遍的、特定的形式语言，但是他很快发现，辛克尔不单单是一名古典主义者；从内涵、技术以及工艺的角度来看，辛克尔还是那个时代最杰出的实用建筑大师。他从未被古时的理念束缚，而是从建筑的用途出发，做出简洁的规划方案。

1932年，由现代艺术博物馆举办的国际展览："美国的现代建筑"展上，密斯第一次获得了有关机构方面的关注。巴尔、亨利－拉塞尔·希区柯克（Henry-Russell Hitchcock）和菲利普·约翰逊是这场展览的策划人。同年，约翰逊和希区柯克出版了展览的相关书籍《国际风格》（The International Style）。《时尚》（Vogue）杂志10月号上刊登了由密斯和赖希设计的约翰逊纽约公寓的几张照片。海伦·阿普莱顿在1929年10月出版的《艺术》（The Arts）杂志上发表了题目为《巴塞罗那世博会上的德国》的文章，威廉·弗兰克林·帕里斯（William Francklyn Paris）在1929年11月的建筑论坛上发表了题为《巴塞罗那博览会：加泰罗尼亚人民辉煌而昂贵的成就》（The Barcelona Exposition: a Splendid but Cost Effort of The Catalan People）的文章，谢尔顿·切尼（Sheldon Cheney）于1930年出版了他撰写的《新世界建筑》（The New World Architecture）一书；这些文章和书籍都对巴塞罗那馆进行了探讨。欧洲评论家们也对该展馆进行了报道：1929年8月15日的《造型》杂志（Die Form），文章作者为贾斯图斯·比尔（Justus Bier）；1929年10月25日的《建筑协会》杂志（Die Baugilde），文章作者为瓦尔特·根兹默（Walther Genzmer）；1929年12月的《建筑与设计》杂志（Der Baumeister），文章作者为基多·哈伯斯（Guido Harbers）；1929年12月的《艺术纪实》杂志，文章作者为尼古拉斯·卢比奥·图图里（Nicolas Rubio Tuduri）。约翰逊在1933年10月至12月出版的《猎犬与号角》杂志（Hound and Horn）上发表的文章《第三帝国的建筑》（Architecture in the Third Reich）中表达了自己的观点：密斯是最能将现代主义与纳粹寻求的团结力量融合在一起的德国建筑师。

密斯的首场个人美国展览于1938年12月在芝加哥艺术学院举办，其展出的由密斯设计的作品包括照片、图纸和模型。1939年，展览移至纽约布法罗的奥尔布赖特美术馆（Albright Art Gallery）举办，约翰·巴尼·罗杰斯（John Barney Rodgers）为展览撰写了相关文章。据1938年12月至1939年1月号的《伊利诺伊建筑师协会月刊》（Monthly Bulletin of the Illinois Society of Architects）（第6-7页）报道：1938年10月18日，在芝加哥帕尔默酒店红漆宴会厅（Red Lacquer Room of the Palmer House）里举行的晚宴上，弗兰克·劳埃德·赖特（Frank Lloyd Wright）把密斯介绍给了大家。

第一本关于密斯的专著名为《密斯·凡·德·罗》，由菲利普·约翰逊编写，并随约翰逊于1947年在现代艺术博物馆策划的回顾展一同面世。约翰逊后来又在书中增添了内容，使其涵盖了密斯最重要的美国作品。该书的两次扩充版分别于1957年和1978年出版。同样是在1947年，芝加哥大学的文艺复兴协会举办了一场密斯作品的小型展览。展览名录中有一篇来自该校艺术史系主任乌尔里希·米德尔多夫（Ulrich Middeldorf）的评论。

几个重要的关于密斯的专著在其晚年和去世后不久出版。其中最重要的是：《密斯·凡·德·罗》（1956），是由路德维希·希尔伯塞默编写的学术赞歌；《路德维希·密斯·凡·德·罗：家具与家具设计图》（Ludwig Mies van der Rohe: Furniture and Furniture Drawings，1977），作者为路德维希·格莱泽（Ludwig Glaeser）。彼得·卡特（Peter Carter）在《工作中的密斯·凡·德·罗》（Mies van der Rohe at Work）（1974）一书中描述了密斯的设计方法和教学，也涉及了密斯设计的建筑的有用数据，其中也包括这些建筑的造价。关于这位建筑师（密斯）的其他早期研究来自1960年的彼得·布莱克（Peter Blake）《密斯·凡·德·罗的建筑和结构》（Mies van der Rohe: Architecture and Structure）、1960年的阿瑟·德雷克斯勒《路德维希·密斯·凡·德·罗》、1965年的沃纳·布拉泽《密斯·凡·德·罗的结构艺术》，以及1970年的马丁·波利（Martin Pawley）《密斯·凡·德·罗》。1976年，沃尔夫冈·弗里格（Wolfgang Frieg）在德国波恩的波恩莱茵弗里德里希·威廉大学（Rheinischen Friedrich-Wilhelms-Universitat）完成了题为《路德维希·密斯·凡·德·罗在欧洲的作品，1907~1937》（Ludwig Mies van der Rohe: Das europaische Werk）的博士论文，首次对密斯在欧洲的职业生涯进行了全面地论述。

第二场达到博物馆规模的密斯作品回顾展由芝加哥艺术学院（Art Institute of Chicago）组织，其展出作品包括模型、图纸，照片和家具。这次展览与格雷厄姆高级美术研究基金会合作，并于1968年举办。展览由詹姆斯·斯派尔（A. James Speyer）担任策划人，作品名录则由弗雷德里克·科佩尔（Frederick Koeper）编写。展览辗转多地，分别在柏林艺术学院（Akademie der Künste）、明尼阿波里斯的沃克艺术中心（Walker Art Center）、渥太华的加拿大国家美术馆（National Gallery of Canada），以及德克萨斯州沃斯堡的阿蒙卡特西方艺术博物馆（Amon Carter Museum of Western Art）举办。

当密斯于1969年去世时，他被公认为世界最有影响力的建筑师。密斯所享有的名望可以由现代艺术博物馆的证实：博物馆把其收藏的31幅密斯画作集结成册，并在同年以盒装书的形式出版发行，书中的文本和注释由路德维希·格莱泽撰写。

1979年，《路德维希·密斯·凡·德·罗的注释书目和年表》（Ludwig Mies van der Rohe: a Annotated Bibliography and Chronology）由大卫·斯派思（David Spaeth）署名出版，该书内容涵盖了截至1977年所有年份的作品。斯派思是密斯的学生，时任肯塔基大学（University of Kentucky）的建筑学教授。

1981年，一项独特的基于密斯·凡·德·罗档案收藏的重要研究完成了。凭借档案中无比丰富的资料，德国建筑历史学家沃尔夫·特格特霍夫（Wolf Tegethoff）于1985年出版了其著作《密斯·凡·德·罗：别墅与乡村住宅》（Mies van der Rohe: Die Villen und Landhausprojekte）（翻译成英文则为：Mies van der Rohe: the Villas and Country Houses）。这是一项巨大的、无比卓绝的学术成就，它对此后几乎所有对密斯的研究来说都至关重要。

这些档案也是弗朗茨·舒尔茨（Franz Schulze）编著的《密斯·凡·德·罗评传》的主要资料来源。该书于1985年出版，是第一本完整记录了这位建筑师生活的传记。在此期间，由于有大量的新材料被发掘出来，所以之前卷册的内容需要进行修订和扩充；芝加哥建筑师爱德华·温德霍斯特（Edward Windhorst）参与了本书新版本的编著工作，是其合著作者。1985年还有另一本专著出版；该专著出自大卫·斯派思之手，更注重以图像的形式来呈现内容。

1986年，密斯的百年庆典在几次展览中举行，其中最重要仍由现代艺术博物馆举办。这次大型回顾展的策划人由阿瑟·德雷克斯勒，但是他未能把作品名录编完，因为他在组织这次展览时生病了。在德雷克斯勒于1987年去世前，他还监督出版了《密斯·凡·德·罗档案》（The Mies van der

Rohe Archive）。德雷克斯勒去世后，博物馆决定将其收藏的所有密斯画作——无论在美国还是欧洲完成——全部出版，也就是我们之前提到的密斯作品全集。

另外两场百年展览分别在芝加哥艺术学院和 IIT 举办。前者主题为《重新认识密斯：他的职业生涯、遗产和追随者》（Mies Reconsidered: His Career, Legacy, and Disciples）；展览曾移至马德里举办并随附一份作品名录，这份后来被翻译成西班牙语的名录题为《展览注解》（A Note on the Exhibition），由约翰·祖科夫斯基（John Zukowsky）撰写。后者 IIT 展览的作品目录——《密斯·凡·德·罗：作为教师的建筑师》，由罗尔夫·阿基利斯（Rolf Achilles）、凯文·哈林顿（Kevin Harrington）和夏洛特·米鲁姆（Charlotte Myhrum）撰写。

欧洲也同样举办了庆祝活动。弗里茨·诺伊梅尔（Fritz Neumeyer）的《密斯·凡·德·罗：朴实的话语》（Mies van der Rohe: Das kunstlose Wort）是一本与众不同的重要专著；它以彼得·贝伦斯（Peter Behrens）和亨德里克·贝拉赫（Hendrik Berlage）等建筑师以及黑格尔和尼采等哲学家为背景，对密斯的作品进行了审视。诺伊梅尔认为，这些人对密斯的影响很大。本书的英文版本（The Artless Word）由马克·贾尔-佐贝克（Mark Jar-zombek）翻译，并于 1991 年出版。巴塞罗那馆也在这一年重建，这场盛事被记录在了《密斯·凡·德·罗的巴塞罗那馆》（Mies van der Rohe: El Pabellon de Barcelona）一书中；该书由伊格纳西·德·索拉-莫拉莱斯（Ignasi de Sola-Morales）、伊格纳西·德·索拉-莫拉莱斯·卢比奥（Ignasi de Sola-Morales Rubio）、费尔南多·拉莫斯（Fernando Ramos）和克里斯蒂安·西里西（Cristian Cirici）合著。他们的这份成就也同样记录在 1990 年制作的 17 分钟长的电影中——《密斯·凡·德·罗的巴塞罗那馆》。

在 1986 年的回顾展后，现代艺术博物馆赞助出版了 1989 年问世的《密斯·凡·德·罗评论集》（Mies van der Rohe: Critical Essays）；该书由舒尔茨编辑，并由几位著名的密斯学者撰写。通过对詹姆斯·福里德（James Ingo Freed）的采访，评论集中增补了泰格索夫、理查德·波默（Richard Pommer）和诺伊梅尔的文章。福里德是密斯的学生，他在 20 世纪 70 年代中期主持了 IIT 的建筑项目。

1989 年出版的另一本重要著作《命运建筑师：密斯·凡·德·罗与第三帝国》（Architects of Fortune: Mies van der Rohe and the Third

Reich）由伊莱恩·霍奇曼（Elaine S. Hochman）撰写。与波默经过严谨研究的文章相比，这本书的内容不单更具政治倾向性，也充满偏见。霍奇曼在书中追溯了密斯在纳粹统治下在德国的四年职业生涯。她毫不掩饰地表达了对密斯的钦佩，然而，虽然她态度很坚决，却又无法做到完全的公正客观：她认为密斯未能在他有能力和机会的时候摆脱纳粹的影响。

最近几年出版的几本专著均以《密斯·凡·德·罗》作为标题，涵盖了这位建筑师的整个职业生涯。最早的一本（1990年）由德国人阿诺德·辛克（Arnold Schink）撰写，并未翻译为英文版；该书的副标题为《对住宅建筑美学发展的贡献》（Beitrage zur asthetischen Entwicklung der Wohnarchitektur），内容主要关注密斯设计的住宅。让-路易·科恩（Jean-Louis Cohen）于1994年出版的精选研究著作（英文版与1996年出版）经扩充后在2007年再度出版。克莱尔·齐默尔曼（Claire Zimmerman）于2006年出版的同名专著配有精美的插图，并把《空间结构》（The Structure of Space））作为副标题；凭借这本书的出版，她成为了密斯研究领域的权威人物。路易斯·特里盖罗斯（Luiz Trigueiros）和保罗·马丁斯·巴拉塔（Paulo Martins Barata）作为编辑于2000年在里斯本出版了另一本同名专著，内容由耶胡达·萨夫兰（Yehuda E. Safran）（用葡萄牙语和英语）撰写。萨夫兰（Safran）（2001）和奥罗拉·奎托（Aurora Cuito）（2002）也还分别作为作者出版了各自以《密斯·凡·德·罗》为题的研究。

两本最近出版的著作亦值得在此提及，尽管密斯并非其主要研究对象。它们分别是由德国学者卡琳·基尔施（Karin Kirsch）于1989年出版的《白院聚落》（Weissenhofsiedlung），以及美国历史学家理查德·波默（Richard Pommer）和克里斯蒂安·奥托（Christian F. Otto）合著的于1991年出版的《1927年的魏森霍夫与现代建筑运动》（Weissenhof 1927 and The Modern Movement in Architecture），这两部著作都对密斯及其盟友和对手发挥的作用给予了详细的关注。

其他研究还包括：1994年出版的由德特莱夫·默廷斯编辑的《密斯的风采》（The Presence of Mies），书中收录了默廷斯、菲利斯·兰伯特（Phyllis Lambert）、诺伊梅尔（Neumeyer）、迈克尔·海斯（K. Michael Hays）等人撰写的文章。以及若干用德语写就，且未被翻译的著作：详实且图文并茂的《密斯·凡·德·罗的斯图加特、布尔诺、巴塞罗那家具和建筑》（Möbel und Bauten in Stuttgart, Barcelona, Brno）（20

世纪 90 年代问世，确切出版年份已不可考）；罗尔夫·魏瑟（Rolf D. Weisse）编写的《密斯·凡·德·罗的视觉与现实》（2001）；阿道夫·斯蒂勒（Adolph Stiller）编辑，布鲁诺·赖克林（Bruno Reichlin）、阿瑟·鲁格（Arthur Rüegg）和让·萨帕克（Jan Sapak）合著的《路德维希·密斯·凡·德·罗的图根哈特住宅》（Das Haus Tugendhat: Ludwig Mies van der Rohe）（布尔诺，1930；萨尔斯堡，1999）（Brünn，1930; Salzburg，1999）；克里斯蒂安·沃尔斯多夫（Christian Wolsdorff）编写的《目的不是唯一：密斯·凡·德·罗在包豪斯度过的 1930～1933 年》（Mehr als der se Zweck: Mies van der Rohe am Bauhaus 1930～1933）（2001）；迈克斯·施特姆斯霍尔恩（Max Stemshorn）编写的《密斯和辛克尔：密斯·凡·德·罗作品中的辛克尔风格》（Mies und Schinkel: Das Vorbild Schinkel im Werk Mies van der Rohes）（2002）；约翰内斯·克拉默（Johannes Cramer）和多罗西·萨克（Dorothee Sack）合著的《密斯·凡·德·罗的早期建筑》（Mies van der Rohe: Frühe Bauten）（2004）；乌尔里希·穆勒（Ulrich Müller）编写的《瓦尔特·格罗皮乌斯和密斯·凡·德·罗作品中的空间、运动和时间》（Raum, Bewegung and Zeit im Werk von Walter Gropius and Ludwig Mies van der Rohe）（2004）；克里斯汀·兰格（Christiane Lange）编写的《密斯·凡·德·罗的丝绸工业建筑》（2011）。最近的英语著作包括：梅希蒂尔德·豪泽尔（Mechthild Heuser）编写的《钢铁与石头：彼得·贝伦斯和密斯·凡·德·罗的建造理念》（Steel and Stone: Constructive Concepts by Peter Behrens and Mies van der Rohe）（2002）；克里斯汀·兰格（Christiane Lange）编写的《密斯·凡·德·罗和莉莉·赖希的家具与室内设计》（2007）；赫尔穆特·鲁特（Helmut Reuter）和比尔吉特·舒尔特（Birgit Schulte）编选的《密斯和现代生活：室内设计、家具、摄影》（2008）。

关于密斯单个作品的出版物包括：弗朗茨·舒尔茨的《范斯沃斯住宅》（Farnsworth House）（1997）。该书出版后的一些新发现，即本书第 10 章中引用的内容，使舒尔茨当初的一些研究过时了。同样基于这些新发现，马里兹·凡登伯格（Maritz Vandenberg）以优雅和附有洞察力的文笔撰写了另一版本的《范斯沃斯住宅》（2003）；丹尼拉·哈默－图根哈特（Daniela Hammer-Tugendhat）和沃尔夫·泰格索夫（Wolf Tegethoff）编写的《路德维希·密斯·凡·德·罗的图根哈特住宅》（2000）；以及约瑟·奎特格拉斯（Josep Quetglas）编写的《玻璃的恐惧》（2001），该书从新颖的视角探讨了巴塞罗那馆。同样值得注意的还有肯特·克莱恩曼（Kent Kleinman）和莱斯利·杜泽（Leslie van Duzer）编写的《密斯·凡·德·罗的克雷费尔德别墅》（Mies van der Rohe: The Krefeld Villas）（2005），以及朱利安·海南（Julian Heynan）的《艺术之地》（Ein Ort für Kunst）（1995）；后者叙述了密斯设计这两座住宅时所处的职业生涯后期。

得益于马库斯·雅格（Markus Jager）撰写的文章《密斯·凡·德·罗的霍尔沃茨住宅》（Das Haus Warnholtz von Ludwig Mies van der Rohe）（1914/15）——刊登于《艺术史》杂志（Zeitschrift für Kunstgeschichte）第65期2号（2002）的第123-136页。2006年，（人们）在亚琛的密斯·凡·德·罗大街（Mies van der Rohe Strasse）1号建造了密斯·凡·德·罗房屋（Mies van der Rohe Haus），专门用于展出密斯的作品。

关于密斯的电影包括：乔治娅·凡·德·罗（Georgia van der Rohe）（1980年、1979）和迈克尔·布莱克伍德（Michael Blackwood）（1986）分别拍摄的片名均为《密斯·凡·德·罗》的影片；约瑟夫·希勒尔（Joseph Hillel）和帕特里克·德默斯（Patrick Demers）（2004）拍摄的《平凡还是伟大》（Regular or Super）；艺术评论家罗伯特·休斯（Robert Hughes）制作的《密斯·凡·德·罗：少即是多》（Mies van der Rohe: Less Is More）——自2008年开始在BBC4频道播出；以及迪特里希·诺伊曼（Dietrich Neumann）在文章《密斯的媒体》（Mies Media）中记录了他人拍摄的各类影片——这篇文章刊登在《建筑史学家协会杂志》（Journal of the Society of Architectural Historians）第66期1号（2007年3月）的第131-135页。美国广播电台的RIAS柏林分部还制作了名为《密斯在柏林》（Mies in Berlin）的录音资料，记录了霍斯特·艾弗莱尔（Horst Eifler）和乌尔里希·康拉德（Ulrich Conrads）在1966年对密斯的采访。

一颗于1988年发现的小行星被命名为24666 Miesvanrohe（1988 RZ3）。

提及密斯的成就和声誉，仍不乏有些受人尊敬但持不同意见的人士。其中一位是《纽约客》（the New Yorker）的常驻建筑评论家、现代建筑的早期倡导者刘易斯·芒福德（Lewis Mumford）。在他评论现代艺术博物馆1932年举办的展览时，他认为图根哈特住宅（Tugendhat House）是"展览中最漂亮的展品"之一。之后由于他对其所谓的机器美学感到厌烦,就改变了立场,开始抨击起推崇国际风格的约翰逊和希区柯克。"就这样,"芒福德写道,

> 建筑师只用了一小步,就在密斯·凡·德·罗的引领下完成了从机器到包装的转变。密斯·凡·德·罗用钢铁和玻璃构成的设施创造出的是优雅却虚无的纪念碑。它们只有干巴巴的机器形式,却没有任何内涵。密斯自己所追求的品位使这些中空的玻璃外壳如水晶般纯净;但它们只存在于他想象中的柏拉图世界中,与场地、气候、隔离、功能或内部活动毫无干系;事实上,它们已经完全背弃了这些现实,就像他起居室里整齐摆放的椅子一般——公然无视交谈中对于亲密性和随意性的需求。这是典型的带有强迫性的官僚主义精神。它所表现出的虚无和空洞已超出了凡德罗的崇拜者们的认知。

英国建筑历史学家大卫·沃特金(David Watkin)同样持否定态度,不过他关注的是20世纪20年代初的密斯。在密斯发表在《G》杂志上的文章中,沃特金发现了这样的语句:"对去个性化、世俗化、机械化的未来的一种威胁性展望"。(沃特金并没有考虑到密斯在20世纪20年代末便转向精神方面的探寻,本书中对此已有论述。)

在查尔斯·杰克斯(Charles Jencks)的《现代建筑运动》中,作为后现代主义的首要阵地,作者将炮火瞄准了那些20世纪早期的人物,如勒·柯布西耶(Le Corbusier)、格罗皮乌斯(Gropius)和弗兰克·劳埃德·赖特(Frank Lloyd Wright)(金克斯赞扬了阿尔瓦·阿尔托)(Alvar Aalto)。他用书中第2章的标题"密斯的问题"表达了自己对密斯的看法,其内容如下:

> 密斯·凡·德·罗的问题对于他的建筑的评论家和居住者来说并无二致,那就是想要欣赏他的建筑,你就必须绝对忠于柏拉图式的世界观。如果做不到这一点,那么他造成的技术和功能上的错误将产生破坏性的影响,以至于人们无法再接受柏拉图式的形式是"完美的"或"理想的",甚至是"合理的"。

21世纪举办的两场最宏大的密斯展览都属于全面的回顾展,展览随附

了大量的、以颂扬为基调的展品名录。

题为《密斯在柏林》的展览由现代艺术博物馆的特伦斯·莱利（Terence Riley）和哥伦比亚大学的巴里·伯格多尔（Barry Bergdoll）组织，并于2001年在纽约的现代艺术博物馆开幕，后移至柏林国家博物馆（Staatliche Museen zu Berlin）和巴塞罗那加泰罗尼亚储蓄银行基金会（Fundacion La Caixa, Barcelona）举办。它的随附名册与展览题目相同，是对相关文献资料的重要补充。名册的编辑大卫·弗兰克尔（David Frankel），以及设计师——来自埃姆斯沃思设计公司（Emsworth Design, Inc.）的安东尼·德罗宾斯基（Antony Drobinski）和吉娜·罗西（Gina Rossi）值得高度赞扬；名册中所有文章和插图说明的作者都不负他们的职业声誉。巴里·伯格多尔（Barry Bergdoll）和罗斯玛丽·哈格（Rosemarie Haag）的捐赠尤为值得。

第二场题为《密斯在美国》的展览由菲利斯·兰伯特策划，并于2001年在纽约惠特尼美国艺术博物馆（Whitney Museum of American Art）开幕，并在之后移至加拿大蒙特利尔的建筑中心（Canadian Centre for Architecture）和芝加哥的当代艺术博物馆（Museum of Contemporary Art）举办。兰伯特不仅编辑了展览名册，还提供了最丰富的展品，对密斯的学术研究来说做出了极大的贡献。

在众多赞誉中，马丁·菲勒（Martin Filler）对《密斯在柏林》和《密斯在美国》回顾展提出了不同观点；其中最有名的就是他为《纽约书评》（the New York Review of Books）撰写的关于艺术和建筑的文章：

> 尽管这两场展览和随展名录都令人钦佩，但它们仍然有个重大的遗漏，这个遗漏对于密斯的复兴活动来说已经不是显而易见那么简单，而是根本避不开的。这个由两部分组成的项目（即两场展览）对于密斯职业生涯的转折点——他于1938年离开柏林前往美国——他为什么决定离开德国，以及为什么选择在希特勒的政权下蹉跎那么长时间，完全没有提及。

菲勒得出了这样的结论：

> 尽管密斯努力摆脱自己所处的混乱时代，放弃对永恒的直接追求，但他在很大程度上依然受制于他所处的时代和地域；无论哪个时刻和地点，皆是如此。从充满活力的魏玛·柏林激发了他最自由的作品，到他精心调校以迎合纳粹的谨慎的现代主义作品，再到他在墨守成规的巅峰

时期为美国企业炮制的枯燥而重复的作品，他确实称得上是那个世纪真正的建筑师。

但在之后的一部著作中，菲勒改变了先前的立场："总的来说，我坚持认为密斯的职业生涯是恢弘壮阔且极为成功的，这主要是因为他的影响已巨大到永远无法被抹去——虽然其最容易被模仿的特性已经被粗劣改用了数十年，这种影响已经减弱了许多。"

注：1 英里 =1.6093 公里
　　1 英尺 =0.3048 米
　　1 英寸 =2.54 厘米